U0549061

经邦济世　励商弘文

Jinrong Shichang, Jinrong Fazhan yu Jinrong Zhili

京师经管文库

北京师范大学

金融市场、金融发展与金融治理

胡海峰／著

中国财经出版传媒集团
经济科学出版社
Economic Science Press

京师经管文库

编　委　会

总　序

北京师范大学是教育部直属重点大学，其前身是1902年创立的京师大学堂师范馆，1908年改称京师优级师范学堂，独立设校，1912年改名为北京高等师范学校。1923年学校更名为北京师范大学，成为中国历史上第一所师范大学。1931年、1952年北平女子师范大学、辅仁大学先后并入北京师范大学。师大始终同中华民族争取独立、自由、民主、富强的进步事业同呼吸、共命运，经过百余年的发展，秉承“爱国进步、诚信质朴、求真创新、为人师表”的优良传统和“学为人师，行为世范”的校训精神，形成了“治学修身，兼济天下”的育人理念，现正致力于建设成为具有“中国特色、京师风范”的世界一流大学。

经济与工商管理学院是北师大这颗百年大树长出的新枝嫩叶，其前身是北京师范大学政治经济学系，始建于1979年9月，由著名经济学家陶大镛教授担任第一届系主任。1985年更名为经济系，1996年6月组建为北京师范大学经济学院，2004年3月更名为经济与工商管理学院。作为改革开放的产物，北师大经管学院一直坚守“经邦济世、励商弘文”的使命，见证了中国近四十年来所取得的伟大成就，并为之做出了自己的贡献，在这个过程中，自身不断壮大，成为了中国经济学和工商管理的重要人才培养和科学研究基地。

北师大经管学院现在涵盖了理论经济学、应用经济学和工商管理三个一级学科，在世界经济、政治经济学、西方经济学、劳动经济、收入分配、教育经济、金融、国际贸易、公司治理、人力资源管理、创新创业、会计、市场营销等领域形成了稳定的研究方向，产生了一批有影响的研究成果。比如世界经济，它是国家重点培育学科，其最早的带头人陶大镛先生是我国世界经济学科的创始人之一。学院在此基础上，还衍生出了国际贸易和国际金融两大研究领域，现在都有很强的实力。还比如教育经济，它是国家重点学科，作为新兴学科和交叉学科，它也是经管学院的特色学科，其带头人王善迈教授是我国教育经济学科的创始人之一，他在20世纪80年代初参与了“六五”国家社会科学重点项目“教育经费在国民收入中的合理比重”的研究，其研究成果为国家财政性教育经费占GDP 4%的目标提供了依据。再比如劳动经济和收入分配，已具有广泛的学术影响和社会影响，其带头人李实教授更被国际同行誉为“收入分配先生”（Mr. Distribution），他所主持的CHIPs数据库，被誉为迄今中国居民收入分配与劳动力市场研究领域中最具权威性的数据库之一。近些年来，学院通过队伍建设、国际化、体制机制改革等措施，因应国家重大理论和现实问题的能力进一步提升，学术成果的影响力进一步增强。比如在“十二五”期间，学院共承担国家社科基金重大项目、教育部人文社科重大攻关项目、国家社科基金重点项目、国家自科基金重点项目15项；在第七届高等学校科学研究优秀成果奖（人文社会科学）评选中，学院7项成果榜上有名，其中一等奖1项，二等奖2项，三等奖4项；此外，学院还有多项成果获北京市哲学社会科学优秀成果奖一等奖、孙冶方经济科学奖、安子介国际贸易研究奖、张培刚发展经济学奖、蒋一苇企业改革与发展学术基金优秀专著奖等，并有

3 项成果入选国家哲学社会科学成果文库。

北师大经管学院一直很重视将教师的学术成果集中呈现给社会。早在1980年5月，就主办了《经济学集刊》，在中国社会科学出版社出版，其宗旨是“促进我国经济科学的繁荣和发展，积极开展经济理论的研究，提高经济科学的水平，更好地为我国社会主义革命和建设服务”。《经济学集刊》收集有胡寄窗、朱绍文、田光等著名经济学家的大作，但更多的是本院教师的作品，如陶大镛教授的《论现代资本主义的基本特征》、詹君仲教授的《劳动价值学说的由来与发展》、杨国昌教授的《〈资本论〉创作发展阶段问题的探讨》、王同勋教授的《墨子经济思想初探》、程树礼教授的《简论人口规律和生产方式的关系》等，出版后产生了很好的影响。后来又陆续出版了多本。现在我国正处于全面建成小康社会的决胜阶段，未来一个时期，仍是经管学科发展的重要战略机遇期。北京师范大学经济与工商管理学院的愿景是成为具有人文底蕴和国际影响力的一流经管学院，要为“两个一百年”中国梦的实现做出更大的贡献。今天，学院与经济科学出版社合作推出《京师经管文库》，目的是要集中展示学院教师取得的成果，发出师大经管人关于中国社会经济改革和发展的声音，并推动各位学者再接再厉，再攀新高。

《京师经管文库》的汇集出版，得到了北京师范大学“985”工程建设项目和一级学科建设项目的慷慨资助，得到了北京师范大学学科建设与规划处、社会科学处、财经处等的具体指导，得到了经济科学出版社的大力支持。此外，学院学术委员会就文库编辑出版事宜多次开会讨论，许多教职员工为之付出了大量心血。在此一并表示感谢。

《京师经管文库》编委会

2016年2月14日

目　录
CONTENTS

自 序

一、个人经历

我于1965年10月29日出生在河南省永城县，父亲是当时县委的一名干部，母亲是县卫生院的一名护士。我5岁那年，随父亲工作调动，我们全家一起迁到了开封市，我的童年和少年都是在开封这座古城度过的。

1972年春天，我进入开封市复兴北街小学上学。刚开始，我家住在市委大院的家属区，离小学很近，走几步就到了，后来家搬到汴京桥也不算远，就一公里多的路。时值“文化大革命”时期，小学留给我印象最深的有两件事。一件事就是“批林批孔”“儒法斗争”，让学生上台讲故事，高年级的一位哥哥曾经绘声绘色地讲过曹操削发代罪的故事，让我知道了纪律严明的重要性。那个年代我们基本上没有什么娱乐活动，放学后大多数时间就是玩耍，主要是推铁环、打纸面包、吹烟盒和弹玻璃球等，最大的兴趣就是去听街头艺人说书。由于说书是不允许的，因此艺人说书大多数偷偷摸摸在晚上开讲，听书的人给他拿点粮食或者粮票就行。那时候我家旁边的惠济河正在被整治填平，河边放着许多巨大的下水管。我和小伙伴常常白天在那里捉迷藏，晚上则在那里听民间艺人说书。我大概听过《三侠五义》《杨家将》《大八义》《小八义》之类的评书，对说书人讲的故事特别着迷。我二姑家的一个表哥也会说书，他一到我们家来，我就缠着他给我说书，像《薛仁贵征西》《岳飞枪挑小梁王》等故事都是他讲给我听的。所以，我从小就对文学故事产生了深厚的兴趣。当时流行的手抄本《梅花党》，我看完后就感觉有鬼跟着似的。这个手抄本《梅花党》，我清楚地记得是父亲躲在家里，整整用了五天时间才抄完的，但后来这手抄本被人借走后就再也没有还回来过。我家对门住的万叔叔在文化局工作，我从他那里听到过许多福尔摩斯探案故事。总之，尽管那个时候物质文化生活不太丰富，我还觉得过得挺充实的。“文化大革命”之后，正赶上全民启蒙的时代，文学热是一个全社会的现象。我有机会看更多的书，还立志长大要当一个作家。我曾经在烟纸上写过大约十几万字的小说，父亲看后对我大加赞赏。可惜，我并没有走这条路。现在连当时写的小说底稿也找不见了。

另一件事则是我无忧无虑少年时代最伤心的事，当时是上地理课还是上自然课，我已经记不清了，课上老师检查每个学生的描地图作业，我因为马虎忘带了，老师怒斥我立即回家去取，最后我一路哭着把作业从家拿了回来。这件事让我至今难忘，从此也给我一个极大的教训，做事一定要仔细认真。

我小学毕业升入开封市第二十二中学（现在的开封回民中学）。当时“文化大革命”结束，百废待兴，高考已经恢复，陈景润和宁铂的故事在中国大地广泛流传，激励着每一个热血青少年，我也立志要上大学，成为能报效祖国、为实现四个现代化奋斗的有用人才。初中毕业，我考入开封市重点高中——开封第二十五中学。经过三年学习，我顺利考入北方交通大学铁道材料系。

进入大学才知道，我所学的专业物资管理工程，未来的就业岗位实际上就是铁路部门的材料采购、储运。尽管在计划经济年代，铁路是“铁饭碗”，但我内心极度伤感，觉得自己的未来看不到尽头、看不到希望。我下决心要考研究生，要学经济学。

我的考研复习是异常艰辛的。当时还是大学生毕业国家包分配的年代，真正想考研的人并不多，在大三下半年我就投入紧张的复习之中。那时候没有通宵教室，恰好我的同班同学在系学生会当学生干部，他把学生会所在的板房借给我，我才得以每天晚上在那里学习到深夜。由于是转专业，我要自学的课程内容相当多。当时我的志向是报考中国人民大学计划经济系国民经济计划专业，专业基础课要考政治经济学，专业课是综合考试，包括国民经济计划学（参考书是李震中的《计划经济学》）、投入产出学（参考书是钟契夫的《投入产出分析》）和价格学（参考书是胡昌暖的《价格学》）三门课。这些课我以前都没有学过，全是靠自己一遍一遍地进行死记硬背式的自学来推进的。

当时我长期挑灯夜战，对身体造成了极大的伤害，我不仅脸上起满了脓疮，而且还得了严重的痔疮，每天只能趴着睡觉。同宿舍的同学佟力连续多日照顾我，为我打开水、上药，他对我无私的帮助让我一直铭记在心，感念至今。

临报名之前，我在学校翻看各校招生简章，看到南开大学经济系和研究所招收价格学专业研究生，考试科目仅考价格学，我当时欣喜若狂。因为我虽然看了好多遍中国人民大学的专业课参考书，还专门到中国人民大学研究生宿舍去咨询招考情况，但始终对专业课没有太大的把握，常常会望着几大本厚厚的教材发愁，不知道自己未来的命运走向何方。当看到南开大学的专业课考试内容要比中国人民大学少两门课时，我顿时萌生了改报南开大学的念头。当时和我一同复习的还有同宿舍的李在春，我把这个情况告诉了他，我们俩一合计，决定到南开大学去了解一下真实情况。

第二天，我们俩一道坐火车到了南开大学。我们一路打听，先找了经济系教授贾秀岩的家。他当时出版了《价格学原理》一书，和中国人民大学的胡昌暖教授主编的《价格学》齐名。贾老师热情地招待了我们俩，并对我们说了好多鼓励的话。随后，我们又找到了经研所孔敏教授的家。孔老师也非常热情地招待了我们，在询问了我们的基本情况后，对我们详细说明了经研所的招生情况。回到学校后，经过仔细考虑，我决定报考经研所政治经济学社会主义价格方向研究生，李在春决定报考贾凤和老师的数量经济学方向。

后来，我们都如愿以偿地考上了研究生。可以说，进入南开大学学习，是我人生的重要转折点。

进入南开大学后，当时价格学方向有两位导师：孔敏、赵兴汉。我和另外一同学分在孔老师名下，另外三名同学分在赵老师名下。不料，第二年孔老师调到中国金融学院任教，我不得不转到其他老师名下。恰好当年曹振良老师刚评上副教授，有了招生资格，我就跑到他家里，恳求他做我导师，他很痛快地答应了。可以说，我是曹振良老师的开门弟子。

在南开大学学习的三年是我人生中一段黄金时光，是我增长见识、启迪智慧、涵养德行、砥砺人格的重要阶段，给我带来了很多益处，使我终生受用。其间，我聆听了众多大师级人物的演讲，目睹了许多名人的风采，感受了南开大学朴实无华学风的魅力；在那里，我接触了大量的现代经济学新知识，受到了严格、规范的学术训练，这对我20世纪90年代走出校门从事研究工作和实务工作都有极大的帮助。

南开大学的传统，告诉我要想做一名经济学家，就要像熊彼特说的那样，要把理论、历史和统计三者全部学好。所以，那时候我特别注重经济学说史的学习。像萨谬尔逊的《经济学》、琼·罗宾逊夫人的《现代经济学导论》都读过，还专门复印了许多英文版的经济学书籍（现在我还保留着厚厚三大本熊彼特的《经济分析史》）。我还专门到北京拜访过厉以宁教授、吴易风教授。但在那个全民下海经商的年代，读书的风气日见式微，尤其刚经历了一场大的风波，大家都有点心灰意冷。所以，我没有选择去读博士，而是选择就业。

我硕士研究生毕业后的工作单位是首钢研究与开发公司，这是中国最早的由一家企业开设的智库。我分配在改革研究所，从事宏观经济与企业改革研究。在首钢的三年可能是我研究能力提高最快的时期。当时首钢的领导人特别关心国家改革的政策方针，提出很多富有先见之明的观点。我写的最有影响的一篇论文是《国际收入分配格局的演变过程及其走势分析》，这篇论文是明确回应“提高两个比重”政策主张的。在这篇论文中，我从国民收入分配格局的历史演化进程入手，得出了国民收入分配格局向个人倾斜是经济发展水平不断提高的必然结果，主张国家还应该进一步“放水养鱼”，做大蛋糕，让国民收入分配格局继续向企业和个人倾斜。当时，我们还为此专门召开了几次学术研讨会。我记得肖灼基、王绍飞、郭树清、范一飞、刘尚希、白景明、孙祁祥等人都来参加过会议，会后我还组稿编辑出版了会议论文集《国民收入分配格局的评价与决策》（中国劳动出版社 1993 年版）。我最得意的文章是 1991 年初在《中华工商时报》发表的一篇关于苏联价格改革的短文《冬天里没有童话》。当时我写的题目叫《苏联价格改革为什么失败?》，给在《中国工商时报》做编辑的师兄刘杉寄过去后，他发表时把题目给改了，结果真是妙笔生花。那篇短文我是一气呵成写完的，文章虽然不到 2000 字，但读起来语言特别流畅，感觉气势磅礴如江河奔泻。

后来，我离开首钢研究与开发公司，先后在光大国际信托投资公司、光大证券有限公司工作。其间，在搞业务的同时，写过国内最早的《企业兼并》（上海人民出版社 1995 年版）专著、翻译过英国学者所著《公司兼并与收购》（中信出版社 1998 年版）、编写过《投资基金基本操作技巧》（中信出版社 1995 年版）等著作，后来主要从事创业投资的研究。

记得那时候收集文献特别困难，我几乎每周都要去北京图书馆（以下简称“北图”）。那时候北图办借书证特别困难。我上大学的时候也去北图（当时还在北海）看过书，当时大学生根本就不让进，我父亲当时在中科院印刷厂工作，他找人给我办了一张临时借阅证，我才得以在北图看书。那时候中科院图书馆还在王府井，我也去过好多回。后来在首钢工作的时候，北图可以办借书证，大概要交 300 元押金，我就办了一个长期的借书证。如今已经快二十年不去北图看书了，借书证也早已找不见了。那时候收集文献国内没有数据库，我同事兰士斌帮忙搞到了代理服务器，才得以进入 JSTOR 数据库下载文献。当时还没有移动硬盘出现，下载完了不好保存，只有刻在光盘上，我大概刻了几十个光盘的文献。有的英文文献实在找不到，我就给作者写信。后来有了电子邮件，就给他们发邮件。我最早用的邮箱是收费邮箱亿唐（etang），后来用的是雅虎（Yahoo!）邮箱，这两个邮箱停止服务后，我就用网易邮箱，至今算起来也有15年了。

我对创业投资研究发生兴趣可追溯到1995年。当时我在光大信托工作，因和王韬光先生共同编写《企业兼并》① 一书，有幸参加了中国留美经济学会在北京大学组织的“现代工商管理丛书”首发式，从而结识了海闻教授、尹尊声教授，也结识了这套丛书中另一本书的作者陈闽教授。我和陈教授一见如故，在学术上有很多共同的趣向。当时陈闽教授交给我他与一个美国学者合写的一篇叫作《风险资本在新技术公司发展初期的作用——波特技术公司成长案例研究》的案例分析，我看后觉得很有价值，因为当时国内对美国风险投资介绍并不多见，尤其是具体的案例分析更是鲜有。我对这篇文章精心修改润色后，将它推荐给了中信国际研究所的季红女士，感谢季女士的慧眼，她将这篇文章发表于她主编的《经济导刊》1998年第1期。② 后来，为了进一步推动创业资本知识在国内的普及，我和陈闽教授合作编写了《创业资本运营》③ 一书。

对创业资本真正深入的研究则始于我与张树中先生的一段合作。当时我们俩均在光大证券供职，他那时虽然担任光大证券北方总部总经理，事务缠身，但对学术研究的兴趣很浓，在职攻读中国社会科学院世界经济与政治研究所的经济学博士。得知我对创业资本有所了解，张先生便同我探讨这方面的问题，因为他那时正准备撰写博士论文，题目恰巧也是创业资本这个领域的。我们先后对创业资本的定义、运行机制、制度安排以及对我国的借鉴意义等问题无数次交换意见，也先后请教了王国刚研究员、王松奇研究员。在

① 该书系“现代工商管理丛书”的一本，由中国留美经济学会组织编写，尹尊声、海闻主编，上海人民出版社出版。

② 这篇案例后来在国内流传非常广泛，几乎所有的有关风险投资、创业投资的书籍都会提到这个案例，一些最重要的学术论文也引用这个案例。例如，《中国社会科学》2003年第1期发表的《人力资本间接定价机制的实证分析》一文，主要就是以此案例作为分析基础。但遗憾的是，这些书籍和论文没有一个标明此案例的真正来源。

③ 该书1998年由中信出版社出版。

探讨问题的过程中，进一步激发了我对创业资本理论研究的兴趣。

1999年，我回到母校南开大学攻读经济学博士学位，继续从事创业投资方面的研究。其间，我收集了大量的创业资本相关文献，并进行了仔细的研读，还翻译了几十篇经典文献。这为我后来博士顺利毕业，并先后在《世界经济》《经济学动态》《统计研究》《管理世界》《改革》《欧洲研究》《南开经济研究》《北京师范大学学报》《证券市场导报》等刊物发表相关论文打下了坚实基础。

2003年，我离开证券行业，进入北京师范大学经济学院（后改名为经济与工商管理学院）从事科研教学工作，工作重心就彻底转移到学校。在学校，我先后开设过“投资银行学”“公司金融”“创业投资”“投资基金管理学”“证券投资学”等课程，承担过国家社科基金等多个国家级课题，主要研究兴趣集中在金融制度、金融发展、金融风险、金融治理、资本市场、创业投资与私人股权投资、公司欺诈、公司社会责任、住房制度等方面。这本文集有一个特点，几乎每部分都有一个文献综述。这实际上也反映了我从事研究的起点。我每从事一个领域或者方向的研究，总喜欢对该领域的主要观点和最新研究动态做一番梳理。我认为文献综述是做研究的基本功。我把文献综述的核心总结为四个字“综、梳、述、评”。“综”就是系统、全面，主要文献都要涉及；“梳”对是把文献进行分类，用不同的层次展现出来；“述”就是用简洁、准确的语言叙述出来；“评”就是要有自己的评述。下面我就收入文集的主要研究情况做一个回顾和介绍。

二、创业投资研究

从2003年至今，我一直为研究生开设“创业投资与私人股权投资”（venture capital and private equity）课程，长期关注这一领域的前沿文献和研究动态，曾编写出版了《风险投资学》相关教材，出版专著《创业资本循环：信息不对称条件下的制度安排》（中国市场出版社2009年版）、《美国创业资本市场与制度研究》（人民出版社2008年版）。收录于本文集的共有4篇相关论文。

《创业资本契约理论文献综述》一文写于2002年，是我博士论文的一部分。从20世纪90年代美国进入新经济时代以后，世界各国政府就开始关注美国新经济成功的原因。促进美国经济转型的原因固然众多，但一个关键的因素是美国经济存在着支持创新活动的融资制度——创业资本。可以说，创业资本制度的发展成为推动一国科技创新、发展和应用的必要条件。从1995年研究创业投资伊始，我就注意到创业资本是一种新的制度安排。创业资本市场是一个高度信息不对称（asymmetry of information）、高风险（high risk）和高度不确定（uncertainty）的市场，因此现代经济学所阐述的代理问题、激励问题的各种表现形式在创业资本融资契约中都存在：道德风险（moral hazard）、逆向选择（adverse selection）、搭便车（free rider）、套牢（hold-up problems）、饰窗效应（window dressing）等。为有效地影响创业家和创业资本家各自的行为和减少代理成本，需要设计一种契约安排，以便选择适当的融资品种和结构，规定双方的权利和义务。自20世纪80年代末期以来，国外理论界应用契约经济学理论对创业资本的契约关系进行分析，在十几年间出版了大量的文献。可以说，创业资本市场各个领域都是经济学家不断进行深入研究的主题。我对创业资本契约理论所作的文献综述，是按照创业资本运行过程的顺序（募资、投资、管理、退出）依次进行的。

《美国创业投资行业区域集聚特征与集聚效应》一文写于2008年。世界许多国家为了促进本国高科技产业发展，都试图复制美国硅谷模式，但真正成功的并不多。模仿硅谷，最关键的是了解硅谷地区创新机制形成的原因和动力，努力营造类似硅谷的创新环境和创新精神。因为有了硅谷的创新环境，才有硅谷高技术企业的集聚，也才有创业投资的集中，而后高技术企业与创业投资的相互需求又巩固和加深了硅谷高技术产业的发展，使之成为推动加利福尼亚州及美国经济增长的强大引擎。为此，我专门分析了美国创业投资行业的区域集聚现象。

美国特别是硅谷地区创业投资行业呈现较强的区域集聚特征。从交易成本的角度分析，信息共享、集体学习、风险分散和网络效应均有利于降低创业投资机构的交易成本，并促成创业投资机构与产业集群和区域创新的共生。创业投资集聚在推动技术创新、形成新的商业模式、扩大就业机会、培育区域文化等方面的效应，推动了区域经济和美国经济的发展。高技术企业在人才密集、社会氛围开放的地区（以硅谷为代表）落地生根，形成了生机蓬勃的高技术产业集群，为创业投资提供了市场机会、降低了创业投资的交易成本，促进了创业投资行业的区域集聚。创业投资家的加入充实了区域创新网络、改善了区域创新环境的质量，因而有利于区域产业集群的进一步发展，促进创业投资、产业集群与区域创新的共生。

《专业化、机构化与美国的创业投资——KPCB 的成功经验及对我国的启示》一文写于 2008 年。自 20 世纪 50 年代以来，创业投资在美国得到蓬勃发展，创业投资的出现对美国新经济的形成和发展起了重大作用，它解决了高新技术企业成长过程中急需资金却又难以从传统的融资渠道融集资金的矛盾，是扶植高科技产业、推动高新技术产业化的功臣。美国创业投资行业的巨子——KPCB 公司（Kleiner Perkins Caufield & Byers），是一家成立较早的创业投资机构，在它成立后的 30 年间为其投资者创造了巨额的财富，并首次建立了美国创业投资行业的交易规则，在美国的创业投资行业拥有其他公司所无法比拟的地位和权威，被誉为美国最好的创业投资机构之一。该文从 KPCB 案例入手，剖析了创业投资过程中的组织制度和退出机制，指出有限合伙制之所以占主导地位，在于它从人力资本角度解决了创业投资家人力资本的定价问题，为创业投资家提供了强大的激励，为创业投资家投资的成功提供了动力。同时，美国资本市场的 IPO 机制为创业投资提供了最佳退出渠道，为创业投资家带来巨额收益，从而形成创业资本的良性循环。从对 KPCB 公司成功经验的分析中，我们至少可以得到以下几点启示：（1）要大力建立和培养一支高效的创业投资家队伍；（2）要推进专业化创业投资组织的制度建设；（3）要加快创业投资退出体系的建设。

《美德两国创业资本市场差异比较分析》一文最早写于 2002 年，并于 2005 年又进行了大幅度的扩展。长期以来，德国的创业投资活动在欧洲大陆的发展极为缓慢。尽管1997年以后这种状况得到迅速改变，德国成为欧洲发展创业资本市场最快的国家，然而，同全球最大、最为成功的美国创业资本市场相比，德国的创业资本市场还处在一个较低的水平。之所以如此，在于美国、德国两个国家在金融管理体制、法律、人文等方面存在着较大的差异，因而其各自创业投资模式也有较大的不同。这两个国家的创业投资模式已经发展成为当今创业投资的两大主流模式，其发展经验对于仍处于初级阶段的我国创业资本市场的建立将是一种有益的借鉴。我国在进行创业资本市场建设的过程中，不能简单地复制美国的模式，而应该从阻碍创业资本发展的各个环节进行系统性推进，这样才能使创业资本得以顺利循环，使之加快、加大对科技创新活动的资金支持力度。

三、资本市场研究

本部分收入论文7篇，可以分为多层次资本市场、投资者保护和证券投资基金3组文章。

1. 多层次资本市场建设理论与实践研究

多层次资本市场的研究始于我承担的国家社会科学基金项目“多层次资本市场建设及监管问题研究”（批准号：05BJL026），项目最终成果以专著《多层次资本市场：从自发演进到政府设计》（北京师范大学出版社2010年版）出版。此组收入3篇文章。

2003年10月，党的十六届三中全会审议通过了《中共中央关于完善社会主义市场经济体制若干问题的决定》，做出了“积极推进资本市场的改革开放和稳定发展，扩大直接融资。建立多层次资本市场体系，完善资本市场结构，丰富资本市场产品。规范和发展主板市场，推进创业投资和创业板市场建设”等决定。2005年，“十一五”规划纲要再次明确提出了“建立多层次资本市场体系，完善市场功能，拓宽资金入市渠道，提高直接融资比重”等要求；《国家中长期科学和技术发展规划纲要（2006—2020年）》进一步对我国建立多层次资本市场体系的目标予以明确，提出“积极推进创业板市场建设，建立加速科技产业化的多层次资本市场体系”。上述内容充分表明了中国资本市场发展的战略目标是建立多层次资本市场体系。可以说，建设多层次资本市场是基于对国内外经济发展趋势和经济运行规律的正确判断，以及对资本市场发展服务于经济发展内在机理正确把握的基础上作出的决策，有着重大的理论意义和现实意义。

由于多层次资本市场体系的生成和演进有自身的内在规律，其发展和完善需要相应的制度环境，因而建设多层次资本市场是一项长期性和复杂性的工程，仅简单地从功能和框架上移植国外多层次资本市场的制度安排，可能导致制度不相容的一系列问题，导致创建的失败。有鉴于此，我在课题研究中试图从比较制度经济分析以及历史研究的思路出发，找出多层次资本市场体系发展的内在逻辑，对多层次资本市场体系演进的原因、机制以及演进路径进行理论与经验上的探讨。同时，把我国多层次资本市场的目前状况放到资本市场形成的历史过程中去分析和考察，找到阻碍我国多层次资本市场生成与演进的制度性根源，以一种前瞻性的视角不断地确定其未来的发展趋势和改革取向，并在改革中尽快地健全和完善我国的多层次资本市场体系，使其更好地为我国经济的发展服务。

《金融分工理论与我国多层次资本市场建设》一文认为，基于中介和市场不同风险分担机制的金融分工，不仅对于金融系统稳定性以及经济的稳定运行有着至关重要的意义，而且在新技术融资上资本市场还具有特有的分工优势。然而，我国资本市场发展的相对落后和创业板的缺位，致使市场的横向风险分担发挥不足和新技术融资存在困难，资本市场陷于分工错位的市场格局之中。我国应充分利用流动性过剩机遇，推进多层次资本市场建设，扩大资本市场总量规模，增强金融系统的稳定性，并为新技术产业发展提供融资支持。

《我国多层次资本市场的生成机理与演化路径》一文认为，我国资本市场自成立伊始，层次演化的每一步都源于自上而下的政府强制性供给行为，而不是自下而上的微观主体诱致性需求行为，多层次资本市场的生成与演化基本沿着政府的强制路径展开。致使资本市场存在层次性不清晰、市场职能分工与定位不明确的突出问题，进而在支持中小企业融资、提供横向风险分担功能方面发挥不足。从动态演化角度看，我国多层次资本市场未来的演化路径是令资本市场体系结构更加层次化，不同层次市场间的分工更加细化，最终形成一个分工合理、层次分明的整体。

《我国现阶段多层次资本市场的竞争与协作机制研究》一文认为，我国现阶段多层次资本市场体系存在的主要问题是，竞争机制与竞争环境缺失，协作机制尚未建立起来，不同层次资本市场之间存在无序竞争，上市公司在不同市场间的升降通道不畅。因此，应合理界定各层次市场的基本职能及其业务领域，防止资本市场长期陷入分工错位格局中；同时，要建立完善不同市场间企业的转板机制，适度简化审查规则和工作流程，最终在不同层次资本市场间形成“升级自愿、降级强制、程序简便、运作高效”的协作机制。

得益于多层次资本市场的研究，我和他人合作在2010年出版了《资本的奇迹——中国证券市场20年回顾与展望》（经济科学出版社2010年版）一书，并发表《中国证券市场的演进轨迹：1990~2010》（《改革》2010年第7期）、《中国奇迹下的资本奇迹——对中国证券市场20年发展的解读》（《教学与研究》2011年第1期）、《从资本大国迈向资本强国：中国资本市场未来发展前景展望》（《经济学动态》2011年第1期）等多篇论文，还在2014年申请到国家社会科学基金重点项目“推进我国资本市场的改革、规范和发展研究”（批准号：14AZD035）。

2. 投资者保护研究

此组收入2篇文章。《我国资本市场投资者利益保护与上市公司价值研究》一文认为，一个国家的法律对投资者利益的保护程度会因其法律起源不同而不同，进而影响到证券市场的发展质量；上市公司作为证券市场的主体，被市场赋予的市场价值是衡量公司增长潜力和投资者信心的重要指标。该文以LLSV（2002）提出的投资者保护与公司价值关系理论为基础，结合国内学者的研究，对我国中小投资者保护与上市公司价值进行了实证检验。结果表明，法律对中小投资者保护程度与公司价值的正向作用显著，也就是说，在中国资本市场和法律保护发展的历史进程中，随着法律保护程度的加强，上市公司的价值也在不断提高。

《资产注入、隧道转移与公司价值——基于中国证券市场非公开发行的实证分析》一文认为，大股东对上市公司存在着明显的超控状态和天然的信息不对称优势。在公司的决策中很难遇到中小股东的阻力，因此，他们就具备利用中小股东的利益来为自己获得隐蔽的超额收益的机会。在此背景下，该文实证分析了伴随资产注入的非公开发行对企业价值的影响，探求是否存在大股东利用非公开发行“掏空”上市公司的现象。研究结果表明：（1）大股东利用非公开发行机会，虚增注入资产价值，侵害上市公司中小股东利益的现象普遍存在；（2）被控股股东“掏空”利益的上市公司市场无论是在非公开发行的“窗口期”还是在随后的表现，累积超额收益率均低于未被控股股东掏空的上市公司；（3）非公开发行股票占原有上市公司股份的比例与非公开发行公司的市场表现有显著的正相关关系。

3. 证券投资基金与市场稳定研究

此组收入 2 篇文章。《我国证券投资基金羊群行为的实证研究》一文以中国证券投资基金为研究对象，以 2004～2008 年为研究期间，通过 CCK 模型，测度中国证券投资基金的羊群行为。通过回归发现，无论是在 2004 年 1 月至 2005 年 6 月及 2008 年 1 月至 2008 年 12 月的市场下跌区间，还是在 2005 年 7 月至 2007 年 12 月的市场上升区间，横截面绝对偏离度和市场平均收益之间的线性关系均不成立，证券投资基金存在明显的羊群行为。本文认为，证券投资基金羊群行为的原因，从宏观上看，市场基础制度的欠缺和管理部门的过度干预为羊群行为创造了环境；从微观上看，由于信息披露机制的不完善和监管手段的缺乏，基金运作模式与上市公司和投资者理念之间的矛盾也使得证券投资基金表现出羊群行为的特征。

《证券投资基金是否稳定股价——基于中国股票市场的经验证据》一文通过基金持股比例与股票价格波动率的多元回归分析，考察中国证券投资基金行为对股票价格的影响。从描述性统计来看，证券投资基金对股市相对规模的不断增长、基金数量的递增，以及基金发展状况与股市行情的同步变化，推动了基金对股票市场影响力的不断显现。从回归的结果来看，大多数时间里，基金持股比例的高低对股票价格波动没有显著的影响。说明我国证券投资基金没有显著地发挥出稳定市场、抑制股价大幅波动的功能。这一结论是与市场的执法效率较低、证券投资基金队伍规范程度不足、个人投资者的成熟度不够，以及上市公司的质量欠缺相一致的。

四、金融风险与金融危机研究

本部分收入论文6篇，可以分为美国次贷危机成因、系统性金融风险和金融危机救助成本3组文章。

1. 美国次贷危机成因研究

2007年7月，美国次贷危机全面爆发。这场由华尔街及其在全世界的众多门徒共同“缔造”的灾难，对全球银行业、金融市场及金融稳定构成巨大威胁，在世界范围内迅速掀起轩然大波。次贷危机波及面之广、持续时间之长、破坏力之大前所未有，几乎超出所有人的想象。危机发生后不久，很快就成为学术界聚焦的热点，西方学者纷纷撰文寻找危机产生的根源，从多角度深入剖析了危机的成因。此组收入2篇文章。

《美国次贷危机成因研究述评》一文将国外学术界关于美国次贷危机成因的研究按研究视角的不同整理综述为五大观点：货币政策失误说、金融自由化过度说、会计标准不当说、道德风险上升说和经济结构失衡说。其中，金融自由化过度主要体现在两方面：证券化过度、信贷标准与信贷质量下降；经济结构失衡主要有三种类型：经常账户失衡、财富与收入分配失衡、资本主义经济增长过程中产生的金融部门与实体经济部门间的失衡。该文认为，虽然种种观点莫衷一是，但不同研究视角之间是内在联系或统一的，并不相悖，表明次贷危机是多种因素引致的综合并发症，是多重因素共同作用的结果。

《市价调整与美国次贷危机：一个理论述评》一文是对《美国次贷危机成因研究述评》一文提出的“会计标准不当说”观点的进一步扩展。美国次贷危机爆发后，美国和欧洲金融界某些银行家们将矛头指向公允价值会计准则，把危机的原因归咎于按市价调整（mark-to-market）会计计量方法，由此引起世界各国对公允价值会计的轩然大波。该文力图围绕按市价调整与危机关系、公允价值计量（fair value accounting）与历史成本计量（historical cost accounting）的比较、按市价调整与金融系统稳定性等三方面对国外研究文献进行述评。该文认为，尽管各界对公允价值会计准则责难较多，但美国重回历史成本计量的可行性并不大。

在我国，2007年后开始全面执行与国际会计准则趋同的新会计准则，公允价值在我国会计领域广泛采用，金融工具实行按市价调整。但我国会计准则对采用公允价值计量的资产、负债等，规定了严格的公允价值限制条件。财政部会计司根据2007年1570家上市公司执行企业会计准则情况分析报告得出结论：企业会计准则在上市公司实施后，涉及公允价值计量的交易性金融资产、可供出售金融资产、投资性房地产等，公允价值变动损益金额较小，影响甚微，对利润总额的影响不到1%。尤其是美国过度创新的金融产品在我国基本不存在。因此，我国新会计准则的实施不能因金融危机而因噎废食，而是要在不断加强监管的过程中稳步推进，视实践效果而适当调整。

2. 系统性金融风险研究

众所周知，系统性风险普遍存在于金融体系中，并成为金融危机爆发的根源。从历史上看，几乎每一次金融危机的产生都蕴含着系统性风险的累积，尤其是2008年全球金融危机，系统性风险的阴霾更是四处弥漫。危机之后，大家反思发现，正是由于金融监管的漏洞、真空及不足，监管当局未能及时发现并控制蕴藏在美国乃至全球金融体系中的系统性风险，从而导致了这场席卷全球的金融风暴的大蔓延。因此，在后金融危机时代，识别、度量、防范和控制系统性风险，加强系统性风险的全球治理，已成为摆在世界各国监管当局面前一项刻不容缓、不容回避的任务和重大课题。此组收入2篇文章。

《后金融危机时代系统性风险及其测度评述》一文首先从厘清系统性风险的

概念入手，认为系统性风险的“系统性”至少包含三个方面的含义：(1)“系统性”是从宏观性、全局性的着眼点出发，指一个系统性事件影响了整个金融体系的功能；(2) 系统性事件具有溢出和传染效应，能使金融危机从银行业传染到整个金融业，从虚拟经济传染到实体经济，从一国传染到世界各国；(3) 系统性风险具有外部效应，一个系统性事件虽然肇始于个别金融机构，但风险的成本却由金融市场所有的参与者承担。

系统性风险从产生到最终爆发之间存在一个逐渐积聚的过程，也正是有这样一个积聚过程，使得对系统性风险成因的分析较之传统的风险分析方法更为复杂。同时，由于系统性风险的成因，既有金融风险产生的共同性，也与世界范围内金融的新发展密不可分，体现了一定的时代特点，是世界金融一体化、金融创新、技术创新发展的结果。

该文认为，要开展对系统性风险的进一步研究，应该从三个方面着手：(1) 研究系统性风险不能仅仅局限于对单个金融机构风险的研究，即系统性风险不是金融系统内各金融机构风险的简单加总，而要着眼于各金融机构间的相互关联性分析；(2) 在研究系统性风险的传播渠道时，除关注传统金融机构资产负债表的高度关联性以外，应更加关注系统性风险传播的其他渠道，如共同的风险敞口等；(3) 要在传统系统性风险测度和防范方法上推进新模型、新方法的研究与应用，包括对系统重要性机构的确定与衡量，将各类金融创新、影子银行系统纳入系统性风险的衡量和监控范围。

《全球系统重要性金融机构评定及其对中国的启示》一文认为，自 2007 年美国次贷危机爆发以来，美国五大投行全军覆没，相继出现了贝尔斯登公司被收购、雷曼兄弟公司倒闭、摩根士丹利和高盛公司等被迫转型成银行控股公司等局面；在银行业，花旗银行等大型商业银行接受美国政府的注资；在保险业，美国 AIG 公司被迫求助于政府接济。一时间，涉及证券、银行和保险等金融领域的所谓“大而不倒”的机构纷纷倒闭或陷入困境，引发了各国金融机构多米诺骨牌式的倒塌，对整个国际金融市场造成了剧烈冲击，导致金融体系的大范围瘫痪。此次金融危机表明，相比于过去，非银行金融机构对宏观经济体系的影响力大为增强，已经成为系统性金融风险和金融不稳定的重要影响因素。在这种情况下，国际金融组织和国际金融机构，如金融稳定理事会（FSB）、巴塞尔委员会（BIS）以及国际货币基金组织（IMF）等，开始重新审视“大而不倒”问题，提出采用规模、可替代性、关联性、复杂性和全球活跃程度五个方面来评估“系统重要性金融机构”（systemically important financial institutions），并对系统重要性金融机构的识别、治理措施等提出了较为完善的监管标准、法律制度。2011 年 11 月 4 日，金融稳定理事会发布了全球 29 家系统重要性金融机构名单，中国银行是新兴经济体中唯一入选的金融机构。随着中国金融业的崛起，在不远的将来中国将会有更多的银行进入全球系统重要性银行的行列，这对中国银行业带来机遇的同时，也带来了新的挑战。

3. 金融危机救助成本研究

此组收入 2 篇文章。《国有商业银行重组与政府公共成本付出》一文写于 2005 年。这是我对危机救助成本研究最下功夫的一篇论文，也是我自认为最重要的研究成果之一。原文题目是《中国国有商业银行重组的成本分析》，发表时编辑进行了大幅度删节，并改成这一题目。

当时的写作背景是，随着中国建设银行、中国银行、中国工商银行等国有商业银行相继完成财务重组和股份制改造，并在国内市场陆续上市，预示着自 1998 年开始的、以政府主导的国有商业银行财务重组已接近尾声。但在这次规模和耗资庞大的银行重组中，政府到底耗费了多少公共成本？这些成本的支出是否合理？是否实现了成本最小化？该文围绕这些问题，对中国国有商业银行重组的成本进行了估计，并从银行重组的条件、方式和时机三方面对影响成本的因素进行了分析。

该文认为，在以政府为主导的中国国有商业银行重组模式中，财政和央行共同承担的公共成本是整个银行重组主要的直接成本。尽管公共资源的稀缺要求政府应以银行重组公共成本的最小化为目标函数，但政府同时要考虑政治成本和社会成本，因而在重组过程中，政府往往倾向于付出更多的公共成本而避免过大的政治成本和社会成本。银行重组的条件、重组过程中政府策略和时机的选择都会对公共成本产生影响，中国国有银行重组的历史背景和政府的目标函数决定了重组的公共成本规模较大，中国国有商业银行重组的成本占1999年名义GDP的30.5%，与其他国家相比明显偏高。

由于存在中国政府对国有商业银行的隐性担保，中国国有商业银行重组持续时间的边际成本很高，重复注资加大了中国国有商业银行重组的公共成本。重复注资一方面延长了重组时间，另一方面加大了商业银行的道德风险。单纯的注资不能解决国有商业银行的根本问题，财务重组必须与经营重组和制度重组相结合，银行重组必须与企业重组相结合，这样才能最大限度避免重复注资。

自2008年全球金融危机爆发以来，各国政府陆续出台多项财政救助措施，以抵御金融危机对宏观经济运行的危害。不可否认，这种大规模的财政救助可以在一定程度上减弱危机冲击，对稳定金融市场、恢复投资者信心等具有积极作用，但与此同时也带来了财政赤字攀升、道德风险加重等负面影响。随着各国财政救助措施的力度不断加大，救助成本与收益之间的矛盾也日益突出，因此，深入分析财政救助的各项成本与收益，具体考察救助是否切实有效成为理论和实践的需要。基于此，我申请了教育部社会科学基金一般项目“国有商业银行最优重组成本：理论与实证分析”（批准号：09YJA790018），结项成果以专著《国有商业银行最优重组成本的理论与实证分析》（知识产权出版社2014年版）出版。

《论金融危机中财政救助的成本与收益》一文是上述项目的阶段性成果。该文通过探讨金融危机中财政救助成本与财政救助收益，研究两者之间的关系并进行实证分析，得出以下结论。

（1）政府应慎重考虑对财政救助成本的承受能力，合理安排危机不同阶段的成本支出。同时，对隐性成本要有足够的重视，充分考虑民众（纳税人）的利益，力争减少财政救助的社会福利损失，并降低道德风险引发隐性成本以及财政救助总成本上升的概率。

(2) 遵从适度救助原则，谨防救助过度引起的成本激增。不可否认，及时有效的救助能够在一定程度上防止金融危机的进一步扩散。但也应注意到，这种救助本身也会引致种种成本，是金融危机成本的一部分。因此，政府部门在制订救助计划时，应遵从适度救助原则，避免对收益的单一考虑和盲目追求，防止无限度、不合理救助引起的成本激增。

(3) 制订详细的救助方案，避免救助资金的滥用。为降低金融危机财政救助中的道德风险，政府部门需要设计合理的救助机制，及时建立救助措施实施效果的监测、追踪机制，并在实践中不断完善救助计划的实施细则，加大对违规行为的查处、惩罚力度，避免救助资金滥用引致的损失。

(4) 就金融危机中财政救助实践而言，政府在实施大规模救助措施后，应根据形势估计危机边界和财政救助边界，就救助措施的“退出机制”和“分担机制”加以考虑和设计，避免对经济的过度干扰。但退出时机和机制的选择必须综合多方面因素进行科学评估，过早撤出刺激计划的行为并不可取，很可能导致经济衰退卷土重来。

五、金融发展研究

长期以来，关于金融发展与经济增长关系的研究一直是学术界最富有挑战和最吸引人的热门话题之一。学术界对二者之间的关系究竟是促进还是抑制莫衷一是，尤其是2008年全球金融危机爆发后，学术界和实务界对这个问题又展开了更加激烈的争辩。例如，克鲁格曼（Krugman，2009）强烈质疑和抨击金融发展有利于经济增长的观点，认为“金融业的过度发展弊大于利”“金融吸纳了整个社会太多的财富与人才”。高度复杂的金融创新产品对经济增长并没有明显的益处，而是更多地从实体经济赚取了租金收益，一旦金融创新程度超出监管能力的控制范围，就可能引致金融危机并使经济发生倒退。英国金融服务管理局主席阿代尔·特纳（Adair Turner，2009）认为，“不是所有的金融创新都是有价值的，不是所有的金融交易都是有用的，过大的金融系统不一定更好，金融部门已经超过其社会最优规模”。本部分收入论文4篇，主要是我主持的国家社会科学基金重点项目“我国经济发展方式转型中的金融保障体系研究”（批准号：10AJL005）的部分研究成果。

《金融发展过度：最新研究进展评述及对中国的启示》一文认为，2008年以后西方学者提出的“金融发展过度”观点引起各界的广泛关注和激烈讨论。金融发展过度的理论主要从两个视角来展开：一是从金融—增长功能视角的讨论集中在金融发展是否过度，以至于对经济增长产生负影响；二是从金融部门视角，讨论作为一个独立的部门，金融部门是否发展过大或者过快，吸收了过多的物质和人力资源，造成社会资源配置的无效率。关于“金融过度发展”的研究尽管有许多不足之处，但其强调不能过分注重金融发展的规模，而应关注金融发展的功能，当金融发展超过一定规模时，应当对其进行限制、监管甚至缩减的观点，具有较强的针对性和现实意义。

《金融—增长视角下美国金融发展过度问题研究》一文从金融—增长视角构建一个研究金融发展过度的框架，并对美国金融发展过度问题进行了实证研究。结果表明，美国经济金融发展过度问题确实存在，同时证券市场过度发展程度比银行更为严重；相比实体经济部门，美国金融部门增长过快时，将不利于经济增长；不同的信贷流向对经济增长的影响也是不同的，美国金融发展过度对经济增长产生负影响，更多是由于房地产企业比重增长过快导致的。另外，宽松的货币政策、监管的放松、对外开放程度的提高和政府过多的信贷融资都是导致美国金融发展过度的原因，而产业结构的调整，特别是信息等高科技产业的进步，将抑制金融发展过度。

《金融发展与经济增长关系研究新进展》一文则从理论和实证两方面对国外最新研究进展进行梳理、归纳，认为在金融发展与经济增长关系的研究中，实证模型的选择是用单调变化模型还是非单调变化模型，关键变量的测量是使用单一指标体系还是采用多指标体系，要根据具体的研究目的去确定，而不是仅仅依靠统计上的拟合优度指标去判断；对研究结论要谨慎解读，不能脱离具体的研究背景而随意推广；未来的研究要跳出窠臼，尝试在传统模型基础上充分考虑样本国家异质性以及加入技术创新等能影响全要素生产率的新变量。

《金融诅咒现象的表现、效应及对中国的启示》一文，针对英国学者尼古拉斯·萨克斯森和约翰·克里斯坦森（Nicholas Shaxson and John Christensen）提出的、引发了学术界的强烈关注和共鸣的金融诅咒（financial curse）概念，进行了详尽分析。该文总结了“金融诅咒”的五点表现：(1) 债务规模迅速扩大，杠杆率不断攀升；(2) 金融投机泛滥，商品过度金融化；(3) 金融机构盲目扩张、关联复杂，以至大而不能倒；(4) 就业过度金融化，教育显现金融热；(5) 货币资金空转，金融体系自我循环。该文提出“金融诅咒”会带来抑制经济增长、诱发金融危机、左右政策制定和扩大收入差距的四方面效应，并依次讨论了相应的作用渠道和机制。最后，结合中国的现实条件，提出五点启示：(1) 高度重视高杠杆累积的潜在风险，防范系统性金融风险的发生；(2) 高度重视金融过度发展带来的门槛效应，谨防金融过度发展；(3) 改善金融资源错配，提高全要素生产率；(4) 抵制金融投机过度，维护市场稳定秩序；(5) 调整财税政策，缩小收入分配差距和分配不公。

六、国际金融治理研究

该部分收入论文3篇。《后危机时代美国霸权在全球金融治理体系的发展趋势展望》一文，从全球金融治理体系中美国霸权的主要表现出发，深入分析美国霸权的存在给全球经济带来的严重危害，以及后危机时代美国通过发展经济、主导改革、推出TTIP和TPP协议等途径，为维护霸权所做的诸多努力以及面临的主要挑战，而以金砖国家为代表的新兴发展中国家也加紧金融和贸易相关合作，试图影响全球经济规则制定并摆脱美国霸权控制。在此基础上，该文分析未来全球金融治理体系中美国霸权的发展趋势，最后提出中国应对美国霸权，参与全球金融治理的对策建议。

《亚投行金融助力“一带一路”：战略关系、挑战与策略选择》一文认为，亚投行的建立对金融支持“一带一路”倡议产生了重要影响，具有重大战略意义。亚投行筹建从金融支撑、经济合作平台建立和融资链完善等方面与“一带一路”形成了战略互动关系；亚投行金融助力“一带一路”产生了较大中国效应和世界影响，在此过程中也遇到了很多问题和挑战，并就如何应对这些挑战进行策略选择。该文认为，亚投行金融助力“一带一路”，一是要充分发挥亚投行、丝路基金以及政策性金融机构的引领作用；二是要加快推进国内商业银行的全球网络布局的速度；三是要加强外汇储备金融扶持的战略支撑力度；四是要重点构建人民币在“一带一路”沿线的区域化布局，形成有效的“人民币区”。

《中国参与全球金融治理体系改革的思路和策略——基于存量改革和增量改革的视角》一文认为，2008 年全球金融危机爆发之后，世界经济格局发生重大变化，新兴经济体占全球经济的比重已从 2001 年的 25.83% 上升至 2015 年的 30.3%，新兴经济体的快速崛起已促成世界经济力量发生重大转变。作为世界第二大经济体的中国，显然不能继续处于全球金融治理体系的边缘地带，一味被动接受由发达国家主导的国际规则，而是要积极主动地融入全球金融治理体系的改革，反映自身的诉求和声音，从国际规则的接受者、跟随者逐步转变为国际规则的参与者、影响者和制定者，由被动、次要地位上升为主动、主要地位，突出“中国贡献”，提出“中国主张”。融入全球金融市场，更高层次地主动参与全球金融治理，既是中国国际政治经济地位上升的写照和自身经济利益诉求的合理反映，也是中国顺应国际社会的要求，在国际事务中发挥更重要的角色，促进世界经济共同繁荣的责任和担当。

囿于国内外现实条件，中国需从“存量”和“增量”两个层面参与全球金融治理体系改革，一方面积极推进国际金融机构、国际货币体系、国际监管框架的改革，另一方面主导建立区域多边金融机构、倡导中国绿色发展理念、加快人民币国际化进程、优化中资银行海外布局。面临发达国家牢牢控制国际金融机构话语权、美元在国际货币体系中的主导地位稳固、新型区域多边开发机构深受内外双重压力以及国际形势不确定性增强等诸多障碍，中国须夯实国内经济基础，加快推进金融改革与开放发展，努力从国际新形势中寻找有利机会，积极参与构建符合历史潮流的新型全球金融治理体系。

七、政治经济学研究

限于篇幅，此部分收入论文 3 篇。《对制度变迁理论两种分析思路的互补性思考》一文是我多年来学习和研究制度经济学的一个心得。该文认为，制度变迁理论是沿着以哈耶克为代表的演进理性主义和以诺斯为代表的工具理性主义这样两条思路展开的。尽管上述两种不同分析思路的制度变迁理论的确存在着本质的区别，然而，自20世纪90年代以来，诺斯在关于信仰结构、路径依赖和文化重要性的论述时，特别是在涉及社会制度中的非正式约束的演变路径时，却采取了一种演进理性主义的分析思路，从而趋同于斯密和哈耶克在社会制度分析中的思径取向，呈现出他在对制度分析中的“U”型转向和制度变迁理论的巨大成功。

诺斯成功的根本原因在于他综合了历史——制度学派和新古典的分析方法，把按照理性选择概念来分析经济人过度简化的理论和从制度和历史方面来分析结构的因果推断理论结合起来，用制度分析来改进经济人分析，用经济人分析来改进制度分析，大大加深了对制度及其变迁的理解。事实上，经济史上的制度变迁是一个长期的动态过程。因此，将长期历史分析和短期均衡分析结合起来，创立制度变迁的动力学是历史的必然。目前，随着动态非线性经济学、博弈论、耗散理论和自组织理论的发展，在新古典经济学中引进制度和时间维度进行动态分析，不仅在技术上已成为可能，也恰是演进理性思路取向的再现。

《福特主义、后福特主义与资本主义积累方式——对法国调节学派关于资本主义生产方式研究的解读》一文认为，在20世纪70年代，西方马克思主义经济学得到了大力发展，出现了一些重要的马克思主义经济学派，诸如法国马克思主义“调节学派”、依附理论和世界体系理论，英美的“分析马克思主义”、生态马克思主义经济学等。“法国调节学派”(France Regulation School) 以其提出的一系列新概念和分析方法构成了一个新研究领域，受到世界各国学术界的广泛关注，在发达资本主义国家广泛流传，有相当大的影响。调节学派最突出的贡献就是运用调节方法的框架对第二次世界大战后美欧资本主义社会的主要发展形态——从福特主义向后福特主义的转变进行了独特的分析，对资本主义的积累体制进行了历史的、理论的、比较的分析。调节学派的观点不仅推动和丰富了马克思主义经济学的理论，也对社会科学的其他领域，如社会学、地理学和人类学等产生了重大影响，国际政治经济学中的世界体系学派就吸收了这个学派的许多重要研究成果，新经济地理学以及制度地理学派也将调节学派的研究结果应用于现代社会和空间的关系以及区域经济发展和区域创新等领域的研究。20 世纪 90 年代以来，调节学派进一步发展，被广泛运用到对转型经济、发展中经济和经济全球化、亚洲金融危机及拉丁美洲经济危机、国际合作和区域经济一体化等新问题的研究之中。

《改革开放 40 年后基础设施投资还是稳增长的法宝吗?》一文认为，实施改革开放 40 年来，中国经济发展和社会主义现代化建设事业取得了有目共睹的成就。中国经济发展的成就除了得益于发展和完善社会主义市场经济体制之外，一个最明显的因素就是基础设施资本投资尤其是政府对基础设施领域的投资政策，在推动中国经济增长过程发挥了极其重要的作用。在中国进入新常态、迈入新时代，经济发展格局和模式发生重大转变，消费已成为经济增长主要拉动力的情况下，如何认识投资特别是基础设施建设投资在中国经济增长中的地位和作用，再次成为备受社会各界关注的热门话题。基础设施建设投资是不是稳增长不可替代的手段，还能像过去一样是拉动经济增长的主要法宝吗？该文利用我国 30 个省份的面板数据，使用系统 GMM、固定效应估计等方法实证分析了基础设施投资对经济增长影响效果，考察我国的基础设施投资在引领民间投资、促进经济增长中发挥的作用和效果。结果表明：基础设施投资对经济增长呈现出倒“U”型的关系，当前我国正处于并将长期处于倒“U”型曲线的上升阶段，基础设施投资对于经济增长的拉动作用显著，维持基础设施建设投资在一个适当的水平，仍是我国稳增长的重要法宝，客观上有助于中国经济发展动力机制完成由投资驱动向创新驱动的转变。

自从 1983 年我离开老家开封到北京求学，至今已经快了 40 年了。在我求学的道路上，我遇到了许多良师益友，得到了许多师长、好友、同学、同事的关心、帮助和支持，正是他们的教诲、鼓励和帮助，才使我一步一步地走今天，取得了一点成绩。

我要感谢我的硕士研究生导师曹振良教授。曹老师把我领进了学术研究的大门，教我如何研究问题，如何撰稿论文，对我研究能力、分析能力和文字能力的提高都有巨大的帮助；他像慈父一样关心我，他豁达、开朗、沉稳的人格对我走出校园、走向社会，如何为人处世产生了深刻的影响。

我要感谢我的博士研究生导师逄锦聚教授。逄老师虽然有很繁重的行政和科研工作，但始终对我严格要求。每一次见面和讨论，他都非常仔细地询问我的工作、学习和生活情况，并及时进行指导和教诲。逄老师严谨的治学态度、朴实的工作作风，深深地感染着我，鼓励我知难而进，刻苦向前。

我要感谢蔡继明教授，他虽然不是我名义上的导师，但对我倾注的精力和心血丝毫不亚于他自己的学生，他在学习、生活和工作各个方面都关心、指导和提携、帮助我。他渊博的知识、深厚的理论造诣、孜孜以求探索真理的精神以及宽广的胸襟、儒雅的风度，是我永远学习的榜样。

收入论文集的主要内容都是我与我的学生共同研究、共同合作的成果，他们是罗惠良、李忠、张训然、宋李、孙飞、郭卫东、代松、倪淑慧、陈世金、武鹏、王爱萍等。非常感谢他们允许我将合作成果收入书中。同时，还要感谢我的学生倪淑慧、关可天、杨景云、杨笑鸣为文集编排付出的努力和辛苦。

长期以来，学院良好的学术环境和学术氛围，给我整个身心带来了极大的快乐和鼓舞。其间，一直受到李翀教授、沈越教授、赖德胜教授、戚聿东教授、赵春明教授、钟伟教授、李由教授、申嫦娥教授、杨澄宇教授、孙志军教授、张平淡教授的关心、帮助和指导，谨向他们表示衷心的感谢。

胡海峰

2020 年 7 月 30 日于京师园

第一篇 创业投资

- 创业资本契约理论文献综述
- 美国创业投资行业区域集聚特征与集聚效应
- 专业化、机构化与美国的创业投资
- 美德两国创业资本市场差异比较分析

创业资本契约理论文献综述*

一、导 论

世界经济发展的进程表明，创新是推动经济发展的主要动力之一。但是，要把创新性的思想转化为真正的商业行为，在初始阶段需要大量的资金支持。通常情况下，创新企业的创始人没有足够的资金单独对其创新思想完成融资，必须寻找外部的融资支持。此外，创新企业不仅需要资本支持，还需要有人提供相应的管理建议。由于创新企业未来发展前景存在很大的不确定性，银行既不愿意对其融资，承担创新企业所具有的高风险，也不愿意承担对企业管理上的咨询。同时，由于没有担保和经营记录，创新企业也不可能向公众发行股票和债券进行融资。因此，一种针对创新企业设计的新型融资契约安排——创业资本就应运而生了。创业资本的代理人——创业资本家，作为一个专业化的金融中介，同资金的需求者——创业家之间存在着信息不对称，因此现代经济学所阐述的代理问题、激励问题在创业资本融资契约中也普遍存在，创业资本家通过使用各种各样的机制，减少融资过程中的代理成本，解决代理冲突问题。

在过去十几年间，国外理论界对创业资本契约进行了大量的理论和经验研究，取得了一系列的研究成果。本文试图对这些文献作一个系统的回顾和

---

* 本文原载于《改革》2002 年第 5 期。

评述，并提出几个创业资本契约理论未来的研究方向。本文结构如下：第二部分对创业资本市场结构和运行机制加以简单介绍，并将创业资本投资的运作过程划分为选择过程、投资过程和退出过程；第三、第四、第五部分分别对上述过程中的理论文献进行分析；第六部分是本文总结，并指出创业资本契约理论进一步的研究方向。

二、创业资本市场的结构和运行机制

对创业资本市场运行机制和金融工具最早的开创性研究，是由萨尔曼（Sahlman，1988，1990）和巴里（Barry，1994）做出的。上述论文将创业资本契约分为两个方面，一方面是创业资本家和创业基金投资者之间的契约关系，另一方面则是创业资本家和他们投资企业之间的契约关系。我们用图 1 对创业资本市场的典型特征作一简单描述。在创业资本市场中，创业资本企业（通常是有限合伙公司）从外部投资者手中筹集资金，并根据他们的要求，投资于潜在的高回报项目。在美国，许多高技术公司（如苹果、思科系统、微软、莲花、基因泰克和英特尔）和许多成功的服务企业（如联邦快递、星巴克、Staples）都在不同程度上受到创业资本的支持。

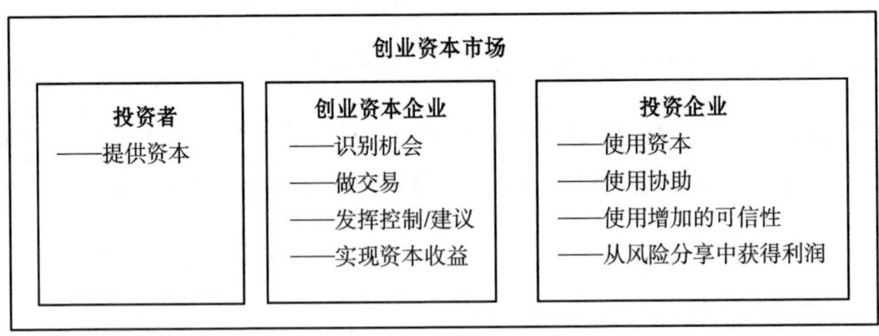

图 1　创业资本市场的典型特征

然而，在创新思想商业化过程中创新企业所遇到的问题不单单是资金的匮乏，还存在一个管理经验不足的问题。众所周知，创新企业大多是业主管理，创始人可怜的管理背景往往是企业成功或扩展的障碍。由于创业家多半是一个商务经验不足的自然科学家，因此创业资本在提供资金供应的同时，还侧重于提供相应的管理经验。这是创业资本契约所独有的特征之一。银行只是监督所贷款企业的财务状况，而创业资本家更多地检查所投资企业的发展战略。创业资本家通常在处理企业咨询、重大问题的决策等方面起到积极的作用。可以说，创业资本家对创新企业的控制和管理咨询活动，为创新企业的生存和发展提供了强有力的支持。

创业资本家和创业家，共处于一个信息高度不对称、高风险和高不确定性的环境中。创业家一般只拥有有限的资源，创业家个人的人力资本是项目成功的基本要素之一。而在一般情况下，人们对其人力资本所产生的贡献不能直接观测到。创业资本契约安排所要解决的问题，就是如何通过机制设计来达到最优。由于对创新企业提供资本支持，创业资本家承担了项目的部分风险，必然会要求部分剩余索取权。然而，在创新企业中，如果创业家不能分享全部利润，那么他就会减少努力，随之就会产生一个激励问题。即使创业家非常努力，项目也可能由于其他原因而失败。在此情况下，只要创业资本家给项目融资，创业家一般不愿意承认失败和终止项目。这将造成项目损失继续加大以及稀缺资源的进一步浪费。此外，在创业资本融资过程中，创业家也可能会浪费和误用手里的钱。例如，创业家可以投资一个有较高个人收益，但对创业资本家而言却是一个预期货币支付较低的项目。在创业家实质上参与利润的分配但并不承担大部分的损失的情况下，他很可能铤而走险。

创业资本契约理论的分析，一般情况下都是在标准“委托—代理”分析框架内进行的。在委托—代理关系中，创业家是代理人，创业资本家是委托人。然而，创业资本融资安排的一些特征已经超出了典型的“委托—代理”关系。例如，创业资本家的努力是投资成功的基本要素。因此，在创业资本契约理论中，不仅要研究如何设置对创业家权力激励的问题，还要研究如何对创业资本家设置权力激励的问题。

三、选择阶段

在美国，每年提交给创业资本家的项目计划书大约仅有5%收到融资（OECD，1996）。如何选择一些能保证未来有高额利润的企业，是创业资本家面临的一项非常困难的任务。即使一家创新企业有经营历史，但也都非常短，这迫使创业资本家不得不评估企业的其他问题，如创业家的个性和特点以及创业家思想的原创性或者相关市场的结构。在进行一项投资之前，创业资本家必须进行一项尽职调查。

由于创新企业存在的高度不确定性，创业资本家通常是投资于某一特定行业，具有专业化的特点，就像下面谈到的创业资本通常投资于企业的某一发展阶段或某一区域，具有阶段性或区域性特点一样。之所以如此，多半是因为创业资本家以前通常是某一特定行业有长期实践管理经验的企业家，人们有理由相信他们在管理方面有较高的胜任能力。专业化和在管理上的高胜任能力使得评估不确定项目相对容易一些。

阿米特、格洛斯坦和缪勒（Amit，Glosten and Müller，1990）假定，创业资本家认为创业家提交的项目质量和创业家的能力存在事前不确定性。在此假定下，他们对创业资本选择过程中的逆向选择问题及后果进行了分析。在他们的模型中，由于创业资本家在好项目和坏项目之间不能做出辨别，不能为最佳创业申请资金提供有足够吸引力的条件。这个结果实际上等同于阿克洛夫（Akerlof，1970）描述的“柠檬市场”。在此市场中，最有保证的项目并不能找到为其提供融资的创业资本家。在这个模型的扩展中，一个能判断创业家的质量信号（如创业家的文凭和一个高质量的商业计划书）或者创业家在项目成功上的自信（如在坏的企业绩效情况下，创业家事前接受的惩罚），能够缩小创业资本市场的逆向选择问题并导致分离均衡。通过提供一个信号，创业家表明其项目是优越于其他未知质量的备选项目。然而，这个模型的假定是有问题的。它假定创业家能够对他们的项目进行自身融资。通常，一个初始企业除了创业资本以外并没有其他融资的可能性，以致创业家在信号是不可能的情况下也被迫接受一些较差的条件。这个模型的另一个假定——创业资本家不能在好项目和坏项目之间进行区分，也存在问题。一般来说，在尽职调查之后，创业资本家在某种程度上能确认项目的质量。尽管这个模型预测大多数有成功保证的项目并没有创业资本的参与，但几个非常成功的跨国企业都是创业资本支持的却是不争的事实。

博格隆和约翰逊（Berglund and Johansson，1999）对选择过程的另一个特点进行了模型化，即为什么创业资本在企业后期发展阶段的投资比早期发展阶段的投资多。他们提供的原因是，创业家在初始阶段不想得到创业资本融资，因为他们的讨价还价地位是坏的。过后，当他们的讨价还价地位变好的时候，如创业家的产品获得专利保护，创业家能以净现值获得更高的股份，创业家才会考虑创业资本融资。然而，等待是无效率的，因为项目的总净现值随着时间下降。博格隆和约翰逊（1999）像阿米特、格洛斯坦和缪勒一样假定，创业家没有创业资本也能生存，创业家们能从其他资源获得初始资金。

根据对已观察到数据的估计，默里（Murray，1998）给出了创业资本家为什么对小的年轻企业融资不感兴趣，而更偏爱于已建立的较大的企业。创业资本家可以通过给已建立的企业融资的规模经济和范围经济，获得比初始企业融资更多的利润。类似于博格隆和约翰逊，默里得出结论：年轻的小企业可能从创业资本那里得不到融资。然而，这个结论也许对欧洲是适用的，但在美国并不适用，因为美国的创业资本投资 1/3 是在早期阶段的。①

几个描述性和经验性论文涉及了创业资本选择过程的话题。基于对 18 家创业资本企业的调查，弗里德和希里奇（Fried and Hisrich，1994）列出了选择

① 1992～1996 年，美国 33.6% 的创业资本投资发生在早期阶段，而欧洲仅为 5.8%（OECD，1996）。

过程的阶段以及每一阶段与决策相关的标准。麦克米兰等（Macmillan et al.，1987）在100个创业资本家中间进行了一项调查。在融资决策中，最重要的标准是创业家的素质。扎卡拉基斯和迈耶（Zacharakis and Meyer，1998）表示，在选择过程中，创业资本家主要依靠直觉的方法。这三篇文章均是以美国的创业资本融资为背景的。

创业资本家对项目的选择，不仅包括对创业家个人素质和财务特性的选择，而且包括对其产品、潜在的市场等方面一系列的深刻审查。此外，在创业资本家和创业家之间的特殊契约安排，也能阻止低能力的创业家申请到资金。通过接受契约中的一些条款（如买回期权、阶段性、可转换债），高能力的创业家将向创业资本家显示他的能力和自信。然而，高素质创业家的高质量项目得不到融资的事情也会发生，这既可能是因为创业家害怕被创业资本家套牢，也可能是因为创业资本家不能认识到这一项目的潜在价值和不能提供合适的条件，或者因为项目的规模太小。

在大多数论文中，作者都分析了创业资本家的决策程序。然而，当创业资本家为融资纷至沓来的时候，创业家也不得不面临如何选择创业资本家的抉择。由于创业资本家能够在他们的投资企业中发挥决定性的作用，他们的胜任与否能决定企业的成功或失败。这个事实由史密斯（Smith，1999）提及，并由史密斯（1999）作出经验性评估。史密斯主要从创业家选择程序和他们的选择标准（如增加价值、信誉因素、估值、创业资本家的贡献）进行分析。

四、投资过程

创业资本契约安排与一般的融资契约安排不同，其独特之处主要包括：一个特别的证券设计（通常是可转换债或可转换优先股）、控制权与所有权的分离、投资的阶段性以及创业资本家对所投资公司经营活动的积极介入。

（一）监督

由于存在高度的不确定性、信息不对称和广泛的风险，创业资本家要不断地控制他们投资的企业。创业资本家采取的最主要监督手段是参加企业的董事会。贡珀斯（Gompers，1995）通过经验数据估计，创业资本家的监督活动取决于不同的企业特性。他发现，创业资本家监督力度的加大会增加预期代理成本。特别是，当一个企业的有形资产越低、增长期权越高、资产专用性越大时，创业资本家监督的力度亦越大。然而，在创业企业中除了控制权之外，创业家的其他各种各样的状态和行动仍然保持非观测性或非核实性。所以，为了避免创业家的道德风险，创业资本家同他们投资的企业签约时，使用了各种激励机制。

（二）管理支持

一般而言，创业资本家作为一个积极投资者对公司的管理有较深的介入。利用自身网络的优势，创业资本家能够帮助公司发现合适的职员、供应商、消费者或其他伙伴。进而，创业资本家在管理活动上提供的经验，使其可以协调企业最佳结构的建立以及参与企业的组织、财务、发展战略和其他方面的决策。

创业资本家的努力程度是其投资项目成功与否的决定性因素，因为创业家通常既没有足够的商业经验，也没有相应的关系网络。然而，由于创业资本家的努力程度具有不可观测性和非签约性，在管理支持活动中如何引导创业资本家投入足够的努力，是创业资本契约安排必须解决的一个重要问题。由于创业家的行为本质上是契约经济学所研究的激励问题，创业家的行为取决于创业资本契约中的激励安排。作为创业资本家，其行为也符合标准的激励问题，因而上述问题实质上就是在创业资本契约安排中，如何解决创业资本家和创业家对企业成功带来的收益的分配问题。由于收益的固定性，给定一个代理人的激励越强，就会导致另外一个代理人增加的努力激励越弱。一些理论文章研究的主题就是创业资本行业的双道德风险问题。这些文章认为，通过在不同状态下使用不同的支付函数，可以完成更强有力的激励。对创业资本而言，通过可转换证券可以达到上述目的。

由雷普洛和苏亚雷斯（1998）发展的一个模型存在三个主体：创业家、在早期阶段提供资本但没有管理支持的初始金融家，以及提供融资和项目后期阶段提供管理支持的创业资本家。创业资本家和创业家的努力（主要体现在后期阶段）对项目的成功有着直接影响。所以，项目的全部收益将补偿给这两方。如果初始金融家也对项目成功产生贡献，那么创业资本家和创业家发挥的激励作用将减弱。在此情况下，雷普洛和苏亚雷斯的首要发现是初始金融家对收益的索取权将会被恢复。然而，在后期阶段支付初始金融家将对项目产生一个额外负担。雷普洛和苏亚雷斯研究表明，如果项目的收益较低，那么初始金融家将没有补偿。原因是，如果项目收益低，那么为了补偿先前融资者的贡献和满足其参与约束，创业资本家和创业家在公司的股权结构不得不严重扭曲；若有一定收益水平，则初始投资者得到补偿，收益越高，补偿越高，预期的补偿将超过他的投资。雷普洛和苏亚雷斯的研究显示，对初始金融家的契约接近于可转换优先股份，然而，它从未转换过，因为或者项目结束或者被创业资本家回购了。模型的中心假定，在发展的第一阶段，创业家不努力或金融家不努力，对我们来说大有疑问。在实践上，特别是在企业建立的开始阶段，双方投入大量的努力是根本条件。

施密特（Schmidt，1999）的模型显示，可转换证券能减弱创业家和创业资本家之间的双道德风险，并能在一定条件下执行第一最优解。这个模型的时序结构如下：在世界的状态由自然决定后，创业家和创业资本家序贯投资他们的努力。在好的条件下，创业资本家仅在如果创业家已经投资足够的努力时，才想投资他的努力。创业家知道这个决策规则。除了创业家失去一部分股份以外，当创业资本家投入努力时，创业家在好的条件下被引导投资足够的努力，因为事后创业家能从创业资本家的努力中得到利润。

卢夫斯曼（Lülfesmann，2000）对怎样设计最初治理结构和财务结构提出自己的观点，他认为治理结构和财务结构可以引导双方，在一个不确定、非核实性企业价值以及对所有权的转移存在一个重新谈判可能性的框架下，扩展努力的效率水平。在他的模型中，就像施密特（1999）的模型一样，努力被序贯地体现，首先是创业家，过后由创业资本家完成第二投资。卢夫斯曼认为，由于创业家在过后发展阶段中没有生产性努力，所以创业资本家在创业家已经投资创业家的努力后将得到所有权和剩余索取权。他对一个可转换债、混合所有权和一个标准债的契约安排进行了比较。在可转换债情况下，创业资本家在有关所有权转移的重新谈判不可能成功的情况下，有最优激励去投入努力，因为这样做不仅可以增加他的支付（在他行使他的期权的状态下），而且可以提高他行使可转换权的可能性。一个适当设计的可转换债导致创业家在混合所有权下投资更多的努力，因为他期望由创业资本家投资更大的努力。然而，在均衡下，初始契约总是在创业家付出创业家的努力之后，为满足创业资本家所有权而重新谈判。所以，创业资本家投入努力的有效水平是企业成功的决定因素。这个模型和先前的模型对创业家和创业资本家序贯投资的假定似乎不太一致，事实上双方是同时投入努力的。

卡萨马塔（Casamatta，1999）在创业家的理论模型中认为，最佳证券设计取决于投资的规模。在创业家的模型中，一个项目成功的可能性取决于创业资本家和创业家的共同努力。如果一个代理人的货币收益是低的，那么，在一个与他的投资比例相适应的收益的集合下，他付出努力的激励不是足够强。卡萨马塔认为，为了促使他付出更多的努力，使项目获得成功，创业资本家将得到一个可以提高其收益的权力激励。进而，最佳证券设计取决于投资的规模，取决于不同种类的证券被使用。如果一个创业资本家的货币投资较低，那么他得到普通股，创业家得到优先股。在这样的证券设计下，创业资本家在得到可以发挥努力的激励的好的状态下，会更好地成比例地得到酬劳。相反的情况是，创业家的低投资也被类似地处理。如果创业家的货币贡献颇低，那么引导创业家工作是比较难的。在这种情况下，创业资本家将得到在坏的状态下给他相对好的酬劳的可转换债或优先股。卡萨马塔提到，创业家的结果与经验发现是一致的。因为投资额较小的天使资本家经常得到普通股，而参与大额投资的创业资本家通常得到可转换债或优先股。

在马尔克思（Marx，1998）设计的模型中，假定创业资本家是在不介入企业管理的正常环境下进行投资。创业资本家仅在企业绩效较坏的情况下，才对企业进行干预。在这种情况下，他的介入能阻止低收益的继续。如果新投资企业发展状况较好，那么创业资本家的干预对收益没有影响。干预会对两个代理人引起如下成本：一是创业资本家不得不付出有成本的努力；二是创业家由于被剥夺了在企业单独决策的权力而失去创业家的私人收益。如果是使用纯债务契约，当企业的发展处于不利状况时，创业资本家会单独拥有剩余索取权，故而他有巨大的激励不去干预，以避免坏的收益。如果使用股权契约，那么创业资本家干预太多、太少或者有效地干预，就取决于他持有股权的大小。马尔克思的结论是，通过一个债务和股权的混合或者通过一个可转换优先股，创业资本家干预的有效性可以达到。在这个模型中，创业资本家对企业的介入会损害甚至打击创业家的结论，与前面提到的四个模型的结论不同。在现实生活中，创业资本家的介入多数情况下对创业家是有利的。这个模型的另外一个假设，即创业资本家能将低收益提高至一定水平，但他的干预在高收益情况下却没有影响，也值得讨论。

（三）企业的控制权

在创业资本契约安排中，对一个最佳的控制和治理结构的选择实质上等同于选择一个最佳融资结构。也就是说，融资结构决定了公司的治理结构。如果创业资本家持有不同种类的证券，那么他就有不同的控制权。创业资本家通常在他们融资公司的股本中保持一个重要的份额。他们最常用的手段是成为他们投资企业的董事会成员，并保留比他们股权投资规模大比例的重要的经济权。一般情况下，在创业资本契约安排中，会让创业家拥有一个大的股权比例，以便引导他投入足够的努力，而同时让创业资本家对一些领域有控制权，以避免进一步的代理冲突。创业家和创业资本家之间的契约安排，主要是有关创业家的权利和义务的限制性条款。控制权对企业绩效而言经常是相机的：如果企业绩效坏，那么创业资本家得到更多的权力。不同的论文对有关控制权的不同问题进行了分析，如对产品决策的控制权、购买的期权（在某些条件下有权开除创始人）、专有权（投资企业不允许寻找创新借款）或者对重要决策（如大的支出或新证券的发行）的否决权。

陈、西格尔和塔科尔（Chan，Siegel and Thakor，1990）从理论上分析了在创业资本家和创业家之间契约安排的典型特点：（1）所有权和控制权是独立规定的；（2）从其他资源的外部融资（重新借款）被禁止；（3）如果创业家占据少量的技能水平（在开始时双方是不知道的），允许创业家保留控制权，否则创业资本家拥有生产性的控制权；（4）若创业家保留控制权，则双方的支付取决于创业家的技能。

在陈、西格尔和塔科尔（1990）的模型中，控制权意味着控制方需要一个花费成本的努力作出生产决策的权力。尽管创业家的技能影响现金流，但有控制权一方的努力对项目出现坏和好的状态的概率有直接影响。一开始，创业家有控制权。第一期现金流表明了创业家的技能水平。如果创业家没有足够的技能，把控制权让渡给创业资本家是有效率的。在这种情况下，创业家将得到一个能有效地解决道德风险（对创业资本家来说，他的努力是剩余索取权）和最佳风险分享（作为创业家被假定是风险规避者，创业资本家是风险中性者）的固定数量补偿。如果创业家保留控制权，创业家的支付取决于创业家的技能（进而是现金流，因为创业家的技能直接影响创业家的现金流）。这个规定导致较高技能的创业家发挥更大的努力。最后，创业家强迫自己不再从外部寻找任何资金。原因是，如果创业家不完成自己的承诺，在开始时创业家就要从创业资本家那里得到较糟糕的条件。然而，这个模型假定第一期的现金流反映创业家的技能，在现实中是有问题的。

阿吉翁和博尔顿（Aghion and Bolton，1992）在一个由财富约束的创业家（可从运营项目中获得一个私人非货币收益）和一个仅关心货币收益的金融家之间的合伙制中，发展了一个治理结构的“豚序”理论。一旦这两个代理人的目标不一致时，控制权的分配就十分重要了。阿吉翁和博尔顿认为，存在一个重新谈判的可能性，并假定了两种自然状态和控制方的两种可能行动。

货币和非货币收益的程度取决于采取的状态和行动。根据阿吉翁和博尔顿（1992）的研究，控制权的豚序理论包含如下顺序：创业家的控制（对创业资本家而言是非投票权股票）、相机控制（债券或可转换债）和创业资本家的控制（投票权的股票）。这篇论文的另一个结论是，有时创业家掌握控制权并不可行，因为投资者并未被充分地补偿。在此情形下，控制权的分配对自然的信号是相机的。在这些特征下，债务是最佳的融资形式。债务契约包含了对创业资本家的保护，因为一旦企业的绩效变坏和创业家渎职，它能使创业资本家接管企业。同时，创业家在债务安排下也能得到一些私人收益。

赫尔曼（Hellmann，1998）的模型考虑了一个创业资本家和一个能从管理企业获得私人非货币收益并由财富约束的创业家。创业家可以在预期利润的费用下增加创业家的私人收益。该模型的中心问题是创业资本家有权解雇创业家。这个权力不是相机状态，它不独立于融资结构。所以，创业资本家的作用是发现一个创新、更具生产效率的管理者（而不是像上面提到的陈、西格尔和塔科尔的模型那样，由其自身取代创业家）。在该模型中可以发现创新管理者的成本起到重要作用。在该模型中，创业家有时自愿放弃控制权，而并不是像阿吉翁和博尔顿的模型中所讨论的，由于创业资本家的参与约束而被迫放弃。赫尔曼的模型给人的直觉是，如果创业家有控制权，创业资本家从事寻找活动的激励要低，因为在花费成本寻找后，创业家会决定不被替代或者要求为创业家的替代支付一个巨额的解雇费用。赫尔曼分析了在一个替代情况下和非替代情况下的补偿设计，以便对创业家设置激励（货币和私人收益）和带来一个最佳的替代决策。赫尔曼表明，创业家接受“赋予”①和适度的解雇费用。创业家的生产效率相对于职业管理者越低、创业家的私人收益越低、创业资本家拥有较大的讨价还价权力时，创业资本家拥有控制权和管理的改变更可能发生。

---

① 在赋予下，创业家的股份最初由企业持有，创业家根据一些契约条款逐渐得到它们。如果创业家离开，公司将保留或较便宜地买回未赋予的股份。

阿杰翁和博尔顿（1992）、赫尔曼（1998）均假定控制权是一个二元变量，即一方有控制权，另一方就没有控制权。而基里连科（Kirilenko，2000）分析了控制权在创业家和创业资本家之间的连续分配。基里连科认为，控制权的分配可以减少某些激励问题，使结果更有效。创业家和创业资本家之间的契约规定控制权的分配，以及分配给创业资本家股份的数量和价格。创业家具有一个不被创业资本家观测到的控制权私人价值。创业资本家对创业家控制权价值的不确定性越高，控制权分配就越倾斜于创业家。此外，创业家可以得到项目未来收益好坏的信号，而创业资本家观测不到这一信号（基里连科称之为逆向选择）。逆向选择越高，委派创业资本家的权力越多。更多控制权的分配对创业资本家的影响如下：（1）以较高的股份价格对创业家所有权的摊薄；（2）更多的风险分配给了风险中性的创业资本家（而创业家是风险规避者）。基里连科的结论是，通过更好的融资条件和更好的风险分享，创业家失去控制权的收益得到补偿。最佳契约安排通过控制权的竞争性市场或双边讨价还价实现。

除了理论模型外，有几篇经验性论文也涉及了控制权分配。勒纳和蔡（Lerner and Tsai，1999）表明，控制权的分配取决于筹集资本的条件。如果这些条件是坏的，那么创业资本家取得控制权。根据二人的分析，这并不是最佳分配，因为控制权的最优安排是给对影响收益有最大边际能力的一方，而这一方通常是创业家。勒纳和蔡展示了下面的经验结果：如果筹集资金条件是坏的，那么创业资本支持的企业绩效较差。卡普兰和斯特罗伯格（Kaplan and Strömberg，2000）考虑了各种各样的控制权，诸如现金流权、投票权、董事会参与权、清算权。他们的经验分析支持了上面提到的很多理论发现。他们的主要结论是，在创业资本契约中各式各样的权力是分开分配的，与绩效倾斜是相关的，对企业的发展是相机的。在公司绩效较坏的情况下，控制权会安排给创业资本家。在创业资本契约安排中，对创业资本家最典型的保护是签订反对摊薄的非竞争①或者赋予条款。

① 一个非竞争契约禁止创业家在离开企业一段时间内为相同行业的另一家公司工作。

实际上，在创业资本投资的企业中，控制权的问题非常复杂。各式各样的控制权在创业家和创业资本家之间的分配，取决于信息不对称、技能、参与约束、努力和控制权收益（成本）以及讨价还价权力和随机变量的实现等诸多因素。为了改进效率，创业资本家的控制权通常与其所有权分离。通过使用特别的金融工具以及在创业资本家和他们的投资企业之间的契约安排中使用各种契约和限制，可以达到这种效率。

（四）阶段性融资

创业资本契约的典型特征之一是阶段性融资。起初创业家不接受全部投资，而是在公司生命周期的重要阶段（如产品模型的开发阶段、第一产品阶段等）相适应的阶段融资。在每一阶段投资的资本足够让公司过渡到其发展的下一个阶段。由于创新性企业的主要资产是无形资产，而有形资产具有高度的专有性，因而最初的投资一般都是沉淀的（sunk cost）。在企业发展阶段期间，创业资本家通过对项目和创业家更多的了解，决定下一阶段的最佳投资量，或者在一个不正常的发展情况下停止融资。执行终止项目的可能性对创业资本家是重要的，因为只要创业资本家提供资金，几乎所有的创业家都有热情让企业继续经营下去。通过创业资本家所持证券的转换改变创业家在企业的股份等形式，创业资本家不仅能够提供足够的资本支持，而且能够提供创业的支付功能。企业绩效对创业家支付的影响，加之非盈利项目有被终止的威胁，可以有效地避免创业家的道德风险。

此外，在阶段性融资条件下，创业家有动力使公司成功，并为了达到较少的股权摊薄而投入更多的努力。如果公司做得好，它的价值增加，那么创业资本家得到（对同数量的资本）的股份，将比在企业价值变低的时候得到的股份少得多。所以，如果使用阶段性融资，创业家能在公司保持较高比例的股份。创业家接受阶段性融资，也是表明创业家对自身能力有自信的一个信号。

有几篇理论性论文涉及在阶段性融资和最佳终止规则下的契约设计。贝尔格曼和黑格（Bergemann and Hege，1998）模型设计了在阶段性项目融资中的学习过程和道德风险问题。创业家控制资本（由创业资本家提供的资金）的分配和转移资金用于创业家的私人消费。这个转移不会被创业资本家察觉。这个模型分为几个时期。在每一期结束时，项目或者产生支付（被成功地终止）或者不产生支付。在此情况下，创业资本家或者清算之或者在下一期进一步融资。一般而言，在创业融资过程中，好的和坏的项目共存。开始创业家和创业资本家都不能在好坏项目之间进行辨别。坏的项目没有收益。随着时间的流逝，创业家和创业资本家对项目的质量了解到更多。没有成功的时期越多，项目是好的和未来带来收益的信心越低。因为在每一期好项目成功的概率受到投资额的影响，如果在一些时期创业家将资金转移到其私人消费上，那么创业家就压低了在那一期项目成功的概率。创业家进而减少了创业资本家对项目在未来能成功的信念，因为创业资本家无法观察到资金转移，还认为货币全部投到了项目上。尽管有此投资，项目也不能成功。所以，存在项目被过早终止的危险，因为创业资本家对项目未来的前景过于悲观。为了给创业家正面的激励，贝尔格曼和黑格建议，就创业家对项目的股份随着时间减少签订契约。在此安排下，创业家通过资金向其转移，得到一个不推迟项目成功实现的激励。如果存在一个清算价值，则或者债务和普通股相混合，或者具有随时间变化的转换价格的可转换优先股被使用。如果创业资本家有可能监督或替代创业家，那么效率会增加。

科内利和约沙（Cornelli and Yosha，1998）分析了在使用阶段性融资时产生的一个“饰窗效应”问题。在他们的模型中，创业家没有自有资金（受到财富约束），全部资本来自创业资本家。他们的结论是，创业家总是想将项目继续下去。在阶段性融资下，每当创业资本家对下一步融资或清算采取决策之前，创业家为了减少项目被清算的可能性，会有操纵短期项目信号的激励。创业家对短期目标的倾向性，会对项目的长期前景产生负影响，原因是如果创业家改进了短期信号，有可能使创业资本家股份转换上升，创业家分享的利润下降。科内利和约沙表明，为了恰当评估操纵带来的收益和损失以及让创业家“讲真话”，关键是如何设计可转换债契约安排。

汉森（Hansen，1992）也涉及了最佳终止问题。他认为，一个项目需要创业资本家序贯地投资。由于信息不对称（创业家知道项目是坏的概率比创业资本家要早）以及创业资本家对管理的贡献，如同创业家的努力可增加收益一样，都不可核实。同时，坏的项目需要创业资本家在管理上投入更大的精力。这就存在一个最佳终止和对创业家的努力进行激励的结合问题。汉森（1992）认为，债务安排会导致创业家努力的高水平。然而，如果使用一个简单的债务契约，在不对称信息下，创业家有激励保持“坏消息”的秘密和隐瞒创业资本家通过加强管理贡献的利润情况。他表明，债务对非盈利项目的表面价值比对盈利性项目高。这导致创业家投入更多的努力。用转换期权可以执行这个契约。

特雷斯特（Trester，1998）分析了在信息不对称和使用阶段性融资的情况下，创业家和创业资本家之间的一个最佳契约安排。在初始阶段，双方对项目质量都是未知的。然而，在中间阶段，信息就会出现不对称的分布。在创业资本家知道之前，创业家以一定的概率知道项目的质量。由于审计是不可能的或者需要花费较高的成本而被禁止，因而在信息不对称分布的情形下，创业家就会占有中间收益，对债务违约并放弃该项目。若项目没有被放弃，那么由创业资本家完成第二阶段投资和实现增加收益。特雷斯特（1998）对债务和优先股两种融资契约进行了比较，认为债务契约同优先股契约的区别是前者表现为一个排斥期权。特雷斯特（1998）表明，在信息不对称存在较高概率的情况下，债务契约既不合适也不可行。如果使用一个债务契约且信息不对称的概率较高，那么创业家就会担心创业资本家将取消抵押品赎回权的期权。这个期权是有利于创业家的，它鼓励创业家根据机会行动，即使双方愿意继续项目。很显然，抵押品赎回权的期权会导致一个在债务契约下的无效清算。这是优先股契约优于债务契约的重要原因。

内尔（Neher，1999）的模型假定了一个完全稳定和对称信息的环境。创业家的人力资本是企业存在的前提。代理问题之所以出现，是因为在金融家投资之后，创业家试图对金融家的索取权重新进行谈判，而创业家又不能置信地承诺不重新谈判。阶段性能帮助减缓这个套牢问题。在每一时期，金融家决定或者继续或者清算项目，取决于清算价值、继续的现值和重新谈判的概率。内尔（1999）认为，完成任何一个创新的投资等于企业的债务容量（清算价值减去已完成投资的现值）。在发展期间，投资额的增加就好像物质资本投资变成更多的有形资本一样，创业家的人力资本越来越多地包含在物质资本中。内尔（1999）注明，他的模型预测的一个通用之处是创业资本市场的投资通常是阶段性的。然而，他的模型的几个假定似乎对创业资本市场是不适用的，如完全确定性、对称信息和努力成本的缺少。

总之，上述几篇理论论文表明，阶段性融资可以减缓创业家的道德风险行为（低努力、资金转移）。在一篇经验性论文中，贡珀斯（Gompers，1995）认为，阶段性融资对降低代理成本是重要的。但上述几篇论文均集中分析了创业家的行为，而对在道德风险下创业资本家的行为并没有加以分析。

（五）联合投资

同其他创业资本家联合投资，可以改进一家创业资本企业的资产分布，使创业资本家可以在有限的资源条件下参与更多的项目。此外，布兰德、阿米特和安特威勒（Brander，Amit and Antweiler，1998）经验性确认，联合项目相对于仅由一个单独创业资本家融资的项目而言，会提供高收益。他们的论文检验了选择假设和增加价值假设两种不同的假说。根据选择假设，单独运营的项目绩效较好，因为它们比联合项目质量高。这个假设的“新颖”之处在于，创业资本家能识别项目质量是否是低的、中等的或高的。一个高质量的项目得到融资，一个低质量的项目被拒绝融资。如果项目是中等质量的，创业资本家有意愿咨询其他创业资本家对项目前景的看法。另外，根据增加价值假设，联合项目绩效更好，因为与单个创业资本家相比，更多的创业资本家会为他们的投资企业提供改进的管理支持、高信誉和较大种类的契约。然而，这个“新颖”假定是不现实的，因为它没有考虑联合投资会带来一个好绩效。在创业资本的选择过程中，联合投资之所以重要，是因为更多的创业资本家参加减少了信息不对称，可以比单个创业资本家更好地挑选最高质量的项目，而单个创业资本家不能单独辨别好的、中等的和坏的项目。一般情况下，创业资本家投资决策是在有一个准备对项目共同融资的合伙人的情况下做出的，因为他认为项目是有吸引力的（Gompers and Lerner，1999）。

有两篇理论性论文研究了在不对称信息世界中，从事联合投资的创业资本家中间的一个融资契约的最佳设计。在这两篇论文中，单个创业资本家对早期阶段融资，并在融资过程中得到企业的一些内部信息。在扩展阶段，他会邀请一个不拥有上述信息的创新创业资本家对这个企业共同融资。阿德马蒂和普弗莱德（Admati and Pfleiderer，1994）分析了一个固定的分离契约原因。他们认为，这个契约中最初的（领导型）创业资本家对股份持有一个固定的份额，而不依赖于任何创新已发行证券，并对未来的投资执行同样的分离。根据他们的模型，这个契约仅在一个阶段性融资协议中考虑最佳连续的情况下，是一个是普适的（robust）契约。在此种情况下，在一个完成连续最优决策的创业的后期阶段，联合投资是有必要的。领导型创业资本家比联合投资者拥有更多的信息，每一个其他契约将导致一个低于最佳的投资决策。如果领导型创业资本家在未来收益中的份额同他的投资额相比是高的，那么他将过度投资（支持非盈利项目而不是终止它们），反之亦然。进而，领导型创业资本家的支付是独立于对新投资发行的证券价格的。

卡明（Cumming，2000b）认为，优先股适用于领导型创业资本家，可转换债券适用于尾随型创业资本家。他的研究表明，这个安排导致一个有效的创新创业资本家的参与，限制一个证券的错价，并减少资本需求者的误述。在此安排下，领导型创业资本家置信地传递企业的真实信息（有关它的质量、资本需求和新发行证券的价值），因为他的支付独立于新创业资本家的支付和分配。在此方式下，领导型创业资本家成为创新创业资本家和创业家之间的中介。创新创业资本家对项目而言是必要的，因为没有他们，创业家将屈从于由领导型创业资本家套牢的重新谈判——作为一个单独的资本供应者，他们能从创业家那里榨取所有的租金。卡明（2000b）与阿德马蒂和普弗莱德（1994）模型的主要区别是，卡明另外考虑了创业家的道德风险问题。在一个如同阿德马蒂和普弗莱德建议的固定分离契约下，如果道德风险问题是相关的，那么领导型创业资本家就有激励在外部的创业资本家面前误述证券的价值。通过误价，他可以影响创业家在企业中的股份，这个变化对创业家的努力产生影响，进而影响企业的收益和领导型创业资本家在企业中的索取权。然而，卡明（2000b）提出的契约建议对创业资本家没有提供努力激励。

有一些经验数据讨论了上述论文的结论。勒纳（Lerner，1994b）承认，阿德马蒂和普弗莱德（1994）固定份额股份的假设，显示了联合投资的一些特点。卡明（2000a）对卡明（2000b）建议的契约安排提供了一些支持。

在美国，创业资本行业 90% 的交易是联合投资完成的（OECD，1996；Barry et al.，1990），而在德国仅约为 30%（BVK，1999）。联合投资对创业家和创业资本家也许是有盈利的。然而，当融资是联合投资时，由于更多的参与者具有各种各样的信息和不同的偏好，代理问题进一步加重。

五、退出过程

一个创业资本企业的存续期是有限的。在美国，通常是 10 年（Sahlman，1990）。在此时期之后，投资者就要对创业资本家进行评估和收获他们投资的成果。所以，创业资本家在其投资企业中的投资期限通常较短，一般为 3 ~ 7 年（Barry，1994）。在此时期结束时，创业资本家想得到投资额加溢价。因此，退出对创业资本市场的运行至关重要。

根据巴沙和华尔兹（Bascha and Walz，1999）的研究，一个创业家和一个创业资本家在某些情况下，在考虑退出渠道的选择上存在利益分歧。他们理论性模型比较了两种退出可能性：首次公开发行（IPO）和交易出售（TS）。在模型中发挥作用的因素主要有：IPO 与 TS 之间的发散成本；在 TS 情况下，收购企业准备为协同效应支付一个协同溢价；如果创业家保留控制权（在 IPO

情形下），创业家私人收益的大小；创业资本家将一个好的企业带入 IPO 市场所获得的信誉（随着企业价值的增长而增加）。根据他们的分析，在退出过程中，对较大企业价值的最优解是采用 IPO，而对一个低企业价值则采用 TS。对较高价值的企业而言，若采用 IPO，那么创业资本家获得的信誉可以大到足够超过散发成本、协同溢价、控制权收益的地步。如果允许创业资本家决定退出路径，由于信誉问题，他会对大的企业价值选择 IPO，而对低的企业价值则选择 TS。如果创业家有可能决定退出的种类，创业家会仅考虑自己的成本和收益，即散发成本中所包含的创业家的部分和协同溢价以及创业家的控制权收益。因为在这个模型中，这些问题对不同的企业价值保持恒定，在其他条件相同时，创业家对最佳退出路径的决策独立于企业的价值。对不同企业价值，如果在创业家的支付结构中没有转换，则创业家总是选择一个相同的退出路径。为了最大化全部效用，在执行阶段的控制权掌握在创业家手中，因为创业家的利润来自控制权收益。所以，为了导致最优退出路径，对一个高的和低的企业价值的支付结构的改变和最后（取决于模型的参数）在控制权的转换必须发生。巴沙和华尔兹（1999）的研究表明，通过使用可转换债，最优解可以被执行。最优解的达到取决于模型的参数，即具有一个或者转换成非投票权或者投票权股票的参数。信誉效应越大，使用非投票权股票的可能性越大。

考虑一下模型的假定，即为什么获得信誉仅取决于企业的价值，是大有疑问的。其他变量，如散发成本、协同溢价或者控制权收益在此模型中是不变的。然而，对一个绩效较好的企业，其协同溢价要比一个绩效不好的企业大。对一个较高的企业价值而言，创业家的控制权收益也可能很大。改变这些假定将相当多地改变模型的结果。模型的另一个局限性是它仅考虑了两种退出可能性——出售和 IPO。

贝格洛夫（Berglöf，1994）考虑了一个状态，涉及各方之一，即创业家或者创业资本家拥有一个较大的控制权并想将它出售给一个创新所有者。其他方通过这个行动得到负效应。如果创业资本家将控制权股票出售给一个创新所有者，那么创业家将被解雇，失去创业家的私人收益。如果创业家有大股并出售之，创新买者将完成对创业资本家有负影响的资产剥夺。在此模型中，创业家的私人收益在好的状态下发挥作用，而在坏的状态下，创业资本家的资产将被剥夺。贝格洛夫（1994）的研究表明，通过分配决策交易可以让更容易受攻击的一方减缓潜在冲突。在创业资本家可以将他的债务转换成非投票权股份的情况下，使用可转换债可以达到此目的。控制权的相机分配保护了初始签约方，并尽可能地反对摊薄以及从一个未来买者身上榨取。在好的状态下，创业家更易受到攻击，因为创业家有较高的私人收益，且股份出售权也分配给创业家。创业家出售其股份，创业资本家转换他的债务并从未来价值增值中获利。在坏的状态中（创业家不能重新支付其债务），创业资本家接管控制权①并有权出售企业。在此情形下，创业资本家更容易受攻击（如存在一个资产剥夺的高风险），所以有权决策出售是这个模型的缺陷之一。在此模型中，仅考虑两个退出渠道——出售和清算，这也是一个缺陷。

布莱克和吉尔森（Black and Gilson，1998）在一个经验性和描述性论文中强调，不仅退出渠道的适用性，而且退出的形式对促进创业资本行业的发展也是重要的。他们解释了美国创业资本市场同德国相比具有较高活力的原因是在公司治理结构上的制度性差异，即美国是以股票为中心的市场，而德国是以银行为中心的市场。股票市场形成一个合适的特殊种类退出：IPO。IPO 使创业资本家和创业家双方均受益。创业家能够重新获得企业的控制权，给创业家一个在执行阶段去投资努力和增加企业价值的激励。这个直觉由伯格霍夫（Burghof，1998）正式模型化，他的模型显示，一些项目在 IPO 市场可行而在其他市场将不能完成。通过 IPO，创业资本家减少了其讨价还价的权力，在未来谈判中避免了花费大量成本而被套牢的危险。这给了创业家一个投入更多努力的激励。几篇经验性论文证实了一个有活力的 IPO 市场对创业资本活动的正面影响。郑和威尔斯（Jeng and Wells，2000）发现，IPO 是创

① 选择时序、退出和种类的权力被称为特殊的控制权。

业资本投资最强大的动力。贡珀斯（Gompers，1998）说明了最近二十年间美国创业资本流入戏剧性增长的两个原因，其中之一是创业资本支持的企业IPO热市场。

关于创业资本行业退出渠道的经验文献通常集中于IPO，并且大多数文献仅涉及美国市场，因为在美国IPO是最频繁使用的退出渠道。① 几篇经验性文章涉及了创业资本支持IPO的特殊领域，比较了创业资本支持和非创业资本扶持的IPO，以及在更成熟和不太成熟的创业资本企业之间IPO的差别。诺顿（Norton，1993）以及麦金森和韦斯（Megginson and Weiss，1991）的经验数据证实了创业资本家资格对企业IPO的重要性。创业资本支持的企业比非创业资本支持的企业能吸引更高质量的承销商和审计师。进而，创业资本家的监督技能的质量减少较少折价结果的不确定性。在发行企业中，一个创业资本家的出现降低了上市的总成本，并最大化了发售企业的净收益。巴里等（Barry et al.，1990）研究显示，高质量创业资本家提供了更高质量的IPO。通常，创业资本家在企业IPO后保留一个重要股份比例（Barry et al.，1990；Megginson and Weiss，1991）。贡珀斯（1996）揭示，在美国，年轻的创业资本企业比老的创业资本企业公开上市早，代价是一个更大的折价。他的解释是，年轻的创业资本企业想建立信誉并继续为新基金募集资金。这个效应称为“出风头”或“哗众取宠”（grandstanding）。勒纳（1994a）研究认为，当股份估值较高的时候，美国创业资本支持的生物企业会公开上市；当股份估值较低的时候，则采取私人融资。卡明和麦金塔（Cumming and MacIntosh，2000）的经验数据揭示，退出的有效形式取决于企业的质量、资产的特性和创业资本投资的持续时间。拜格雷夫和蒂蒙斯（Bygrave and Timmons，1992）计算了对各种各样退出渠道与投资的净利润的关系。IPO至少是最盈利的退出渠道。

尽管大多数论文在分析创业资本投资的退出渠道时都要涉及IPO，但关于

① 在欧洲，1999年从IPO剥离的金额仅占20.7%（EVCA，2000）。

转换退出可能性、退出渠道的选择和退出的时序的理论性文章，到目前为止非常有限。

六、结　论

可以说，创业资本市场各个领域都是经济学家不断进行深入研究的主题。原因是创业资本市场是以在一个不确定环境下的多项激励问题和不对称信息为特征的市场。由于创业资本支持项目非常复杂，在契约中对世界的所有状态规定事前行动是不可行的。即使它们能规定，执行它们也是不可能的。大多数行动和状态仅有一个非常有限的观测性和非核实性。也就是说，创业资本契约理论是一个不完全契约理论。契约经济学所论述的委托代理问题——道德风险、逆向选择、套牢、搭便车、饰窗效应等，在创业资本市场均会出现。创业家和创业资本家通过签约影响他们的行为和减少代理成本。特别是，他们选择恰当的融资品种和结构，规定双方的权利和义务。为了论述的方便，我们在文中对创业资本契约理论做了一下人工分类。但是需要声明的是，创业资本融资契约理论必须被视为一个完整的整体。①

创业资本投资的典型特征是：一个有强度的搜寻和评估过程；对其所投资企业的积极参与；资本流入的阶段性，特别融资工具如可转换债或者可转换优先股；创业资本家之间的联合投资，或者一个短期投资水平的使用。

综观本文，可转换债的特殊作用在不同的地方被反复提到。由于没有单独的章节论述证券设计，可转换债的作用在此加以总结。可转换债并不是一个债券和股票的简单混合复制，因为前者在项目发展阶段如更多的信息被揭示一样，提供创业资本家改变支付结构的可能性。可转换债也能执行一个相机控制权分配。与债券相比，可转换债减少了创业家的风险倾斜。可转换债

① 例如，阶段性融资最接近证券设计。进而，阶段性融资可视为一个控制性机制。此外，它使监督更容易。最后，对进一步投资或结束的决策最接近于退出的主题。

能帮助解决创业资本家的道德风险问题，并引导其积极参与企业的管理。创业家被鼓励更多的努力。进而，可转换债减少修饰窗户问题并导致最佳终止。可转换债如同一个自选择机制，阻止低能的创业家参与。此外，可转换债执行一个最佳退出决策。

自20世纪80年代末起，国外理论界应用契约经济学的理论对创业资本的契约关系进行分析，在最近十几年间出版了大量的文献。这些论文多数关注处理创业家和创业资本家之间的关系，而对投资者和创业资本家之间的互动以及筹集资本和构造基金的过程仅有零星的分析。创业资本企业为筹集资本寻找投资者的市场——简单视为创业资本交易市场——也是一个以激励问题、不对称信息和不确定问题为特征的市场。目前在此领域的理论研究比较缺乏。较少的经验性论文论述了美国创业资本市场、创业资本家及其投资的企业之间的信息不对称，对所有三方——投资者、创业资本家及其投资的企业之间的互动，以及两个参与者能对第三方产生影响的契约的分析，更是少得可怜。

就上述讨论主题而言，关于联合投资和退出过程目前还没有理论探索。此外，对于理论模型中通常接受的几个假定值得重新考虑，即创业家的风险中性、在创业资本家中间的完全竞争、仅单个创业家而不是全部企业面对创业资本家，等等。仅有少量的模型假定创业家是风险规避的，然而，这似乎比风险中性假设更有说服力，就像创业家通常将他们财富的大部分投资到一个单独的项目，不能转移他们的资产一样。一般来讲，对创业资本市场的完全竞争假定导致零利润和由创业家拥有的较大的讨价还价权力。真实的创业资本市场是非常多样化的，并且契约条件较大取决于创业资本的供给和需求。这里，会发生与上述讨论的一个直接联系（投资者、创业资本家和创业家之间的互动），因为创业资本家被视为供给（投资者）和需求（创业家）之间的中介。供给方对创业资本家和创业家之间契约特征的影响，依据美国的数据（Gompers and Lerner，2000；Lerner and Tsai，1999），但并没有植入理论分析。进而，多数模型考虑与创业资本企业谈判的是一个单独创业家。然而，通常存在一个创业家团队作为一个整体，但对这个团队的单个成员的激励必须要考虑。

在各种文献中，创业资本被广泛地假定为创新和增长的推动力。然而，关于创业资本对宏观经济变量的影响，几乎没有人研究。目前仅有少量的文献就创业资本对创新影响作了经验性研究（Kortum and Lerner，1998）。进一步探索创业资本在经济发展过程中的作用和地位，是未来研究的一个重要方向。

参考文献

[1] Admati A. R. , P. Pfleiderer, "Robust Financial Contracting and the Role of Venture Capitalists", *The Journal of Finance*, 1994, 49: 371 –402.

[2] Aghion P. , P. Bolton, "An Incomplete Contracts Approach to Financial Contracting", *Review of Economic Studies*, 1992, 59: 473 –494.

[3] Akerlof G. , "The Market for 'Lemons': Qualitative Uncertainty and the Market Mechanism", *Quarterly Journal of Economics*, 1970, 84: 488 –500.

[4] Amit R. , L. Glosten, E. Müller, "Entrepreneurial Ability, Venture Investments, and Risk Sharing", *Management Science*, 1990: 1232 –1245.

[5] Barry Christopher B. , "New Directions in Research on Venture Capital Finance", *Financial Management*, 1994, 23: 3 –15.

[6] Barry C. B. , C. J. Muscarella, J. W. Peavy III and M. R. Vetsuypens, "The Role of Venture Capital in the Creation of Public Companies", *Journal of Financial Economics*, 1990, 27: 447 –471.

[7] Bascha A. , U. Walz, "*Convertible Securities and Optimal Exit Decisions in Venture Capital Finance*", University of Tübingen and CEPR Working Paper, 1999.

[8] Bergemann D. , U. Hege, "Venture Capital Financing, Moral Hazard, and Learning", *Journal of Banking and Finance*, 1998, 22: 703 –735.

[9] Berglöf E. , "A Control Theory of Venture Capital Finance", *Journal of Law, Economics and Organization*, 1994, 10: 247 –267.

[10] Berglund T. , E. Johansson, "The Entrepreneur's Initial Contact With a Ven-

ture Capitalist", Swedish School of Economics and Business Administration Working Paper, 1999.

[11] Black B. S., R. J. Gilson, "Venture Capital and the Structure of Capital Markets: Banks versus Stockmarkets", *Journal of Financial Economics*, 1998, 47: 243-277.

[12] Brander J., R. Amit, W. Antweiler, "Venture Capital Syndication: Improved Venture Selection versus Value-added Hypothesis", Discussion Paper, University of British Columbia, 1998.

[13] Burgel O., "UK Venture Capital and Private Equity as an Asset Class for Institutional Investors", Research Report, London Business School, 1999.

[14] Burghof H. P., "Personal Capability of Innovators and the Need to Go Public in Venture Capital Financing", University of Munich, mimeo, 1998.

[15] BVK, *Statistik* 1998, Berlin, 1999.

[16] Bygrave W., J. Timmons, *Venture Capital at the Crossroads*, Boston, MA: Harvard Business School Press, 1992.

[17] Casamatta C., "Financing and Advising: Optimal Financial Contracts with Venture Capitalists", Université de Toulouse, mimeo, 1999.

[18] Chan Y., D. Siegel, A. V. Thakor, "Learning, Corporate Control and Performance Requirements in Venture Capital Contracts", *International Economic Review*, 1990, 31: 365-381.

[19] Cornelli F., O. Yosha, *Stage Financing and the Role of Convertible Debt*, London: CEPR, 1998.

[20] Cumming D. J., "The Convertible Preferred Equity Puzzle in Venture Capital Finance", University of Alberta, mimeo, 2000a.

[21] Cumming D. J., "Robust Financial Contracting Among Syndicated Venture Capitalists", University of Alberta working paper, 2000b.

[22] Cumming D. J., J. G. MacIntosh, "Venture Capital Exits in Canada and the United States", Working Paper, mimeo, 2000.

[23] EVCA, *Yearbook*, Zaventem, Belgium, 2000.

[24] Fried V. H. , R. D. Hisrich, "Toward a Model of Venture Capital Investment Decision Making", *Financial Management*, 1994, 23: 28 - 37.

[25] Gompers P. A. , "Venture Capital Growing Pains: Should the Market Diet?", *Journal of Banking and Finance*, 1998, 22: 1089 - 1104.

[26] Gompers P. A. , "Grandstanding in the Venture Capital Industry", *Journal of Financial Economics*, 1996, 42: 133 - 156.

[27] Gompers P. A. , "Optimal Investment, Monitoring, and Staging of Venture Capital", *Journal of Finance*, 1995, L (5): 1461 - 1489.

[28] Gompers P. A. , J. Lerner, "Money Chasing Deals? The Impact of Fund Inflows on Private Equity Valuations", *Journal of Financial Economics*, 2000, 55: 281 - 325.

[29] Gompers P. A. , J. Lerner, "An Analysis of Compensation in the U. S. Venture Capital Partnership", *Journal of Financial Economics*, 1999, 51: 3 - 44.

[30] Gompers P. A. , J. Lerner, "Venture Capital Distributions: Short-Run and Long-Run Reactions", *The Journal of Finance*, 1998, 53 (6): 2161 - 2183.

[31] Gompers P. A. , J. Lerner, "The Use of Covenants", *Journal of Law and Economics*, 1996, 34: 463 - 498.

[32] Hansen E. , "Venture Capital Contracts with Conversion Option, Reserve Bank of New Zealand", Discussion Paper 24, 1992.

[33] Hellmann T. , "The Allocation of Control Rights in Venture Capital Contracts", *Rand Journal of Economics*, 1998, 29: 57 - 76.

[34] Jeng L. A. , P. C. Wells, "The Determinants of Venture Capital Funding: Evidence Across Countries", *Journal of Corporate Finance*, 2000, 6: 241 - 289.

[35] Kaplan S. N. , P. Stromberg, "Financial Contracting Theory Meets the Real World: An Empirical Analysis of Venture Capital Contracts", The Center for Research in Security Prices Working Paper No. 513, University of Chicago, 2000.

[36] Kirilenko A. A. , "Valuation and Control in Venture Finance", *Journal of Finance*, forthcoming, 2000.

[37] Kortum S. , J. Lerner, "*Does Venture Capital Spur Innovation?*", London:

CEPR, 1998.

[38] Lerner J., "Venture capitalists and the decision to go public", *Journal of Financial Economics*, 1994a, 35: 317 –348.

[39] Lerner J., "The syndication of venture capital investments", *Financial Management*, 1994b, 23: 16 –27.

[40] Lerner J., A. Tsai, "*Evidence from Biotechnology Alliances*", NBER Working Paper, 1999.

[41] Lülfesmann C., "*Start – Up Firms, Venture Capital Financing, and Renegotiation*", University of Bonn, mimeo, 2000.

[42] Macmillan I. C. et al., "Criteria Used by Venture Capitalists to Evaluate New Venture Proposals", *Journal of Business Venturing*, 1987, 1: 119 – 128.

[43] Marx L. M., "Efficient Venture Capital Financing Combining Debt and Equity", *Review of Economic Design*, 1998, 3: 371 –387.

[44] Megginson W. L., K. A. Weiss, "Venture Capitalist Certification in Initial Public Offerings", *The Journal of Finance*, 1991, 46: 879 –903.

[45] Murray G., "Seed Capital Funds and the Tyranny of (Small) Scale", Warwick Business School, mimeo, 1998.

[46] Murray G., "A Synthesis of Six Exploratory, European Case Studies of Successfully Exited, Venture Capital-Financed, New Technology-Based Firms", *Entrepreneurship Theory and Practice*, 1996: 41 –60.

[47] Neher D. V., "Staged Financing: An Agency Perspective", *Review of Economic Studies*, 1999, 66: 255 –274.

[48] Norton E., "Venture Capital Finance: Review and Synthesis", in: C. F. Lee (ed.), *Advances in Quantitative Analysis of Finance and Accounting*, Greenwich, Jai Press, 1993, 2: 141 – 165.

[49] OECD, "Venture Capital in OECD Countries", *Financial Market Trends*, 1996, 63: 15 –39.

[50] Repullo R., J. Suarez, "Venture Capital Finance: A Security Design Approach", CEMFI Working Paper No. 9804, 1998.

[51] Sahlman W. A., "The Structure and Governance of Venture-Capital Organizations", *Journal of Financial Economics*, 1990, 27: 473-521.

[52] Sahlman W. A., "Aspects of Financial Contracting in Venture Capital", *Journal of Applied Corporate Finance*, 1988, 1: 23-36.

[53] Schefczyk M., "Management Support for Portfolio Companies of Venture Capital Firms", ZEW Workshop, 1999.

[54] Schertler A., "*Venture Capital in offenen Volkswirtschaften: Ein theoretisches Modell*", Working Paper Nr. 925, Kiel, 1999.

[55] Schmidt K. M., "*Convertible Securities and Venture Capital Finance*", University of Munich and CEPR, mimeo, 1999.

[56] Smith D. G., "How Early Stage Entrepreneurs Evaluate Venture Capitalists", Nortwestern School of Law of Lewis & Clark College, mimeo, 1999.

[57] Smith D. G., "Venture Capital Contracting in the Information Age", *Journal of Small and Emerging Business Law*, 1998, 133.

[58] Trester J. J., "Venture Capital Contracting under Asymmetric Information", *Journal of Banking and Finance*, 1998: 675-699.

[59] Zacharakis A. L., G. D. Meyer, "Do Venture Capitalists Really Understand Their Own Decision Process?", *Journal of Business Venturing*, 1998, 1: 57-76.

美国创业投资行业区域集聚特征与集聚效应*

一、引言

随着技术进步和经济发展，距离在经济活动中的障碍已有所削弱，但同时，产业的空间集聚程度并未下降，反而形成新的区域产业集群和产业区。例如，硅谷作为美国乃至世界技术创新中心，就集聚了大量的高新技术产业集群。

人们发现，创业投资是硅谷成功的关键因素之一。创业投资是指一种由职业金融家投入新兴的、迅速发展的、有巨大竞争潜力的企业中的权益资本。① 通常认为，选择合适的创业企业是创业投资成功运作的首要环节。

有研究指出，美国创业投资家在选择投资项目时，往往将距离远近作为决策的重要依据。还有学者发现，美国的创业投资主要集中在硅谷地区，呈现区域集聚现象。然而，这些文献均没有对创业投资中地理因素的作用以及产业集聚进行深入详细的分析，也没有给出具体的衡量指标。本文从统计数据入手，构造美国创业投资行业产业集中的衡量指标，分析美国创业投资行业的区域集聚现象、集聚原因、集聚特征和集聚效应等一系列重要问题。

---

* 本文原载于《中国社会科学院研究生院学报》2008 年第 5 期。

① http：//www. nvca. org/。

二、美国创业投资行业的区域集聚特征

产业集聚，也称产业集中，是指一组在地理上靠近的相互联系的公司和关联的机构同处在一个特定的产业领域中，由于具有共性和互补性而联系在一起。

具体到创业投资行业，可用两个指标衡量其行业集聚：一是各地区创业投资项目数量占全国总数量的比例；二是各地区创业投资金额占全国总金额的比例。而对机构区域分布的考察，则可用各地区创业投资机构总部数量占全国创业投资机构数量的比例来衡量。根据对具体指标的计算，美国创业投资行业呈现较强的区域集聚特征。

（一）美国创业投资的投资项目数量和投资金额主要集中在加利福尼亚州、马萨诸塞州两个地区

表1和表2分别列出了1965～2007年美国各州创业投资项目数量和金额的集聚程度指标。1965～2007年43年间，加利福尼亚州、马萨诸塞州两地创业投资项目数量和投资金额一直是美国50个州中最多的两个地区，其中加利福尼亚州投资项目数量的集聚程度由最初21.5%上升到40.1%，一直呈上升趋势；加利福尼亚州创业投资金额的集聚程度则由31.7%上升到44.2%。

表1　　1965～2007年美国各州创业投资项目数量集聚程度　　单位：%

州名	1965～1969年	1970～1974年	1975～1979年	1980～1984年	1985～1989年	1990～1996年	1997～2002年	2003～2007年
加利福尼亚	21.5	21.1	24.7	34.2	32.4	35.9	36.9	40.1
马萨诸塞	14.9	11.0	12.4	13.2	12.4	10.9	10.4	11.1
得克萨斯	6.0	8.4	6.7	7.0	7.2	5.2	5.6	6.6
纽约	9.3	10.6	5.8	5.8	4.0	2.9	6.5	7.1
新泽西	5.0	4.1	3.8	3.2	3.6	3.6	2.4	2.4
科罗拉多	1.7	2.6	2.5	3.6	3.2	3.2	2.8	3.0
宾夕法尼亚	2.6	2.5	2.6	2.2	2.6	3.3	3.1	2.8
伊利诺依	5.3	3.4	2.5	2.5	2.6	3.3	1.6	2.7

续表

州名	1965 ~ 1969 年	1970 ~ 1974 年	1975 ~ 1979 年	1980 ~ 1984 年	1985 ~ 1989 年	1990 ~ 1996 年	1997 ~ 2002 年	2003 ~ 2007 年
明尼苏达	4.0	4.0	3.4	3.2	2.3	2.1	1.6	1.7
康涅狄格	1.0	2.4	2.95	2.5	2.7	2.2	1.7	2.4

资料来源：1965 ~ 1996 年数据来源于 Gompers，P. A，J. Lerner，*The Venture Capital Cycle*. Boston，MA：MIT Press，1999：14。1997 ~ 2007 年数据根据 NVCA 的统计数据计算而来。

表 2　　1965 ~ 2007 年美国各州创业投资金额集聚程度　　单位：%

州名	1965 ~ 1969 年	1970 ~ 1974 年	1975 ~ 1979 年	1980 ~ 1984 年	1985 ~ 1989 年	1990 ~ 1996 年	1997 ~ 2002 年	2003 ~ 2007 年
加利福尼亚	31.7	28.2	30.6	44.0	31.5	36.6	41.7	44.2
马萨诸塞	8.8	8.0	8.7	12.7	9.2	9.1	10.1	12.8
得克萨斯	5.4	7.2	6.6	7.6	7.1	5.4	5.8	6.2
纽约	4.6	8.0	7.2	4.5	4.6	3.8	6.2	7.4
新泽西	4.7	4.2	3.4	2.4	4.0	4.6	2.8	2.6
科罗拉多	1.8	2.6	2.0	3.2	2.6	2.6	3.7	4.1
宾夕法尼亚	2.6	2.1	5.2	2.4	5.0	3.0	2.5	3.3
伊利诺依	8.6	6.9	5.2	1.9	3.9	3.8	2.0	3.0
明尼苏达	0.9	4.6	2.0	1.8	1.3	1.4	1.2	2.1
康涅狄格	0.1	1.6	3.7	2.1	4.8	1.9	1.5	2.2

资料来源：1965 ~ 1996 年数据来源于 Gompers，P. A，J. Lerner，*The Venture Capital Cycle*. Boston，MA：MIT Press，1999：14。1997 ~ 2007 年数据根据 NVCA 的统计数据计算而来。

（二）美国加利福尼亚州的创业投资项目数量及金额主要集聚在硅谷地区

硅谷是美国区域创新最活跃的地区，是美国乃至世界技术创新的策源地。硅谷地区创业投资金额占全美创业投资金额的比例由 1993 年的 23.96% 上升至 2007 年的 36%，是美国创业投资最集中的地区（见图 1）。正是因为硅谷的存在，加利福尼亚州创业投资数量和金额才居于各州之首。

（三）美国创业投资行业区域集聚现象还表现在投资机构的集聚

2007 年底，在美国 984 家本土创业投资机构中，硅谷地区就有 200 多家，其管理的创业基金占全国创业基金总额的 25%。本土创业投资机构主要集中在加利福尼亚、纽约和马萨诸塞三个州，集聚程度分别为 33.2%、16.4% 和 11.9%，三个地区创业投资机构数量占全国的 60% 以上（见图 2）。另外，美国创业投资协会评选的 2003 年美国前 180 家主流创业投资机构中，有 54 家总部设在加利福尼亚州，32 家设在马萨诸塞省。

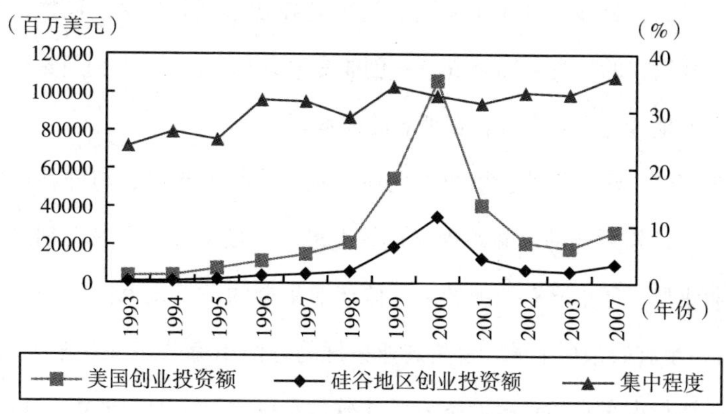

图 1　1993 ~ 2007 年美国创业投资集聚硅谷的程度

资料来源：根据 *Venture Economics* 资料整理。

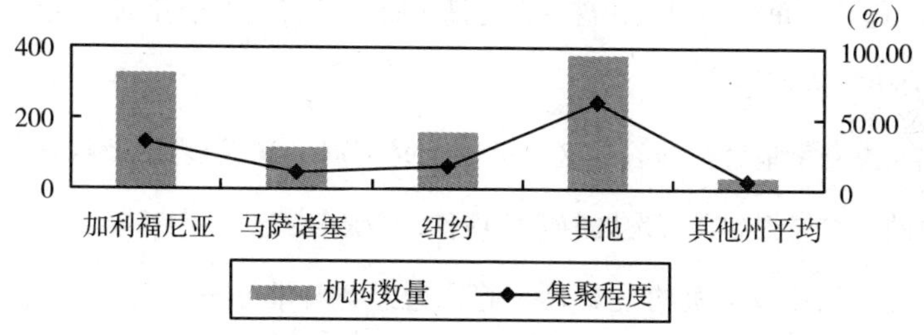

图 2　美国创业投资机构数量和集聚程度

资料来源：根据 *Venture Economics* 资料整理。

三、美国创业投资行业区域集聚现象的成因

从交易成本①的角度分析，美国创业投资行业之所以出现区域集聚现象，

① 按照威廉姆森的定义，交易成本是指整个交易签约过程和执行过程中所花的费用。

主要有以下几个原因。

第一，区域集聚可以有效地分享信息，降低创业投资家对投资项目的搜寻时间和搜寻成本。选择高质量的创业项目是创业投资成功的前提和基础，高质量的备选项目可以降低项目筛选成本，进而降低创业投资的前期交易成本。而寻找高质量项目的渠道就是临近或处在技术创新地区。同样，创业者也需要寻找潜在的投资者和融资者（创业资本家），处于技术创新集聚和创业资本集聚的地区也会降低其融资搜寻的成本。

不难理解，众多创业投资机构之所以集聚于硅谷地区，与硅谷地区的区域创新环境是分不开的。硅谷拥有世界上最大、最密集、最具有创造性的高科技产业集群。那里既有老牌的半导体产业集群的两千余家微电子公司（如英特尔），也有后来居上的计算机产业集群的近两千家公司（如苹果），还有代表硅谷增长火车头的众多网络公司（软件和硬件）（如3COM），以及新生代互联网服务公司（如雅虎）。这些公司集聚源源不断地产生许多创新。

同时，硅谷地区还拥有斯坦福大学等世界名校。斯坦福大学对于硅谷的“诞生”起到了重要作用。在硅谷，与斯坦福大学有关的企业的产值约占硅谷产值的50%~60%。

创业投资家集聚在硅谷地区，可以及时了解、洞悉最新的科技创新，能以最快的速度捕捉到最有发展前途的项目，为成功投资奠定基础。

第二，创业投资机构集聚在一起，通过各种非正式交流，有利于创业投资家提高对项目的甄别能力和判断能力，降低投资过程中的不确定性，从而减少对投资项目的管理成本。由于创新企业存在高度不确定性，创业投资家一般致力于对其所熟知的某一特定行业进行专业化投资。但即使如此，由于显著的信息不对称，创业投资机构仍需频繁地交流信息，印证相互对某一项目的看法。这实际上是一种非正式交流的学习过程。创业资本家出于交流需要，倾向于将公司选在邻近其他伙伴公司的附近，形成集聚现象。此外，当一个投资阶段结束后，判断能否进行下一阶段投资是创业投资决策的关键问题。创业投资机构的集聚则有助于上述问题的解决，因为对实施中的项目前景进行判断，需要具有处理高度意会的（tacit）和不易数码化的隐性知识①和信息的能力。

从社会实践来看，非正式交流一方面可以增加个人知识的拥有量，并充分利用社会网络的沟通功能与碰撞效应，从而激发创新；另一方面又可以促进隐性知识向显性知识、编码化知识转换，改变知识的存在形态，进而加速知识的扩散速度。因此，在促进知识创新方面更加有效。

不难看出，集聚和地理上的邻近，使得创业投资家可以通过非正式交流和集体学习来分享洞察力和判断力。难怪经济学家青木昌彦赞叹道："硅谷模式的独特性不只在于创业投资家提供创业投资的能力，而是更多地在于他们能够以演变的而不是事前设计的方式，选择那些最终成为创新性产品系统的模式产品的项目，同时能够在早期阶段拒绝向那些失败的项目再融资。"

第三，区域集聚既可以提高创业资本家提供增值服务的机会和效率，也可以降低投资过程中的监控成本和代理成本，从而达到分散投资风险之目的。首先，为了控制、降低和分散各种风险，创业资本家在向创业企业提供资金后，还要积极帮助企业进行管理经营。有人将创业投资家的这种作用称为"硅谷企业家的教练"。为了提高增值性服务的效率和质量，距离因素成为创业投资家进行决策时的重要参考。实际上，硅谷的创业投资机构很少在硅谷以外投资。

其次，创业投资的最终成功还需要创业投资家处理好与企业家之间的委托代理关系。创业投资过程中的监控成本和代理成本都很大，如果创业投资家距其所投资的企业较近，那么由频繁视察和深度参与所引起的监督成本就会降低。

最后，针对大型的创业项目，创业投资家会通过与其他创业投资机构联合投资来进行。而创业投资机构的集聚大大提高了联合投资的效率，降低了投资成本。

---

① 隐性知识（tacit knowledge）是指在实践中感觉、领悟，通过直觉思维洞察而来的知识，难以从书本、说明书或正规教育中获得。从经济角度看，生产中的技艺、市场前景的判断等都属于这类知识。

第四，区域集聚可以促使创业投资家有效利用网络优势，提高项目成功的概率，降低创业资本的退出成本。硅谷是由一个相互联系、相互支撑的制度群体和关系网络所组成的“栖息地”，这是创业投资聚集硅谷的重要制度因素。硅谷关系网络形成的高效市场制度，从总体上降低了创业投资的运营成本。

在硅谷，创业投资家与一些律师事务所建立了密切的关系，这些律师事务所专门满足创业企业的需求。有经验的律师事务所的介入可以为创业投资家和创业者达成协议节省大量的时间，提高融资效率，节省交易成本。

创业投资家还经常利用一些会计师事务所和管理咨询公司，这些公司有为创业企业服务的专门人才。专业机构为创业投资家和创业家的工作提供了便利，使他们可以以外包的方式获得标准化的服务。

工程师、企业家和投资人的关系网络对创业投资的发展同样起了关键作用。这些网络网罗了其他地区的大量企业家、创业投资家、管理人才和服务提供商。直到20世纪80年代初，硅谷创业投资家主要来自产业界，而不是来自有金融背景的人。

天使投资者和创业投资家之间的“共生”关系，也是创业投资集聚于硅谷的重要因素。20世纪90年代，一群通过自创公司获得巨额财富的高级管理人员，以特殊天使投资家的身份在硅谷占据重要地位。他们对创业过程了然于胸，但他们一般无法一直向创业企业提供资金直至企业上市。因此，创业投资家与天使投资家保持着密切联系，许多天使投资家成为创业投资家选择优秀项目的“指针”。

总之，硅谷形成的网络效应，使得创业投资家与律师和投资银行家等其他专业人士之间产生了一种“共生”关系。地区性制度的相互作用和网络内部不同机构间的互相交流，形成了一种反馈机制。该机制可以创造一种凝聚力，从而使整体的力量和价值远远高于个体的单纯加总的力量和价值，形成“1+1>2”的效应。

四、美国创业投资行业区域集聚的效应

美国创业投资行业在地理上的集中，对区域经济发展产生了重要推动作用，是硅谷经济高速发展的发动机。具体来说，创业投资的区域聚集对区域经济的影响有以下几方面。

（一）创业投资对技术创新有明显的推动作用，加快了科技创新的商业化过程

20 世纪 90 年代中期的数据显示，硅谷年均技术专利高达 3500 多项，2001 年，技术专利更是达到 6800 多项，大量的技术成果不断地转化成产品，造成硅谷高科技产业的繁荣。20 世纪人类社会最重要的三大科技成果（可编程电子计算机、晶体管及 DNA 技术）的商业化，创业投资都发挥了至关重要的作用。尤其是 20 世纪 70 年代以来，硅谷一大批受到创业资本扶持的中小型企业主导了美国经济发展的潮流，当今 IT 行业中的苹果（Apple）、雅虎（Yahoo!）等，都曾接受过创业投资，它们分别引领了 80 年代以来的软件和互联网浪潮，创造了惊人的财富和价值，推动了生产力的发展。

（二）通过投资于高科技产业，创业资本催生了大批高科技企业，推动了高科技产业集群的产生和发展

由于创业资本的支持，硅谷拥有了源源不断地产生新产业和产业集群的奇异能力。在创业资本的支持下，渴望创业的员工不断脱离老公司，加入和成立新公司。20 世纪 90 年代，从苹果、思科、惠普、英特尔、甲骨文、升阳等分拆或衍生的公司分别高达 71 家、35 家、99 家、68 家、57 家、79 家。通过原有的科技企业不断分拆和衍生，从而形成各种高科技产业集群，直接推动着区域经济的发展。

（三）创业投资促成了新的商业模式

创业企业成功后，创业资本往往会通过 IPO 或者收购的方式实现退出。

硅谷的创业投资家创造出硅谷创业企业的两种新的商业模式：一种是将创业企业迅速 IPO，收回资金。如苹果、思科、雅虎等都是采取这种模式。硅谷创业企业的 IPO 与证券市场形成互动，为股票市场开创了新的发展模式。例如，网景公司就是第一个没有业绩而上市的企业，开创了用股票市场去评价和承担高科技商业风险的新规则。另一种是新的技术创新商业模式是大公司和创业投资家发展成为共生共存模式。例如，思科等通过收购创业资本培育的最佳创业企业，得以提升其无形资产、智力资源，而把前期的研究开发留给创业投资家。同时，创业企业则不去发展品牌和销售渠道，以规避它们所带来的成本和风险。这种成熟的风险分担方式正成为越来越常见的商业模式。

（四）创业资本扩大了区域的就业机会，促进了区域经济的发展

由于创业投资家的鼓励和提供资金，中小企业在硅谷和美国其他创新区域不断诞生。在硅谷，创新产业吸引了创业投资公司，而创业投资家的出现则从全国和世界各地吸引了企业家，就业相应增长，1998 年硅谷增加了约 19400 份新工作。表 3 展示了 1980 ~ 2001 年硅谷创业企业就业情况。

表 3　　1990 ~ 2001 年硅谷就业情况

行业	1990 年就业人数	1990 年存在企业 2001 年就业人数	2001 年就业人数	1990 ~ 2001 年就业增长	1990 年存在的企业就业增长	新企业就业增长
生物科学	46815	36243	51854	5039	-10572	15611
计算机/通信	114617	104956	150974	36357	-9661	46018
国防/空间	68527	22251	27567	-40960	-46276	5316
环境	2851	3246	8342	5491	395	5096
半导体	79630	83701	103443	23813	4071	19742
软件	48529	42955	114639	66110	-6574	72684
创新服务	100217	65389	112150	11933	-34828	46761
职业服务	73402	56288	103856	30454	-17114	47568
总计	534588	414029	672825	138237	-120559	258796

资料来源：张景安等，《企业精神与创新集群》，复旦大学出版社 2002 年版，第 238 页。

（五）创业投资家的参与，培养了创新文化，给创业者提供了一个创业的机会和平台

在硅谷，创业投资家参与创业企业，为其提供了一个试错机制，该机制鼓励冒险，允许和容忍失败。这种宽容的态度，使不少企业家失败后又成功地东山再起。例如，硅谷著名创业家伊拉汉（Kamran Elahian）的创业历程就是一个例证。继成功创办两家高科技企业后，伊拉汉在第三家企业 Momenta 铩羽而归。但这次失败后他又创建了另外三家公司，并获得了创业资本的支持。“我们容忍失败”是硅谷最受欢迎的经典名言之一。在硅谷，风险似乎是稀松平常的事，冒险可以说是家常便饭。可见，创业投资家倡导的鼓励冒险、容忍失败这种独特的硅谷创新文化，对硅谷创新精神和创新环境的形成起到了十分重要的作用，给大量的创业者提供了创业的机会和平台。

五、结 论

高技术企业在人才密集、社会氛围开放的地区（以硅谷为代表）落地生根，形成了生机蓬勃的高技术产业集群，为创业投资提供了市场机会，降低了创业投资的交易成本，促进了创业投资行业的区域集聚。创业投资家的加入充实了区域创新网络，改善了区域创新环境的质量，有利于区域产业集群的进一步发展，促进创业投资、产业集群与区域创新的共生。

目前世界许多国家为了促进本国高科技产业发展，都试图复制美国硅谷模式，但真正成功的并不多。其实模仿硅谷，最关键的是了解硅谷地区创新机制形成的原因和动力，努力营造类似硅谷的创新环境和创新精神。因为有了硅谷的创新环境，才有硅谷高技术企业的集聚，也才有创业投资的集中，而后高技术企业与创业投资的相互需求又巩固和加深了硅谷高技术产业的发展，使之成为推动加州及美国经济增长的强大引擎。这就是我们分析美国创业投资行业区域集聚现象得到的重要启示。

参考文献

[1] [美] 奥利弗·E. 威廉姆森:《资本主义经济制度》，商务印书馆 2002 年版。

[2] [美] 保罗·克鲁格曼:《发展、地理学与经济理论》，蔡荣译，北京大学出版社、中国人民大学出版社 2000 年版。

[3] 李钟文等:《硅谷优势——创新与创业精神的栖息地》，人民出版社 2002 年版。

[4] 钱颖一、肖梦:《走出误区——经济学家论说硅谷模式》，中国经济出版社 2000 年版。

[5] 青木昌彦:《比较制度分析》，上海远东出版社 2001 年版。

[6] 王缉慈等:《创新的空间》，北京大学出版社 2001 年版。

[7] Bygrave W. D., Timmons J. A., *Venture Capital at the Crossroads*, Boston, Mass: Harvard Business School Press, 1992.

[8] Gompers P. A., Lerner J., *The Venture Capital Cycle*, Boston, MA: MIT Press, 1999.

[9] Sahlman W., "The Structure and Governance of Venture Capital Organizations", *Journal of Financial Economics*, 1990, 27: 473 -521.

专业化、机构化与美国的创业投资

——KPCB 的成功经验及对我国的启示*

自20世纪50年代以来，创业投资在美国得到蓬勃发展，创业投资的出现对美国新经济的形成和发展起了重大作用，它解决了高新技术企业成长过程中急需资金却又难以从传统的融资渠道融集资金的矛盾，是扶植高科技产业、推动高新技术产业化的功臣。美国创业投资行业的巨子——KPCB 公司（Kleiner Perkins Caufield & Byers），是一家成立较早的创业投资机构，在它成立后的30年间为其投资者创造了巨额的财富，并首次建立了美国创业投资行业的交易规则，在美国的创业投资行业拥有其他公司所无法比拟的地位和权威，被誉为美国最好的创业投资机构之一。本文拟从 KPCB 的发展历程入手，分析 KPCB 以及美国主流创业投资机构的特点，并试图对美国创业投资的运行机制、发展规律做一探讨，以期对我国创业投资的发展带来一些有益的启示。

一、KPCB 的基本情况

KPCB 成立于1972年，是一家私人合伙企业，当时起名为 KP（Kleiner and

* 本文原载于《财贸经济》2008年第10期。基金项目：国家社科基金项目“多层次资本市场建设及监管问题研究”（项目号：05BJL026）。

Perkins），以其两位创始人克莱纳（Eugene Kleiner）和帕金斯（Tom Perkins）的名字而命名。这家新成立的创业投资公司，最初通过 4 个月的时间募集到 800 万美元，KP 的主要投资目标是个人电脑、基因等高新技术产业。

KP 投资的许多企业后来都成为行业中的佼佼者，如康柏公司、太阳微系统公司以及网景科技公司、美国在线等。在其投资的 475 多家公司中，已经有 10 家进入了 500 大企业的行列中。

在 KP 成立 10 年后，当初募集的 800 万美元的基金价值达 4 亿美元，平均每年有 47% 的红利。1978 年，由于新加入了两个成员加菲尔（Frank Caufield）和拜尔斯（Brook Byers），KP 改名为 KPCB（但人们还是习惯于沿用 KP 这个名字），并成立了一系列新基金。在此后近三十年中，KP 不断有新的合伙人加入，目前 KP 拥有 22 位合伙人。KP 成立以来募集的基金金额情况见表 1。

表 1　1972～2007 年 KPCB 发起成立的创业投资基金情况

基金名称	成立年份	募资（万美元）
KP	1972	800
KPCB Ⅰ	1978	1500
KPCB Ⅱ	1980	6500
KPCB Ⅲ	1983	15000
KPCB Ⅳ	1986	15000
KPCB Ⅴ	1989	15000
KPCB Ⅵ	1992	17300
KPCB Ⅶ	1994	25500
KPCB Ⅷ	1996	32800
KPCB Ⅸ	1999	45000
KPCB Ⅹ	2000	100000
KPCB XA	2002	63000
KPCB XI	2004	40000
KPCB XII	2006	60000
KPCB China	2007	36000

资料来源：根据 NVCA 及相关资料整理。

不断成立的新的创业投资基金，为 KP 注入了新鲜血液。到 2007 年底，KP 投资的公司股票市值高达 3000 多亿美元，收入 150 多亿美元，员工达到 30 万人。[①] 尽管 KP 取得了如此骄人的业绩，但它也不是常胜将军，在 KP 的投资项目中也有很多失败的记录。据统计，1990 ~ 1997 年，KP 共完成了 79 家信息技术和生命科学企业的投资和上市，其中 55 家已经关门大吉，有 5 家因为获利比市场平均价值低而上了黑名单。不过，KP 成功的投资项目获得的收益足以弥补失败项目所带来的损失，这也验证了创业投资行业高风险、高回报的特点，即可能在一夜之间损失掉所有的财产，但是一个项目一旦成功，就可以获得上千倍的回报。

二、KPCB 的运作特点

（一）KPCB 合伙人的背景

现代经济学理论表明，人力资本对企业的生存和发展有着至关重要的意义，尤其是对创业投资这样的特殊行业，其合伙人的背景及水平几乎决定了企业的成败。对 KP 而言，它的合伙人无一例外的拥有技术和管理方面的双重背景，他们有冒险精神，勇于面对挑战，不安于现状，并且拥有企业家的工作热忱，如克莱纳、帕金斯、道尔、加菲尔等都具有工程技术学习的背景。

克莱纳曾是硅谷科技企业的“鼻祖”——仙童（Fairchild）公司的创始人之一。仙童公司成立于 1957 年，由八位天才的科学家创立，是第一家专门研制硅晶体管的公司，不久又发展为一家微处理公司，在世界占领先地位。后来由于管理方面的原因，仙童公司的创立者和员工们相继离去并在附近创立新的高科技公司。帕金斯是哈佛大学的 MBA，曾受教于美国创业投资的先驱——乔治·多瑞特（Georges Doriot），在多家高科技公司工作过。约翰·道尔（John Doerr）也拥有哈佛的 MBA 学位，在进入 KP 之前，他是英特尔的一

① http：//www. kpcb. com/team/bio_detail. php? frm_id = 12。

流营销人员。拜尔斯拥有工程学位和斯坦福大学的 MBA 学位，他对创业投资深感兴趣，并撰写了斯坦福大学第一篇关于创业投资的报告。加菲尔毕业于哈佛大学，毕业后曾在曼哈顿从事企管顾问的工作，后来投身于创业投资并成功的管理着一份创业投资基金。科斯拉生于印度新德里，天资聪颖，先后在世界知名学府——印度技术学院、美国卡内基·梅隆工学院和斯坦福大学商学院取得学位，曾于 1982 年创立了太阳微系统公司。1984 年，科斯拉退出该公司管理层，1986 年加入 KP。

（二）KP 的投资方式

1. 资金来源

KP 每隔几年就会成立新的基金，吸引到源源不断的资本。众多机构和富有的个人都希望成为 KP 的投资者，但 KP 对投资者的选择相当苛刻。之所以如此，源于 KP 卓越的盈利能力和合伙人所享有的极高声誉。自 1989 年起，KP 每年的利润通常超过 30%，在创业投资基金排名上名列前茅，合伙人丰富的经验和知识为其带来的卓越的声誉，也使得融资变得非常容易。KP 的众多投资者除了有一部分来自内部合伙人外，在外部主要包括一些大公司、养老基金、大学以及富有的家庭和个人。

2. 投资和筛选标准

KP 一直探索着筛选项目和进行运作的黄金法则。在项目投资、退出时机的选择方面，KP 的几个克莱纳定律是：“在冒险之前先知道冒险的内容”“如果谈判不易达成，而关系也不是很好，那么就不值得投资”“当有钱可以拿的时候，绝对不要迟疑”“经济恐慌时就是最好的回应时机”“如果没有两个买主竞争时，千万不要卖掉任何东西”。在筛选投资项目时，KP 倾向于那些对项目计划、申请者的资质和所面临的科技与市场风险有充分的了解，较易达成一致或与申请人有着友好关系的投资项目；在退出时机的选择方面，KP 认为，当项目取得了预期的利润时，就应果断地退出而不要太贪婪；而当遇到了比较失败的项目时，也应该尽快果断地退出，以防止损失进一步扩大。在公司经营方面，创业投资家们也尝试建立自己的商业法则来引导公司，如一个项目往往是一个合伙人主要负责，但最后必须所有合伙人一致同意才能通过；合伙人可以用自己的钱投资新公司，但必须视为私人投资而不能和公司有所牵连，且若公司拒绝了一项投资，合伙人决不能用自己的钱再投资该项目，以防止他们变成自己公司的竞争对手；KP 在所有投资伙伴赚回其投资金额前，决不会收取报酬，也决不会将所得到的利益再做重复投资；KP 还向任何对其提供新技术信息的个人提供奖金，从而掌握科研和市场发展的新动向。

（三）KP 的 Keiretsu 结构

Keiretsu 是 KP 独创的组织结构。Keiretsu 起源于日本，是指一种有规律、策略上的企业联合，通常是原料供应者和制造者间经由合约联合起来。KP 的 Keiretsu 结构建立起了企业联盟网络，它联合了企业界的众多领导者，并形成了一个广泛的网络，而 KP 处于这一体系的中心。这种结构有利于 KP 所属的公司在技术、人才、信息、资金等众多方面的交流，分享管理经验和各项资源，从而让公司快速前进。KP 的 Keiretsu 结构包含了超过 175 家公司和数千名总经理，KP 相信，独占的高科技公司已经不再存在，Keiretsu 是让公司运作更好的一种方式。例如，KP 投资的各个网络科技公司是相互关联的，各个公司的董事分别兼任其他有关公司的董事，从而使他们将个人所总结的关于市场趋势的分析拿来共同分享，共同扩展客户，共同占领市场。

三、从 KP 的发展历程看美国创业投资机构的成功经验和发展趋势

（一）人力资本是创业投资成功的关键

对高科技创业企业投资既面临市场和技术的不确定性，又面临高度的信息不对称，尤其是对项目前景的判断等知识属于隐含知识。创业投资家作为知识经纪人，要把隐含知识转化成编码知识，一个重要的因素是其专业知识和专业水平的高低，而这些专业素养来自多年实战经验的积累。人力资本是其投资成功的基础和关键。KP 的巨大成功也正源于此。

最早，在美国从事创业投资活动的机构主要有三种组织形式：一是以有限合伙形式存在的创业投资基金；二是大企业附属的创业投资机构；三是小企业投资公司（small business investment companies，SBIC）。1980 年以前，三种组织形式筹集的资金分别占创业资本总量的 40.0%、31.1%、28.9%，基本上三分天下。然而从 1982 年开始，有限合伙基金的份额开始逐年上升，到 1988 年达到了 80%，从此，其份额一直稳定在 80% 左右的水平，① 成为美国创业资本市场中占主导地位的组织形式。

美国创业投资组织形式的机构化和专业化，是美国创业资本发展历史上一次重要的制度创新，促使美国的创业资本发展成为一种系统化的融资、投资制度，并已形成了一套完整的进入、评价、投资、监控、退出等的市场体系，从根本上解决了技术创新和创业企业由于高度不确定性、信息不对称等原因带来的代理问题和激励问题，从而在投资者和技术创新之间建立了一个互相沟通的中介，承担和弥补了创业企业融资困难的缺口。

有限合伙制基金的一个最重要的特点是它体现创业投资家的人力资本价值。现代经济学理论表明，分工可以通过促进专业化提高社会效益。有限合伙企业是从事对创业企业投资的专业机构，其合伙人——创业投资家在这类活动上积累了大量经验，从而能够有效降低收集加工相关信息的成本，提高监督控制活动的效率，为投资者带来收益增加。有限合伙制基金的制度设计恰恰体现了创业投资家自身的人力资本价值。普通合伙人通常是创业投资的专业经营管理人员，负责统管投资机构的业务，并参与创业投资所投企业的经营决策，提供创业投资基金约 1% 的资本，分享 20% 左右的投资收益②，并收取基金承付资本③ 2%~2.5% 左右的管理费，但承担无限责任。

---

① 1989~1994 年，有限合伙制创业投资基金占创业资本总量的比例分别为 79%、80%、80%、81%、78%、78%（Gompers and Lerner，1999）。

② 在创业投资行业，这部分收益通常被称为附带权益。

③ 承付资本是指承诺向一只创业投资基金提供的资本。该资本通常不是一次性提供完毕，而是从基金成立年份起，在 3~5 年内陆续投入。

从图 1 中可以看出，有限合伙制是典型的人力资本分享剩余。普通合伙人担当着创业投资家的角色，从基金募集到向创业企业投资再到退出方式的设计，所有这些活动都需要普通合伙人高度专业性的经营管理能力即管理型人力资本，其实际人力资本的大小体现在投资活动的结果即投资基金的收益上。普通合伙人出资 1% 却分享 20% 左右的投资收益，这意味着普通合伙人对基金注入除了 1% 的资金外，还有 19% 的人力资本（创业投资家的专业特长、经验和管理能力），从而要求相应的资本权利，获取 20% 的基金利润。这一制度安排不是通过人力资本产权股份化的方式，而是通过合伙契约的方式明确规定下来，并且在整个存续期内不能改变，可以称其为创业投资家人力资本的间接定价机制，也就是指人力资本所有者凭借其实际人力资本获得相应份额的不确定的企业剩余（利润）。

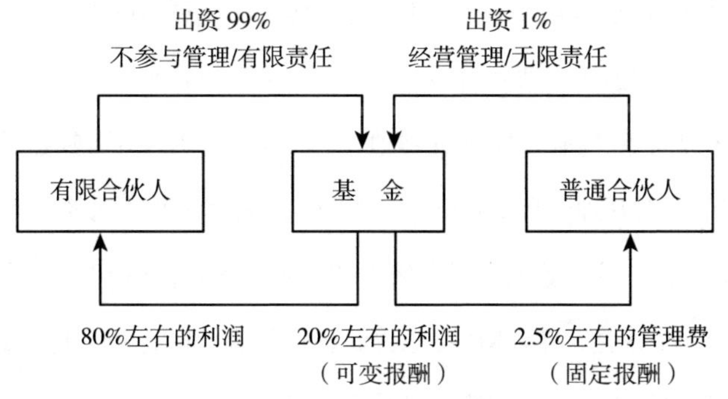

图 1　有限合伙制基金的出资和利润分配

保罗·戈普斯和乔希·勒纳（Paul Gompers and Josh Lerner，1999）的研究表明，不同基金的普通合伙人之间对利润的分享比例（份额）存在较大差异。在研究的 419 个样本中，分享比例分布为 0.7% ~ 45%，但介于 20% ~ 21% 的基金占了整个样本的 81%。其中，规模较大、寿命较长的创业投资机构的普通合伙人的分享比例较高，如规模最大、寿命最长的那些机构的普通合伙人的分享比例要高出其他合伙人约 1 个百分点，并且其报酬对业绩更具敏感性。经验研究说明，如果有限合伙人对普通合伙人真正的投资经营管理能力不太了解，就会在合伙契约中签订类似的报酬条款。如果创业投资机构的规模较大、寿命较长，说明这家创业投资机构具有较高的信誉，而信誉背后则间接地显示了其普通合伙人通常具有更广泛的投资经验和更好的投资能力，因为寿命较长意味着普通合伙人的投资能力强，可以持续募集设立新的基金；规模较大意味着投资者（有限合伙人）愿意提供较多的创业投资给那些有良好记录的普通合伙人。这种信号显示机制使得他们获得较高比例的利润份额。

为了进一步说明美国创业投资行业对创业投资家（普通合伙人）的人力资本的间接定价机制，我们以 KP 的情况具体分析。从表 1 可知，自 1972 年以来，KP 发起成立的创业投资基金共有 14 只，在发起成立 KPCB Ⅷ基金之前，KP 作为普通合伙人通常对每只基金出资 1%，其管理费为基金承付资本的 2%，附带权益为 20%。但由于 KP 的年均投资收益超过 30%，在美国创业投资行业一直名列前茅，吸引了无数投资者（有限合伙人投资）对其投资，这就使 KP 在成立新基金时处于有利地位，① 因而在 KPCB Ⅷ基金成立时，KP 要求将其附带权益从原来的 20% 提高到 30%，从而使其人力资本收益由 19% 提高到 29%，这并没有遭到有限合伙人的反对。此后，KP 再发起的新基金均采用收取 30% 收益的标准。KP 发起的创业投资基金收益分配制度的变化充分体现了人力资本价值在创业投资行业中的重要地位。

人力资本的重要性充分反映了美国创业投资这种特殊中介行业的本质特征。一些著名的创业投资基金之所以大获成功，都是由于拥有多个经验丰富的普通合伙人，像 KP 的声誉和知名度就主要在于它的合伙人，除了老的合伙人克莱纳、帕金斯等之外，新的合伙人也是声誉卓著。例如，约翰·道尔被誉为美国最有影响力、最具创意、最不拘传统的创业投资家之一，而维诺德·科

---

① 由于人力资本具有不可替代性以及稀缺性，戈普斯和勒纳（1999）认为，在创业投资基金来源（有限合伙人）快速增加的情况下，创业投资家（普通合伙人）往往不能短期大量增加，这就会产生创业投资服务供不应求的现象，从而造成普通合伙人报酬的提高以及在基金募集过程中具有谈判优势地位。

斯拉则在2001年和2002年《福布斯》公布的100名最好的创业投资家中连续两年名列第一。其他创业投资机构亦是如此，像1995年成立Benchmark，在不到5年的时间就成为一家主流的创业投资公司，原因在于这家公司拥有一批经验丰富的合伙人，他们以前分别是两家著名的创业投资公司Merrill Pickard和TVI的合伙人，他们带着个人的声誉和社会关系来到Benchmark，使得这家新成立的公司很快就名声大振。由此可见，信誉是一种有价值的资产，有限合伙制要想继续保持成功，就必须有效地维护合伙人和团队的稳定性，并积极培养新的合伙人加盟，以防止合伙人一旦离开或退休给公司信誉带来不利影响。

（二）IPO是创业资本退出的最佳渠道

美国创业资本是一个资金筹集、投资、退出、再投资的循环过程，完善的退出机制是保证创业投资取回投资和获得收益的必要环节。美国创业投资的退出渠道以公开上市（IPO）、出售和并购为主，有30%以上的创业资本通过IPO退出。

从美国的实践看，IPO是创业投资退出的最佳渠道，它可以使创业投资家持有的不可流通的股份转变为上市公司股票，同时实现盈利性与流动性，这种方式普遍获得的收益较高，是金融市场对公司业绩的一种确认，并有助于企业形象的树立和保持持续的融资渠道。许多美国创业企业的首次公开上市让其创业投资家和创业企业家一夜暴富，如苹果（Apple）公司、微软（Microsoft）公司、英特尔（Intel）公司、雅虎（Yahoo!）公司等。苹果公司首次发行获得了235倍的收益，莲花（Lotus）公司是63倍，康柏（Compaq）公司是38倍。正是由于IPO的巨大收益，美国创业投资机构都愿意采取这种方式退出创业企业。从表2可以看出，通过IPO方式退出的创业资本逐年增加，1991年为119家，到1999年则高达272家。KP也主要采取IPO方式退出，1993年、1995年、1997年、2000年都有10家以上的投资企业采取IPO方式退出，自KP成立以来，采取IPO方式退出的投资企业近120家。

表2　　美国创业资本支持的企业 IPO 数量

年份	IPO	KP 的 IPO	年份	IPO	KP 的 IPO
1979	4	0	1994	159	4
1980	24	1	1995	209	11
1981	50	0	1996	281	6
1982	21	2	1994	159	4
1983	101	3	1997	140	14
1984	44	1	1998	79	6
1985	35	0	1999	272	16
1986	79	3	2000	262	12
1987	69	1	2001	41	1
1988	36	0	2002	24	1
1989	39	3	2003	29	0
1990	43	3	2004	93	4
1991	119	6	2005	56	2
1992	157	6	2006	57	2
1993	193	11	2007	55	1

资料来源：美国的 IPO 数据根据 *Venture Economics* 数据整理，KP 的 IPO 数据来源于http：//www. kpcb. com/portfolio/portfolio. php？ipo。

布莱克和吉尔森（Black and Gilson，1998）认为，IPO 是在资本供给者和使用者之间确定了一种对未来企业控制权结构的隐性合约。这种隐性合约对于处理高风险条件下委托人与代理人之间的利益冲突是有效的，而其他退出机制下则不具备上述优势。他们认为，在创业投资过程中，存在三种情况：（1）企业家对于自己亲手创办的企业的控制权赋予极高的价值；（2）在最初的投资阶段，将企业的控制权完全赋予未经测试的企业家是不可行的；（3）在创业资本退出之时，成功的企业家从创业投资家手中重新获取企业的控制权是可行的。

在创业资本退出之前，没有一种显性合约同时照顾到上述三点，因为企业家和创业投资家会在利益驱动下去争取企业的控制权。对企业家来说，由于控制权具有极高的私人价值，失去了控制权，就有可能失去搞好企业的积极性；而对创业投资家来说，由于企业的高风险性和高度信息不对称，失去控制权很可能带来更高的投资风险。创业投资家与企业家之间的这种利益冲突如果处理得不好，会严重影响投资者或企业家的积极性，从而阻碍创业资本市场的发展。如果存在潜在的股票发行退出机制，则会在创业投资家与企业家之间形成一种隐性合约，解决或至少部分解决这种利益冲突。

当企业家将企业的部分股份出售给创业投资基金时，创业投资家以可转换证券的形式占有企业的部分价值，同时也取得了相应的控制权。作为回报，企业家获得了创业投资家的货币资本和非货币资本。与此同时，如果存在潜在的股票发行退出渠道，则企业家可以在企业控制权上获得一个隐性的激励合约（见图2）。

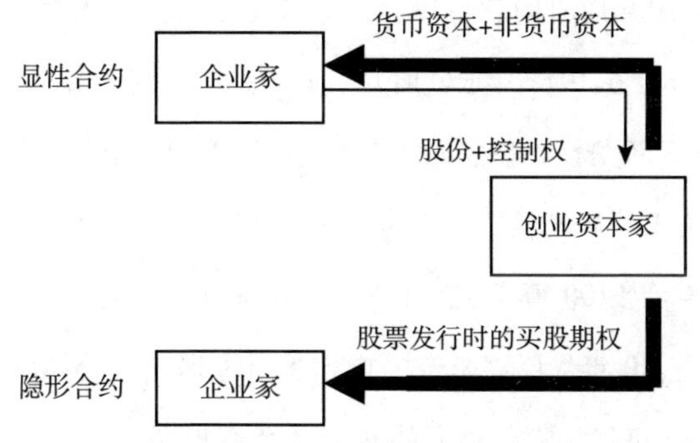

图2　企业家与创业投资家之间的显性合约和隐性合约

当创业投资家和企业家把企业培育成功并实行 IPO 时，企业家出售部分股份获得追加资本，而未出售股份的价值和流动性也得到提高。由于创业投资家出售相当部分股份或将股份作为投资收益分配给投资者，再加上新股发行的稀释作用，创业投资家在企业中的股份份额大大降低，企业家可以从中收回企业的控制权。成为公众公司后的企业不再依赖创业投资家的分阶段投资，证券市场为其提供了继续融资渠道。即使创业投资家保留了部分股份，其高度的流动性也会大大降低创业投资家对企业监控的动力。平均来说，在 IPO 一年内，创业投资家所持股份会减少 28%，IPO 三年后，只有 12% 的牵头创业投资家保有 5% 的股份。

更重要的是，显性合约一般规定在企业 IPO 时，创业投资家的优先股自动转为普通股，创业投资家失去了优先股合约中规定的重要权利，如在董事会中特殊的席位安排、在企业管理活动中的决策权等。总之，潜在的股票发行退出机制，给予企业家重新收回企业控制权的希望，这种预期会激励企业家努力工作，早日培育企业成功，同时也给予创业投资家实现投资收益最大化的机会和可能。这种各得其所的制度安排，形成了资本和技术的良性循环，是美国创业投资行业和创业企业相互促进、相互发展的重要原因。

（三）基金规模大型化是美国主流创业投资公司的发展趋势

信誉越高的合伙人越容易吸引到资金，因此他们的后续基金成立的时间就较快，有的只用几周时间就可以完成。首先，这会导致筹资周期的明显缩短。如前所述，KP 在 1972 年成立时花了四个月的时间才募集到 800 万美元的基金，而现在 KP 新发起的基金其募集资金往往不到一个月就能完成。

其次，合伙人较好的信誉还会导致基金规模的大型化。美国 1978 年创业投资基金规模为 1700 万美元，1986 年为 5000 万美元，1999 年则为 1.7 亿美元。20 世纪 80 年代巨型基金的概念是指管理 1 亿美元以上的创业投资基金，而进入 90 年代，上亿美元的基金已经变得司空见惯，随即出现的是 10 亿美元以上的巨型基金。1996～1998 年，美国创业投资行业平均有 4 只超过 10 亿美元的巨型基金成立，到了 1999 年就诞生了 5 只，2000 年则猛增到了 19 只，这 19 只基金的规模总和超过了 1994～1996 年间创业投资行业筹资的总和。

创业投资基金规模的大型化既有优势，也有不利之处。其优势是，加大了对项目的投资量，每个项目的平均投资额有增加趋势，创业资本平均投资规模由 1994 年的 270 万美元上升到 2001 年的 1210 万美元。KP 的投资规模也随着基金规模的扩大而增加。例如，1996 年 KP 当年最大的一笔投资是对网景的投资（500 万美元），而到 1999 年向谷歌（Google）投资时，则增加到了 1100 万美元。

创业投资基金规模的大型化将会导致创业投资基金对技术创新投资力度

的增加，从而加快技术进步步伐，进而促进经济增长。在20世纪人类社会最重要的三大科技成果（可编程电子计算机、晶体管及DNA技术）走向商业化的发展过程中，创业投资都发挥了至关重要的作用，像创业资本支持的思科、微软等公司过去都是一些名不见经传的中小型企业，如今则是业内佼佼者，它们分别领导了自20世纪80年代以来的软件和互联网浪潮，为社会创造了惊人的财富和价值，推动了生产力的发展。

当然，基金规模的大型化也有不利之处。其一，会造成创业投资家介入管理、提供增值服务的力度减小。鲍勃·齐德（Bob Zider，2000）认为，在20世纪80年代，创业投资基金的平均规模大约为2500万美元，拥有2～3个合伙人，每人管理3～5个投资项目，留给创业投资家很多时间直接与所投资的公司一起工作。现在创业投资基金的平均规模比80年代扩大了10倍，每个创业投资家管理的基金规模是80年代的2～5倍，基金合伙人对产业和技术的了解通常不如创业者，所以鲍勃·齐德甚至断言，今天的创业投资基金仅仅提供了融资服务，没有其他的作用。

其二，会造成基金投资的晚期化。由于受到利润和收益率的压力，创业投资基金不得不将资本更多的投向晚期项目，力争尽早从投资中退出，用较短的时间获取超额的投资利润。创业资本追求晚期投资和短期收益是诱发投机和股市泡沫的重要因素。1995～2000年，美国股市进入了牛市，其间纳斯达克综合指数上涨了580%，股市的狂涨造成了大量的经济泡沫。例如，1996年4月才开始上市交易的雅虎，在短短4年内，股价上涨了1400%，2000年3月时雅虎市值高达1240亿美元，超过了通用汽车、亨氏（Heinz）食品和波音公司三家市值的总和。形成股市泡沫的因素很多，其中一个重要因素就是创业投资家加快了创业企业上市的步伐，缩短了创业资本对创业企业的投资周期。过去，一家创业企业从接受第一轮创业投资到公开上市至少需要5年时间，然而在经济泡沫时期，接受创业融资的创业企业在1年或1年半之后公开上市已经屡见不鲜。

四、结论及启示

美国创业投资的成功，主要是采取了有效的组织制度，通过专业化和机构化形成一种人力资本的间接定价机制，从而解决了创业投资家人力资本的激励问题，为创业投资家投资的成功提供了动力。同时，美国强大的资本市场也为创业资本提供了最佳的退出渠道，为创业资本家带来了巨大收益，为创业资本进一步融资奠定了基础。随着创业投资基金规模的不断扩大，促使创业资本家不断地寻找新的投资项目进行投资，从而加快了创新、技术商业化的过程，推动了技术进步，进而推动了经济的增长。

从 KP 成功经验的分析中，我们至少可以得到以下几点启示。

第一，要大力建立和培养一支高效的创业投资家队伍。创业投资是一项高风险、高度不确定性和高度信息不对称的投资活动，只有高水平的创业投资家才能有效地克服投资过程中的各种障碍和困难，控制投资风险，取得最终的成功。目前我们国家这方面的人才奇缺，缺乏高水平的创业投资家。建立和培养一支创业投资家队伍是当务之急。要进行人才队伍的建设，关键环节就是承认人力资本在创业投资过程中的决定性作用，出台相关的政策法规，真正建立一个可以有效激励创业投资家的人力资本定价制度，让更多有才能的人加入创业投资家的队伍。

第二，要推进专业化创业投资组织的制度建设。从创业投资业自身特点和我国实际情况出发，有限合伙制是发展我国创业投资企业的一种较好的组织形式。我国应出台相关的法律法规，在法律上赋予有限合伙制投资公司合法地位，为发展有限合伙制企业扫除法律障碍，从而引导各类资本大量进入创业投资领域，进而促进我国创业投资业的发展。

第三，要加快创业投资退出体系的建设。目前，我国与创业投资发展密切相关的资本市场还很不成熟、不完善，创业资本的规模较小，而且还没有建立创业板市场，高科技企业上市非常困难，一些很有发展前景的民营科技企业因缺乏足够的资金而发展缓慢甚至夭折。资本市场的不完善严重制约了科技成果的转化，阻碍了高科技中小企业的发展。因此，要发展我国创业投资，必须努力发展多层次资本市场，尽早创立创业板市场，为创业资本的退出、使创业资本保持连续性创造前提条件。

参考文献

[1] 豆建民：《人力资本间接定价机制的实证分析》，载于《中国社会科学》2003 年第 1 期。

[2] [美] 大卫·卡普伦：《硅谷 108 将——150 年来硅谷英雄史诗》，陈建成、陈信达译，上海人民出版社 2003 年版。

[3] Black B. S., Gilson R. J., "Venture Capital and the Structure of Capital Markets: Banks versus Stock Markets", *Journal of Financial Economics*, 1998, 47: 243 – 277.

[4] Bob Zider et al. eds., *Inside Venture Capital*, Boston, Mass: Harvard Business School Press, 2000.

[5] Bygrave W. D., Timmons J. A., *Venture Capital at the Crossroads*, Boston, Mass: Harvard Business School Press, 1992.

[6] Gompers P. A., Lerner J., *The Venture Capital Cycle*, Cambridge: MIT Press, 1999.

美德两国创业资本市场差异比较分析*

自 20 世纪 90 年代美国进入新经济时代以后，世界各国的政府就开始关注美国新经济成功的原因。促进美国经济转型的原因固然众多，但一个关键的因素是美国经济存在着支持创新活动的融资制度安排——创业资本。可以说，创业资本制度的发展成为推动一国科技创新、发展和应用的必要条件。德国的创业投资活动在欧洲大陆的发展极为缓慢，但 1997 年以后，这种状况得到迅速改变，德国成为欧洲发展创业资本市场最快的国家。然而，同全球最大、最为成功的美国创业资本市场相比，德国的创业资本市场还处在一个较低的水平。之所以如此，在于美、德两个国家在金融管理体制、法律、人文等方面存在着较大的差异，因而其各自创业投资模式也有较大的不同。如今这两个国家的创业投资模式已经发展成为创业投资的两大主流模式，其发展经验对于仍处于初级阶段的我国创业资本市场的建立将是一种有益的借鉴。

一、美、德两国创业资本市场的差异

（一）美国、德国创业资本规模的差异

美国创业资本协会将创业资本定义为一种由职业金融家投入新兴的、迅

* 本文原载于《欧洲研究》2005 年第 2 期。

速发展的、有巨大竞争潜力的企业中的权益资本。[①] 目前美国的创业投资通常是指专业的中介机构——有限合伙制创业投资基金，不包括从事收购兼并、过桥融资等形式的私人权益资本（private equity）。而在德国和其他欧盟国家，创业资本的含义则与美国不同，它所包括的内容和范围比美国要宽泛得多，也就说德国的创业资本不仅包括对新兴、初创企业融资的资本，也包括收购、兼并以及成熟企业融资的资本，相当于美国的私人权益资本。

1945 年美国研究与开发公司（ADR）的成立，标志着美国创业资本正式诞生，随后创业资本在美国逐步发展壮大，经过几十年的发展，美国创业资本市场已经成为支持创新的一支重要力量。目前制度健全、监管得力的美国创业资本市场，是世界各国政府发展创业资本竞相模仿的典范。而创业资本在德国由于受到社会、经济、政治、文化等诸多因素的影响，起步较晚，发展较为缓慢，缺少应有的活力。可以说，在 20 世纪 80 年代之前，德国创业资本市场根本就不存在。进入 90 年代以后，德国政府才逐渐认识到德国经济在促进和激励创新方面与美国存在的巨大差距，因而开始效仿或复制美国发展创业资本的方法和经验，极力推动本国创业资本市场的发展。在这种情况下，德国创业资市场得到迅速发展，尤其是 1997～2000 年出现了兴旺的局面。但在创业资本总量上，同美国相比，德国的创业资本市场仍处在一个较低的水平。美国和德国创业资本市场在规模上存在的巨大差距，如表 1 所示。

表 1　　　　美、德两国创业资本投资额比较

年份	美国创业投资额（百万美元）	德国创业投资额（百万欧元）
1993	3810. 5	343. 9
1994	4159. 2	361. 8
1995	7648. 1	319. 8

① http：//www. nvca. org/。

续表

年份	美国创业投资额 （百万美元）	德国创业投资额 （百万欧元）
1996	11561. 5	446. 5
1997	15111. 3	478. 3
1998	21391. 8	856. 3
1999	54895. 2	1280. 8
2000	106131. 0	1860. 4
2001	40700. 8	2850. 3
2002	21236. 2	3325. 3
2003	18187. 7	3991. 9

资料来源：美国的数据根据 *Venture Economics* 数据整理，德国的数据来源于德国创业投资年鉴（BVK，2004）。

从表 1 可以看出，美国创业资本市场的规模明显要大于德国创业资本市场。1993 年，美国创业投资达到 38 亿美元，而同期德国的创业投资仅有 3 亿欧元，其规模仅相当于美国的 1/10。进入 20 世纪 90 年代，随着经济全球化和知识经济的扩散，世界各国都出现了科技投资热潮，美德两个国家的创业投资额都有大幅度的增长，尤其是美国的创业投资额在 2000 年达到了自从创业投资诞生以来的最高点，当年创业投资额高达 1061. 31 亿美元。德国创业资本市场也显示了同样的趋势。从 1997 年开始，德国创业资本投资额快速增长，1998 年达到 8. 56 亿欧元，相比 1997 年的 4. 78 亿欧元，增长幅度高达 80%，1999 年则达到 12. 8 亿欧元，比 1998 年增长 50%。德国创业资本市场之所以在 1997 年以后迅速增长，主要原因是 1997 年 3 月德国证券交易所在法兰克福成立了专门为创业企业上市和创业资本退出的创业板市场——德国法兰克福新市场（Neuer Market Frankfurt）。新市场的成立对德国创业资本市场发展起到了有力的促进作用。

尽管如此，德国的市场规模也远远小于美国的创业资本市场。有统计资料显示，1998 年美国的创业投资总量大约占美国当年 GDP 的 0. 54%；而同期德国的创业资本投资总量仅占德国当年 GDP 的 0. 102%，仅相当于美国的 1/

5；到2002年这种格局依然没有改变，当年美国的创业投资额占GDP的份额是0.6%，而同期德国的创业投资额仅占GDP的0.12%。

如果以美国纳斯达克（NASDAQ）市场和德国法兰克福新市场的规模比较来看，截至2001年底，纳斯达克市场总共有4109家上市公司，市值大约2.9万亿美元，而德国法兰克福新市场自从1997年开始营业以来，到2003年关闭前也只有340多家上市公司，市值只有400亿欧元左右，同美国相比不可同日而语。

德国创业投资尽管在投资金额上占据欧洲创业投资金额的13%，在欧盟仅次于英国，居第二位，但德国创业资本市场的规模与其经济规模是不相称的，因为德国是欧盟中经济实力最强的国家。据世界银行统计，2003年欧盟的GDP是8.2万亿美元，而欧盟第一经济强国——德国的GDP为2.4万亿美元，占整个欧盟GDP的比例为29%。但在创业投资方面，德国远远落后于欧盟其他国家。据欧洲创业投资协会统计，2003年欧盟创业投资额占GDP的比例为2.88%，德国仅为0.116%，低于英国(0.852%)、瑞典(0.38%)、芬兰(0.31%)、法国(0.274%)、荷兰(0.241%)和意大利(0.233%)的水平。

（二）投资主体组织形式的差异

世界上的创业资本组织形式主要有以下几种：（1）有限合伙制投资公司；（2）政府扶持的投资机构；（3）金融机构下属的创业投资部门；（4）产业或企业附属投资公司；（5）小型私人投资公司或富有的家庭/个人投资者。而有限合伙制投资公司是美国创业投资组织形式中最为常见。

最早，在美国从事创业投资活动的机构主要有三种组织形式：一是以有限合伙形式存在的创业投资基金；二是大企业附属的创业投资机构；三是小企业投资公司。

有限合伙制创业投资基金包含两类合伙人，一类是普通合伙人，另一类是有限合伙人。美国的创业资本之所以采取合伙制，是与其法律体系和税收政策相关的。首先，合伙制不具有独立的法人资格，是一级税赋，仅个人所得纳税；其次，合伙制的有限合伙人虽然是出资者，但不参与基金的日常投资运作和管理，保证了普通合伙人作为专家理财的独立性；最后，合伙制中的普通合伙人作为基金的管理者，要承担创业投资的债务和法律连带责任，这样就对其起到自我表现约束的作用。此外，通过签订合伙契约，充分保证了两类合伙人权益，对普通合伙人有效地起到了激励和约束作用。

随着美国市场环境的不断改变和对创业投资认识程度的加深，有限合伙制的优点不断得到凸现。有限合伙制中存在着两个层次的委托代理关系，即投资者和创业资本家之间的委托代理关系以及创业资本家与创业企业之间的委托代理关系。在有限合伙制中，创业资本家作为一个中间人而存在，其具备一定的专业技术知识，还拥有广泛的融资渠道和丰富的企业运作经验。作为投资者和创业企业之间沟通的桥梁，投资者通过与创业资本家之间的合约确定了对创业资本家的激励与约束，而创业资本家又通过其与创业企业之间的合约确定了对创业者的激励和约束。他们之间这种关系的建立能比较好地解决以前几种创业资本组织形式无法解决的委托代理问题，既保护了投资者的利益，又使得创业者的积极性得到充分的激励，对创新起到了巨大的促进作用。

目前，有限合伙制的创业投资组织已经迅速地发展成为当今美国广泛采用的一种创业投资组织形式。从表 2 的统计数据可以看出，1980 年，三种组织形式筹资的资金分别占创业资本总量的 40.0%、31.1%、28.9%，基本上三分天下。然而从 1982 年开始，有限合伙基金的份额就开始逐年上升，到 1988 年就达到 80%，从此，其份额一直稳定在 80% 左右的水平，① 成为美国创业资本市场占主导地位的组织形式。目前我们谈论的创业资本就是指以有限合伙制形式存在的创业投资基金，在美国，这种组织形式也称为正式的创业资本（formal venture capital）。对于从事创业投资活动的其他组织形式，则称为非正式的创业资本（informal venture capital）。

① 1989～1994 年，有限合伙制创业投资基金占创业资本总量的比例分别是 79%、80%、80%、81%、78%、78%（Gompers and Lerner，1999）。以后年份则没有相应的统计数据。

表 2　　　　1980～1988 年美国创业资本市场的结构

项目	1980年	1981年	1982年	1983年	1984年	1985年	1986年	1987年	1988年
创业资本总计（百万美元）	4500	5800	7600	12100	16300	19600	24100	29000	31100
其中：有限合伙基金（%）	40.0	44.0	58.0	68.7	72.0	73.0	75.0	78.0	80.0
大公司下属创业投资机构（%）	31.1	28.0	25.0	21.0	18.0	17.0	16.0	14.0	13.0
小企业投资公司（%）	28.9	28.0	17.0	11.0	10.0	10.0	9.0	8.0	7.0

资料来源：Sahlman W.，"The Structure and Governance of Venture Capital Organizations"，*Journal of Financial Economics*，1990，27：473－521.

美国创业投资组织形式的机构化和专业化，是美国创业资本发展历史上一次重要的制度创新，促使美国的创业资本发展成为一种系统化的融资、投资制度，并已形成一套完整的进入、评价、投资、监控、退出等的市场体系，从根本上解决了技术创新和创业企业由于高度不确定性、信息不对称等原因带来的代理问题和激励问题，从而在投资者和技术创新之间建立了一个互相沟通的中介，承担和弥补了创业企业融资困难的缺口。

更重要的是，专业化的创业投资机构（创业资本家）使美国的技术创新方式发生了戏剧性的变化，产生了一种由新熊彼特学派提出的将企业家驱动和公司导向两部分结合起来的新型技术创新模型。在创新过程中，创业资本家积极地与大企业、大学、金融机构以及各种各样的在创新过程中起重要作用的机构建立联系，成为扩大技术创新网络的核心，使美国的技术创新进入了一个新的发展时代。

德国尽管是欧洲创业投资比较发达的国家，但由于其法律和历史因素的限制，在美国占据主要地位的有限合伙制创业投资组织形式在德国无法开展起来。目前德国主要采用的创业投资组织形式有：（1）有限责任公司（GmbH）；（2）有限责任合伙（GmbH & Co. KG）；（3）投资公司基金。另外的一种比较特殊的形式就是创业投资公司（UBG）。UBG 制度是在传统公司的结构形式上建立起来的，它有两个突出的特点：可免征交易税和净财产税；可以有限地减征公司的所得税和资本利得税。

截至 1999 年，德国大约有 250 家创业投资公司，但其中大多数维持着较小规模，往往只对公司所在地的创业企业进行投资，并且它们与当地的信贷机构保持着紧密的联系。在德国创业企业和中小企业新活动的发明和创新阶段，非正规创业投资占有相当的比重。而在中后期，金融机构下属的创业投资部门和大型企业附属的投资公司则成为主要的创业投资组织形式，但由于创业企业属于新创立企业，缺乏一定的信用资料，这些组织在做出判断决策时往往思想较为保守，无法及时向急需资本的创业企业提供需要的资金；即使可以提供，条件也会比较苛刻。另外，近年来德国公开上市交易的创业资本企业数量也在增加，现在已经占到了创业资本企业数量的1/4左右。

（三）创业资本资金来源的差异

创业投资的高收益性吸引了来自不同行业的资金，目前各国的创业投资资金主要来自公共养老基金、私人养老基金、公司资金、个人资金、保险公司/银行资金、捐赠基金以及来自国外的创业资本等。

根据1997年美国创业资本的资金来源统计，养老基金占了创业资本总量的40%，其他资金来源分布情况分别为：企业公司30%、个人和家庭13%、捐赠基金9%、银行和保险公司1%。前面我们提到，通过中介机构（特别是有限合伙制的创业投资公司）进行投资已经成为美国创业资本发展的一种主流趋势，因此，我们还可以从美国独立的创业投资企业资金筹集的状况，来观察美国创业资本来源情况（见表3）。

表3　　通过独立的创业企业筹集的创业资本概要统计　　单位：%

资金来源	1979年	1983年	1987年	1991年	1995年	1999年
私人养老基金	31	26	27	25	38	9
公共养老基金	a	5	12	17	b	9
企业资金	17	12	10	4	2	16
个人资金	23	21	12	12	17	19
捐赠资金	10	8	10	24	22	15
保险公司/银行资金	4	12	15	6	18	11
外国投资者	15	16	14	12	3	22

注：a、b这两年的数据都包括在私人养老基金的数量之内。

资料来源：Paul Gompers and Josh Lerner, "The Venture Capital Revolution", *Journal of Economic Perspectives*, 2001, 15 (2): 145-168.

从表 3 可以看出，美国的养老基金已经成为创业资金的主体来源，而且国外资本由于受到美国创业资本市场丰厚的投资回报率的吸引，已经成为创业资本的一个重要来源，1999 年这个比例达到了 22%。此外，来自个人的资金一直在美国的创业投资产业中保持一个稳定的较大比例。从总体来看，银行和企业的资金虽然在各年均占 10% 以上的比例，但并没有成为美国创业资本的主要资金来源。

德国创业资本的资金来源情况见表 4。从表 4 我们可以看到，在德国创业资本的资金来源结构中，银行等信贷机构占有绝对的优势。1998 年，银行向创业资本提供的资金比例高达 50%，尽管从 1999 年这一比例开始下降，但下降幅度还是不大，到 2003 年银行等信贷机构的资金比例仍高达 43%。

表 4　　德国创业资本的资金来源占比　　单位：%

年份	信贷机构（银行）	保险公司	行业（企业）资金	个人资金	政府资金	国外养老基金	其他
2003	43.2	11.1	3.8	5.1	7.5	24.1	4.1
1999	44	12	9	8	7	18	2
1998	50	14	9	8	4	14	1

资料来源：1998～1999 年数据来源于"The Market for Venture Capital in Germany"，Deutsche Bundesbank Monthly Report，October 2000；2003 年数据来源于德国创业投资协会（BVK）。

另外，随着金融全球化的不断加快，德国创业资本的资金来源中，外国养老基金的比例逐步增加。如表 4 所示，1998 年国外养老基金所占的比例已达 14%，与保险公司所占比例相当；1999 年国外养老基金的比例达到 18%，超过了保险公司的比例；2003 年国外养老基金所占比例高达 24%。这个迹象表明国外投资者对德国创业资本市场越来越看重，投资也在不断地增加。

从表 4 可以看出的另外一个趋势就是，德国政府明显增加了对创业资本投资的支持，1998 年政府资金占创业资本筹资额的 4%，1999 年就上升到 7%，2003 年仍保持在 7.5%。政府资金的增加表明德国政府已经充分认识到创新对经济增长的积极影响，尤其是对政府公共政策与激励创新之间的联系有了新的认识。

（四）资金投向以及投资方式的差异

创业资本成立的主要目的是投资于技术创新型的中小企业，解决高科技商品化过程中的融资困难问题。美国一直是世界科技创新的策源地。进入20世纪90年代，人类在基因工程、医药产业、生物工程、计算机、信息通信等诸多高科技领域取得了重大突破，科学技术水平处于一个飞速发展的阶段。美国的创业投资家们灵敏地捕捉住了这一机遇，将创业资本主要投资于高科技领域，在把科技转化为生产力的同时也获得了巨额的利润。由表5可以看出，美国创业投资的主要投资领域和投资热点基本上反映了科技发展的最新趋势，像80年代的个人计算机、通信技术、软件开发到90年代的生物工程、互联网，创业投资均大量涉足。创业投资对高科技产业的投资占其总投资的90%以上。可以说，创业投资是美国科技创新的主要推动力量。

表5　　美国创业资本投资的行业分布　　单位：%

年份	生物技术	通信	计算机硬件	消费相关产业	能源	医疗保健	软件及服务	其他产品及服务	合计
1980	8.1	12.1	25.1	8.1	24.0	7.9	3.1	11.6	100
1981	7.2	13.1	26.7	12.1	21.0	7.6	3.8	8.4	100
1982	5.2	13.8	38.9	6.2	14.8	7.0	9.2	5.0	100
1983	4.3	15.5	36.0	8.2	8.5	8.6	11.6	7.3	100
1984	2.6	10.3	21.9	36.5	6.8	6.9	10.2	4.8	100
1985	4.7	17.0	23.7	8.3	14.5	10.8	13.5	7.5	100
1986	7.9	14.9	20.1	12.5	7.8	9.5	12.0	15.5	100
1987	8.3	11.1	15.7	18.9	8.7	12.6	11.4	13.4	100
1988	7.7	17.8	11.4	15.8	7.0	11.9	9.1	19.3	100
1989	6.5	15.8	9.8	16.5	8.2	18.4	9.4	15.4	100
1990	8.7	13.2	9.4	12.4	6.8	16.7	18.9	13.9	100

续表

年份	生物技术	通信	计算机硬件	消费相关产业	能源	医疗保健	软件及服务	其他产品及服务	合计
1991	10.5	12.3	9.8	14.8	6.9	14.1	19.2	12.3	100
1992	11.8	23.4	5.6	7.6	3.6	17.6	13.7	16.6	100
1993	9.9	18.1	3.3	13.4	3.5	13.0	28.0	10.8	100
1994	10.5	18.7	5.3	16.1	4.4	18.7	17.3	9.0	100
1995	8.1	18.3	6.5	13.3	6.6	17.1	19.7	10.3	100
1996	7.2	16.4	4.2	12.0	4.2	13.6	27.3	15.1	100
1997	8.6	19.7	3.8	9.0	3.6	15.9	28.7	10.7	100
1998	6.5	18.0	3.5	7.5	2.5	14.4	36.2	11.5	100
1999	4.0	15.5	4.2	17.5	3.3	5.6	39.4	10.5	100
2000	4.1	17.2	5.0	19.7	2.5	4.0	39.8	7.7	100
2001	8.0	15.5	7.2	11.5	3.1	6.7	41.1	6.9	100
2002	13.4	13.4	9.4	6.4	3.9	10.9	40.5	2.1	100

资料来源：根据 *Venture Economics* 数据整理。

而在德国乃至整个欧洲国家，长期以来创业资本的投资重点仍放在传统行业上。在电子信息和生物医药等高科技领域的投资不足总投资的1/4。这种状况目前仍然没有改变。据欧洲创业投资协会统计，2003 年德国创业资本市场实际投资额为24.81 亿美元，其中对传统产业的投资高达18.52 亿美元，对高科技产业的投资仅6.29 亿美元，所占比例仅为25%。美德两国创业资本投资领域的差异，也可以视为20 世纪80 年代以来美国信息产业和生物科技产业发展一枝独秀的一个主要原因。

创业资本对早期科技创新的融资支持，对中小科技企业和创新企业的发展起到了非常重要的作用。但随着创业资本收益率的增加，越来越多的投资者加入创业资本行业，新基金不断地推出，基金的规模和数量都大幅度增加。在这种情况下，美国创业资本的投资阶段由传统的早期阶段开始转向中晚期阶段，争取以较短的时间退出创业企业，获取超额的投资利润。从表6 可以看出，1995～1999 年，美国创业资本向早期阶段投资的比例分别为36%、26.9%、24.9%、28.0%、21.1%，平均比例为27.4%（见表6）。

表6　1995～2002年美国创业资本投资的阶段分布　单位：%

年份	早期阶段	中后期阶段
1995	36.0	64.0
1996	26.9	73.1
1997	24.9	75.1
1998	28.0	72.0
1999	21.1	78.9
2000	63.8	36.2
2001	70.1	29.9
2002	61.5	38.5

资料来源：根据 *Venture Economics* 数据整理。

美国和德国的创业投资企业都有一个共同的特点，即投资主要发生在创业企业发展的后期。发生在这个时间段的创业投资可以免去投资于那些仍处于发展初期的企业时必须要做的许多前期准备工作，因为处于发展后期的创业企业已经具有了一个比较明晰的商业前景和运作基础，在很大程度上降低了投资方和企业之间的信息不对称问题。虽然投资于企业发展的后期可以减少许多不必要的麻烦，并且降低了风险，但是就投资对市场的促进作用而言，投资于发展初期的企业更能明显地促进整个创业投资行业的发展。德国创业资本的投资阶段如表7所示。美国的创业资本市场对早期阶段创业企业的投资要高于德国的创业资本市场，它们对处于种子期和启动期企业的投资，解决了很多创业企业的资金需求问题，提高了创业企业的成功率。但在2000年美国股市泡沫破灭以后，创业投资家重新回归传统，开始偏重于长期投资。在2000～2002年三年间，这一变化非常明显。对早期阶段的投资由1999年的21.1%迅速增加到2000年的63.8%、2001年的70.1%、2002年的61.5%。

表 7　　德国创业资本的投资阶段　　单位：10 亿马克

投资阶段	总投资额		接受投资企业价值	
	1998 年	1999 年	1998 年	1999 年
种子和起步期	0.83（25%）	1.80（33%）	1.56（17%）	3.16（23%）
扩展期	1.01（30%）	1.95（35%）	4.3（46%）	5.76（41%）
Buy-out	0.83（25%）	0.78（14%）	2.10（22%）	2.76（20%）
为 IPO 做准备	0.4（12%）	0.76（14%）	0.94（10%）	1.45（10%）
其他	0.26（8%）	0.23（4%）	0.54（6%）	0.77（6%）
总计	3.33（100%）	5.51（100%）	9.44（100%）	13.91（100%）

资料来源："The Market for Venture Capital in Germany", Deutsche Bundesbank Monthly Report, October 2000：22.

（五）创业投资退出渠道的差异

作为一种中长期的投资，创业资本家对一个创业企业的投资期限通常为 3～7 年，为了将账面价值转化为实实在在的货币价值，最终实现资本的增值，或是为了淘汰那些已经被证实没有希望的项目，投资者最后必定要从所投资的企业中退出。国际上常用的退出方式有四种：企业上市（IPO）、企业兼并、出售、清算。

实践表明，IPO 是创业资本家退出创业投资项目的最佳渠道，创业企业在 IPO 时所实现的资本收益将能满足投资者对期望回报率的要求，而且也有助于创业资本家声誉的提升。创业投资项目的 IPO 是通过在一个专为新兴行业和企业（尤其是高科技行业）中的私人权益资本（包括创业资本）退出而设立的股票市场来实现的。美国和德国都建立了这样的市场，即美国的纳斯达克（NASDAQ）市场和德国的法兰克福新市场（Neuer Market Frankfurt）。

美国创业资本市场从 1995 年以后之所以持续升温，一个很重要的因素是美国股市的繁荣，创业资本投资的企业被大量地 IPO，创业资本也得以通过 IPO 顺利退出。1995 年，创业企业 IPO 数量为 209 家，1999 年、2000 年则分别高达 272 家、262 家（见表 8）。

表 8　　**1979～2002 年美国创业资本支持的企业 IPO 情况**　　单位：%

年份	IPO 数量	年份	IPO 数量
1979	4	1991	119
1980	24	1992	157
1981	50	1993	193
1982	21	1994	159
1983	101	1995	209
1984	44	1996	281
1985	35	1997	140
1986	79	1998	79
1987	69	1999	272
1988	36	2000	262
1989	39	2001	41
1990	43	2002	24

资料来源：根据 *Venture Economics* 数据整理。

需要注意的是，最后经营成功并上市的企业在整个创业投资行业中毕竟还是少数。在美国创业投资市场上，接受创业投资的创业企业最后往往只有 5%～10% 能够成功，因此，其他的退出方式就成为这些失败的投资者无奈的选择。企业兼并、出售或清算都是这种无奈情况下可选的退出渠道，但其收益率与 IPO 就不可同日而语了。统计数字表明，以清算方式退出的投资占投资总额的 32% 左右，在这种情况下，投资的回收率一般只有 64%。

在德国，由于整个创业投资在经济总量中表现并不活跃，德国的创业投资退出市场发展也是比较滞后的。创新企业从创业资本家手中回购企业股权占的比例最高，为 57%；将股权出售给工业界的投资者占 31%；通过 IPO 方式退出的占 9%；将股权转让给其他创业资本家的占 3%。

从表 9 我们不难看出，尽管 1997 年德国成立的新市场对创业资本通过 IPO 方式退出有很大的促进作用，1999 年、2000 年创业企业 IPO 数量分别为 45 家、53 家，但德国的 IPO 市场同美国 IPO 市场相比差距较大，仅相当于美国同期 IPO 数量的 1/5。特别是 2000 年以后，同美国股市下跌一样，德国新市场的运行也陷入困境，整个市场交易清淡，挂牌公司市值大幅度缩水，2002 年底新市场市值比最高市值缩水近 95%，以至于德国法兰克福交易所不得不在 2002 年宣布将新市场于 2003 年底关闭。这样创业资本在德国通过 IPO 这一渠道退出将会更加困难。

表 9　　德国新市场成立以来的 IPO 情况　　单位：家

项目	1997 年	1998 年	1999 年	2000 年	2001 年	2002 年	总计
全部 IPO 数量	11	41	130	133	11	1	327
创业企业 IPO 数量	7	15	45	53	3	0	123

资料来源：德国创业投资年鉴（BVK，2004）。

二、两国创业资本市场差异形成的原因

通过以上的分析我们可以看到，相对于美国创业资本市场的发展状况，德国创业资本投资的发展速度是比较慢的。笔者认为，造成德国创业资本市场发展滞后的原因主要在于以下几点。

（一）两国金融体系存在着根本的差异

尽管美国和德国都是发达的市场经济国家，但两国的金融体系存在着很大的差异。美国金融体系的核心是一个成熟、完善的股票市场，受到分业经营体制的影响，其资金的筹集和运用主要通过股票市场进行。德国虽然也有一个比较成熟的股票市场，但在历史上，德国很早就已经实行金融混业经营，银行不仅能经营传统的银行储蓄、贷款业务，也能进行投资，持有企业的股份，是一种全能型的银行。整个德国的金融体系就是建立在银行基础之上，银行在德国的整个投资体系中占据了重要的地位。

金融体系最根本的功能是引导储蓄向投资转化，因此，观察金融体系的方法之一就是比较不同国家的储蓄和金融资产结构。表 10 显示了几个主要工业化国家银行与资本市场在资金融通中的相对重要性。从中可以看出，德国和美国分别代表了两种不同的类型。在美国，银行资产对 GDP 的比重为

53%，只有德国的1/3；相反，美国的股票市值对GDP的比重为82%，大约比德国高3倍。因此，美国英国的金融体制常常被称为“市场主导型”，而德国、法国、日本则被称为“银行主导型”。

表10　　　　银行与资本市场的国际比较（1993年）

国家	GDP（10亿美元）	银行资产（BA，10亿美元）	BA/GDP（%）	股票市值（EMC，10亿美元）	EMC/GDP（%）
美国	6301	3319	53	5136	82
英国	824	2131	259	1152	140
日本	4242	6374	150	2999	71
法国	1261	1904	151	457	36
德国	1924	2919	152	464	24

资料来源：Allen F.，Gale D.，*Comparing Financial Systems*，Cambridge，MA：MIT Press，1999.

为了更加地清楚地区分以德国为代表的银行主导型金融体系和以美国为代表的市场主导型金融体系，我们从机构的角度进行了简要的比较（见表11）。

表11　　　　美国与德国的金融体系比较

机构		美国	德国
银行体系	商业银行	提供短期工商企业贷款、住宅贷款、农业贷款，以及对同业贷款； 格拉斯－斯第格尔法禁止商业银行从事投资银行业务，但是自1999年11月后放松	主要包括三大全能银行：德意志银行、德累斯顿银行、商业银行，从事存贷款、生命保险、有价证券承销和投资多种业务
	储贷机构	传统上提供抵押和其他消费信贷； 很多是互助性质的，即存户同时是股东	兼顾公共利益，不以盈利最大为目标；共有三级：地方、州和中央储蓄银行
保险体系	保险	生命保险公司提供税收比较优惠的储蓄手段； 财产保险公司主要目的是提供保险，投资工具只是副产品； 很多公司是互助性质的	全能银行与保险公司均能提供保险，但是与银行不同，保险公司受到严格监管
	养老保险	（1）公共：涵盖所有员工；保费与平均收入相联系；替代率较低 （2）私营：主要包括根据最终收入决定的固定受益人；通常不采用指数化；固定认缴计划日趋重要	涵盖所有员工； 保费与工作期间平均收入相联系； 替代率较高

续表

机构		美国	德国
金融市场	股票市场	三大主要交易所为 NYSE、AMEX、NASDAQ，它们是经由初次发行（IPO）筹集资金的主要渠道	以法兰克福为中心的 7 个区域性交易所； 上市公司数量较少
	债券市场	各级政府以及企业重要的资金来源	各级政府与银行重要的资金来源，对非金融企业不重要
	衍生市场	商品期货市场始于 19 世纪晚期； 金融期权与期货市场始于 20 世纪 70 年代早期； 互换和其他衍生工具柜台交易量很大	金融期权与期货市场始于 1990 年，交易量很小

资料来源：Allen F.，Gale D.，*Comparing Financial Systems*，Cambridge，MA：MIT Press，1999.

两国金融体系的差别自然而然地也反映到了两国的创业资本（venture capital）体系中。在美国，创业资本发展的基础是一个专为新兴行业或新兴中小企业特别设置的股票市场，如纳斯达克市场，创业资本循环中的资金筹集、投资和投资回收等各个环节的最终目的都是创业资本最后能顺利地通过股票市场退出，完成创业资本的循环。而在德国模式下，银行是创业投资的主体，各主要银行以直接或间接的方式将资金投向创业企业，银行与企业关系密切，多数情况下投资的银行会成为创业企业的股东而存在。如果从投资方式的角度来看，美国的创业资本市场更倾向于使用直接融资的方式，而德国的创业资本市场则多采用了间接融资的方式。

由于金融体系的不同，美国和德国各自创业资本市场中的资金筹集体制也很不相同。美国的资金筹集体制是一种“距离型融资体制”（arm's length system）。在这种体制下，证券市场为不同范畴的市场参与者提供了众多的金融工具，而投资过程中的监督功能则由创业资本家、投资银行、商业银行或一些中介机构完成。在这种筹资体制下，投资者的权利保护只能依赖于白纸黑字的投资合约，投资者对于信息披露的要求显得更为迫切和必要。因此，这种体制更适用那些法律法制健全的国家，以及那些信息较为分散的行业，如高新技术产业等。

而德国的创业资本筹集体制是一种“关系型融资体制”，在这种体制下，投资者通过在企业中持有大量的股份或以主要贷款人的角色享有一定的控制权，并以此来确保自己的投资得到相应的回报。在德国的关系型融资体制中，银行扮演了一个主要的贷款人角色。在众多的投资者（银行）当中，其中的一个将担负起“委派监督”（delegated monitor）的角色，代表其他的投资者行使事前对客户和项目的选择、投资项目监控以及企业运营干预等职责。这种体制的好处是它类似于一种长期的隐性合约，出于对名誉的关心，双方都有一种自我约束的意识。但由于这种体制是建立在自我约束的基础上的，因此发生这种关系型融资行为的双方必须先建立起一种长期稳定的关系，这样有助于减轻参与各方的信息不对称程度以及代理成本。这种体制更适合于德国那种四平八稳发展的传统行业。

（二）银行投资体制限制了创业投资的发展

德国的创业投资资金来源结构中，银行资金占据了主导地位，而实际上，德国创业资金的主体也来自银行等金融机构。德国的银行通常都设立了专门负责创业投资的部门。由于德国混业经营较为成功，银行在投资领域已经形成了企业和银行之间互相信赖的稳定关系。对于传统行业中的企业，银行基于自己的长期营运经验和对企业日常经营活动的高度参与，往往能很好地掌握企业的情况。但创业投资属于一种新型的投资模式，而且专业的分工和科技的发展使得银行很难掌握其所需要的大部分信息。与此相反，银行与创业企业之间存在着一种高度的信息不对称状况，而且创业企业也充满了风险，此时的银行往往无法对急需资金的创业企业作出正确的信贷风险评估。出于对自己资金安全的顾虑，银行往往偏于保守，将信贷控制在有限范围内，造成企业无法获得足够的资金。特别是创业企业，由于缺少足够的自有资金和与银行之间的相互信赖关系，获得信贷的可能性就更小。

而且，长期以来德国推出了扶持创业企业和中小企业的政策，它们也都是以扩大银行信贷投资空间、改善银行信贷条件、提高银行信贷发放率为着眼点，这些以银行为基础的资助性信贷计划养成了企业对银行信贷的依赖心理。此外，联邦政府、各州政府和欧盟推出的大批扶持创业企业和中小企业的信贷计划，与其他的市场化筹措资金等渠道相比，在信贷期限、利率等方面具有更多的优惠，而且创业的企业家不用担忧企业控制权为外人所把持、企业内部信息外泄等。这种行政干预状态下的创业资本投资促进计划使得许多企业对按照市场规律运作的创业投资不屑一顾，从而忽略了市场这只“看不见的手”的力量和作用。

（三）两国法律起源和法律环境存在巨大差异

近年来，哈佛大学经济系施莱佛（Andrei Shleifer）等人发表了一系列有关法律和金融关系的研究成果。他们认为，世界上现有商业法律从最初的起源看只有英国的普通法和罗马法，后者又分别衍生出三类商业法规：法国的民法体系、德国的民法体系和斯堪的纳维亚的民法体系，其他国家的法律体系都通过各种方式由其衍生而成。在此基础上，他们设计并收集了一些反映股东法律权利、法律实施质量等情况的指标，并分析这些指标在不同法律体系下与公司治理和企业融资结构之间的关系。他们发现，普通法体系下对投资者权利的保护强于罗马法体系。这种情况与收入水平或经济发展程度无关。四种法律体系中，英国的普通法对私人产权保护最得力，法国体系的民法保护最不力，德国的民法体系和斯堪的纳维亚的民法体系在两者之间。就法律实施质量看，斯堪的纳维亚体系质量最高，德国体系次之，英国普通法再次之，最低仍然是法国体系。法国体系中对小投资者的法律保护程度差与其企业所有权相当集中有关。不同的法律体系对投资者的保护程度不同导致其金融体系的发展和金融结构的特征不同，如实施有效的法律体系会影响资本市场和债务市场的总量和范围。分属不同来源的法律体系下的经济体在资本市场的规模和范围方面存在系统性差异，普通法体系下资本市场规模远大于罗马法体系，普通法体系国家的债务水平与德国罗马法体系国家相当但高于其他两种罗马法体系。

施莱佛等人还研究了不同法律体系下金融结构的差异，结果发现法律体系对金融结构有重要影响：实行以普通法为基础的法律体系的国家或地区，其金融体系以证券市场为基础；而金融体系不发达的国家或地区较多实行的是以法国民法为源起的法律体系。这是因为实行普通法的国家或地区对小股东的保护力度很强，有利于资本市场的发展；相反，强调对贷款人的权利进行保护的德国式民法体系较有助于银行中介机构的发展，容易形成以银行为主的金融体系。

法律体系的起源不同可以解释美国与德国创业资本市场的差异。美国的法律体系是以英国普通法为基础制定，其对投资者权益的保护程度要高于德国等以民法为基础的法律体系，因而美国的创业投资者虽然投资于创新活动的不确定性高、信息不对称程度严重，但其权益受到侵害的情况较少。从表12可以看出，在普通法国家或地区的创业投资水平（1.14%）要远远高于民法国家或地区的水平（0.31%），而德国民法体系的国家或地区的创业投资水平是最低的。

表12　　不同法律体系下国家的创业投资水平

国家或地区	法律体系的类型	2000年创业投资	
		金额（10亿美元）	占GDP比重（%）
以色列	英国普通法	3.2	3.17
新加坡	英国普通法	1.2	1.41
中国香港	英国普通法	2.2	1.38
美国	英国普通法	122.1	1.33
瑞典	斯堪的纳维亚民法	2.1	0.88
英国	英国普通法	12.2	0.85
加拿大	英国普通法	4.3	0.68
法国	法国民法	4.9	0.34
意大利	法国民法	2.8	0.24
瑞士	德国民法	0.6	0.23
德国	德国民法	4.4	0.21
日本	德国民法	2.0	0.05
英国普通法国家或地区平均值		—	1.14
所有民法国家或地区平均值		—	0.31

事实上，美德两国创业投资水平的差异还体现在法律环境上。美国创业资本发展有一个得天独厚的优势，即其法律环境有利于创业投资，尤其是在创业资本组织形式上，较早制定了《统一合伙法》（Uniform Partnership Act，UPA）。该法由美国全国统一州法委员会于1904年组织起草，最后于1914年完成，现为40多个州议会通过采纳，在40多个州具有法律效力。

在美国的合伙制创业投资基金中，合伙是一种合伙人之间的契约关系，不同于公司的法人。合伙的契约关系通常适用于合同法的一般原则。在美国法中，合伙又是一种代理关系，因而美国合伙法和代理法相似。在美国的合伙制创业投资基金中，创业投资基金的投资者，即委托人，与创业投资基金的管理人或创业资本家形成委托—代理的关系。委托人提供了创业投资基金的绝大部分（占99%），通常不参加基金的运营，仅以投资额度为限对基金的债务和亏损负有限责任；而代理人通常只提供很少一部分的资金（占1%），但以自己的所有财产对基金的债务负无限的责任。委托人保留对重大财务决策的决策权。这种投资方式使得创业投资资金所有权和使用权分离，提高了使用效率。与此同时，委托人通过合约安排使得代理人的收入与基金的业绩直接挂钩，代理人收益的大部分来自基金的增值收入（通常可以提取基金收益的20%作为绩效报酬），这就等于为创业资本家提供了一个看涨的股票期权。通过这些合约的安排，投资者有效地实现了激励与约束的相容，也可以避免资金因为专业知识的缺失而导致的高度信息不对称状态。因此，随着美国投资者对创业投资本质认识的加深，这种组织形式和监管模式也成为美国创业资本投资者的第一选择。

有限合伙制的另一个吸引人之处是，在美国税法中，公司是独立的纳税实体，而合伙企业则被视为其所有者的延伸，不是税法上的纳税实体，不用交纳公司所得税，所以有限合伙投资企业能够享受一系列的税收优惠待遇。这也是为什么美国的创业投资企业大量选用有限合伙制作为其组织形式的原因之一。

而在德国，有限合伙制被当作课税的主体，需要交纳公司税，除此之外投资者还要交纳个人所得税，因此，这种形式在德国并没有体现出其在美国的那种优势。在德国创业投资发展的早期阶段，政府有意识地与银行合作发起建立创业投资基金，而在这种基金中，政府关心的问题是新技术的商业化，而银行则更多地关心最小化风险，以免对其声誉造成损失，对创业投资基金的盈利状况毫不关心。既然在投资者中都不能就所关心的问题达成一致，那有效的监管又从何谈起呢?

另外，德国有关金融机构投资的现行法规限制了金融机构向创业投资机构提供资金。例如，德国保险业和为数不多的养老基金只允许用不超过其保证金财产5%和其他资产6.25%的资金以创业投资的形式进行投资。

《联邦银行法》第12款规定德国银行的参股额和长期投资额不得超过其自有资金。另外，由于税制方面的原因，德国的养老金一般都掌握在企业家手中，且很少进入创业投资领域，这也是德国创业投资的资金来源中没有养老基金投入的原因。

(四) 资本市场的规模和活跃程度存在巨大差异

如前所述，由于法律体系不同，美德两国形成了不同的金融体系，在美国以股票市场为中心的金融体系下，资本市场极其发达，因而形成了巨大的资本市场规模和容量，创业资本很容易通过IPO顺利退出，这就形成了一个筹资、投资、退出的良性循环，加快了资金向创业资本市场的流入。

但是上述优点仅仅是问题的一方面，美国斯坦福法学院布莱克和吉尔森(Black and Gilson，1998)认为，更重要的是IPO退出机制在资本供给者和使用者之间确定了一种对未来企业控制权结构的隐性合约。这种隐性合约对于处理高风险条件下委托人与代理人之间的利益冲突是有效的，但在其他退出机制下是不容易被复制出来的。他们解释了美国创业资本市场同德国相比具有较高活力的原因是在公司治理结构上的制度性差异，即美国是以股票为中心的市场，而德国是以银行为中心的市场。股票市场形成了一个合适的特殊种类退出：IPO。IPO使创业资本家和创业家双方均受益。创业家能够重新获得企业的控制权，在执行阶段给创业家一个激励去投资努力和增加企业的价值。

然而，这种隐性激励合约在其他退出机制下是很难被复制出来的。在以收购作为主要退出机制的情况下，企业的控制权从创业资本家转移到其他人手中，企业家永远无法控制自己创办的企业。很显然，这种机制不利于激励企业家，也不利于创业资本市场的发展。

布莱克和吉尔森（1998）论证说，许多国家公开羡慕美国的创业资本市场，但就是难以成功地复制，原因在于这些国家未能做到创业资本与资本市场的良性互动。他们认为，一个具有一定规模、活跃的、强有力的资本市场是创业资本壮大和发展的前提，特别是发达的股票市场给创业资本家提供了通过 IPO 退出的渠道，这是充满生机与活力的创业资本市场存在的关键。他们对 1978 ~ 1996 年美国有创业投资背景的公司 IPO 的数量与创业资本承诺投资的关系进行了实证分析，结果发现，创业投资的 IPO 多的年份，当年创业投资的承诺投资额就多，反之亦然（见图 1）。

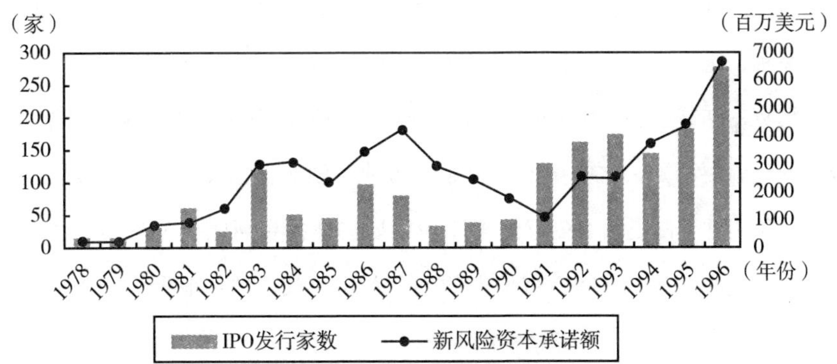

图 1　1978 ~ 1996 年美国有创业资本背景 IPO 发行家数与新创业资本承诺投资额关系

资料来源：Block B. S.，Gilson R. J.，"Venture Capital and the Structure of Capital Markets: Banks Versus Stock Markets"，*Journal of Financial Economics*，1998，47：243 - 277.

美国总统经济顾问委员会在 2001 年美国总统年度报告中更是自豪地宣称，创业资本市场的繁荣和 IPO 市场的强大动力，是美国经济独有的特色，这说明了为什么新经济出现在美国，而不是欧洲或亚洲。

德国政府意识到了德国金融体系的缺陷，于 1997 年专门成立了方便创业企业退出的二板市场——德国新市场，但运行几年以后，实际效果并不像美国的纳斯达克市场那样理想，最后不得不关闭。这个现象也表明，在以银行为中心的金融体系中，缺少的不仅仅是一个股票市场，更多的是缺乏能够评估创业企业的各个环节、经验丰富的创业资本家，以及能够让处于早期阶段的公司公开上市的投资银行家。此外，股票市场如何保护投资者特别是中小投资者也是德国证券市场远远没有解决的问题。可以说，繁荣的创业资本市场反映了一系列相互依赖的各种因素，而股票市场的强大只不过是重要的、关键的因素之一。

（五）两国企业家精神存在较大的差异

不少人认为，退出渠道的完善，即针对创业资本退出的证券市场的建立，就会对一国的创业投资事业起到立竿见影的作用。但是从本质上看，人的因素才是最重要的。一个国家如果没有一批高素质的企业家队伍、对企业家的有效激励措施以及敢于开拓的企业家精神，那么，无论这个国家的硬件设施如何完善，也不可能建立起一个高效率、低成本的创业资本市场。

贝克尔和赫尔曼（Becker and Hellmann，2000）在《创业资本的起源——德国的经验教训》一文中指出，企业家精神对创业资本发展至关重要。他们认为，德国并不缺乏具有创意的人才和发展创业投资所需要的资金，德国缺乏的是那些愿意并且有能力将他们的创意转化为成功的创业行为的人才。也就是我们通常所讲的企业家精神的缺乏。

企业家精神的高低与一国的历史、人文和商业文化背景有关。美国人自踏足美洲以来就充满了富于冒险的精神，这种冒险精神现在俨然已经成为美国创业投资产业和科技创新的一种自然禀赋和优势，企业家能够坦然面对失败，喜欢尝试新鲜事物，对成功的追求与热爱驱使他们不断地去开拓新的领域；同时，美国文化在鼓励冒险的同时，又允许和容忍失败，美国社会往往将创业家的失败视为一次创业学习的经历，这种宽容态度，使不少企业家失败后又成功地东山再起。

而在欧洲大陆的德国、法国等老牌的资本主义国家中，沉稳、守旧已经沉淀为文化的一部分，不可能轻易更改。而且，欧洲国家的习惯中并不欢迎那些经常犯错误的人。这也就说明了尽管有不少的激励措施和优惠条件，在各种硬件设施和科技水平并不比美国落后多少的情况下，欧洲的创业投资仍然不活跃的原因。

此外，德国对解雇员工特别是终止劳动合同的赔付有很多限制。这些规定减少了劳动市场的流动性，增加了初创公司的成本，从而阻碍了新企业的出生率。相反，美国则有活跃的劳动市场。劳动市场管理的差异造成美国新企业的出生率远远高于德国。根据全球创业调查协会的调查，2003 年美国的新企业出生率为 11.9%，即每百人中有 11.9 人从事创业，而德国只有 6.4%。

三、从美德两国创业资本市场的比较看我国创业资本市场的发展

从以上的比较分析中我们可以看到，美德两个创业资本市场的差异是经济、文化、社会、法律诸多因素造成的。因此，一国在进行创业资本市场的建设，不能简单地复制美国的模式，而应该从阻碍创业资本发展的各个环节进行系统性推进，这样才能使创业资本得以顺利循环，使之加快、加大对科技创新活动的资金支持力度。从目前的情况看，我国发展创业资本市场应着力从以下几个方面加以重点突破。

首先，要进行预先建设的是人的思想，也就是要形成一种解放思想、勇于创新的创业投资文化。只有创业资本市场参与各方的主观能动性调动起来了，形成一个科技创新的环境，产生出具有创新特点、多样性的科技产品，才能够吸引创业投资的进入，这也是对美德两国创业资本市场进行比较分析的收获之一。

其次，我国创业资本投资体系建立的过程中，政府与民间资本必须进行一种默契的配合，政府应该能及时洞察在创业资本投资体系建立过程中市场参与者对于制度的需求，从税收、法律等诸多方面支持创业资本投资市场的

建设；而参与者也应该在当前既定的市场环境下进行制度创新的实践，以达到既定条件下的效用最大化。

最后，需要建立起一个完善的创业资本投资循环制度。一个完善的创业资本市场应该包括筹资、投资和退出三个完整的阶段，其中还有诸如监督、激励、约束等的环节辅助。在我国目前的创业投资市场环境中，由于创业板市场迟迟未能建立，而其他的退出渠道由于受到全球经济不景气和科技股风光不再的影响，利用股权转让退出投资的途径是相当困难的，而我国的法律体制中公司又不能回购自己的股票，因此造成了创业资本投资循环的不通畅，影响了创业资本的再投入。因此，尽管创业板市场不是唯一的退出渠道，但我们还是应该在尽量控制风险的前提下，尽快建立自己的创业资本股票市场，加速投资循环的过程，提升投资者的收益水平。

参考文献

[1] Allen F., Gale D., *Comparing Financial Systems*, Cambridge, MA: MIT Press, 1999.

[2] Block B. S., Gilson R. J., "Venture Capital and the Structure of Capital Markets: Banks Versus Stock Markets", *Journal of Financial Economics*, 1998, 47: 243 – 277.

[3] Gompers P. A., Lerner J., *The Venture Capital Cycle*, Cambridge: MIT Press, 1999.

[4] Tykvova T., "Venture Capital in Germany and its Impact on Innovation", ZEW Working Paper, 2000.

[5] William L. Megginson, "Towards a Global Model of Venture Capital?", *Journal of Applied Corporate Finance*, 2004: 16.

第二篇 资本市场

- 金融分工理论与我国多层次资本市场建设
- 我国多层次资本市场的生成机理与演化路径
- 我国现阶段多层次资本市场的竞争与协作机制研究
- 我国资本市场投资者利益保护与上市公司价值研究
- 资产注入、隧道转移与公司价值
- 我国证券投资基金羊群行为的实证研究
- 证券投资基金是否稳定股价

金融分工理论与我国多层次资本市场建设*

一、现代金融分工理论的产生

（一）分工理论的产生和演进

分工理论最早可以追溯到古典经济学家亚当·斯密（Adam Smith）。斯密在《国富论》中曾针对生产劳动的分工进行分析。他指出，分工带来的专业化能够促进技术进步，进而产生报酬递增。但同时，斯密认为，分工的进一步发展要依赖于市场范围的扩大。分工既是经济进步的原因，又是其结果，这个因果累积的过程所体现的就是报酬的递增机制。因此，长期以来，经济学家将分工与专业化视为促进经济增长的主要原因之一，把专业化和分工作为研究经济增长和社会发展的出发点。

1928 年，阿林·杨格（Allyn Young）重新阐释了斯密关于分工与市场规模的思想，并提出著名的杨格定理（Young Theorem）①。杨格用三个概念进一步阐述了分工问题：个人的专业化水平、间接生产链条的长度、链条上每个环节的中间产品数。杨格定理强调分工中所有人作为生产者和消费者的对称地位，强调每个人的需求都是由其供给决定的。杨格定理的要点是，分工水

---

* 本文原载于《教学与研究》2008 年第 9 期。合作者：罗惠良。基金项目：国家社科基金项目“多层次资本市场建设及监管问题研究”（项目号：05BJL026）

① 该定理是杨格在斯密的理论基础上发展而来，因此也称为斯密 - 杨格定理（Smith - Young Theorem）。

平是由市场容量决定的，同时分工也决定市场容量。

杨和博兰（Yang and Borland，1991）、博兰和杨（Borland and Yang，1992）利用超边际分析方法（inframarginal approach）将古典经济学中关于分工和专业化的经济思想数学化，提出了关于专业化分工与报酬递增的新兴古典经济学（new classical economics）。新兴古典经济学的主要观点可从三个方面加以概括：（1）制度变迁和组织创新对于分工的深化有决定性影响，而高水平分工的实现与交易效率有密切关系；（2）分工和专业化水平决定着专业知识的积累速度和人类获得技术性知识的能力，并决定报酬递增；（3）分工的深化取决于交易费用与分工收益二者之间相对大小的比较，并表现为一个自发演进的过程。

贝克尔和墨菲（Becker and Murphy，1992）从社会协调成本的角度出发研究了分工与经济增长的关系。他们认为，人力资本的累积可以促进专业化水平的提高；反过来，专业化水平的提高对于人力资本的累积同样也有促进作用，而且分工水平与经济增长在长期存在相互促进的关系。他们指出，分工水平并不一定仅仅由市场容量所决定，因为专业化水平的提高在增加企业产出的同时，也带来监督费用、工人间交流费用等协调成本的增加，因此，协调成本同样也是决定社会分工水平的一个重要因素。

专业化分工是一种生产关系的体现。由于生产力决定生产关系，专业化分工这种生产关系的发展要受到社会生产力的制约，需要与其社会发展阶段的特定生产力相适应。传统经济中，由于社会生产力发展水平较低，专业化分工水平一般不高，社会生产率也很难提高；与传统经济相比，现代工业化经济则不同，在工业化经济中，生产力获得巨大发展，与生产力相适应的专业化分工水平显著提高，社会生产率也达到较高水平。

（二）以风险分担为主的金融分工理论

在金融领域，类似于生产活动中的那种严格意义上的分工水平和专业化程度并不容易界定。但对于一个由金融中介和金融市场所组成的金融系统而言，金融中介和金融市场所提供的不同的风险分担机制，却可以作为一种金融分工的划分依据。

人类的经济活动面临的最突出问题就是不稳定性和风险。有效地分担风险对经济稳定运行有着重要的意义。金融体系的存在，恰恰充当了这个角色，起到了风险分担作用。人们通过金融体系，既可以将经济中的风险在不同投资者之间进行分拆、捆绑、转移，也可以对同一投资者不同时期面临的风险进行分担，以达到风险的优化配置。金融系统的风险分担机制可分为两种类型：一种是资本市场提供的横向风险分担（cross - sectional risk sharing）；另一种是银行提供的纵向跨期风险分担（intertemporal forms of risk sharing）（Allen and Gale，2004）。

所谓横向风险分担，是指在金融系统中引入市场，系统可以允许投资个体多样化其投资组合、对冲系统性风险以及根据其风险偏好调整投资组合的风险程度。这种风险分担方式是通过不同的个体在给定时点上交换风险（exchanging risk）而实现的，因此被称为横向风险分担（Allen and Gale，1995）。

银行的纵向跨期风险分担则不同，它是指在不同时期均衡投资得失来规避金融资产价格过度波动产生的风险，这种分担方式可以在不同时期内平滑投资收益。这一过程是通过银行中介吸收存款资金，并且按照所签署的债务契约到期后支付约定额度资金来实现的，因此吸收存款是银行中介执行跨期风险分担功能的基础。

一般来讲，在一个由比例合理的银行中介和资本市场组成的金融系统中，风险分担功能的充分发挥可以使风险在整个经济体系中更为合理的配置，从而提高经济体系的运行效率和稳定性（Allen and Gale，2004）。也就是说，一个由银行中介和资本市场通过合理分工而组成的金融系统，由于能够充分利用两种风险分担机制，该金融系统的稳定性通常更好。

从实践情况来看，世界上多数国家的资本市场和银行中介的风险分担对于其金融系统的稳定性都共同发挥着重要作用。以十国集团（the Group of Ten

Countries）关于金融系统风险的界定为基础，① 有学者对一些国家金融风险分担进行的估算结果显示，在实行斯堪的纳维亚财政联邦制（Scandinavian fiscal federalism）的瑞典，资本市场的风险分担达60%以上（Andersson，2008），其余近40%由财政、中介等共同分担；在日本、美国、英国、西班牙、加拿大、意大利等六个联邦国家（federal nations）中，金融系统风险也是由资本市场和银行中介等共同分担的，而且市场的分担比例一般更大些（除日本外）。具体而言，资本市场风险分担比例最低的是日本（21.6%），最高的是意大利（76.4%）；在日本的银行主导型金融系统中，金融市场之所以发挥重要的风险分担功能，与其近年来大力发展资本市场、积极推进金融改革有密切关系（Kalemli－Ozcan et al.，2003），但事实上，日本的金融系统风险仍主要集中于银行系统；在金融市场最为发达的美国，由于事前（ex ante）投资所有权的多元化（diversifying），资本市场是该国金融系统风险分担的主渠道，银行中介的风险分担比例相对要低得多（Asdrubali et al.，1996；Athanasoulis and Van Wincoop，2001）。

（三）资本市场的分工选择

在现实世界中，尽管许多国家的银行中介和资本市场都共同发挥着风险分担的功能，但我们注意到，上述现象还不是金融分工理论的全部内容。事实上，相对于银行中介而言，资本市场在新技术融资方面存在着特有的分工优势，这也是金融分工理论的重要组成部分。

在新技术领域，一项新技术出现后，其未来的盈利信息几乎不存在，因而新技术的应用和新兴产业的发展具有很大的不确定性，失败概率较高。故

---

① 金融系统风险是一个很难准确界定的概念。在现有的众多定义中，十国集团的界定较具代表性。十国集团成立于1961年，其成员包括美国、日本、德国、英国、意大利、法国、加拿大、瑞典、比利时、荷兰和瑞士11国（瑞士1984年加入，但组织名称并未更改），该集团主要谋求成员国间经济、货币和财政事务的磋商与合作，成立至今已发表大量关于金融稳定和中央银行管理等方面的研究报告。十国集团认为，金融系统风险是指在一个庞大的金融系统中，一个事件的发生将对实体经济产生的经济价值损失或信心损失，以及由此带来的更大的不确定性风险。

尔，人们对于一项新技术的开发、应用和前景就有着不同观点。资本市场中的投资者本身直接承担投资风险，因此可以根据自己对新技术的了解和判断，独立地做出投资决策，这样一来资本市场就起到了表达不同投资者不同意见的作用，并且投资者可以充分利用资本市场的横向风险分担机制来分散这些新技术的不确定性所带来的高风险。因为每个投资者对一个新技术项目只投资很小的一个份额，即使这个高风险的新技术项目最终失败了，投资者也能够承担这一风险，在这一过程中资本市场横向风险分担机制的优势得到了充分发挥。

银行中介对新技术的投资则截然不同。银行的资金数额巨大，追求规模经济效益，不太可能像金融市场上的投资者那样对每个项目只投资很小的份额，所以银行如果投资高风险项目将会承受较为集中的风险，一旦项目失败则损失巨大，难以承受。另外，由于存款人是风险规避型投资者，存款的重要目的之一是获得资金的安全性，存款人倾向于将资金存入经营稳健的银行。从银行方面来看，银行是高负债经营企业，其投资风格应该是稳健的，而且作为代理人具有规避风险的内在动机，作为一个掌握巨额资金的金融中介机构，更适合投资资金需求数额巨大、信息较为确定、风险较小的传统产业项目，而不适合为高科技企业融资。由此可见，在对新技术的融资方面，资本市场要比银行中介有效率的多（Allen and Gale，2004）。

综观全球，美国无疑是20世纪新技术产业发展最成功的国家。而支撑美国新技术产业快速发展的一个重要因素，则是其强大的资本市场体系。创业投资以及纳斯达克市场的融资支持，对美国计算机、生物技术等高科技企业的发展产生了巨大的助推作用。在美国，无论是处于种子期、创业期还是成长期的中小企业都可以找到投资者，待企业发展至成熟期后，纳斯达克市场又为其公开上市和投资其中的创业投资的退出提供了理想的场所。一大批科技型中小企业通过资本市场壮大起来，如微软、戴尔、英特尔和思科等，既缔造了纳斯达克神话，又开创了美国多层次资本市场的经典案例，使创业板市场无可辩驳地成为支持自主创新的多层次资本市场的重要组成部分。

同样，在德国，扶持本国高科技企业、新经济企业发展是法兰克福新市场成立的最主要初衷之一，该市场成立后重点吸纳了高科技类及新经济类企业，不仅提高了国家的创新能力，而且促进了新技术产业的发展。在亚洲，新加坡政府为了使本国具有良好发展前景的新技术中小企业能够筹集资金，支持其业务的发展，于1997年2月在新加坡股票交易所建立了“交易与自动报价系统”（SESDAQ）①，该市场对于促进新加坡高科技产业发展发挥了重要作用；韩国在1997年金融危机后，出台一系列政策扶持创业投资和创业板市场科斯达克（KOSDAQ）的发展，解决科技创新型中小企业的融资问题，韩国经济也因此走出了金融危机后的低谷，并成功地推动了一大批高新技术企业的发展。可以说，资本市场在新技术融资方面的分工选择和优势，在当今世界正得到前所未有的充分展示。

二、我国资本市场的现状与分工错位

在我国，经过近二十年的发展，资本市场在总市值、上市公司数量等多方面已经取得了明显成就。但相对于发达资本市场而言，由于起步相对较晚，我国资本市场在风险分担和支持新技术融资方面的表现仍然欠佳。

（一）我国资本市场的风险分担

长期以来，融资结构失衡是我国金融系统中的一个突出问题，从20世纪90年代至今，我国境内股票筹资额相对于银行贷款增加额一直都很低（见图1），因此，在融资总额中，直接融资占比明显偏低（见图2）。以2007年为例，国内非金融部门融资总量已达49705亿元，但其中银行贷款占比就高达78.9%，虽比上年降低了3.1个百分点，但仍然偏高；全部直接融资占比仅为21.1%，较2005年有小幅提高，股票市场融资额占比虽比上年提高了7.5个百分点，但仍只有13.1%（见图3）。

① 2007年12月SESDAQ更名为“凯利板”（Catalist）。

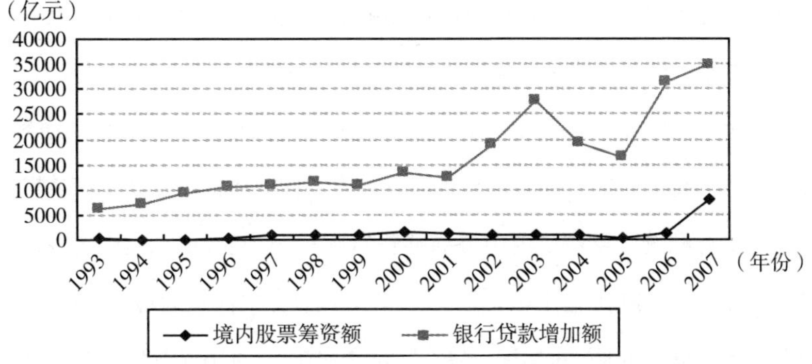

图1　1993～2007年我国境内股票筹资额与银行贷款增加额变动情况

资料来源：中国人民银行金融稳定分析小组，《中国金融稳定报告（2008）》，中国金融出版社2008年版。

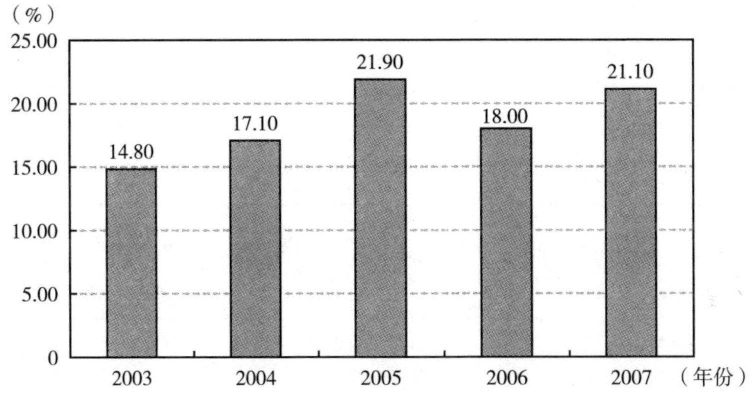

图2　2003～2007年我国境内直接融资占比变动情况

资料来源：根据《中国人民银行货币政策执行报告》各期计算整理。详见中国人民银行网站。

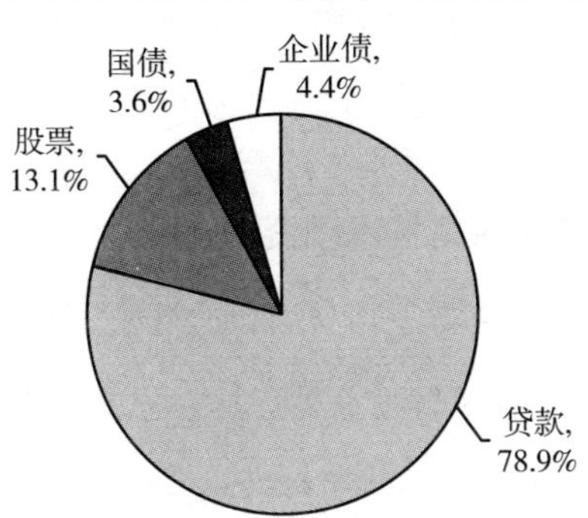

图3　2007年国内非金融机构部门融资比例

注：股票融资不包括金融机构上市融资额，国债融资不包括1.55万亿元特别国债融资。

资料来源：中国人民银行货币政策分析小组，《中国货币政策执行报告（二〇〇七年第四季度）》，2008。

从金融分工角度来看，以融资额指标衡量，我国资本市场提供的横向风险分担，相对于银行系统的纵向风险分担而言，明显偏低。

事实上，我国金融系统风险分担的不平衡在中长期资金的配置方面表现得更加突出。在我国，融资结构以间接融资为主，资本市场不发达，中长期资金主要通过银行配置，导致境内中资商业银行人民币中长期贷款比①居高不下，2004 年以来更是一直在监管要求上限（120%）以上的高位运行（见图 4），境内商业银行存贷款期限严重错配，错配风险较为突出，尤其是 2006 年第一季度之后，错配风险突出现象有愈益加重之势（中国人民银行金融稳定分析小组，2007）。

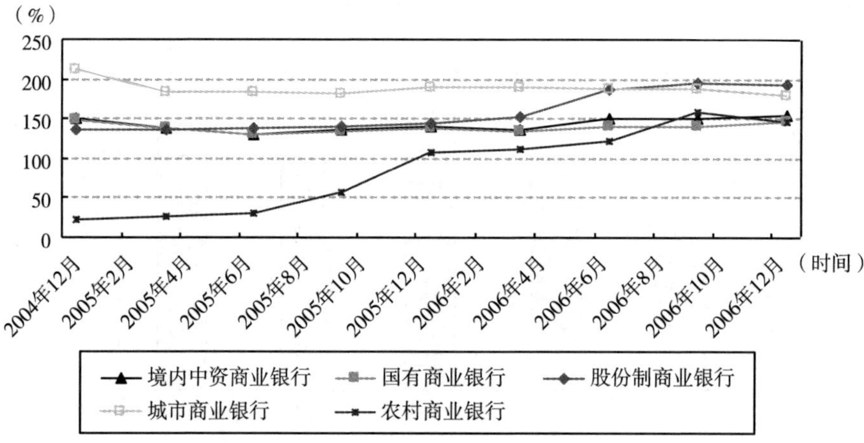

图 4 境内中资商业银行人民币中长期贷款比

资料来源：中国人民银行金融稳定分析小组，《中国金融稳定报告（2007）》，中国金融出版社 2007 年版。

（二）我国资本市场对新技术融资的支持

20 世纪 90 年代初，我国资本市场成立伊始就呈现出层次单一、结构失衡的状态：只有主板市场，而对新技术融资具有分工优势的创业板市场长期缺位。此后的 10 余年时间里，虽有探索性改革，但始终没有取得明显突破，因而资本与科技之间的纽带在我国一直没有建立起来。

---

① 中长期贷款比 = 余期一年以上贷款余额/余期一年以上定期存款余额 ×100%。

直至2004年5月，我国在深圳证券交易所设立了中小企业板，为科技含量高、创新能力强、主业突出的中小企业拓展了直接融资渠道，迈出了科技与资本有效结合的具有标志性意义的一步。有资料显示，2006年，中小板116家中小企业平均实现主营业务收入10.6亿元，比2005年增长30.13%；平均实现净利润6033万元，比2005年增长25.16%；平均实现每股收益0.43元，净资产收益率达到11.56%，多项指标远高于上海证券交易所和深圳证券交易所主板市场。① 截至2008年3月，中小企业板上市公司已达221家，初具规模。2006年1月，我国正式启动了中关村高科技企业进入代办股份转让系统进行股份报价转让的试点工作，系统扩容取得阶段性进展，一批非上市中小高科技企业也有了股权转让的场所，对于科技园区内中小企业的发展起到了一定的推动作用。

整体来看，支持新技术融资的资本市场整体轮廓已经显现。但事实上，中小企业板的制度安排与主板基本趋同，代办股份转让系统主要发挥着收单和信息反馈两项基本功能，还只是经纪业务的性质，并未真正成为股份发行、挂牌、转让的平台，不具备融资功能。因此，在金融分工框架中，在新技术融资方面有比较优势的创业板市场，以及能够满足不同类型和处于不同发展阶段的企业融资需求的多层次资本市场体系，在我国尚未真正建立起来。从发展现状来看，资本市场的发展缺陷主要产生两方面的不利影响：一是阻碍了创业投资尤其是本土创业投资和股权投资的快速发展，大批具有技术创新能力和较高成长潜力的企业，由于资金来源匮乏而使发展势头受阻，对于我国现阶段产业升级和自主创新国家战略的顺利实施极为不利；二是导致国内许多创业投资企业选择海外资本市场公开上市，潜在上市公司资源严重流失。据统计，在2005~2007年三年时间里，国内共有159家VC/PE支持的企业选择IPO实现退出，其中，有109家选择了香港创业板、英国AIM、韩国KOSDAQ、新加坡SESDAQ、日本JASDAQ和NASDAQ等海外市场，只有50家选择国内

① 《中小板公司净利润增长25.16%》，载于《中国证券报》2007年2月28日。

市场，占比仅为30%多。①

总而言之，我国资本市场发展的相对落后，使得市场的横向风险分担未能充分发挥，加之在新技术融资方面有比较优势的创业板的缺位，整个资本市场的发展陷于分工错位的市场格局之中。资本市场的总量不足和分工错位，不仅对于我国金融系统的稳定性具有重要影响，而且已经成为阻碍国家产业结构优化升级以及自主创新国家战略顺利实施的瓶颈。因此，未来一段时期内，扩大资本市场的总量规模、优化资本市场结构应成为我国资本市场发展的主基调。

三、从金融分工视角看我国多层次资本市场的定位

近几年，全球范围内出现了明显的流动性过剩问题，尤其是新兴市场国家的资本流入大幅增加，增幅甚至达五年前的5倍之多。通常认为，资本流入能够增加一国的国内投资，从而促进经济增长。但同时，过剩的流动性也可能带来资金吸收不充分等负面影响，为一国带来政策方面的挑战。因此，新兴市场国家急需采取针对性的金融政策，来应对资本超额流入以及经济波动性问题。

国际货币基金组织指出，如果新兴市场国家在资本市场体系建设方面能更加注重（类似于制度性的）中长期效应，增强金融系统功能，那么将更有能力应对资本流动和波动性风险，更有利于其从资本流入中获得最大效益（IMF，2008）。就我国而言，充分利用国际、国内流动性过剩的历史机遇，积极推进多层次资本市场体系建设，既可以增强金融系统功能，保持金融系统的稳定；又有利于解决新技术融资问题，促进国家产业结构升级和创新型国家战略的实施。

---

① 数据最初来源于清科—中国创业投资暨私募股权投资数据库。本文数据根据清科研究中心2008年2月18日发布的研究报告《境内IPO退出渐成主流》以及《证券时报》2008年2月22日文章《最新研究：深圳中小板仍为创投退出首选地》计算整理得来。

基于金融分工理论，我们认为，多层次资本市场建设就是要将原来的那种层次过于简单的资本市场体系结构更加层次化，明确主板、创业板、中小板和其他层次资本市场的上市标准等一系列制度安排，进一步细化资本市场体系内部不同层次之间的分工，最大限度地推动符合条件的中小企业能够进入资本市场进行融资，构成一个分工合理、层次分明的整体（见图 5）。

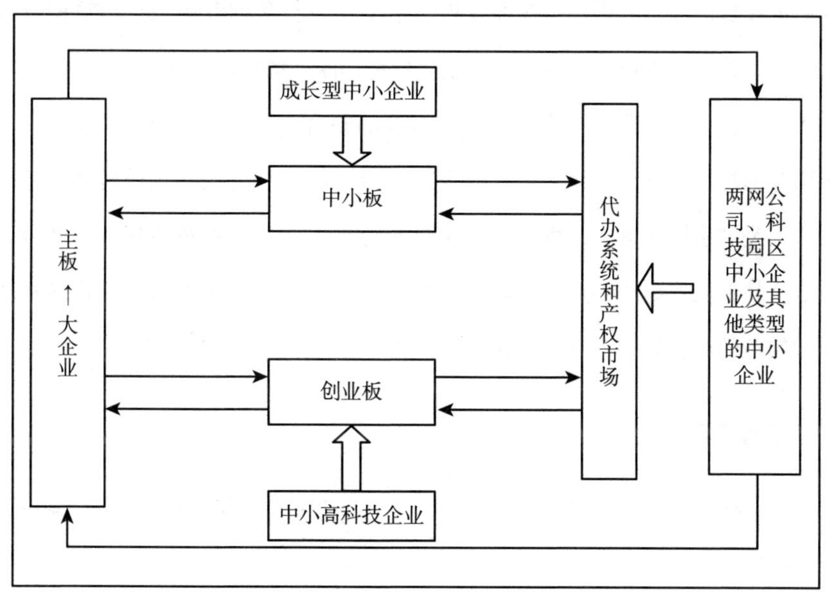

图 5　基于金融分工的多层次资本市场

具体而言：第一层次是主板市场，主板市场定位于为较为成熟的大型企业提供股权融资的全国性市场，上市标准最为严格；第二层次是创业板和中小企业板市场，是主要为中小高科技企业和成长型中小企业提供融资服务的全国性市场，其上市标准比主板市场低；第三层次是由整合后的代办股份转让系统和产权市场构成的场外交易市场，场外市场上市标准低，程序简单，主要为科技园区中小企业和其他符合条件的中小企业服务。

借鉴发达国家资本市场的发展经验，同时结合上述多层次资本市场的定位，我们认为我国多层次资本市场建设的具体途径，应遵循由主板向创业板和中小企业板、场外市场逐步演进的过程。

首先，对上海证券交易所和深圳证券交易所组成的主板市场进行进一步的论证和完善。对深圳证券交易所的主板市场地位进行论证，探索与上海证券交易所进行合并的可行性；同时，重点关注上海证券交易所的全球化发展问题，争取在未来一段时期内，把上海证券交易所建设成全球性交易所。

其次，进一步发展深圳证券交易所中小企业板，同时，适时尽快推出内地的创业板市场。应进一步探索主板、中小企业板和创业板三个市场间的互动，尤其是建立深圳中小企业板与创业板市场的互动机制。

最后，对代办股份转让系统进行必要的整合，拓展该系统交易品种和金融服务的范围，并允许具备条件的企业进行再融资，将代办股份转让系统发展成为我国多层次资本市场的重要组成部分；大力发展产权市场，将产权市场的产品创新作为切入点，不断拓展产权交易业务，使我国的产权市场成为金融创新的试验场，为创业板和中小企业板输送更多的合格企业。

参考文献

[1] 戴志敏：《国际风险资本运作、退出与多层次资本市场体系研究》，浙江大学博士学位论文，2004。

[2] 弗兰克林·艾伦、道格拉斯·盖尔：《比较金融系统》，中国人民大学出版社 2002 年版。

[3] 亚当·斯密：《国民财富的性质和原因的研究》，商务印书馆 1972 年版。

[4] 杨小凯、张永生：《新兴古典经济学与超边际分析》，社会科学文献出版社 2003 年版。

[5] 中国人民银行货币政策分析小组：《中国货币政策执行报告（二〇〇七年第四季度）》，2008。

[6] 中国人民银行金融稳定分析小组：《中国金融稳定报告（2007）》，中国金融出版社 2007 年版。

[7] Asdrubali et al.，"Channels of Interstate Risk Sharing：United States 1963－1990"，*Quarterly Journal of Economics*，1996：111.

[8] Athanasoulis S. G.，Van Wincoop E.，"Risk Sharing within the United States：

What do Financial Markets and Fiscal Federalism Accomplish", *Review of Economics and Statistics*, 2001, 83.

[9] Becker Gary S., Kevin Murphy, "The Division of Labor, Coordination Costs, and Knowledge", *Quarterly Journal of Economics*, 1992, 107.

[10] Franklin Allen, Douglas Gale, "A Welfare Comparison of Intermediaries and Financial Markets in Germany and the US", *European Economic Review*, 1995, 39.

[11] Franklin Allen, Douglas Gale, "Financial Intermediaries and Markets", *Econometrica*, 2004, 72 (4).

[12] IMF, "Global Financial Stability Report", IMF, 2008, 24.

[13] J. Borland, Yang Xiaokai, "Specialization and a New Approach to Economic Organization and Growth", The American Economic Review, 1992, 82 (2).

[14] Kalemli-Ozcan et al., "Risk Sharing and Industrial Specialization: Regional and International Evidence", *American Economic Review*, 2003, 93.

[15] Linda Andersson, "Fiscal Flows and Financial Markets: To what Extent Do They Provide Risk Sharing within Sweden?", *Regional Studies*, 2008, 1.

[16] Yang Xiaokai, J. Borland, "A Microeconomic Mechanism for Economic Growth", *Journal of Political Economy*, 1991, 99.

[17] Young, Allyn, "Increasing Return and Economic Progress", *Economic Journal*, 1928, 38.

我国多层次资本市场的生成机理与演化路径*

一、问题的提出与文献回顾

资本市场是企业发展壮大过程中重要的融资渠道，健全的资本市场体系和完善的制度安排能够为不同类型、不同发展阶段的企业提供多样化的融资选择，为其扩大规模、拓展业务提供必要的资本支持。

近些年来，我国政府逐渐觉察到能够有效提供差异化服务的资本市场层次性的缺失对经济发展的负面效应，多次阐述和表达了建立多层次资本市场的愿望与部署，整个社会要求建立多层次资本市场的呼声也越来越高。2003 年 10 月党的十六届三中全会审议通过了《中共中央关于完善社会主义市场经济体制若干问题的决定》，作出了“积极推进资本市场的改革开放和稳定发展，扩大直接融资。建立多层次资本市场体系，完善资本市场结构，丰富资本市场产品。规范和发展主板市场，推进风险投资和创业板市场建设”的决定。2004 年 1 月国务院发布了《关于推进资本市场改革开放和稳定发展的若干意见》，指出“建立多层次股票市场体系。在统筹考虑资本市场合理布局和功能定位的基础上，逐步建立满足不同类型企业融资需求的

* 本文原载于《中国社会科学院研究生院学报》2011 年第 5 期。合作者：罗惠良。基金项目：国家社科基金重点项目“我国经济发展方式转型中的金融保障体系研究”（项目号：10AJL005）。

多层次资本市场体系，研究提出相应的证券发行上市条件并建立配套的公司选择机制。继续规范和发展主板市场，逐步改善主板市场上市公司结构。分步推进创业板市场建设，完善风险投资机制，拓展中小企业融资渠道。积极探索和完善统一监管下的股份转让制度”。2005 年 10 月党的十六届五中全会通过的《中共中央关于制定国民经济和社会发展第十一个五年规划的建议》提出，“积极发展股票、债券等资本市场，加强基础性制度建设，建立多层次市场体系，完善市场功能，提高直接融资比重”。2003 ~ 2005 年，我国先后三次在党的重大决定、决议及国务院的文件中强调要建立和发展多层次资本市场体系，这充分体现了党和国家对构建多层次资本市场体系的高度重视。

在我国，从 20 世纪 90 年代沪深两交易所正式建立，到后来中小板、创业板、代办股份转让系统、产权市场的创设，以及曾经火爆一时的 STAQ、NETs 系统等市场的萌生与消亡，我国资本市场体系经历了几次生成与演化的发展阶段，形成目前的格局。那么，我国到底为何会形成目前的多层次资本市场体系？这种体系还存在什么问题？将来还会怎样演化？对这些问题进行深入系统地研究，无疑是有重要的现实意义的。

实际上，我国学术界对多层次资本市场的研究已经很多。该研究始于 20 世纪中后期。当时国内学者孙小凡（1996）和王国刚（1996）等最早提到“多层次资本市场”的概念，尤其是孙小凡（1996）在学术文章中明确提出了“多层次的资本市场”。而王国刚在 1996 年也曾在公开场合提出过这一说法，并后续相继发表了多篇关于多层次资本市场建设的文章，多角度分析了我国建设多层次资本市场体系的必要性（王国刚，1998）、可行性（王国刚，1998）及基本构想（王国刚，2006）等。同时，王道云（1996），李善民、陈全贵等（1996）则提出了“多层次证券市场”的概念，并对我国构建多层次证券市场的目标模式进行了初步探讨。此外，国内关于多层次资本市场的研究进一步拓展至“我国多层次资本市场建设的背景”“多层次资本市场的界定”“多层次资本市场的框架设计”等一系列重要问题。但上述文献都没有深入分析我国多层次资本市场的生成机理与未来的演化方向和机制。本文试图在这方面做点有益的尝试。

二、我国多层次资本市场的生成机理

首先分析多层次资本市场的一般生成机理，然后分析我国多层次资本市场的特殊生成机理。

（一）多层次资本市场的典型生成机理

多层次资本市场体系从本质上讲是一种新的制度安排，它的生成与演化必然遵循新制度经济学关于制度变迁的理论。在新制度经济学的制度变迁理论中，诱致性制度变迁和强制性制度变迁是最具代表性的两种理论模式。诱致性制度变迁指的是现行制度安排的变更和替代，或者是新制度安排的创造，是由个人或一群（个）人，在响应获利机会时自发倡导、组织和实行。与此相反，强制性制度变迁则由政府命令或法律引入和实行（卢现祥，2003；科斯、阿尔钦和诺斯，1994）。

从新制度经济学制度变迁理论出发，世界范围内多层次资本市场的制度变迁大致也可归为诱致性和强制性两种模式。其中，美英等国多层次资本市场体系的形成是典型的诱致性变迁模式，而德韩等国则有着浓厚的强制性变迁色彩。通常而言，诱致性制度变迁必须由某种在原有制度安排下无法得到的获利机会引起，而强制性变迁则可以纯粹因在不同选民集团之间对现有收入进行再分配而发生。例如，美国资本市场从1725年场外交易市场起步，到1863年纽约交易所成立，再到1971年纳斯达克的成立，资本市场层次变迁基本遵循了典型的自发演进特征，经过近四百多年的漫长历程，美国资本市场从单一层次的场外交易市场，形成了包括交易所、创业板、场外市场在内的完善的多层次资本市场体系，资本市场制度变迁的主导因素具有明显的内在性，主要由资本市场自身发展的强烈需求而促成。按照国内学者的观点，这里所指的需求既包括美国庞大的经济总量、数量众多不同规模与不同成长阶段的企业，也包括养老基金、共同基金、保险基金等大量机构投资者及对冲基金的存在等诸多条件，甚至还离不开美国的法律制度对于区域性资本市场层次化演进所提供的条件（阙紫康，2007）。正是诸多因素形成的合力，为新市场提供了存在的制度空间，整个演进接近于一种自发的进化过程，有些市场（部分区域性证券市场）日渐衰败并退出历史舞台，也有些市场（场外市场、部分区域性证券市场）不断发展壮大生机蓬勃，最终形成如今的多层次的资本市场体系。与之相反，德韩等国新的资本市场的出现大多是国家出于发展经济的战略规划而主导创设的。其中，韩国 KOSDAQ 是为扶植高新技术产业发展而成立，而德国法兰克福新市场同样也是为促进高科技企业和新经济企业发展而创设。

（二）我国多层次资本市场的特殊生成机理

从资本市场层次化角度出发，审视我国资本市场短短二十几年的发展历程，资本市场的生成、演化之频繁，在世界资本市场发展史上是罕见的（武志，2001），有着自身的特别之处。具体来看，我国资本市场尽管最初有自发生成的萌芽，但其自形成伊始，便呈现出强制性制度变迁特征，资本市场层次化体系变迁的每一步都是源于自上而下的政府强制性供给行为，而不是自下而上的诱致性微观主体的需求行为，因而中国资本市场层次化演进基本上是沿着中国政府设计、主导的强制性变迁展开的。

1. 场外市场的自发演进

改革开放后，我国进入了从计划经济向市场经济转轨的过渡阶段，渐进式的经济转轨实际上就是一个复杂的制度变迁过程。资本市场作为转轨进程中的一种制度安排，其层次化的发展演进也是制度变迁的重要内容。1984 年，经济体制改革从农村转向城市，国有企业股份制改造试点工作被提上日程，随着国有企业改造试点范围的不断扩大，国家股、法人股这些非流通股总量不断增加，为了满足非流通股的流通需求，全国许多地区都出现了区域性的证券交易中心，这些并不很规范的场外交易，被视为 1949 年后我国资本市场最初的发展形态。这一时期资本市场的发展是一个自发演进的过程，资本市场的制度供给是在股权流通的强烈需求下不断出现的，而且，20 世纪 90 年代以后，自发的场外交易市场最终形成了 STAQ、NETs 更加规范的制度安排。

2. 交易所的行政创设

20 世纪 90 年代初期，上海和深圳两家证券交易所相继宣告成立，标志着规范的资本市场制度已经建立起来。与早期的场外市场制度变迁模式不同，交易所的建立是由政府所主导的制度设计，而且，由于长期实行计划经济体制，我国的金融资源在政府计划下形成了行政式的条块分割格局，政府对金融机构的严格审批仍带有鲜明的计划经济体制特征。因此，我国资本市场的制度安排是从计划经济体制的巨大遗产中产生和发展起来的，资本市场的制度变迁带有浓厚的计划经济体制烙印。沪、深两证券交易所建立后，我国形成了由两家交易所以及 STAQ、NETs 两系统组成的两个层次的资本市场体系，资本市场制度实现了由单一层次向“多层次”的变迁。

3. 取缔场外市场

在我国资本市场强制性变迁的模式中，政府利益函数是资本市场层次演进的基本衡量标准，因此，只有那些符合并能够纳入政府利益函数的制度才能生存并发展下去。1993 年，随着证监会“暂停新股审批上市”指示的下达，曾交投火爆的 STAQ 和 NETs 两系统开始走下坡路，并于 1997 年后相继关闭，资本市场的层次化格局寿终正寝。事实上，关于两系统关闭的原因，学术界有两种代表性的解释：一是国家防范金融风险的需要；二是国家出于保护交易所健康发展的考虑。对于第一种解释，相对于场外交易系统，国家经济金融的整体稳定在国家利益函数中明显要重要得多，为了防范金融风险，通过收益比较，场外交易市场必然要从政府的利益函数中剔除；对于第二种解释，相对于 STAQ 和 NETs 系统，证券交易所明显占据更为重要的位置，因为大力发展证券交易所会为政府带来更高的效用，符合政府利益。因此，可以认为，场外市场的取缔是我国政府在权衡自身利益的基础上，通过政府行为推动的一个强制性的制度变迁结果。

4. 创设“二板”市场

随着经济改革的不断深化，非国有经济空前发展，以中小高科技企业为代表的民营经济对经济增长的贡献度日益提高。然而，我国资本市场建立的初衷很大程度上是为企业改革服务的，随着国有银行逐步沦为国家的“第二财政”，并不断积累不良贷款和金融风险，股票市场的任务开始逐渐转为解决国有企业的高负债和资金困难问题，股市成为降低国有银行体系所积累的信用风险和减少体制摩擦的“国家工具”。这样，我国证券交易所的上市标准基本是为国有大中型企业量身定做的，民营企业和中小高科技企业虽有良好发展前景，但达不到交易所的上市要求，大多无法进入证券市场融资，金融资源主要流向国有大中型企业。尤其致命的是，我国国有企业的资金利用率远远低于非国有企业，导致国家资金流向的是国民经济中的低效部门，非国有部门效率虽高却融不到资，金融资源处于“逆配置”状态（张宗新等，2001）。

新制度经济学告诉我们，由于存在着报酬递增和自我强化机制，沿着某一既定路径，制度变迁既可能进入良性循环轨道从而迅速优化，也可能顺着原有的错误路径继续下滑，甚至被锁定在某种无效状态而难以自拔，当然锁定并非无药可救，但需要外生变量的引入才能改变这一状态。事实上，解救制度锁定的外生变量多数情况下是指政府行为。顺着这一逻辑，由于国家金融资源不断地流向国有低效部门，我国资本市场的制度均衡停留在了单一层次状态，无论是从企业发展需求还是从资本市场供给角度看，资本市场的层次变迁都已经失去了演进动力，陷入低效均衡的锁定状态。到 1998 年，国家开始论证创业板，但由于纳斯达克泡沫崩溃等原因迟迟未能推出，2004 年 5 月，作为创业板过渡平台的中小企业板在深交所成立，意味着政府行为解决制度锁定的开始。事实上，虽然深交所中小板没有形成一个市场层次，但对于我国资本市场的层次演进意义重大，它为如今的创业板建设提供了经验参考。目前，随着中小板的不断完善、创业板的推出，我国多层次资本市场在政府行为的推动下不断演进和完善，多层次资本市场由无效均衡的锁定状态过渡到新的高效均衡状态，将会逐渐变为现实。

过去二十年，我国资本市场体系从无到有，并不断发展、健全和完善，目前已经形成了由上交所、深交所主板、深交所中小板、创业板、代办股份转让系统、产权市场所构成的庞大市场体系。整体来看，我国多层次资本市场体系的整体轮廓已经显现。

三、当前我国资本市场存在的问题及进一步演化的路径

前面的分析说明，当前我国所形成的多层次资本市场体系是有其存在的合理性的。可以预见，在一个比较长的时期内，这种格局必然还将存在和发展。但是，当前的资本市场还存在“层次性不够清晰、各市场的职能分工与定位不够明确”的突出问题，致使我国资本市场在支持企业融资尤其是中小企业融资方面存在不足，资本市场内部的风险分担功能发挥得也不够。

（一）我国资本市场存在的问题

1. 我国现行资本市场对中小企业的融资支持

我国资本市场是伴随着经济体制改革的进程逐步发展起来的，由于建立初期改革不配套和制度设计上的局限，资本市场还存在一些深层次问题和结构性矛盾，制约了市场功能的有效发挥。当前我国资本市场既存在规模不足的问题，也存在产品和结构单一、缺乏层次等问题。我们认为，中国资本市场的突出缺陷之一就是资本市场的发展缺乏层次性。很长一段时期内只有主板市场，支持中小企业发展的创业板市场缺失，导致资本与科技之间的纽带一直没有建立起来。

2004 年 5 月，我国在深圳证券交易所设立了中小企业板，为科技含量高、创新能力强、主业突出的中小企业拓展了直接融资渠道，迈出了科技与资本有效结合的具有标志性意义的一步。有资料显示，2006 年，中小板 116 家中小企业平均实现主营业务收入 10.6 亿元，比 2005 年增长 30.13%；平均实现

净利润6033万元，比2005年增长25.16%；平均实现每股收益0.43元，净资产收益率达到11.56%，多项指标远高于上海证券交易所和深圳证券交易所主板市场。[①] 截至2008年3月，中小企业板上市公司已达221家，初具规模。2006年1月，我国正式启动了中关村高科技企业进入代办股份转让系统进行股份报价转让的试点工作，系统扩容取得阶段性进展，一批非上市中小高科技企业也有了股权转让的场所，对于科技园区内中小企业的发展起到了一定的推动作用。而2009年正式创设的深交所创业板，对于推动本土风险投资业和所谓"新、高"[②] 产业发展必将大有裨益。

整体而言，我国资本市场为"新、高"产业及自主创新国家战略提供融资支持的功能框架已经形成。但同时，我们也应看到，中小企业板的制度安排与主板基本趋同，代办股份转让系统主要发挥着收单和信息反馈两项基本功能，还只是经纪业务的性质，并未真正成为股份发行、挂牌、转让的平台，不具备融资功能。因此，能够满足不同类型和处于不同发展阶段的企业融资需求的多层次资本市场体系，在我国尚未真正建立起来。

2. 我国资本市场的风险分担

长期以来，融资结构失衡是我国金融系统中的一个突出问题，从20世纪90年代至今，我国境内股票筹资额相对于银行贷款增加额一直都很低（见图1），因此，在融资总额中，直接融资占比明显偏低（见图2）。以2007年为例，国内非金融部门融资总量已达49705亿元，但其中银行贷款占比就高达78.9%，虽比上年降低了3.1个百分点，但仍然偏高；全部直接融资占比仅为21.1%（其中，不包括金融机构上市融资的股票融资额占13.1%；不包括1.55万亿元特别国债融资的国债融资额占3.6%，企业债占4.4%），较2005年有小幅提高，尤其是股票市场融资额占比虽比上年提高了7.5个百分点，但仍只有13.1%。

---

① 吴铭：《中小板公司净利润增长25.16%》，载于《中国证券报》2007年2月28日。

② "新、高"指新经济、新技术、新能源、新材料、新服务和高技术、高成长、高增值。

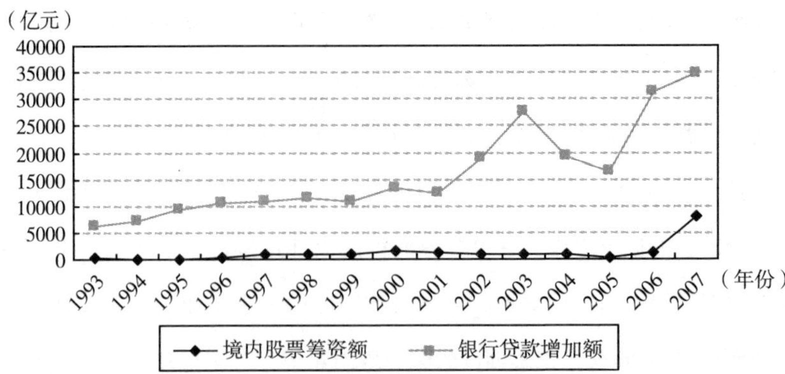

图1　1993～2007年我国境内股票筹资额与银行贷款增加额变动情况

资料来源：中国人民银行金融稳定分析小组，《中国金融稳定报告（2008）》，中国金融出版社2008年版。

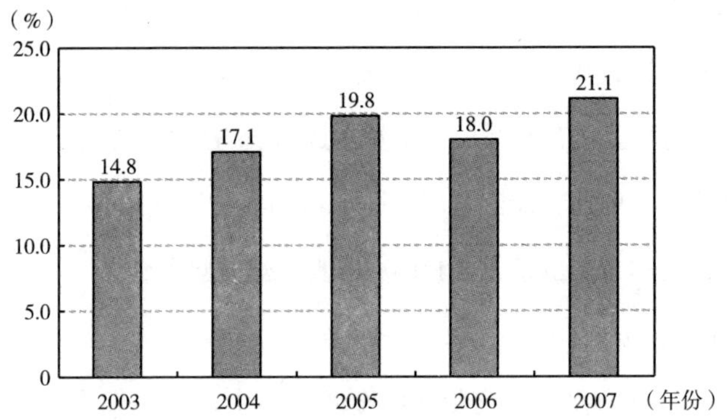

图2　2003～2007年我国境内直接融资占比变动情况

资料来源：根据《中国人民银行货币政策执行报告》各期计算整理。详见中国人民银行网站。

若以融资额指标衡量，我国资本市场提供的横向风险分担相对于银行系统的纵向风险分担而言，明显偏低。①

① 艾伦和盖尔在其著作《比较金融系统》中将金融系统的风险分担机制分为两种类型，一种是资本市场提供的横向风险分担（cross-sectional risk sharing），另一种是银行提供的纵向跨期风险分担（intertemporal forms of risk sharing）。所谓横向风险分担，是指在金融系统中引入市场，系统就可以允许投资个体多样化其投资组合、对冲系统性风险以及根据其风险偏好调整投资组合的风险程度。由于这种风险分担方式是通过不同的个体在给定时点上交换风险而实现的，因此被称为横向风险分担。银行的纵向跨期风险分担则不同，它是指在不同时期均衡投资得失来规避金融资产价格过度波动产生的风险，这种分担方式可以在不同时期内平滑投资收益。这一过程是通过银行中介吸收存款资金，并且按照所签署的债务契约到期后支付约定额度资金来实现的，因此，吸收存款是银行中介执行跨期风险分担功能的基础。

事实上，我国金融系统风险分担的不平衡在中长期资金的配置方面表现得更加突出。在我国，融资结构以间接融资为主，资本市场不发达，中长期资金主要通过银行配置，导致境内中资商业银行人民币中长期贷款比①居高不下，2004 年以来更是一直在监管要求上限（120%）以上的高位运行（见图 3），境内商业银行存贷款期限严重错配，错配风险较为突出，尤其是 2006 年第一季度之后，错配风险突出现象有愈益加重之势（中国人民银行金融稳定分析小组，2007）。

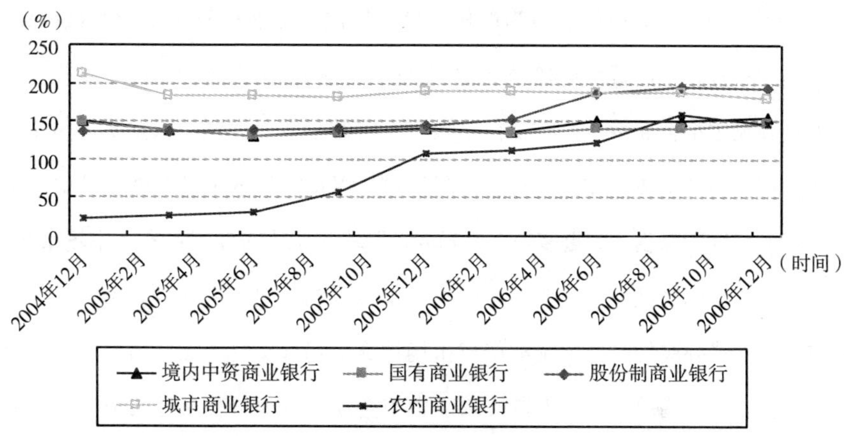

图 3　我国境内中资商业银行人民币中长期贷款比

资料来源：中国人民银行金融稳定分析小组（2007）。

总而言之，我国资本市场发展的相对落后，使得市场的横向风险分担未能充分发挥，加之在新技术融资方面有比较优势的创业板的缺位，整个资本市场的发展陷于分工错位的市场格局之中。资本市场的总量不足和分工错位，不仅对于我国金融系统的稳定性具有重要影响，而且已经成为阻碍国家产业结构优化升级以及自主创新国家战略顺利实施的瓶颈。因此，未来一段时期内，扩大资本市场的总量规模，优化资本市场结构应成为我国资本市场发展的主基调。

（二）我国资本市场进一步演化的路径

基于前文的分析，我们认为我国多层次资本市场未来的演化路径就是要

① 中长期贷款比 = 余期一年以上贷款余额/余期一年以上定期存款余额 ×100%。

将原来的那种层次过于简单的资本市场体系结构更加层次化，明确主板、创业板、中小板和其他层次资本市场的上市标准等一系列制度安排，进一步细化资本市场体系内部不同层次之间的分工，最大限度地推动符合条件的中小企业能够进入资本市场进行融资，构成一个分工合理、层次分明的整体。

根据资本市场发展的国际经验和国内现状，我国多层次资本市场体系应建设成如下三个层次。

第一层次是主板市场。主板市场定位于为较为成熟的大型企业提供股权融资的全国性市场，上市标准最为严格。第二层次是创业板和中小企业板市场。在目前中小板和创业板市场建设基础上，进一步探索和完善相关制度安排，可针对创新型中小企业特征，在发行审核与上市制度方面做调整，体现市场化的原则，尊重市场主体的作用，符合国际惯例，以拓宽资本市场对创新型中小企业支持的广度和深度，为更多处于不同成长阶段的中小企业提供资本市场服务，使之成为支持创新型中小企业的多层次资本市场的重要组成部分。第三层次是由整合后的代办股份转让系统和产权市场构成的场外交易市场。场外市场上市标准最低，程序简单，主要为科技园区中小企业和其他符合条件的中小企业服务。上述三个层次的市场构成一个层次分明、定位明确的整体。

当前，我国应通过多层次资本市场体系设计，加快中小企业板建设，扩大中小企业板市场规模，支持更多中小企业进入资本市场发展壮大。在中小企业板实践积累和参考海外市场经验的基础上，对刚刚推出的创业板市场不断加以完善。同时，积极整合代办股份转让系统和产权市场，进一步明确代办系统的功能定位，在总结试点经验的基础上，逐步允许具备条件的国家高新技术产业开发区内未上市高新技术企业进入代办系统进行股份转让，将代办系统建设成为全国性的、统一监管下的非上市公众公司和高科技公司股份报价转让平台。实现普通中小企业、科技园区中小企业、成长型中小企业以及中小高科技企业在资本市场上的准确定位，从而形成一个互相补充、相互促进、协调发展的多层次资本市场体系，充分发挥资本市场对国民经济发展的服务功能，为我国自主创新国家战略的实践提供必要的资本保障。

参考文献

[1] 戴志敏：《国际风险资本运作、退出与多层次资本市场体系研究》，浙江大学博士学位论文，2004 年。

[2] [美] 弗兰克林·艾伦，道格拉斯·盖尔：《比较金融系统》，中国人民大学出版社 2002 年版。

[3] 胡海峰：《美国创业资本制度与市场研究》，人民出版社 2008 年版。

[4] 科斯、阿尔钦、诺斯：《财产权利与制度变迁——产权学派与新制度学派译文集（中译本)》，上海三联书店、上海人民出版社 1994 年版。

[5] 李善民、陈全贵等：《建设多层次证券市场体系的探析》，载于《南方金融》1996 年第 1 期。

[6] 卢现祥：《西方新制度经济学》，中国发展出版社 2003 年版。

[7] 阙紫康：《多层次资本市场发展的理论与经验》，上海交通大学出版社 2007 年版。

[8] 孙小凡：《改革呼唤一个统一、多层次的资本市场格局》，载于《国有资产研究》1996 年第 6 期。

[9] 王道云：《中国多层次证券市场的建立和发展》，载于《国有资产研究》1996 年第 6 期。

[10] 王国刚：《创业投资：建立多层次资本市场体系》，载于《改革》1998 年第 6 期。

[11] 王国刚：《建立多层次资本市场体系研究》，人民出版社 2006 年版。

[12] 武志：《中国证券市场发展：新制度经济学的观点》，载于《国际经济评论》2001 年第 7－8 期。

[13] [英] 亚当·斯密：《国民财富的性质和原因的研究》，商务印书馆 1972 年版。

[14] 杨小凯、张永生：《新兴古典经济学与超边际分析》，社会科学文献出版社 2003 年版。

[15] 张宗新、厉格非、姚力：《证券市场制度缺陷的实证分析》，载于《经济理论与经济管理》2001 年第 12 期。

[16] 中国人民银行货币政策分析小组：《中国货币政策执行报告（二〇〇七年

第四季度)》, 2008 年。

[17] 中国人民银行金融稳定分析小组:《中国金融稳定报告 (2007)》, 中国金融出版社 2007 年版。

[18] Asdrubali et al. , "Channels of Interstate Risk Sharing: United States 1963 – 1990", *Quarterly Journal of Economics*, 1996, 111.

[19] Athanasoulis S. G. , Van Wincoop E. , "Risk Sharing within the United States: What do Financial Markets and Fiscal Federalism Accomplish", *Review of Economics and Statistics*, 2001, 83.

[20] Becker Gary S. , Kevin Murphy, "The Division of Labor, Coordination Costs, and Knowledge", *Quarterly Journal of Economics*, 1992, 107.

[21] Franklin Allen, Douglas Gale, "A Welfare Comparison of Intermediaries and Financial Markets in Germany and the US", *European Economic Review*, 1995, 39.

[22] Franklin Allen, Douglas Gale, "Financial Intermediaries and Markets", *Econometrica*, 2004, 72 (4).

[23] IMF, *Global Financial Stability Report*, IMF, 2008.

[24] J. Borland, Yang Xiaokai, "Specialization and a New Approach to Economic Organization and Growth", *American Economic Review*, 1992, 82 (2).

[25] Kalemli-Ozcan et al. , "Risk Sharing and Industrial Specialization: Regional and International Evidence", *American Economic Review*, 2003, 93.

[26] Linda Andersson, "Fiscal Flows and Financial Markets: To what Extent Do They Provide Risk Sharing within Sweden?", *Regional Studies*, 2008, 1.

[27] Yang Xiaokai, J. Borland, "A Microeconomic Mechanism for Economic Growth", *Journal of Political Economy*, 1991, 99.

[28] Young, Allyn, "Increasing Return and Economic Progress", *Economic Journal*, 1928, 38.

我国现阶段多层次资本市场的竞争与协作机制研究*

一、文献回顾与问题提出

在我国，学术界对于多层次资本市场问题进行了大量研究。从文献检索结果看，我国学者的研究内容涉及多层次资本市场建设的背景、多层次资本市场的界定、多层次资本市场的框架设计、多层次资本市场监管等一系列重要问题。其中，针对资本市场层次性问题，王国刚（2006）认为，只有多层次交易规则才是多层次股票市场体系形成的标准；而阙紫康（2007）则对多层次资本市场的分层标准进行了综合性探讨，认为可以沿着股票亚群体属性、交易方式和地理空间三个维度进行分层，进一步提出区分股票亚群体属性的标准，具体包括股票发行方式、上市标准、流动性、交易方式和产业属性四个因素。对于我国多层次资本市场建设的背景，张文路和赵雪芹（2004）、邢天才（2003）认为主要是满足不同类型融资者、投资者的需求；王国刚（2004）、尚福林（2004）等则认为是为了促进储蓄向投资的转化，提高资源利用效率，防范化解金融风险。在我国多层次资本市场的组成上，王亚民、

* 本文原载于《经济学动态》2010 年第 5 期。合作者：罗惠良。基金项目：2009 年度教育部人文社会科学研究一般项目“国有商业银行重组的最优成本：理论与实证研究”（项目号：09YJA790018）。

朱容林（2003）认为多层次的证券市场体系由场外市场、二板市场和主板市场这三个层次市场组成；多层次资本市场体系则包括完善的私人权益资本市场（private equity market，PEM）和公共资本市场，即多层次证券市场体系；邹德文等（2006）则指出主板市场、创业板市场、区域性证券市场和区域性产权交易市场共同形成一个多层次、多元化、风险分散的无缝隙的市场体系。此外，邢天才（2003）等也提出了我国多层次资本市场格局的构想。至今，关于我国多层次资本市场建设仍是学术界探讨的焦点问题。与理论界相比，我国政府正式提出建设多层次资本市场始于2003年10月党的十六届三中全会，会议审议通过了《中共中央关于完善社会主义市场经济体制若干问题的决定》，明确提出建立多层次资本市场体系。之后，国家又多次阐述了建立多层次资本市场体系的决定和政策主张。

在发展实践中，我国资本市场历经二十载，从无到有，并不断得以完善，目前已经形成了由上交所、深交所主板、深交所中小板、创业板、代办股份转让系统所组成的市场体系。然而，摆在我们面前的一个新问题是，目前的多层次资本市场体系还缺乏一个良好的竞争与协作机制。我国多层次资本市场体系应该建立怎样的竞争和协作机制？学界对这个问题没有给予应有的关注，这方面的研究几乎是空白。本文希望能够起到抛砖引玉的作用。

二、竞争与协作机制的缺失阻碍了多层次资本市场的健康发展

如果将多层次资本市场视为一种制度安排，那么它的生成和演进必然遵循新制度经济学关于制度变迁的理论。在新制度经济学的制度变迁理论中，诱致性制度变迁和强制性制度变迁是最具代表性的两种理论模式。从新制度经济学制度变迁理论出发，世界范围内多层次资本市场的生成与演进大致也可归为诱致性和强制性两种模式。通常而言，诱致性制度变迁必须由某种在

原有制度安排下无法得到的获利机会引起，而强制性制度变迁则可以纯粹因在不同选民集团之间对现有收入进行再分配而发生。

例如，美国资本市场从 1725 年场外交易市场起步，到 1863 年纽约交易所成立，再到 1971 年纳斯达克成立，资本市场层次变迁基本遵循了典型的自发演进特征，经过近四百多年的漫长历程，美国资本市场从单一层次的场外交易市场，形成了包括交易所、创业板、场外市场在内的完善的多层次资本市场体系，资本市场制度变迁的主导因素具有明显的内在性，主要由资本市场自身发展的强烈需求而促成。

与之相反，德韩等国新的资本市场的出现大多是国家出于发展经济的战略规划而主导创设的。其中，韩国 KOSDAQ 是为扶植高新技术产业发展而成立，而德国法兰克福新市场同样也是为促进高科技企业和新经济企业发展而创设。在这两种典型的制度变迁模式中，由政府主导推进的强制性生成与演进基本以美国纳斯达克为蓝本，实际上是一种制度模仿，而非制度创新行为。

在我国，由于经济体制环境的原因，正式的资本市场建设相对于发达国家滞后得多，这样，我国资本市场的层次演进更多的也是模仿，是一种政府主导的强制性过程。事实上，在内生因素难以推动完善的多层次资本市场体系快速建立的情形下，通过政府运用国家强制性力量建立这样的市场，以强制性制度变迁弥补资本市场制度供给的不足，能够将资本市场体系构建过程缩短，提高资本市场制度构建的效率，使我国能够在短短 20 年的时间内建立起包括交易所主板、中小板、创业板、代办股份转让系统、产权市场在内的较为完备的多层次资本市场体系。然而，国家强制力形成资本市场格局，其本身还存在不少问题，主要体现在两方面：一是竞争机制不合理，缺乏良好的竞争环境；二是协作机制没有建立起来。

我国多层次资本市场在竞争机制与竞争环境方面的缺失，可以从三个具体的阶段或案例加以简略把握。

（一）20 世纪 90 年代中期沪深两所的“行政化”竞争

在我国，沪深两交易所自建立伊始就采用了无差别的法定上市标准，市场定位没有明确区分，在发展初期对于维持我国证券市场的监管与稳定作出了贡献。然而，随着证券市场的进一步发展，我国证券发行上市的核准制度决定了交易所几乎没有上市审批的真正权力与选择上市公司的余地，而只是在政府及监管机构所核准的上市公司范围内进行“选择”。行政干预设定的有限竞争资源，使得两交易所间形成非良性的激烈竞争。1994～1996 年，尤其 1996 年是我国沪深两所竞争异常激烈的一年，当年年初，沪深两市同时大涨，尤其是深交所涨幅更大，大量资金流向深市。面对当时的市场形势，上交所同时从交易品种、交易费用、交易技术等级方面加强了与深交所的竞争，如推出上证 30 指数，调低包括交易年费在内的七项市场收费标准，下调股票、基金交易佣金和经手费标准，全面推广场外无形席位报盘交易方式等，同时上交所还专门派出市场人员动员拟上市公司来本所上市，利用《上海证券报》大幅刊登券商文章配合庄股的炒作，加强了市场外的竞争。而深交所在推出 30 家绩优公司与上证 30 相抗衡的同时，相对更多地将竞争重点放在了市场之外，如利用《证券时报》配合券商、庄家的坐庄行为，为证券营业部提供透支鼓励机构炒作本所上市股票等。通过这一阶段两交易所的发展来看，我国政府主导的资本市场层次演进导致竞争行政化倾向明显，良好的竞争机制和竞争环境没有形成。

（二）20 世纪 90 年代后期场外市场的行政取缔

在我国资本市场强制性变迁的模式中，政府利益函数是资本市场层次演进的基本衡量标准，只有那些符合并能够纳入政府利益函数的制度才能生存并发展下去。1993 年，随着证监会“暂停新股审批上市”指示的下达，曾交投火爆的 STAQ 和 NETs 两系统开始走下坡路，并于 1997 年后相继关闭，资本市场的层次化格局寿终正寝。事实上，关于两系统关闭的原因，学术界有两种代表性的解释：一是国家防范金融风险的需要；二是国家出于保护交易所健康发展的考虑。对于第一种解释，相对于场外交易系统，国家经济金融的整体稳定在国家利益函数中明显要重要得多，为了防范金融风险，通过收益比较，场外交易市场必然要从政府的利益函数中剔除；对于第二种解释，相对于 STAQ 和 NETs 系统，证券交易所明显占据更为重要的位置，因为大力发展证券交易所会为政府带来更高的效用，符合政府利益。因此，可以认为，场外市场的取缔是我国政府在权衡自身利益的基础上，通过政府行为推动的一个强制性的制度变迁结果。过于浓厚的行政干预破坏了资本市场的竞争环境，严重阻碍了不同层次资本市场间竞争机制的形成。

国际经验表明，资本市场的竞争不仅存在于交易所间的竞争，也存在于场外市场的潜在竞争，而我国场外市场发展的停顿局面，使我国证券交易所不存在这方面的竞争威胁（潘林芝和陆军荣，2007）。退一步来讲，我国资本市场层次不完全，沪、深两交易所几乎成为唯一的股权流动场所，虽然曾一度还存在 STAQ 和 NETs 两交易系统，后来以代办股份转让系统取而代之并进一步扩容，但从规模及交易情况来看，它们在整个资本市场体系中的地位和作用还相当微小，其他的一些配套市场也没有建立起来，所有这些都是我国资本市场缺乏竞争机制的痼疾。

（三）2000 年出台的按市值配售政策

2000 年 2 月，中国证监会发布了《关于向二级市场投资者配售新股有关问题的通知》，并有 34 家公司据此采用 50% 市值配售、50% 资金申购的方式在首次发行时向二级市场投资者进行了配售。此后，按市值配售一直延续到 2005 年的股权分制改革。作为中国证券市场特殊阶段的特殊产物，按市值配售不仅对证券市场产生了重要影响，对沪深两交易所竞争关系以及二者竞争地位的作用也是深远的。2000 年 10 月之后，新股发行工作全部集中于上交所，结果，相对于上交所而言，深交所主板的扩容基本停滞。从当时的政策来看，停发新股对深交所的负面影响是显然的。按照规定，在深交所停发期间，新股发行和配售主要集中于上交所主板，新股上市交易时采用两市双向挂牌的方式，其中，上交所挂牌带票为“600XXX”，深交所的挂牌代码为“003XXX”，但深市投资者只能委托“卖出”，不能买入。这段时期，深市投资者虽然也可以参与上海证券交易所的新股配售，但持有深市账户的投资者获得配售的新股后只能委托深圳证券交易所卖出，而且需要卖出时，深圳证券交易所在接到卖出指令后还要向上海证券交易所进行转报，深交所交易系统虽然也发布新股行情数据，但同时还要实时转发上交所的相关数据，以上交所的行情指数为准。即使是所有投资者都持有两市的股东卡，在新股上市挂牌后的交易中，上海还是比深圳要便利一些。在这种政府管制过于浓厚的市场环境中，沪深两交易所的竞争更多的是国家或地方政府行政权力的体现和反映，无论是一级市场还是二级市场的相关指标，都难以真实反映两交易所的竞争关系，良好的竞争机制与竞争环境的形成更加无从谈起。

基于上述若干阶段或案例的考察，我国当前的资本市场虽然已经获得了长足的发展，但由于缺乏市场化的经济条件，经济主体的竞争行为没有做到依法或成熟规则实施，资本市场的发展或竞争不完全是市场行为，而更多地是行政干预的体现，许多政策都来自政府的直接推动，甚至交易所之间的市场范围和业务领域都有较明确的划分，资本市场间的竞争难免就失去了应有的法律依据和制度保障。离开了法律、制度对经济主体竞争的约束，过高的社会成本也就在所难免。从历史上看，许多资本市场制度或法律，都是为了提高资本市场的竞争性和降低成本出现的（美国在 19 世纪 20 年代末股灾之后推出的《1934 证券法》等若干例子都是如此）。同时，由于资本市场所固有的信息非对称性使市场参与者不可能获取有关企业股票、债券的完全信息，只有通过严格的信息披露制度，尽可能降低信息的非对称性，以使资本市场接近完全竞争市场（潘林芝和陆军荣，2007）。总之，竞争机制与竞争环境的形成，最关键的就是要建立起完善的制度或法规，让行政干预逐渐淡出，使市场充分发挥其应有的调节功能。

我国资本市场的政府主导演进模式，不仅导致了市场间竞争机制的缺失，而且没有形成良性互动的协作机制。举例来说，由于不同市场间缺乏协作，交易所上市公司的退市成为一个难题。历史上我们通过 STAQ、NETs

来解决这一问题，两系统关闭后，这部分企业转到了代办股份转让系统挂牌，但从现状看，协作机制的缺乏导致代办股份转让系统的运行并不理想，截至2004年2月，进入该系统进行股份转让的公司共有13家，挂牌股票15只，市价总值约65亿元；过去几年虽有发展，但截至2007年12月，在该系统进行股份转让的公司也仅有64家，市价总值约180亿元，流通市值约为76亿元。由于没有诸如转板等协作与互动机制的完善制度安排，较低层次资本市场上的企业进入交易所挂牌交易缺乏有效的通道，投资者对低层次市场的发展缺乏信心，因此，低层次市场规模小、交易清淡的现状还将长期存在下去。

事实上，资本市场的层次化发展，必然伴随着上市公司资源、投资者群体的合理分配问题，而分配格局的形成与本国一系列的制度安排休戚相关。一般来说，各国均将主板市场定位于大型优质企业的融资交易；创业板则定位在具有成长性的科技型中小企业，同时为主板退市公司提供流通场所；至于场外交易市场和产权交易市场的定位则更低。不同市场的分层定位是保证每个市场拥有一定企业资源的必要条件，只有定位分层明确，市场交易才能顺利进行，这也被视为各个市场的存活之本。但在定位明确的基础上，还应关注交易规则问题，原因在于，即使不同层次市场定位明确，也难以避免出现低层次市场利用交易规则打擦边球，从而变相争夺高层次市场的企业资源的问题，长期来看，这会对高层次市场构成一定的威胁，如我国过去资本市场层次化实践过程中就曾出现过这一现象。20世纪80年代末期，国内产权交易市场快速发展，各地纷纷建立自己的产权交易中心，尤其是进入90年代中期，市场交易空前活跃，但产权交易市场的发展也带来了一些问题，如国内很多产权交易市场都有拆细交易现象，当时国内理论界注意到，如果允许这种拆细交易持续下去，那么，就会为成立不久的上海、深圳两家交易所带来一定的生存压力，为了保护主板市场的顺利发展，国家出台政策明令禁止产权交易中的拆细交易行为，虽然国家这一政策的合理性存有一定争议，但无可否认，为了各层次资本市场的健康发展，构建一个合理的企业资源分配格局，需要恰当的制度安排作为配套措施，而这一制度安排就是不同层次资本市场间合理高效的竞争与协作机制的建立和完善。

三、构建良好的竞争与协作机制的基本思路

多层次资本市场体系的竞争和协作机制应该具有如下特征：合理分工，有公平的竞争基础和竞争规则，有良好的信息共享安排。因此，完善我国多层次资本市场体系要解决的首要问题就是合理界定各层次市场的基本职能及其业务领域，也就是竞争体系中的分工问题。基于资本市场发展的国际经验和国内现状，我国多层次资本市场体系应建设成如下三个层次。

第一层次是主板市场。主板市场定位于为较为成熟的大型企业提供股权融资的全国性市场，上市标准最为严格。第二层次是创业板和中小企业板市场。创业板和中小板市场，要针对创新型中小企业特征，设置有别于目前主板的发行上市标准。在现行发行上市标准的基础上，降低对企业历史的经营业绩和盈利能力等的硬性指标要求，注重企业的研究开发能力、科技含量和成长潜力等软性指标，同时在发行审核与上市制度方面做出重大调整，体现市场化的原则，尊重市场主体的作用，符合国际惯例，以拓宽资本市场对创新型中小企业支持的广度和深度，为更多处于不同成长阶段的中小企业提供资本市场服务，使之成为支持创新型中小企业的多层次资本市场的重要组成部分。第三层次是由整合后的代办股份转让系统和产权市场构成的场外交易市场。场外市场上市标准最低，程序简单，主要为科技园区中小企业和其他符合条件的中小企业服务。目前我国已有了“整合与完善场外市场”的制度需求，但政策出台却过于迟缓，其中主要原因便是对场外交易竞争的限制过多。我们需要在规范的制度保障下，放宽场外市场发展的限制，让市场来发现与调节场外市场的发展，逐渐与第一层次、第二层次资本市场之间形成市场化的竞争关系。最终使上述三个层次的

市场构成一个层次分明、定位明确的整体。

多层次资本市场的发展不仅需要适度竞争，同样需要有良好的协作机制。前面已经指明，我国多层次资本市场在协作机制上不足的最突出表现是不同层次市场间缺乏成熟的转板制度安排。在美国、英国等国家和地区，每年都有一定数量的已上市公司从低层次市场转板到主板市场。20 世纪 70 年代以前，美国交易所被誉为纽约交易所绩优蓝筹股的“培养基地”，为纽约交易所输送了大批合格公司，1971 年，纳斯达克市场建立后，每年都有一批达标公司从美国交易所和纳斯达克市场转到纽约交易所挂牌交易。1995 ~ 2005 年，英国共有 72 家在 OFEX 挂牌交易的公司升级到 AIM 或 LSE 主板挂牌交易。我国完善多层次资本市场协作机制的出发点应是从制定不同市场的转板制度入手，要在资本市场相应制度安排及外部经济法律环境逐渐具备的条件下，适时出台对上市公司转板的试点工作，随着试点规模的不断扩大，适度简化审查规则和工作流程，最终在不同层次资本市场间形成“升级自愿、降级强制、程序简便、运作高效”的协作机制。

参考文献

[1] 陈全伟：《台湾证券市场转板机制动因及影响》，载于《证券市场导报》2004 年第 7 期。

[2] 胡海峰：《美国创业资本制度与市场研究》，人民出版社 2008 年版。

[3] 潘林芝、陆军荣：《证券交易所的可竞争性与我国证交所的发展》，载于《中央财经大学学报》2007 年第 2 期。

[4] 尚福林：《推进资本市场的改革开放和稳定发展》，载于《中国金融》2004 年第 1 期。

[5] 阙紫康：《多层次资本市场发展的理论与经验》，上海交通大学出版社 2007 年版。

[6] 邢天才：《我国多层次资本市场体系的构建与发展思路》，载于《财经问题研究》2003 年第 3 期。

[7] 王国刚：《建立多层次资本市场体系研究》，人民出版社 2006 年版。

[8] 张文路、赵雪芹：《关于构建中国多层次化证券市场的分析与建议》，载于《金融研究》2004 年第 8 期。

[9] 邹德文、张家峰、陈要军：《中国资本市场的多层次选择与创新》，人民出版社 2006 年版。

我国资本市场投资者利益保护与上市公司价值研究*

一、引 言

投资者利益保护是国际社会关注的热点和难点问题。随着资本市场的不断发展、法律保护的逐渐进步，这个问题越来越凸显。LLSV①（1998）研究表明，法律起源的不同，影响到一个国家法律法规对投资者利益保护程度的不同，而对投资者利益保护程度的不同会直接影响到公司的外部融资能力和投资者的投资倾向，从而影响在现代金融环境中依托外部融资的公司的长期发展和价值增长。

进入20世纪90年代，我国的资本市场开始起步，经过近二十年的发展，取得了令世界瞩目的成绩，而资本市场上最根本的投资者利益保护问题也越来越多地引起人们的关注，本文拟从法与金融学视角出发，以其理论研究成果为依据，结合中国中小投资者利益保护实践数据，对中国资本市场投资者利益保护与上市公司价值的关系进行研究。

投资者利益保护问题起源于代理问题。在现代企业制度中，经营的专业

---

* 本文原载于《数量经济技术经济研究》2009年第7期。合作者：李忠。基金项目：国家社科基金项目“多层次资本市场建设及监管问题研究”（项目号：05BJL026）。

① La Porta、Lopez-de-Silanes、Shleifer和Vishny，简称LLSV。

化导致投资活动与经营管理行为分离进而使公司的所有权和经营权分离，投资者（主要是股东）作为委托人，经理层作为代理人，二者之间通过缔约合同而产生委托代理关系①。由于信息不对称和不充分性的存在，经理层与股东的最大化利益目标不同，经理人的行为与股东的利益目标会有所偏差。1977年，斯蒂格利茨（Stiglitz）提出激励理论，即通过缔结有激励作用的契约产生激励相容效应进而部分解决委托—代理问题，这是委托—代理问题解决方法的一大进步，而到了20世纪90年代后期，LLSV开始把契约执行的激励问题从契约内部扩展到契约签订和履行的外部法律环境，即对投资者的法律保护上。LLSV（1997，1998，2000，2002）通过对全球49个国家（不包括社会主义经济和“转型”经济国家）运用法律保护投资者的实证分析和比较，发现各个国家上市公司所有权的集中程度、资本市场的广度与深度、红利政策以及外部融资的途径存在着巨大差异，其中，法律如何保护投资者的权益不被公司经理和控股股东剥夺，可以为这些差异提供一定的解释。同时，LLSV指出，这些差异也说明了，一个国家的法律环境越好，对于外部投资者的保护程度越高，外部投资者越愿意为证券市场提供资金，证券市场也就越发达，公司在发达的证券市场中越容易取得较高的公司价值；反之，在投资者利益保护较差的国家里，中小股东面临被大股东（控股股东）剥削的风险，因此中小股东就不愿意为证券市场提供资金，公司所发行的股票市值就比较低，进而影响到公司的价值。

在公司融资领域，从法律方面考察投资者利益保护与公司价值的关系问题是一个全新的视角，LLSV一系列文章起到了开创性的作用，但LLSV的研究对中国等转轨国家关注不足，其他研究法与金融学的国际学者也存在同样问题，他们大多数以LLSV所涉及的49个国家为蓝底进行，研究主要集中在有限的国家，几乎没有包括俄罗斯及中国等众多转轨型国家。本文认为，研

① 当一个公司股权相对分散时，委托—代理问题主要存在于股东与经理层之间；如果公司的股权相对集中，委托—代理问题主要存在于大股东与小股东之间。

究转轨型国家的投资者利益保护状况在法与金融学的实证检验中是非常重要的。首先，从理论上讲，对转轨型国家的法律制度和金融体系发展的研究是非常有价值的，在这些国家里，仅仅用了几十年时间就走过了发达国家几百年走的道路，这种浓缩的过程更能凸显法律与金融在发展中的相互影响，法和金融学理论本身的发展是需要转轨型国家经验数据支持的；其次，从中国进行资本市场建设上来讲，也是有着巨大的实践意义，长远来看，对外部投资者有效的法律保护应是中国证券市场发展的核心目标，[①] 这也是一个国家证券市场长期发展的基本保障，如前所述，斯蒂格利茨提出的激励理论，只是从技术层面上来解决委托—代理问题，而这样的技术只有在法律制度保护完善的外部环境之中才能真正发挥作用，可见，外部投资者利益保护是更根本的条件，这也正是本文研究的理论意义和现实意义所在。

二、文献综述

（一）国内外研究现状分析

从外部法律环境考虑投资者利益保护问题最重要的一篇文献是《法与金融学》（*Law and Finance*）（LLSV，1998），这篇文章也可以说是法与金融学的奠基之作。在文章中，LLSV 主要得出三点结论：第一，各个国家对投资者利益保护和执行法律措施时的力度因法律起源的不同而不同，起源于普通法系的国家比起源于民法系的国家能更好地保护投资者的权利；第二，LLSV 进一步研究了这 49 个国家的投资者利益保护、金融市场的发展以及经济增长之间的关系，发现投资者利益保护较好的国家，其金融市场在规模和广度方面也较为领先，经济增长也较为迅速；第三，LLSV 发现，当投资者利益保护较弱时，股权集中程度较高，而对投资者法律保护较好的国家，公司所有权的

① 在中国证监会网站主页的最上方，用醒目的大号字体写着“保护投资者利益是我们工作的重中之重”，可见，对投资者利益的保护已经深入管理层的视野，在这样的背景下研究投资者利益保护与公司价值问题，尤其显现出其研究意义。

集中程度明显较低，民法系国家股权集中就是市场对投资者利益保护不力产生的自发的适应性机制。

在《投资者保护与公司治理》（*Investor Protection and Corporate Governance*）（LLSV，2000）一文中，LLSV进一步阐述和总结了他们关于法律与公司融资之间的一些观点。LLSV认为，詹森和梅克林（Jensen and Meckling，1976）关于金融合同观点的不足之处在于，这种源于科斯定理（Coase，1961）的观点必须依赖于强制履行详尽合同的法庭。而在许多国家，这种强制履行并不是理所当然的，因为有些时候，法庭要面对的是政治压力、时滞，还有腐败，并通过实证研究指出了法庭强制性的法律法规在保护金融安排履行方面的重要作用，否定了私人立约充分有效的假设。

在《投资者保护与公司价值》（*Investor Protection and Corporate Valuation*）（LLSV，2002）一文中，LLSV系统地检验了他们关于在一定投资者法律保护程度与公司控制权、现金流所有权之间的假说，同时也检验了他们关于投资者法律保护程度与公司价值①之间的关系。他们在文中建立了一个简单的数学模型，来分析法律保护程度、控制权、现金流所有权以及公司价值的关系，然后通过对全球最富有的27个市场经济国家的539个公司的股权结构进行实证检验分析，最后得出结论：一个公司所处国家的投资者法律保护程度越低，则企业家掠夺中小股东的行为就越容易发生，而公司现金流所有权的集中可以在一定程度上产生激励效应减少这种行为，使公司获得更多的公司价值；反之，一个公司所处国家的投资者法律保护程度越高，则企业家掠夺中小股东的成本就越高，掠夺行为就越不容易发生，公司的价值也就越高。

国内的学者也对公司价值进行了研究，但大多是从公司内部治理结构和股权结构来入手，逐渐过渡到外部法律保护上来的。

孙永享和黄祖辉（1999）的经验研究发现，随着第一大股东所持股权比例的增加，托宾 Q（Tobin's Q）值先是上升，当第一大股东所持股权比例达到

---

① 用托宾 Q 值来表示。

50%后，托宾 Q 值开始下降。魏刚（2000）的实证研究表明，公司高级管理人员的持股数量与企业价值不存在"区间效应"。陈小悦和徐晓东（2001）的实证结果表明，在非保护性行业，公司价值是第一大股东持股比例的增函数，同时指出，在外部投资人利益缺乏保护的既定情况下，流通股比例与公司价值之间负相关；在非保护性行业，第一大股东持股比例与企业业绩正相关，国有股比例、法人股比例与企业价值之间的相关关系不显著，然而，他们的研究并未涉及不同投资者利益保护条件下的股权结构与公司价值的关系。王克敏和陈井勇（2001）通过模型证明了投资者利益保护、所有权结构与管理行为控制的关系，强调所有权结构对管理者行为控制的作用受到投资者利益保护程度的影响，然而，他们没有涉及与公司价值的关系问题，也未对此做出实证检验。吴淑琨（2002）的研究表明，企业家股权与公司价值呈显著倒"U"型关系，而第一大股东持股比例与公司价值正相关。

沈艺峰等（2004）依照 LLSV 所开拓的思路来考察我国中小投资者法律保护情况，值得指出的是，沈艺峰等所做的工作是开创性的，他们的检验与 LLSV 不同。LLSV 所作的一系列检验只是在同一个时间截面横向比较了国与国之间在法律与融资上的差异，并没有注意到一个国家的投资者法律保护本身是一个历史发展的过程。我国证券市场从法律起源上讲属于民法系，在 LLSV 的研究中表明，与普通法系相比，民法系国家在投资者法律保护方面做得较差，我国的投资者法律保护过程是一个从弱到强、逐步健全的过程，沈艺峰等（2004）通过这种纵向对中国投资者利益保护历史实践进行实证检验，主要考察了中小投资者法律保护程度与 IPO（首次公开发行）初始收益率之间的关系，最后得出结论：随着中小投资者法律保护的不断发展和完善，我国各个不同历史阶段股票市场的规模也不断扩大；在中小投资者得到法律保护较差的阶段，其对市场保护的依赖性较高，即中小投资者会在公司首次公开发行时要求得到较高的 IPO 初始收益率；而随着中小投资者法律保护的逐步完善，中小投资者对市场保护的依赖性会逐步减小，即中小投资者所要求的 IPO 的初始收益率随着中小投资者法律保护程度的不断提高而递减。这一定程度上从不同角度支持了LLSV等的主要观点。

许年行等（2006）进一步对我国中小投资者法律保护与股权集中度之间的关系进行了实证检验，结果发现，我国股权集中度的下降不完全是中小投资者法律保护的结果，IPO发行制度的演变、与股权集中度相关的中小投资者法律保护的立法相对较少、政府对国有股转让的严格控制、非国有控股公司在保持实际控制权的条件下减少控股比例以获取自身利益，也可能导致股权集中度的下降。

（二）本文研究的重点

关于中小投资者利益保护与上市公司价值关系理论在中国的实证检验工作尚没有人进行，本文是这个方向的第一次探索。受沈艺峰、许年行等学者研究启示，本文进行的是对一个国家的投资者法律保护与公司价值关系的纵向研究。

沈艺峰、许年行等对LLSV理论在中国的检验做出了开创性的贡献，许多研究方法都十分的系统化和有借鉴意义，但是，在某些方面，本文有自己的看法。首先，要求的初始IPO收益率递减能否说明就是法律保护程度提高的作用尚待考虑，至少，股票供给的增加和定价、发行制度的演进起到了不可否认的作用。其次，这两篇文章中提到随着法律保护的完善，我国的股票市场规模也在不断扩大，便得出结论，“随着中小投资者法律保护的不断发展和完善，我国各个不同历史阶段股票市场的规模也不断扩大，这一证据也支持了LLSV的主要观点，即一个好的法律环境可以有效地保护潜在的融资供给者，使他们愿意为证券市场提供资金，有助于股票市场规模的扩大”，但本文认为，我国证券市场规模的扩大主要还是受益于近三十年经济的高速增长，规模的“大小”“扩张”与法律保护之间的因果关系并不明显，尤其是资本市场初期，我国上市公司中国有企业占绝大多数，国有企业股权集中度又相当高，这恰恰又验证了LLSV的一个重要观点，即在法律保护差的市场，股权的集中会作为其替代而出现。相应地，本文认为，与西方发达市场经济国家上百年的历程相比，对像中国这样的转型国家而言，衡量公司增长潜力和投资者信心的公司价值指标——托宾 Q 在说明中小投资者受保护程度与资本市场质量之间的关系时会更有说服力。最后，本文的数据和研究处理方法都涉及股权分置改革之后的内容，这对检验我国股权分置改革这一重要制度变革有着重要意义，正是因为股权分置改革的实施，对中小投资者的法律保护才会有一个更加理顺和合理的平台。

三、研究设计

（一）基本模型

本文是以 LLSV（2002）提出的投资者利益保护与公司价值关系理论为基础，对我国上市公司进行实证检验的。下面，就依据 LLSV（2002）所提出的理论简要介绍一下本文所需要进行检验的模型。

1. 模型的基本假设条件

假设 1：公司仅被一个股东完全控股。为了侧重说明核心问题，我们所做的一个控股股东的简化在理论和实践中都是有根据的，因为在大多数国家里，股权都是相当集中的，一般是集中在创始家族的手里。

假设 2：这个控股股东拥有 α 份额的现金流所有权（cash-flow ownership），这个份额是在公司的发展中历史的给定的。需要说明的是，控股股东通常拥有比现金流所有权份额更多的投票权，因为控股股东会通过优先股计划、金字塔控股体系、交叉持股控制董事会（LLSV，1999）等来实现这个目的。

假设 3：控股股东也是经理（LLSV，1999）。当然在有些例子中，控股股东也雇用职业经理人，但是即使经理人也不一定会对控股股东侵占中小股东利益构成障碍。

假设 4：公司没有投资成本，那么，在公司共有数量为 I 的资金，投资于一项回报率为 R 的项目时，公司收回的利润就是 RI。

假设 5：由于控股股东实际操纵了公司的经营决策，控股股东就能通过种种办法将公司的部分利润掠夺走，这些掠夺途径包括提高董事及管理者工资、奖金，内部转移定价，高级管理人员个人贷款补贴，不公平的资产关联交易，公司承担大股东的研究开发费用和巨额广告费，有时候甚至是直接的偷窃行为等，在这里假设控股股东掠夺的份额为 s。

假设 6：假设在分配利润之前发生了控股股东掠夺行为，当然，大股东这些掠夺行为也是有成本的，这些成本包括为了规避监管聘用财务、法律顾问设计方案的费用，贿赂监管人员、设立新公司的费用，以及所要冒险的法律成本。模型中假设大股东的掠夺成本占利润的份额也就是掠夺的成本系数为 $c(k,s)$，该成本系数受到 k 和 s 两种因素的影响，其中 k 为该国法律对投资者的保护程度，s 为大股东掠夺公司利润的掠夺系数。进一步假设：①$c_k>0$，表示该国法律对投资者的利益保护程度 k 越高，则大股东的掠夺成本系数越高；②$c_s>0$，表示大股东从公司掠夺的份额越多，则大股东的掠夺成本系数越高；③$c_{ss}>0$，表示大股东掠夺的边际成本递增；④$c_{ks}>0$，表示随着中小投资者利益保护的不断加强，大股东从公司掠夺利润的边际成本递增，即掠夺得越多，惩罚会越严厉。

假设 7：掠夺成本只有大股东来承担，那么，大股东掠夺所得到的收益是 $sRI-c(k,s)RI$。

2. 模型的推导及结论

（1）投资者利益保护程度与控股股东现金流所有权份额对控股股东掠夺行为的影响。

在上述 7 个假设条件下，大股东在掠夺后的收益函数可以分为两个部分，第一部分是由于控股股东拥有的现金流所有权而获得的收益 $\alpha(1-s)RI$，第二部分是由于控股股东采取对中小股东掠夺的行动而获得的收益 $sRI-c(k,s)RI$，那么，控股股东的收益函数就是

$$\alpha(1-s)RI+sRI-c(k,s)RI \tag{1}$$

又因为 s 的最优值与公司的规模、项目的大小、利润额 RI 是无关的，所以我们可以认为控股股东的最大化收益函数是

$$U=\alpha(1-s)+s-c(k,s) \tag{2}$$

关于式（2）对 s 进行一阶求导，则一阶条件为

$$U_s = -\alpha + 1 - c_s(k,s) = 0 \tag{3}$$

也就是

$$c_s(k,s) = 1 - \alpha \tag{4}$$

式（4）与詹森和梅克林（Jensen and Meckling，1976）对企业家在职消费的假设条件是一致的。该条件表明：企业家在股份公司中的利益是由分红（货币收入）和在职消费①（非货币收入）两部分构成的。企业家在股份公司中拥有的股份越大，则企业家按照正常的方式分配利润的激励就越大，而不是通过在职消费等办法获取较高的非货币收入。相应地，在式（4）中，当大股东在公司中拥有较高的现金流所有权的情况下，大股东掠夺中小股东的动机就会越小，而通过正常分红获取收益的激励就越大，也就是说，在给定的投资者法律保护程度 k 时，高现金流所有权的分配降低了对中小股东的掠夺均衡水平。②

继续对一阶条件式（4）进行求导，分别对 k 和 α 求导，则有：

$$c_{ks}(k,s) + c_{ss}(k,s) = \frac{ds^*}{dk} = 0 \text{③} \tag{5}$$

$$c_{ss}(k,s^*) = \frac{ds^*}{d\alpha} = -1 \tag{6}$$

结合我们对 c（k，s）所做的一些假设（$c_{ks}>0$，$c_{ss}>0$），整理得：

$$\frac{ds^*}{dk} = \frac{c_{ks}(k,s)}{c_{ss}(k,s)} < 0 \tag{7}$$

$$\frac{ds^*}{d\alpha} = \frac{1}{c_{ss}(k,s^*)} < 0 \tag{8}$$

结论1：由式（7）我们可以发现，投资者利益保护程度与控股股东对中

① 可以说是利用控制权地位取得的好处。

② 当 α 越大时，$c_s(k,s) = 1-\alpha$ 就越小，又因为 $c_{ss}>0$，所以 $c_s(k,s)$ 越小时，说明均衡的 s 处在较低的水平。

③ 在这里，s^* 是关于 k 和 α 的一个函数。

小股东的掠夺行为成反比关系。

结论 2：由式（8）我们可以发现，控股股东所占有的现金流所有权份额与其对中小股东的掠夺成反比关系。

（2）拓展模型中关于公司价值的含义。

LLSV（1999）提出用托宾 Q 值来衡量公司价值，其定义的 Q 值为：

$$Q=(1-s^*)R \tag{9}$$

此时的托宾 Q 值是从一个没有任何控制权的外部小股东的角度来衡量公司价值的。

关于式（9）分别对 k 和 α 求导有：

$$\frac{\mathrm{d}q}{\mathrm{d}k}=-\frac{\mathrm{d}s^*}{\mathrm{d}k}R>0 \tag{10}$$

$$\frac{\mathrm{d}q}{\mathrm{d}\alpha}=-\frac{\mathrm{d}s^*}{\mathrm{d}\alpha}R>0 \tag{11}$$

结论 3：式（10）说明，股东权益保护更完善的公司拥有的企业价值更大。

结论 4：式（11）说明，控股股东拥有的现金流所有权越多，公司的企业价值就越高。①

在本文的实证检验中，主要检验上述模型中所推导出的结论 3（股东权益保护更完善的公司拥有的企业价值更大）。

（二）数据

就本文所研究的内容——我国中小投资者利益保护与上市公司价值关系来看，所需数据主要包括两个方面：中小投资者法律保护程度的数值和上市公司价值。关于第一个方面，中小投资者法律保护程度的度量，LLSV 早在《法与金融学》（*Law and Finance*）中就系统地提出了一整套解决方案，目前已经成为学术界研究中小投资者法律保护程度度量的基本方法，本文也是主要参照这套赋分方案，结合沈艺峰等（2004）针对中国实际情况的改进进行

① 尤其是在法律保护较差的国家。

度量的。关于第二个方面，上市公司的价值度量，参照上文中模型所述，以托宾 Q 为准。下面就详细描述一下这两方面数据的度量与取得。

1. 中小投资者法律保护程度的度量

（1）中小投资者法律保护具体条款的设定。

LLSV（1998）提出了与中小投资者法律保护相关的六项条款，主要包括：①一股一票表决权；②“抗董事权”中的通信表决权；③代理表决权；④累积表决权；⑤临时股东大会（满足 10% 的最低股权比例要求）召集权；⑥股东提起诉讼权。结合中国实际，参照沈艺峰等（2004）的设计，本文又加入了⑦重大事项表决方式（包括并购、分立和解散）（以上七条可以概括为股东权利）。

除了股东权利，各项法律法规的许多其他内容也在影响着对中小投资者的法律保护程度，如最明显的就是信息披露的相关规定，以下为除股东权利外与中小投资者法律保护程度相关的法律法规款项：⑧上市公司信息披露相关规定（包括初次发行的信息披露、年报等公司定期报告的信息披露、重大事项临时报告三个方面内容）；⑨会计政策与审计制度；⑩送配股政策（包括关于红利分配、发放等内容）；⑪外部独立董事的设立；⑫内部人股权转让相关规定；⑬管理层、监事会以及员工持股等相关规定；⑭内幕交易；⑮关联交易；⑯限制大股东行为的规定。

（2）法律法规条款与分值的对应原则。

由于法律与行政法规、部委规章以及交易所规则的法律效力不同，在文中，对涉及前面所说的 16 项内容的各类法律法规条款赋予不同的分值。关于证券市场的投资者利益保护方面的法律法规最主要的包括法律层面的《公司法》《证券法》以及两次修订；行政法规和部委规章主要指的是中国证监会以及原体改办、原计委、发改委、国资委等部门出台的法规和规章；交易所规则主要是指深交所和上交所颁布的一些规则制度。详细赋分原则见表 1。

表 1　　对应 16 项内容的法律法规赋分原则

<table>
<tr><th>对保护条款的规定</th><th colspan="2">法律或法规</th><th>分值大小</th></tr>
<tr><td rowspan="3">当某项条款首次由法律或法规作相应规定时</td><td colspan="2">法律</td><td>2</td></tr>
<tr><td colspan="2">行政法规或部委规章</td><td>1</td></tr>
<tr><td colspan="2">交易所规则</td><td>0.5</td></tr>
<tr><td rowspan="6">当某项条款已由法律或法规作了规定，而后出台的法律或法规又对相同条款作了规定</td><td rowspan="3">新规定与旧规定相同</td><td>法律</td><td>1</td></tr>
<tr><td>行政法规或部委规章</td><td>0</td></tr>
<tr><td>交易所规则</td><td>0</td></tr>
<tr><td rowspan="3">新规定比旧规定在相同条款上作更强更具体规定</td><td>法律</td><td>1</td></tr>
<tr><td>行政法规或部委规章</td><td>0.5</td></tr>
<tr><td>交易所规则</td><td>0</td></tr>
</table>

注：文中适应的只有《公司法》和《证券法》以及二者的修订版。

① 加分原则。加分原则是指如果法律法规在上述 16 项内容中做出有利于中小投资者利益保护的规定时，则作为加分处理。例如，关于首次公开发行股票并上市，中国证监会有一系列的法规，包括《关于股票发行工作若干规定的通知》（1996 年）、《关于做好 1997 年股票发行工作的通知》（1997 年）、《关于股票发行工作若干问题的补充通知》（1998 年）、《关于对拟发行上市企业改制情况进行调查的通知》（1998 年）、《关于对拟公开发行股票公司改制运行情况进行调查的通知》（1999 年）、《关于拟发行股票公司聘请审计机构等问题的通知》（2000 年）、《关于进一步规范股票首次发行上市有关工作的通知》（2003 年）、《首次公开发行股票并上市管理办法》（2006 年）。每次指导法规的更新都是对首次公开发行并上市时信息披露要求得更具体、更严格也更有利于保护中小投资者的规定，因此，每次关于首次公开发行股票并上市法规的出台，均在“上市公司信息披露”条款上加 0.5 分。

② 减分原则。相应地，与上述条款作相反规定时，各条款则减去相应的分值。在这么多法律法规条款中，本文只发现一条，就是在 2000 年出台的

《上市公司股东大会规范意见》中首次明确规定禁止使用通信表决权，该条款不利于中小投资者合法权益的保护，所以减去1分。之后，在一系列的文件，如《上市公司股东大会网络投票工作指引（试行）》（2004年）、《上海证券交易所上市公司股东大会网络投票实施细则》（2006年）又有相应有利于中小投资者的条款，所以分别加1分和0.5分。

（3）确定中小投资者法律保护分值（模型中k值）。

确定中小投资者法律保护程度的赋分原则之后，根据中国证监会发行的《投资者维权教育手册——法规、规章和其他规范性文件目录索引》以及光大证券投行部归纳的《证券发行上市审核手册》等中小投资者利益保护法律法规文件汇总资料为线索，本文共筛选出从1992年到2006年共45个法律法规，并依据这45个法律法规文本与上文所列出来的16项中小投资者法律保护项目进行匹配，运用LLSV的赋分原则进行赋分，从而得到如下一套1992～2006年完整的中小投资者法律保护分值（见表2）。

表2　　中小投资者利益保护分值

时间		股东权利							其他制度与政策									法律分值 k	
		1	2	3	4	5	6	7	8	9	10	11	12	13	14	15	16		
		临时股东大会召集权	代理表决权	通信表决权	一股一票	股东起诉权	累积表决权	重大事项表决方式	上市公司信息披露	会计审计及发行制度	独立董事	送配股政策	内部人股权转让	管理层、董监事持股规定	内幕交易	关联交易	限制大股东行为的规定	新增法律保护条款赋值	各段累计分值
1992	05.15	1	1		1			1		1		1	1	1				8	8
1993	04.22								1	0.5			0.5	0.5	1			3.5	13.5
	06.12								0.5									0.5	
	08.15								0.5						0.5			1	
	12.17											0.5						0.5	
1994	01.01									1								1	28
	01.10								0.5									0.5	
	06.23								0.5									0.5	
	07.01	1	1		1	2		1	1	1		1	1	1				11	
	07.27								0.5									0.5	
	09.28											0.5						0.5	
	10.27											0.5						0.5	

续表

时间		股东权利							其他制度与政策									法律分值 k	
		1	2	3	4	5	6	7	8	9	10	11	12	13	14	15	16	新增法律保护条款赋值	各段累计分值
		临时股东大会召集权	代理表决权	通信表决权	一股一票	股东起诉权	累积表决权	重大事项表决方式	上市公司信息披露	会计审计及发行制度	独立董事	送配股政策	内部人股权转让	管理层、董监事持股规定	内幕交易	关联交易	限制大股东行为的规定		
1995	12. 21								0. 5									0. 5	28. 5
1996	01. 24											0. 5						0. 5	32
	02. 07											0. 5						0. 5	
	04. 22													0. 5				0. 5	
	06. 20								0. 5									0. 5	
	07. 24											0. 5						0. 5	
	08. 01													0. 5				0. 5	
	12. 20								0. 5									0. 5	
1997	01. 01															0. 5		0. 5	40
	01. 06								0. 5									0. 5	
	03. 03								0. 5						0. 5			1	
	04. 01								0. 5									0. 5	
	10. 01								1						1			2	
	12. 16		0. 5			0. 5		0. 5		0. 5						0. 5	1	3. 5	
1998	06. 18								0. 5									0. 5	41
	12. 10								0. 5									0. 5	
1999	03. 17								0. 5									0. 5	47
	05. 06															0. 5		0. 5	
	06. 14											0. 5						0. 5	
	07. 01					1			1					1	1			4	
	12. 08								0. 5									0. 5	
2000	05. 18	0. 5		-1		0. 5												0	49
	06. 06															0. 5		0. 5	
	06. 15								0. 5									0. 5	
	07. 01									1								1	
2001	03. 15											0. 5						0. 5	53. 5
	03. 19								0. 5							0. 5	0. 5	1. 5	
	03. 28									0. 5		0. 5				0. 5		1. 5	
	04. 06								0. 5									0. 5	
	12. 10								0. 5									0. 5	
2002	01. 07			1		0. 5	1		0. 5							0. 5	0. 5	4	59
	01. 15					0. 5												0. 5	
	06. 22								0. 5									0. 5	
	06. 30										0. 5							0. 5	

续表

时间		股东权利							其他制度与政策									法律分值 k	
		1	2	3	4	5	6	7	8	9	10	11	12	13	14	15	16		
		临时股东大会召集权	代理表决权	通信表决权	一股一票	股东起诉权	累积表决权	重大事项表决方式	上市公司信息披露	会计审计及发行制度	独立董事	送配股政策	内部人股权转让	管理层、董监事持股规定	内幕交易	关联交易	限制大股东行为的规定	新增法律保护条款赋值	各段累计分值
2003	03.19								0.5									0.5	60
	09.19									0.5								0.5	
2004	01.07			0.5														0.5	61.5
	11.29														0.5			0.5	
2005	12.31													0.5				0.5	62
2006	01.01	1					1		1		1		1	1		1		7	74.5
	01.01								1	1					1			3	
	01.27													0.5				0.5	
	07.31							0.5										0.5	
	08.04								0.5									0.5	
	08.09								0.5									0.5	
	09.08			0.5														0.5	

2. 托宾 Q 的度量与取得

上述 LLSV 检验投资者利益保护与公司价值关系的模型中，需要得到的数据除了法律分值 k 外，还有代表公司价值的托宾 Q 值。托宾 Q 是詹姆斯 · 托宾（James Tobin）1969 年提出的，简单来说，就是指资本的市场价值与其重置资本的比值。托宾提出 Q 值的概念之后，在虚拟经济与实体经济之间架起了一座联系的桥梁，利用托宾 Q 值可以同时观测到两个市场的变化与联系，满足现实经济研究的需要。由于托宾 Q 值含义清晰，反映问题广泛，又比较容易测量，在货币政策研究、公司价值以及投资研究等方面都有广泛的应用，在衡量企业价值时，应用最为普遍。

运用托宾 Q 计算企业价值时，$Q=\frac{\text{企业市场价值（普通股总市值+总负债）}}{\text{总资产}}$。综合考虑我国在股权分置改革之前有部分股权是不能流通的实际情况，参照丁守海（2006a，2006b）、陈彦静（2006）、徐炜（2006）等对托宾 Q 的度量方法，本文确定股权分置改革之前对托宾 Q 的度量公式如下：

$$Q=\frac{MP_1+NP_2+B}{A} \tag{12}$$

式（12）中，M 和 N 分别代表上市公司的流通股和非流通股的股数，P_1 和 P_2 分别代表上市公式流通股和非流通股的每股市场价值，A 代表总资产，B 代表总负债。其中，流通股的每股市场价值可以用证券市场的股价 P_1 来表示，而非流通股在股权分置改革前是不能流通的，其市场价值难于表述，本文采用每股净资产 P_2 代替非流通股的市场价值，这也是国内学术界最常用的处理方法（夏立军和方铁强，2005；苏启林和朱文，2003；汪辉，2003）。

2005 年 9 月 4 日，我国资本市场开始实施股权分置改革方案，随之而来的是“全流通时代”的到来，在全流通的背景条件下，本文采用的托宾 Q 的度量公式为：

$$Q=\frac{(M+N)P_1+B}{A} \tag{13}$$

原因是，股权分置改革以后，虽然根据《关于上市公司股权分置改革试点有关问题的通知》第 5 条规定，股权分置改革有过渡期，在此期间，股改前的非流通股要逐步才可以流通也就是市场上常说的“大非”“小非”解禁，虽然全流通仍然需要至少三年的过渡时间，但在 2005 年股改方案出台以后，对非流通股的估值预期与股改前完全不一样，即使这部分股权仍然需要时间才能解禁、上市流通，经济学上预期的概念已经使资本市场给予其流动性溢价，而并不一定非要等到它真正的上市流通。

（三）回归模型描述

依据 LLSV（2002）提出的模型，本文以年度为时间段对中小投资者法律保护程度 k 与公司价值托宾 Q 之间的关系进行回归分析。

1. 托宾 Q 的样本

本文所研究的公司价值的样本是衡量中小投资者法律保护程度对整个市场公司价值的影响，因此，鉴于公司存续和运营的连贯性，所选取的托宾 Q 样本空间为剔除以下几种特殊情况的中证 100 指数 2008 年的样本股：（1）发生过借壳上市、资产重组的样本；（2）股权结构、主营业务变更或构成发生重大变化的样本；（3）2006～2007 年上市样本；（4）剔除未股改的样本。对中证公司 2008 年 1 月 2 日公布的中证 100 指数样本股进行剔除之后，确定 66 只样本股。

2. 变量的定义

（1）因变量。

本文回归模型中设定因变量为公司价值托宾 Q，依据上文确定的样本空间，每个年度市场的公司价值托宾 Q 的计算方法如下：以每个公司在 66 只样本股中所占市值为权重，把 66 只样本股的托宾 Q 值进行加权平均，所得即认为是市场的公司价值，用 Q 来表示，数据取值为每一年度末收盘价计算而得。

（2）自变量。

本文回归模型中自变量包括解释变量和控制变量两个部分，其中解释变量为中小投资者法律保护分值，用 K 表示；控制总资产收益率 ROA，数据取值的计算均以每一年度末的收盘价计算。

对于自变量的选择这里做一下解释。首先就解释变量 K 而言，法律颁布的时间点可以说是随机分布于一年时间的各个时点，而所有法律生效之后的作用都可以累积起来，这也是为什么 Q 值要选取每一年度末收盘价而没有选择年度平均价格来计算的原因，说明此时的 Q 值是一年法律作用的结果，此外，还需要指出的是，法律生效作用是有明显时滞的，在回归分析的具体操作过程中，把 Q 值延后一年与 K 进行回归。其次，就控制变量而言，总资产收益率 ROA 表明一个企业收益能力的增长情况，同托宾 Q 的计算方法一样，ROA 取值之后也是以市值为权重进行加权平均处理后得到的结果。最后，还有一个问题值得说明一下，就中国的证券市场而言，大家都习惯把上证综指①

① 本文所用数据的样本来源是中证 100 指数指标股，而此处用于检验上证综指 F_3，并没有什么出入，首先，对 F_3 的检验只是衡量托宾 Q 与 K 的作用下，对资本市场总体状况的影响，无疑，就沪深两市来讲，上证综指最具有权威性，也是人们最常用的市场指标；其次，有交易所以来，上证综指就与之并存，从数据的连贯性来讲，上证综指也最合适的。

（这里用 F_3 表示）来作为一个最重要的市场衡量指标，所以，本文最后将检验同时在托宾 Q 与 K 作用下的证券市场 F_3 的状况。

（3）回归模型。

综合上述各个变量，最终确定关于中小投资者法律保护与公司价值之间关系的回归模型如下：

$$\ln(Q)=\beta_0+\beta_1K+\varepsilon \tag{14}$$

$$\ln(Q)=\beta_0+\beta_1K+\beta_2\ln(ROA)+\varepsilon \tag{15}$$

$$\ln(F_3)=\beta_0+\beta_1\ln(Q)+\beta_2K+\beta_3\ln(ROA)+\varepsilon \tag{16}$$

3. 各变量数据

表3中各变量数值均为本文所涉及的数据，均通过对各上市公司数据进行加工而得。考虑到法律实施之后，到真正产生效果会产生明显的时滞，而企业生产也需要一定的时间，在做计量运算时，本文把法律时间延后一年。例如，2006年生效的法律，到2007年效果才真正显现出来，或者说企业的财务数据上才能体现出来，那么2006年的法律分值就对应2007年的 Q 值、ROA 值和 F_3 值，如此类同。

表3　　　　各变量数据

年份	Q	$\ln(Q)$	K	$ROA(\%)$	$\ln(ROA)$	F_3	$\ln(F_3)$
1993	1.477689164	0.390479492	8(1992)	8.82	-2.4283	833.8	6.725993565
1994	1.204610939	0.186156643	13.5(1993)	7.48	-2.59347	647.87	6.473690059
1995	1.197076725	0.179882522	28.4(1994)	5.88	-2.83382	555.29	6.3194905
1996	1.360137692	0.307585939	28.5(1995)	5.75	-2.85595	917.01	6.821118377
1997	1.52221772	0.420168298	32(1996)	7.08	-2.64794	1194.1	7.085148043
1998	1.592118161	0.465065306	40(1997)	8.73	-2.4384	1146.7	7.044643531
1999	1.66799303	0.511621125	41(1998)	6.80	-2.68751	1366.58	7.220066547
2000	1.78773943	0.580951933	47(1999)	7.19	-2.6318	2073.47	7.636978811
2001	1.566487152	0.44883563	49(2000)	6.03	-2.80859	1645.97	7.406085155
2002	1.473958615	0.387951717	53.5(2001)	5.49	-2.90305	1357.65	7.213510543
2003	1.53293869	0.427186606	59(2002)	6.63	-2.71355	1497.04	7.311245104
2004	1.437346489	0.376617309	60(2003)	8.54	-2.46051	1266.5	7.144012469
2005	1.451275631	0.337382987	61.5(2004)	7.62	-2.57406	1161.06	7.05708866

续表

年份	Q	$\ln(Q)$	K	$ROA(\%)$	$\ln(ROA)$	F_3	$\ln(F_3)$
2006	2. 181356955	0. 77994714	62(2005)	8. 13	-2. 51019	2675. 47	7. 891880345
2007	3. 77870766	1. 329382062	74. 5(2006)	7. 74	-2. 55898	5261. 56	8. 56818284

四、实证检验结果及结论

(一) 样本简单统计量描述

从图1中可以清楚地看到，随着法律保护程度的不断加强，公司价值 Q 也是在不断增长的，特别是在2006年，随着新《公司法》《证券法》的出台，中小投资者法律保护程度也得到一次突破性加强，当年法律分值提高12.5分，是继1994年之后单年提高分值最多的一年，而此时又恰逢股权分置改革开始实施，在一个全流通的平台上，法律法规发挥的保护作用得以更加顺畅的施展，Q 值提升得也比较快，由2005年的约1.5提高到2006年的2.2、2007年的3.8，下面就用更加精确的计量方法对其进行检验。

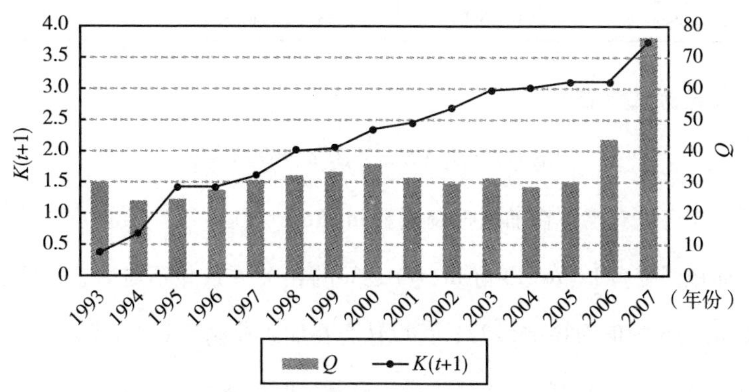

图1　法律变量 K 与公司价值 Q 简单统计量描述

(二) 多元回归分析

1. 检验①方程（14）

$$\ln(Q) = \beta_0 + \beta_1 K + \varepsilon$$

① 本文所采用的计量软件是EViews 5，下同。

首先，从检验方程（14）的含义来看，方程（14）是半对数方程，是用来度量 Q 关于 K 的平均增长率的。从检验结果中（见表4）我们可以看到，相关系数是0.009167，t检验结果显著，F检验的结果也比较显著，说明解释变量 K 和被解释变量 $\ln(Q)$ 之间存在显著的正相关关系，这就说明公司价值托宾 Q 随着 K 值的增加有缓慢向上增长的趋势。只是 R-squared 的结果比较小，只有0.393277，解释强度不够强，说明解释变量 K 和被解释变量 Q 的正相关关系确定存在，但相关关系并不是很大，D-W检验也显示随机误差项存在一定正的一阶序列自相关。

表4　　方程（14）检验结果

变量	Coefficient	Std. Error	t-Statistic	Prob.
K	0.009167	0.003158	2.902860	0.0123
C	0.074615	0.150132	0.496997	0.6275
R-squared	0.393277	Mean dependent var		0.476697
Adjusted R-squared	0.346606	S. D. dependent var		0.277481
Log likelihood	2.211025	F-statistic		8.426594
Durbin-Watson stat	0.765010	Prob（F-statistic）		0.012340

2. 检验方程（15）

$$\ln(Q)=\beta_0+\beta_1 K+\beta_2 \ln(ROA)+\varepsilon$$

从表5可以看出，在加入控制变量 $\ln(ROA)$ 之后，K 与 $\ln(Q)$ 依然显著正相关，而控制变量 $\ln(ROA)$ 与 $\ln(Q)$ 之间的相关关系并不显著，F检验比较好，R-squared 的值为0.465277，可以认为在加入控制变量 $\ln(ROA)$ 之后，虽然 $\ln(ROA)$ 与 $\ln(Q)$ 之间的相关关系不显著，但是整个计量模型的解释能力有所加强，D-W检验显示正的自相关关系依然存在。

表5　　方程（15）检验结果

变量	Coefficient	Std. Error	t-Statistic	Prob.
K	0.009056	0.003087	2.933607	0.0125
ln（ROA）	0.480033	0.377643	1.271131	0.2278
C	1.348255	1.012656	1.331405	0.2078

续表

变量	Coefficient	Std. Error	t-Statistic	Prob.
R-squared	0.465277	Mean dependent var		0.476697
Adjusted R-squared	0.376156	S. D. dependent var		0.277481
Log likelihood	3.158442	F-statistic		5.220756
Durbin-Watson stat	0.867305	Prob（F-statistic）		0.023376

3. 检验方程（16）

$$\ln(F_3)=\beta_0+\beta_1\ln(Q)+\beta_2K+\beta_3\ln(ROA)+\varepsilon$$

从方程（16）的含义来看，上证综指 F_3 与法律变量 K 是半对数方程，用来度量 F_3 关于 K 的平均增长率，同时，上证指数 F_3 与 Q、ROA 是双对数模型，用来度量 Q、ROA 对 F_3 的弹性影响。从方程（16）的检验结果（见表6）可以看出，法律变量 K 与公司价值 $\ln(Q)$ 关于上证指数 $\ln(F_3)$ 显著正相关，而 $\ln(ROA)$ 的相关关系依然不显著，说明上证指数 F_3 随着 K 与 Q 的增长而增加，其中 Q 每增加1%，上证指数 F_3 就增加1.494642；整体来看，F 检验比较好，R-squared 的值为0.937299，D-W 检验也显示方程（14）、方程（15）中随机误差项存在的一阶序列自相关也消失了，整个模型的解释能力很强。

表6　　　　方程（16）检验结果

变量	Coefficient	Std. Error	t-Statistic	Prob.
$\ln(Q)$	1.494642	0.206894	7.224182	0.0000
K	0.009260	0.002899	3.194007	0.0085
$\ln(ROA)$	-0.128933	0.288304	-0.447212	0.6634
C	5.735180	0.777533	7.376122	0.0000
R-squared	0.937299	Mean dependent var		7.194609
Adjusted R-squared	0.920199	S. D. dependent var		0.556039
Log likelihood	8.807437	F-statistic		54.81178
Durbin-Watson stat	1.740370	Prob（F-statistic）		0.000001

这里有两个问题需要进一步讨论。首先，F_3 与托宾 Q 的正相关关系非常显著是有原因的，因为它们拥有共同的决定要素——股票的市值，而二者又有明显的区别，上证综指是市值的变化指标，只与市值相关，而公司价值托

宾 Q 除了与市值有关外，还与现实经济中的总资产和总负债相关，可以说，托宾 Q 是联系产业市场现实经济与证券市场虚拟经济的一座桥梁，显然，托宾 Q 更具有决定性，而上证综指可以一定程度反映托宾 Q 值；其次，三个方程中，总资产收益率 ROA 与其他要素的相关关系都不显著，也许从另一个角度说明了中国的增长主要是劳动和资本投入规模的增长，而维持了较稳定的总资产回报率（见图 2），这是另外一个问题，本文将不再继续展开。

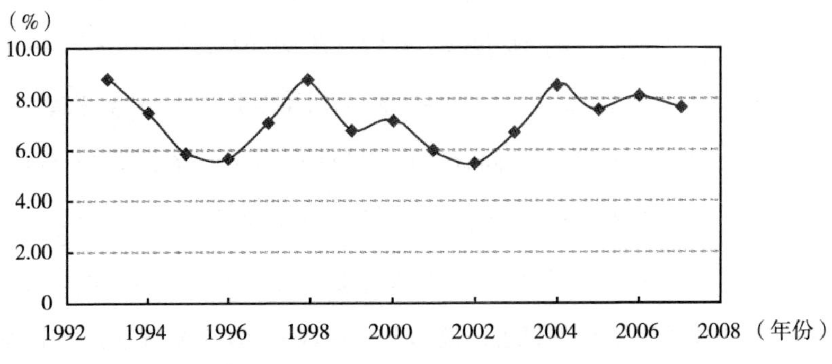

图 2　1993～2007 年样本总资产收益率（*ROA*）分布

4. 因果检验

为了更深入了解法律保护程度 K 与托宾 Q 之间的关系，接下来本文进一步对以上因素进行因果检验，检验方法采用格兰杰因果检验方式，结果如表 7 所示。

表 7　格兰杰因果检验结果

Null Hypothesis	Obs	F-Statistic	Probability
K does not Granger Cause ln(Q)	13	0.89896	0.44445
ln(Q) does not Granger Cause K		0.92768	0.43418
ln(ROA) does not Granger Cause ln(Q)	13	2.99654	0.10683
ln(Q) does not Granger Cause ln(ROA)		0.73006	0.51142
ln(ROA) does not Granger Cause K	13	0.37479	0.69890
K does not Granger Cause ln(ROA)		1.11927	0.37274

从检验结果中来看，三个变量，K、ln（Q）与 ln（ROA）之间都没有显著的格兰杰因果关系。对于此结果，本文考虑原因有如下几点：首先，托宾 Q 与总资产收益率 ROA 来讲，正如前文所述，在中国，经济增长最主要的方式

是劳动和资本投入规模的增长，在增长的过程中保持了一个较稳定的总资产回报率，那么二者之间就没有显著的格兰杰因果关系；其次，本文所关注的法律保护程度变量 K 与公司价值托宾 Q 之间也互不存在格兰杰因果关系，这无疑为本文所要阐述的结论增添了一定的复杂性，法律的外生性、生效时间的滞后以及法律执行的力度等或许都可以提供一定的解释，这也是进一步展开研究的切入点。

五、结　论

本文从法与金融学的理论出发，结合中国实际情况，以中国最具代表性的上市公司年度数据为基础，考察了投资者法律保护程度与公司价值之间的关系，经过一系列实证检验跟探讨，本文得出的主要结论可以总结为以下三点。

第一，从回归分析上来看，作为自变量，法律保护程度对公司价值的正向作用是显著的，也就是说，在中国资本市场和法律保护发展的历史进程中，随着法律保护程度的加强，上市公司的价值也在不断提高。

第二，中国资本市场上法律保护与公司价值正向关系的存在也从另外一个角度（时间纵向）给予了法与金融学理论一个实证支持，即无论横向的多国法律起源的比较还是纵向的法律发展历史进程，法律保护程度的加强都在为资本市场的发展提供更好的环境和基础。

第三，文中最后所做的格兰杰因果检验为法律保护与公司价值之间关系增添了复杂性，但也正说明了二者之间关系作用的多元化。法律保护程度赋分方法的进一步科学化、法律生效时滞的处理、法律执行力度的加入以及公司价值的更好度量都将使这一命题成为今后工作中一个非常值得深入研究的领域。

参考文献

[1] 陈小悦、徐晓东：《股权结构、公司绩效与投资者利益保护》，载于《经济研究》2001 年第 11 期。

[2] 陈彦晶、周磊：《托宾 q 理论的解读及应用》，载于《经济研究导刊》2006 年第 3 期。

[3] 丁守海：《股权改革的三阶段托宾 q 效应》，载于《南开经济研究》2006 年第 5 期。

[4] 丁守海：《托宾 q 值影响投资了吗?》，载于《数量经济技术经济研究》2006 年第 12 期。

[5] 沈艺峰、许年行、杨熠：《我国中小投资者法律保护历史实践的实证检验》，载于《经济研究》2004 年第 9 期。

[6] 苏启林、朱文：《上市公司家族控制与企业价值》，载于《经济研究》2003 年第 8 期。

[7] 孙永祥、黄祖辉：《上市公司的股权结构与绩效》，载于《经济研究》1999 年第 12 期。

[8] 汪辉：《上市公司债务融资、公司治理与市场价值》，载于《经济研究》2003 年第 8 期。

[9] 王克敏、陈井勇：《所有权结构、投资者利益保护与管理者行为控制》，载于《数量经济技术经济研究》2001 年第 11 期。

[10] 魏刚：《高级管理层激励与上市公司经营绩效》，载于《经济研究》2000 年第 3 期。

[11] 吴淑琨：《股权结构与公司绩效的 U 型关系研究》，载于《中国工业经济》2002 年第 1 期。

[12] 夏立军、方轶强：《政府控制、治理环境与公司价值》，载于《经济研究》2005 年第 5 期。

[13] 徐炜、胡道勇：《股权结构与公司绩效》，载于《南京师大学报》2006 年第 1 期。

[14] 许年行、吴世农：《我国中小投资者法律保护影响股权集中度的变化吗?》，载于《经济学（季刊）》（第 5 卷第 3 期）2006 年第 4 期。

[15] Tobin J.，"A General Equilibrium Approach to Monetary Theory"，*Journal of Money*，*Credit*，*and Banking*，1969，1（2）：15 – 29.

[16] Jensen M. C.，Meckling，W. H.，"Theory of the Firm：Managerial

Behavior, Agency Costs and Ownership Structure", *Journal of Financial Economics*, 1976, 3 (4): 305 – 360.

[17] La Porta R., Lopez-de-Silanes, F., Shleifer, A., Vishny, R. W., "Legal Determinants of External Finance", *Journal of Finance*, 1997, 52: 1131 – 1150.

[18] La Porta R., Lopez-de-Silanes, F., Shleifer, A., Vishny, R. W., "Law and Finance", *Journal of Political Economy*, 1998, 106: 1113 – 1155.

[19] La Porta R., Lopez-de-Silanes, F., Shleifer, A., Vishny, R. W., "Corporate Ownership around the World", *Journal of Finance*, 1999, 54: 471 – 517.

[20] La Porta R., Lopez-de-Silanes, F., Shleifer, A., Vishny, R. W., "Investor Protection and Corporate Governance", *Journal of Finance*, 2000, 58: 3 – 27.

[21] La Porta R., Lopez-de-Silanes, F., Shleifer, A., Vishny, R. W., "Investor Protection and Corporate Valuation", *Journal of Finance*, 2002, 57: 1147 – 1170.

[22] La Porta R., Lopez-de-Silanes, F., Shleifer, A., Vishny, R. W., "What Works in Securities Law", *Journal of Finance*, 2006, 61: 1 – 32.

资产注入、隧道转移与公司价值

——基于中国证券市场非公开发行的实证分析*

一、引　言

我国最初的 A 股上市公司定向增发始于 1999 年的东软股份和大众交通。但是作为两大背景下（2006 年新《公司法》《证券法》正式实施和股改后股份全流通）率先推出的一项新政策，如今的非公开发行同以前的定向增发相比，已经发生了质的变化。尤其是 2006 年 5 月 9 日《上市公司证券发行管理办法》的正式实施，在降低上市公司非公开发行的财务门槛的同时，增加了市场的约束机制，使得定向增发成为上市公司十分偏爱的一种融资方式。据统计，2006 年，定向增发公司共有 57 家，筹资总额 938.39 亿元，分别占 2006 年融资公司总家数（141 家）和筹资总额（2846.66 亿元）的 36.2% 和 33.0%，迅速超过配股和公开增发等成为上市公司再融资的主要手段。而到 2007 年，资本市场共进行了 187 次非公开发行，融资总额 1998 亿元，达到历史最高。

对比其他三种非公开发行方式，伴随资产注入的非公开发行逐渐成为我

---

* 本文原载于《北京师范大学学报（社会科学版）》2012 年第 6 期。合作者：张训然。基金项目：国家社科基金一般项目“融资偏好视角下中小投资者利益保护机制与对策研究”（项目号：12BGL033）；2010 年度中央高校基本科研业务费专项资金“我国中小企业融资体系建设研究”。

国资本市场的热点现象。2007 年伴随资产注入的非公开发行募集资金总额 754 亿元，约占非公开发行融资总量的 40%。但是，由于大股东与市场上中小投资者之间存在严重的信息不对称，通过非公开发行实现的资产注入其资产质量被蒙上了神秘的面纱。在我国上市公司的控股股东一般处于绝对控制状态，在公司相关决策的制定中很少能够给予中小股东一定的话语权，这种情况下大股东就有牺牲其他股东的利益而获得隐性超额收益的机会（张祥建和徐晋，2005）。因此，在非公开发行过程中，控股股东具有虚增注入资产质量的动机，甚至可以通过注入劣质资产实现利益的转移。所以，注入资产的质量、上市公司未来的市场表现成为社会关注的重点。注入资产是“优质资产”还是虚增价值的资产，大股东通过非公开发行是否从中获益，非公开发行公司的未来市场表现与哪些因素有关、是否优于市场上的平均水平，这些都是我们面对日益升温的非公开发行不得不思考的问题。本文将通过考察非公开发行的资产注入质量和非公开发行公司的后续市场表现，来论证上市公司价值的变化。

二、文献回顾

对于注入资产质量的研究，首先是从对上市公司存在控股股东“超控”状态开始的。拉波尔塔等（La Porta et al.，1999）通过研究各国上市公司的股权分布，指出目前世界上实施大陆法系国家的上市公司都存在控股权相对集中的现象，即存在控股股东对上市公司超控的状态。克莱森等（Claessens et al.，2000）指出控股权的相对集中虽然能够在一定程度上避免股权分散情形下的代理成本问题，却大大增强了控股股东谋求私人利益的动机。特别是在对投资者保护法律法规不健全的国家，加之与中小投资者之间存在信息不对称现象，大股东能够对上市公司进行有效的控制。施莱弗和维什尼（Shleifer and Vishny，1997）指出，控股股东很可能利用权利为自己谋取私人利益，并因此损害其他股东的收益，形成控股股东对中小投资者的利益侵害效应。

约翰逊等（Johnson et al.，2000）提出了“隧道转移”（tunneling）这一概念，用以揭示控股股东利用对上市公司的超控权，采取一些见不得阳光的手段，如利用关联交易转移财产、抽逃或占用资金、虚假出资套占股权、违规担保牟利、操纵资产重组窜换资源等转移上市公司资产或利润、掏空上市公司，从上市公司获得利益的行为，并随后被广泛应用于研究控股股东利用上市公司获取利益的行为中。随后，国外有大量文献对大股东利用“隧道转移”掏空上市公司的行为展开研究。部分学者通过实证分析证实了存在上市公司的控股股东利用超控状态转移上市公司利益的现象（Bertrand et al.，2002；Bae et al.，2002；Jae-Seung Baek et al.，2006）。与此同时，国外研究者也指出，控股股东有时看似对上市公司的“支持行为”，实际是为了未来更好地从上市公司获利（Johnson et al.，2000；Friedman et al.，2001）。

在我国，上市公司中控股股东对上市公司的超控现象普遍存在，因此我国许多学者对相应的“隧道转移”现象进行了总结和揭露。李增泉、余谦和王晓坤（2005）以我国资本市场1998～2001年共416起上市公司收购兼并非上市公司为研究对象，重点考察了控股股东的掏空行为对上市公司长期绩效的影响。结果证实，掏空上市公司会损害公司价值，但对公司的会计指标没有显著影响。刘峰、贺建刚和魏明海（2004）通过对上市公司五粮液的分析，得出控股股东通过提高上市公司业绩最终获得超额收益的结论。江伟（2005）通过我国上市公司投资—现金流敏感度的分析，证实我国上市公司控股股东在掏空上市公司的同时也存在相应的支持行为。

在非公开发行后，上市公司相应的市场表现，主要通过事件法从两个方面来考察这一问题——非公开发行的公告期和持有期。衡量指标是累积超额收益HPAR。

在公告期，非公开发行对二级市场的股价走势有极为显著的公告正效应。这主要归结于投资者或者分析师对定向增发公司的乐观预期。拉克（Wruck，

1989）指出这种公告的正效应主要是投资者对公司股权结构变化的乐观态度。在二级市场的投资者会认为，在定向增发后，公司的股权结构发生变化，机构投资者将对公司的发展提供监管和有益的建议。这提高了他们对公司未来发展的信心，因此在二级市场股价的表现也异常活跃。赫策尔和史密斯（Hertzel and Smith，1993）从信息信号的角度阐述了定向增发公告的正效应。资产被低估企业的管理层对公司的发展充满信心，正是这种乐观态度带动了外部机构投资者的投资。而这种信号也会传递给股市的其他投资者，市场因而会调高对公司价值的预期。詹妮和福尔塔（Janney and Folta，2003）认为，在定向增发过程中，公司给市场传达的信息是管理层认定公司的增长机会被明显低估。

赫策尔和里斯（Herzel and Rees，1998）通过实证阐述了公司的未来收入对公告期内股价的影响，认为正是在定向增发后未来收入的大幅增加导致了公告期内股票收益的良好表现。高等（Goh et al.，1999）认为定向增发企业价值的提升迫切需要现金投入，由于看到了这种成长机会，市场分析师对公司未来收入增长有积极的预期，对公司未来的发展充满信心，股票在发行公告期内的表现也就变得活跃。

相对于在公告期内定向增发公司股价的优良表现，赫策尔等（2002）通过研究发现，在增发后的5年内二级市场上股价的表现明显不佳，他们认为这是公司管理层充分利用“机会之窗”来发行被高估的资产和投资者对发行公告所负载的信息反应不够充分所导致的结果。洛兰和里特（Loughran and Ritter，1997）认为，这是因为人们相对于长期的平均收益更看重当前的利益、更关注股票当前的表现，因而股价会在公告期达到顶峰。巴克莱和霍尔德内斯（Barclay and Holdnerness，2001）认为，是管理层在定向增发后的表现不佳，使得公司价值没有达到预期水平，从而导致了股价的萎靡。马尔丘凯蒂特等（Marciukaityte et al.，2005）认为，在公告期内股票表现良好而随后表现不佳，是由于投资者根据其他已完成定向增发公司的历史经验得出的结论指导了自己的投资策略，并解释说，如果市场对股票在发行时的态度越乐观，那么这只股票的长期表现越低迷。

再有，由于定向增发采用的是折价发行，许多学者认为定向增发的折价反应了投资者对公司真实价值的估计。在长期公司股票的价值将回归到定向增发的发行价格上。这也从一定角度暗示了公司在定向增发后表现不佳的表现。而折价部分就只是对投资者的一种补偿——监管服务和专家性指导意见（Wruck，1989）、缺乏流动性（Silber，1991）和应得的补贴（Herzel and Smith，1993）。

赫策尔等（2002）、詹妮和福尔塔（2003）、马尔丘凯蒂特等（2005）、弗雷拉和布鲁克斯（Ferreira and Brooks，2007）也通过实证分析验证了非公开发行后持有期市场表现低迷的结论。

从上述分析可以看出，国内外的相关文献重点关注“隧道转移”和非公开发行窗口期及后续表现两个独立的事件，分别对上述两种情况进行了深入的探讨，而忽略了二者相结合的伴随资产注入的非公开发行对上市公司市场价值有何影响。本文力求从这一角度对我国资本市场上伴随资产注入的非公开发行进行系统的研究，在考察注入资产质量的同时考察上市公司的后续表现。

三、研究设计

（一）研究假设

假设1：控股股东利用伴随资产注入的非公开发行对上市公司“隧道转移”的现象普遍存在。

在我国目前的资本市场上，股权分置改革使得我国资本市场进入全流通时代。原来的非流通股股东和中小流通股股东的利益趋于一致化。但是，由于大股东对上市公司存在着明显的超控权利和天然的信息不对称优势，在公司的决策中很难遇到中小股东的阻力，因此，他们就具备利用中小股东的利益来为自己获得隐蔽的超额收益的机会。我们应该清醒地认识到，大股东并没有绝对的动机来为中小股东提供“免费的午餐”，资产注入的主要目的很可能是为了今后对小股东的剥削和利用股权优势获得公司利润更多的分配权。因此，在信息披露制度不完善、市场监督力度不足的情况下，控股股东“掏空”上市公司的现象普遍存在。

假设2：被控股股东“隧道转移”利益的上市公司在非公开发行中有明显的窗口期超额收益和低于市场平均收益的长期表现。

被控股股东“隧道转移”利益的上市公司在非公开发行中，控股股东虚报所注入资产的价值，并夸大未来盈利能力，从而给中小投资者带来一定的错误信息。因此，伴随资产注入的非公开发行在公告期间会受到市场上中小投资者的追捧，产生明显的正公告效应。但是，由于注入资产质量不高，上市公司的后续运营能力和盈利能力没有得到显著提升，公司业绩提升幅度不大，在被市场识破注入资产的真实面目后，市场投资者会通过“用脚投票”抛售该上市公司的股票影响该上市公司的市场表现。因此，本文假设公告后一段时期内，上市公司股价表现会差于市场平均水平。

假设3：上市公司非公开发行股份数占原有股份数的比例同公告期的累积超额收益率有明显的正相关关系。

在伴随资产注入的非公开发行中，发行的股份越大，上市公司控股股东在以资产换得股权的同时，获得的对上市公司的控制权和未来收益权越大。因此，在没被识破注入资产真实质量的公告期，市场上的投资者认同上市公司的未来发展，认为控股股东在与中小投资者利益趋同的情况下，公司未来前景会更好，公告效应应当更明显。当注入资产质量被市场正确认识后，市场投资者意识到控股股东注入资产的真实目的是更大程度地“掏空”上市公司来满足自身利益，就会在二级市场抛售该上市公司股票，使得上市公司相对于大盘的累积超额收益率为负。

（二）研究模型的介绍

本文通过国外成熟文献的“隧道转移”模型对假设 1 进行检验：首先对该模型进行介绍，然后根据我国实际情况对该模型的检验方程进行修改，最后利用修改后的检验方程对非公开发行中注入资产的质量进行判别。通过事件研究法对假设 2 进行检验。研究当市场上上市公司公告伴随资产注入的非公开发行后股价是否会产生波动、是否会产生“超额报酬率”，判断股价的波动与该事件是否相关。通过回归方程对可能引起上市公司股价变动的因素与超额报酬率进行回归检验，根据各因素的显著性对假设 3 进行验证。

1. “隧道转移”模型

本文采用的“隧道转移”模型为朴宰星等（Jae-Seung Bark et al. , 2006）对韩国上市公司注入资产质量进行判别时采用的模型，该模型的基本思路为：控股股东将自由资产注入上市公司，仅仅是该资产在自身与控股公司之间的内部转移，并不会提升自身的总体价值，但是如果虚增该项资产的价值，控股股东的总体价值将会增加。因此，上市公司在非公开发行前后市场价值的变化可以从一个侧面反映注入资产的质量：如果控股股东注入的资产为“优质资产”即没有虚增价值的资产，那么控股股东在非公开发行前后持有上市公司股份的市场价值总量不应该存在明显的变化；而如果存在“掏空”现象，那么在非公开发行后控股股东持有股份的市场价值将有明显的提升。

模型利用控股股东在非公开发行后的市场价值（W_N）与非公开发行前的市场价值（W_0）的关系来判断二者之间的变化。

首先，对该模型涉及的主要参数含义进行说明：在非公开发行前控股股东拥有上市公司的股份比例为 α_I，占发行人关联方的股份比例为 α_A；发行人在非公开发行后股份总数为 P_N，在非公开发行前的股份总数为 S_o，本次非公开发行所发的股份数为 S_I；非公开发行前发行人关联方拥有上市公司的股份数为 S_{AO}，在本次非公开发行中，关联方购买的股份数为 S_A；非公开发行前每股价格为 P_0，非公开发行的每股定价为 OP，非公开发行后每股定价为 P_N。

上市公司非公开发行后的市场价值（VI_N）等于发行前的市场价值（VI_0）与发行股份价值（$OP \cdot S_I$）的和：

$$VI_N = VI_0 + OP \times S_I \tag{1}$$

上市公司关联方的相关资产在本次非公开发行后的市场价值（VA_N）与初始价值（VA_0）的关系为：

$$VA_N = [VA_0 + (P_N - P_0) \times S_{AO}] - OP \times S_A + VI_N \times \left(\frac{S_A}{S_N}\right) \tag{2}$$

控股股东在非公开发行前的总价值（W_0）为：

$$W_0 = \alpha_I \times VI_0 + \alpha_A \times VA_0 \tag{3}$$

非公开发行结束后，控股股东转移资产后的总价值为：

$$\begin{aligned} W_N &= \left[\alpha_I + \left(\frac{S_0}{S_N}\right)\right] \times VI_N + \alpha_A \times VA_N \\ &= \left[\alpha_I + \left(\frac{S_0}{S_N}\right)\right] \times VI_N + \alpha_A \times \left\{[VA_N + (P_N - P_0) \times S_{AO}] - OP \times S_A \right. \\ &\quad \left. + VI_N \times \left(\frac{S_A}{S_N}\right)\right\} \end{aligned} \tag{4}$$

如果在非公开发行后控股股东从中受益，即其注入上市公司的资产为虚增价值的资产，那么必然会有 $W_N > W_0$，通过比较、化简式（3）和式（4），条件（$W_N > W_0$）可简化为：如果在非公开发行后，控股股东从中受益，那么必然有：

$$OP > P_0，且\frac{\alpha_I}{\alpha_A} > \frac{(S_A \times S_0 - S_{AO} \times S_I)}{S_0 \times S_I} = \frac{S_A}{S_I} - \frac{S_{AO}}{S_0} \tag{5}$$

或者：

$$OP < P_0，且\frac{\alpha_I}{\alpha_A} < \frac{(S_A \times S_0 - S_{AO} \times S_I)}{S_0 \times S_I} = \frac{S_A}{S_I} - \frac{S_{AO}}{S_0} \tag{6}$$

这也就是说，如果控股股东愿意参与到非公开发行中来，以被高估的资产注入上市公司中，并因此获得收益的话，关于发行价格、控股股东持股比例以及非公开发行中的购买比例的关系应当满足式（5）和式（6）。即：

$$OP > P_0，且\frac{\alpha_I}{\alpha_A} > \gamma_I - \gamma_0 \tag{7}$$

或者：

$$OP < P_0，且\frac{\alpha_I}{\alpha_A} < \gamma_I - \gamma_0 \tag{8}$$

其中，$\gamma_I(=\frac{S_A}{S_I})$为在非公开发行中控股股东实际认购的比例，$\gamma_0(=\frac{S_{AO}}{S_0})$为上市公司的关联方在本次非公开发行前持有的上市公司的股票比例。

式（7）说明，在 $OP > P_0$ 的情况下，控股股东若想通过上市公司非公开发行股票获利，应当满足他对上市公司的控股比例 α_I 大于他在本次非公开发行中实际增加的股份比例 $\alpha_A \times (\gamma_I - \gamma_0)$。

根据我国的实际情况，发行人的关联方很少持有发行人的股票，上述资产注入的渠道通常演变成控股股东在非公开发行中购买上市公司新增股票，并同时以自己控股子公司（发行人关联方）的资产注入上市公司中，因此我们可以将$\frac{\alpha_I}{\alpha_A}$与 γ_0 作为对等处理。本章对于“隧道转移”的验证方程为：

$$OP > P_0，且\frac{\alpha_I}{\alpha_A} > \frac{\gamma_I}{2} \tag{9}$$

或者：

$$OP < P_0，且\frac{\alpha_I}{\alpha_A} < \frac{\gamma_I}{2} \tag{10}$$

即如果在伴随资产注入的非公开发行中所注入资产为虚增价值的资产，那么需满足 $OP > P_0$，且$\frac{\alpha_I}{\alpha_A} > \frac{\gamma_I}{2}$；或者 $OP < P_0$，且$\frac{\alpha_I}{\alpha_A} < \frac{\gamma_I}{2}$。即在 $OP > P_0$ 的情况下，控股股东持有的发行企业的股份比例应当大于在本次非公开发行中认购比例的一半；反之，则相反。

2. 事件分析法

本节采用伴随资产注入非公开发行的上市公司股票的收益率变化来衡量公告对公司短期股价的影响。在此，为了去除大盘对个股的影响，参考国外相关文献，我们借鉴国外学者研究股票市场波动性的常用研究工具，即超额收益率。由于单一个股的收益率受到整个市场收益率波动的影响，其变化并不能完全归因于影响个股的因素，采用超额收益率这一研究方法就剔除了市场收益率波动的影响，能够较好地解决这个问题。

对非公开发行公告效应的研究多采用超额收益模型，模型的具体阐述如下。

（1）计算各股收益 *HPR*。

$$HPR_{ij} = R_{ij} - E(R_j)$$

其中，R_{ij}为股票 i 在持有期 j 的日回报率，$E(R_j)$为市场回报率，本文选为大盘指数。

（2）计算持有期平均收益 *AVHPR*。

$$AVHPR_i = \frac{1}{j}\sum_{i=1}^{n} HPR_{ij}$$

（3）计算持有期超额收益 *HPAR*。

$$HPAR_{ij} = HPR_{ij} - AVHPR_j$$

（4）计算累积超额收益 *AHPAR*。

$$AHPAR = \frac{1}{N}\sum_{i=1}^{N} HPAR_{adj}$$

采用 t 检验判别平均累积超额收益率 *AHPAR* 为 0 的假设是否成立，可以判断窗口期的市场表现。

（三）研究样本的选择

定向增发在我国股市早已有之。但是作为两大背景下（即新《公司法》《证券法》正式实施和股改后股份全流通）率先推出的一项新政策，如今的非公开发行同以前的定向增发相比，已经发生了质的变化。尤其是《上市公司证券发行管理办法》的正式实施，在降低上市公司非公开发行的财务门槛的同时，增加了市场的约束机制，使得非公开发行的市场化程度更强。因此，在此阶段的非公开发行数据更易获取、更真实，对伴随资产注入的非公开发行研究结论的可靠性更强。另外，在我国股权分置改革初步完成后，我国股市经历了一段大牛市行情，众多上市公司利用非公开发行的财务门槛低的特点参与到非公开发行中，而市场参与者的非理性追捧使得许多“劣质资产”鱼目混珠，此阶段更需要对注入资产的质量进行检验。因此，本文选取《上市公司证券发行管理办法》推行以来（2006 年 5 月 9 日）至牛市行情大体结束（2007 年 12 月 31 日）的非公开发行案例作为样本进行研究。

根据 Wind 资讯统计，从 2006 年 5 月 9 日到 2007 年 12 月 31 日，我国 A 股市场共进行非公开发行 195 次（需要说明的是，在 187 次非公开发行中有多个上市公司进行了两次非公开发行，但是目的和对象都不尽相同）。

在分析“隧道转移”模型时，主要采用了以下数据：（1）上市公司伴随资产注入非公开的发行股份数，控股股东以资产换取的股份数；（2）控股股东在发行前对上市公司的持股比例。其中，（1）来源于 Wind 资讯网和各上市公司《非公开发行股票结果暨股份变动公告》，（2）来源于巨潮资讯网提供的各上市公司年报。

在运用事件分析法分析“超额报酬率”时，采用的数据包括：（1）上市公司关于非公开发行的董事会公告日期；（2）上市公司的股价在董事会公告前 3 天至后 30 天的日收益率；（3）上市公司董事会公告前 3 天至后 30 天的 A 股指数数据。其中，（1）来自各上市公司的年报，（2）和（3）来源于 CCFR 中国金融研究数据库。

从 2006 年 5 月 9 日到 2007 年 12 月 31 日，我国 A 股市场共进行非公开发行 195 次。发行新股认购对象为机构投资者、大股东、大股东关联方和境外机构投资者，为了清楚地认识统计样本的分布情况，对非公开发行的统计情况如表 1 所示。

表 1　　2006 年 5 月至 2007 年 12 月我国资本市场非公开发行情况（1）

认购对象	家数	认购对象	家数
大股东	45	机构投资者	86
大股东、大股东关联方	2	境外机构投资者	6
大股东、大股东关联方、机构投资者	3	机构投资者、境外机构投资者	3
大股东、机构投资者	46	大股东关联方	4

在上述 195 个样本中，其中 30 家采用资产注入的方式、6 家采用资产和现金共同认购的方式，其余均采用现金认购的方式（见表 2 和图 1）。

表 2　　2006 年 5 月至 2007 年 12 月我国资本市场非公开发行情况（2）

年份	非公开发行			总计
	资产注入	现金和资产认购	现金认购	
2006	13	0	97	110
2007	17	6	48	71
总计	30	6	145	181

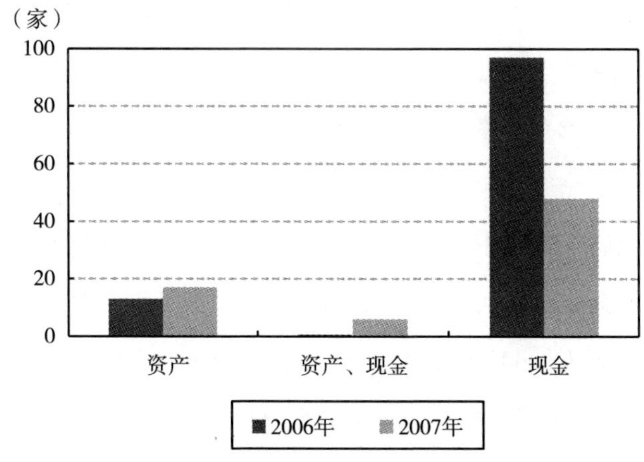

图 1　我国资本市场非公开发行情况

资料来源：Wind 资讯网。

四、实证分析结果

（一）资产注入质量的判别

通过上节详述的“隧道转移”模型对非公开发行的注入资产质量进行判

别，我们得出如下结论。

1. 非公开发行的折价分析

《上市公司证券发行管理办法》规定：上市公司非公开发行股票，应当符合发行价格不低于定价基准日前20个交易日公司股票均价的90%，定价基准日可以选取董事会决议日、股东大会决议日和上市公告日。这一规定的推出主要是为了增强我国资本市场对非公开发行的认可度和参与度。但是，在我国证券市场上，上市公司为了增加非公开发行股票对认购者的吸引力，以及在认购资产总值一定的情况下增加控股股东认购股份数，进而增加大股东对上市公司的控股比例，往往在条件允许的情况下增加股票的折价率，即非公开发行的股票定价远远低于实施非公开发行当天的股票收盘价，这就给非公开发行的参与者（尤其是控股股东）带来了更多的溢价。这也就意味着在不断上涨的牛市行情下，非公开发行的定价基准日距离最后的实施日时间越长，越会给投资者带来更多的溢价，吸引投资者积极认购非公开发行的股票。因此，大多数上市公司的定价基准日均选取了董事会决议日，因为相比较其他两个可选定价基准日，这是最早召开的日期，股票价格也是相对最低的日期。

具体到我们分析的案例，从个股召开董事会并决议公告进行非公开发行股票到被证监会批准以及之后的发行成功往往经历了至少4个月的时间，其中最短的为2个月，最长则接近11个月。在此期间，个股价格均相对董事会决议公告日有明显提升。非公开发行股票定价（OP）远低于实施非公开发行前一天股票的收盘价（P_0）。

从表3我们可以看到，实施非公开发行前一天股票的收盘价（P_0）远高于非公开发行股票定价（OP），最大值甚至达到了547.7%。这也就意味着，控股股东以价格OP认购非公开发行股票时，相对P_0可以获得5.47倍的股票数，因此在进行资产注入的同时，增加了对上市公司的控股权，也就是未来的收益权。方差显著，说明各样本均存在普遍的溢价。

表 3　　P_0 相对 OP 的溢价

变量	最大值	最小值	均值	标准差
P_0 相对 OP 的溢价	547.77%	17.48%	207.64%	1.3864 *

注：* 表示 10% 的显著性水平。

2. 非公开发行前大股东对上市公司的控股比例

如表 4 所示，在我们所列示的 30 家以资产注入上市公司的非公开案例中，在非公开发行前控股股东拥有上市公司的股份比例均值为 45.02%。其中 α_I 最小的增发比例为原有股份的 3.8 倍。分析所有样本数据可以看出，通过伴随资产注入的非公开发行，大股东的控股比例增加十分明显。这意味着大股东在非公开发行中，伴随资产注入的同时也实现了控股权即收益权增加的目的。

表 4　　控股股东对上市公司控股比例 α_I

变量	最大值	最小值	均值	标准差
α_I	67.66%	19.45%	45.02%	12.63 *

注：* 表示 10% 的显著性水平。

在我们研究的 30 个案例中，均为控股股东以其实际控制的发行人关联方资产注入上市公司，尽管有些发行人关联方并不是上述控股股东的全资子公司，但是在伴随非公开发行的资产注入过程中，控股股东将其在发行人关联方的所有股权注入上市公司中，所以控股股东对发行人关联方的股份比例为 α_A 为 100%。

3. 非公开发行中的大股东认购比例

$\gamma_I(=\frac{S_A}{S_I})$ 为在非公开发行中控股股东实际认购的比例，参考个股《非公开发行股票结果暨股份变动公告》，我们得到了相关数据（见表 5）。在伴随资产注入的非公开发行中，30 家上市公司的大股东有 9 家为部分认购，认购比例最小为 16.67%，其余 39 家均为 100% 全额认购。这表明大部分控股股东均最大程度地注入资产以换取未来的控股权和收益权。

表 5　　控股股东认购比例 γ_I

变量	最大值	最小值	均值	标准差
γ_I	100%	16.67%	88.36%	0.238 *

注：* 表示 10% 的显著性水平。

4. "隧道转移"模型的实证结果和分析

通过上面分析，我们能够确认我国非公开发行股票满足式（10）所列示的价格关系，即 $OP < P_0$。由于 α_A 为 1，本文用 α_I 来代替 $\frac{\alpha_I}{\alpha_A}$。下面根据数据考察在我国资本市场伴随资产注入的非公开发行中 α_I 是否小于 $\frac{\gamma_I}{2}$。

如表 6 所示，分析 30 个上市公司非公开发行的案例，$\frac{\alpha_I}{\alpha_A} < \frac{\gamma_I}{2}$ 的企业共为 18 家，总计共有 60% 的企业在资产注入的过程中存在"隧道转移"效应，从上市公司中获得了超额的收益，进而损害了中小股东的权益。

表 6　　控股股东认购比例 α_I 与 $\frac{\gamma_I}{2}$

条件	$\alpha_I < \frac{\gamma_I}{2}$	$\alpha_I > \frac{\gamma_I}{2}$
样本量（个）	18	12
所占比例（%）	60	40

60% 的比例证明资产虚增的"隧道转移"现象在我国资本市场上普遍存在。将控股股东的"隧道转移"与增加对上市公司控股比例联系起来，我们可以看到，在伴随资产注入的非公开发行中，通过"隧道转移"，控股股东从价值虚增的注入资产中获得了更多的利益，这主要体现在：（1）低定价、虚增资产价格导致的认购股份的增加，使得控股股东对上市公司的控制权增加——可以充分利用信息不对称，在企业重大决策中，通过符合自身利益的决议；（2）低定价、虚增资产价格导致控规股东在上市公司的控股比例增加，因而对上市公司未来的收益有更大的获利比例；（3）虚增资产价格本身提升了控股股东的收益，使得不会增加集团价值的内部资产转移，在贴上"非公

开发行”的标签后，从资本市场上为控股股东获得额外的收益。因此，通过“隧道转移”模型，我们验证了假设1，在我国伴随资产注入的非公开发行市场上，资产质量被高估的现象普遍存在。

（二）窗口期及持有期市场表现

1. 窗口期的市场表现

非公开发行的公告日可以确定为董事会公告日、股东大会公告日和上市公告日。在董事会公告企业非公开发行预案时，就已经向公众传达了增发信息，尽管有时候相应的募集活动并未成功，但这一信息已被公众吸收，对公司未来的预期已经反映在非公开发行的董事会公告日随后的股价变动上。因而本文在选取计量的标准时间日定为董事会公告日（即公告日0），用公告期的事件窗（-3，1）来考察伴随资产注入的非公开发行对市场上中小投资者传递的信息。为了进一步考察本次非公开发行后上市公司股价的市场表现以及控股股东的账面收益，我们还将考察持有期的市场表现，而持有期的事件窗分别考察（1，10）和（1，30）这两个时间段。分别对这三个事件窗进行累积超额回报的计算。

分别对比上述公式对窗口期（-3，1）、（1，10）和（1，30）计算超额收益，30个样本的每日超额收益和累积超额收益如表7所示。

表7　　每日超额收益和累积超额收益

日期	CAR	累积超额收益	日期	CAR	累积超额收益
-3	0.032405	0.032405	6	0	0.071863
-2	0.057322	0.089727	7	0.024175	0.096038
-1	0.02132	0.111047	8	-0.02415	0.071892
0	0.2185	0.132897	9	0.011934	0.083826
1	-0.01743	0.115467	10	-0.05779	0.026037
2	-0.03006	0.08541	11	0.011165	0.037202
3	-0.01215	0.073261	12	0.047014	0.084216
4	-0.014725	0.087986	13	0.006433	0.090649
5	-0.01612	0.071863	14	-0.01415	0.076485

续表

日期	CAR	累积超额收益	日期	CAR	累积超额收益
15	-0.027	0.049481	23	-0.02041	0.032877
16	-0.00388	0.045599	24	-0.0236	0.009282
17	-0.0171	0.028497	25	0.00451	0.013792
18	-0.00284	0.02566	26	-0.00083	0.012962
19	0.028963	0.054623	27	-0.01441	-0.00145
20	-0.00237	0.052257	28	-0.00258	-0.00403
21	0.012369	0.064626	29	-0.003	-0.00703
22	-0.01134	0.053288	30	-0.00553	-0.01256

表8给出了董事会增发公告期内股票异常收益的平均值、标准差、最大值、最小值样本数量和t检验结果。结果现实，在以董事会公告日为时间0的检验中，事件窗内异常收益率显著大于0；（-3，1）事件窗的超额收益率为11.28%，并在5%的水平上显著；（1，10）事件窗的超额收益为2.6037%，并不显著；（1，60）事件窗的超额收益为-1.2561%，并不显著。总体来看，我国上市公司伴随资产注入的非公开发行在公告期内超额收益显著，随着时间推移，后续市场表现不好，累积相对市场平均收益率为负。

表8　　30个样本总体时间窗的超额收益检验

指标	（-3，1）	（1，10）	（1，30）
平均值（%）	11.28**	2.6037	-1.2561
标准差	9.1125	14.7330	23.2383
最大值（%）	36.26	31.52	54.53
最小值（%）	-7.03	-13.96	-28.52
样本数量	30	30	30
P值	0.000	0.045	0.004

注：**代表5%的显著性水平。

在30家样本上市公司中，有3家在董事会公告的交易日（消息如果不是交易日公布，选取公告后的第一个交易日为消息公布的交易日）的收盘价下跌（与前一个交易日的收盘价比较），占所有公司的10%，其中最低为华芳纺

织的 -4.86%；27 家上涨，占所有样本公司的 90%，其中有 10 家涨停。

窗口期（-3，1）的超额收益率为 11.28%，公告日的正超额收益明显。说明伴随资产注入的非公开发行能够错误地给市场传达一定的利好信号，中小投资者比较认同上市公司的未来发展，相信在注入资产后上市公司能有较好的发展前景和市场表现。从累积超额收益率来看，窗口期（1，60）的超额收益率小于窗口期（-3，1）和窗口期（1，10），但并不显著，并从第 27 天开始为负（见图 2）。说明随着时间的推移中小投资者开始理性看待控股股东的资产注入行为，对上市公司未来价值以及成长能力进行理性的判别。伴随资产注入的非公开发行并没有给上市公司带来市场价值的显著提升。

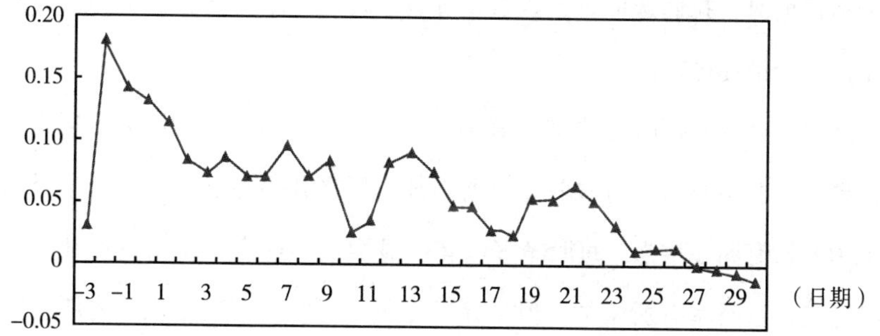

图 2　累积超额收益率 CASR

根据前面的分析，控股股东在非公开发行中，有的对上市公司进行“隧道转移”，有的进行“优质资产”的支持，他们的短期后续表现见表 9。

表 9　“隧道转移”和“优质资产”后续表现

指标	“隧道转移”			“优质资产”		
	（-3，1）	（1，10）	（1，30）	（-3，1）	（1，10）	（1，30）
均值	7.73396**	-1.8826	-3.8799	16.4579**	1.13269	2.02285
标准差	11.1141	8.0991	14.28443	5.9563	12.4346	14.7116
最大值	36.2607	15.8984	26.0357	16.4423	31.5197	20.9668
最小值	-2.7314	-13.9552	-28.5179	-2.899	-11.0571	-19.035
样本数量	18			12		

注：** 表示在 5% 水平上显著。

从表 9 可以看出，非公开发行为“隧道转移”的上市公司的市场表现明显不如“优质资产”注入的上市公司，在 30 天的累积超额收益率上，“隧道转移”的上市公司为 -3.8799%，而资产注入的上市公司为 2.02285%。说明随着时间的延长，市场逐渐趋于理性，“隧道转移”的上市公司的真实面目逐渐被市场识别，因此其市场表现相比“优质资产”注入的上市公司更差。

2. 持有期的市场表现

为了探求上市公司非公开发行后更长时间的后续市场表现，我们重点考察其各项财务指标的数据，由于一个财务数据仅仅是从一个方面反映上市公司的运营情况，我们选取每股收益、每股净资产、净资产收益率和每股经营现金流四个指标进行探讨。

从表 10 我们看到，在控股股东资产注入后，上市公司的财务状况有一定的改善，但并不显著：每股收益有所增加，但是并不显著，说明上市公司盈利能力并没有明显增强。每股净资产有明显增加，这主要是由资产注入引起的。净资产收益率有所增加，但是并不显著。每股经营现金流没有明显的增加，说明上市公司的运营能力总体来看并没有得到显著的提升。

表 10　　上市公司非公开发行前后财务指标对比

指标	每股收益		每股净资产		净资产收益率（%）		每股经营现金流	
	发行前	发行后	发行前	发行后	发行前	发行后	发行前	发行后
平均值	0.3501	0.4352	3.1265	4.0082	10.9320	14.6740	0.8520	0.9061
方差	0.2815	0.6730	4.9566	6.6232	129.6729	84.9852	13.0033	5.3615
t - test	1.64		2.55**		0.82		-0.64	

注：由于部分上市公司非公开发行后的财务数据存在特异值，对样本总体的变化趋势有一定的影响，因此剔除特异值后，每股收益为 30 个样本，每股净资产与每股经营现金流为 29 个样本，净资产收益率为 28 个样本；发行前平均值以发行前一年各公司年报公布数据为准，发行后平均值则考察发行当年及后一年年报公布数据的平均值；** 表示在 5% 水平上显著。

具体到上节分析的“隧道转移”和“优质资产”注入的两类上市公司非公开发行中，如表 11 所示，总体来看，“优质资产”注入的上市公司各项指标相对“隧道转移”的上市公司均有显著提升，尤其是净资产收益率，相差近700%，进一步说明了“优质资产”注入的上市公司盈利能力得到显著增强。

表11　“隧道转移”和“优质资产”财务指标　单位：%

指标	每股收益增长幅度	每股净资产增长幅度	净资产收益率增长幅度	每股经营现金流增长幅度
隧道转移	21.8	6	-18	-9.70
优质资产	38.6	43	677.03	2.98

（三）影响伴随资产注入非公开发行市场表现的因素

为了准确地判断出在伴随资产注入的非公开发行中，究竟是哪些因素影响着伴随资产注入非公开发行的上市公司股票的市场表现，进而影响上市公司的市场价值，下面对可能的因素进行分析。

本节对股价变动原因的实证分析采用的数据包括：每股收益、每股净资产、发行前规模、发行股份数占原有股份数的比例、新发行股票的折价率，以上数据来源于各上市公司年报和Wind资讯网。

除了非公开发行公告会影响上市公司股票价格的走势以外，还有一些因素会影响上市公司非公开发行的股价变化。为了深层次探求影响非公开发行股票价格变动的原因，我们选择一些与非公开发行相关的指标来检验是否存在相应的关联性。

（1）非公开发行股票占原有上市公司股份的比例。该比例越高，它所代表的控股股东对公司未来决策的控制权就越多。

（2）非公开发行价格相对实施当天的折价。该折价越大，说明控股股东从本次非公开发行中获得的利益越大。

（3）每股收益。每股收益越大，说明上市公司在非公开发行前的盈利能力很好，控股股东可能通过非公开发行后控股权的增加获得更多的收益权。

（4）每股净资产。每股净资产越大，说明原有股份对应上市公司的权益越大，新注入资产的定价应与原有每股净资产价值相匹配。

（5）注入资产规模。注入资产规模越大，对上市公司今后的经营、收益影响越大。

为了便于计量说明，我们定义公开发行股票占原有上市公司股份的比例为 X_1、非公开发行价格相对实施当天的折价为 X_2、每股收益为 X_3、每股净资产为 X_4、注入资产规模为 X_5。窗口期（-3，1）的累积超额收益为 Y_1，窗口期（1，10）的累积超额收益为 Y_2，窗口期（1，30）的累积超额收益为 Y_3。

建立回归模型为：

$$Y_i = \alpha + \beta_1 X_1 + \beta_2 X_2 + \beta_3 X_3 + \beta_4 X_4 + e \qquad (i = 1,2,3)$$

考虑到控制权的差异会影响新进入股东获得私人利益的差别，从而对公告效应产生明显的影响，引入哑变量 *CTRL*，当新股东为上市公司第一股东时，哑变量 *CTRL* 为 1，否则为 0。因此，得到回归方程：

$$Y_i = \alpha + \beta_1 X_1 + \beta_2 X_2 + \beta_3 X_3 + \beta_4 X_4 + \beta_5 CTRL + e$$

首先对上述因素与窗口期公告效应进行相关性检验，得出的相关关系如表 12 所示。

表 12　　各因素相关关系

变量	X_1	X_2	X_3	X_4	X_5
Y_1	0.561	-0.003	-0.221	-0.449	-0.184
Y_2	0.542	0.007	0.044	0.126	0.018
Y_3	0.443	-0.147	0.253	0.202	0.128
N（样本量）	30	30	30	30	30

通过相关性分析，我们可以认为非公开发行股票占原有上市公司股份的比例对公告效应的累积超额收益率影响较大，为了进一步探求各因素对公告日超额收益的影响，对各窗口期数据与各因素进行回归分析，结果如表 13 所示。

表 13　　　　　　　　回归模型各系数及其检验值

变量	Y_1	Y_2	Y_3
α	20.2655** (3.2397)	-9.6335 (-1.2429)	-8.1740 (-0.7486)
X_1	4.5737** (2.3781)	5.0812** (2.1322)	10.2990** (3.0675)
X_2	-1.3556 (-0.1712)	5.9884 (0.6104)	-8.3954 (-0.6074)
X_3	4.5347 (0.9173)	0.5915 (0.0966)	12.6901 (1.4705)
X_4	-3.2633** (-2.2310)	1.5990 (0.8822)	1.1895 (0.4658)
X_5	-6.95E-06 (-1.4464)	-4.81E-06 (-0.8078)	-7.99E-06 (-0.9523)
R^2	0.571	0.3798	0.4460
样本数	30	30	30

注：括号内为 t 统计量，** 表示 5% 的显著性水平。

用 OLS 对上述方程进行回归估计，R^2 水平在 0.3789 ~ 0.571 之间，说明这些变量可以解释公告期累积超额收益变动的 38% ~ 57%，当然本模型的解释能力还是比较弱的。从模型来看，非公开发行股票占原有上市公司股份的比例与公告效应的累积超额收益率有显著的正相关关系，并在 5% 的置信区间内显著。这主要是由于发行的股份越大，上市公司控股股东获得的控制权和未来收益权就越大。市场上的投资者如果认同上市公司的未来发展，认为控股股东在与中小投资者利益趋同的情况下，公司未来前景会更好，公告效应会更明显。当注入资产质量被市场正确认识后，市场投资者意识到控股股东注入资产的真实目的是更大程度地“掏空”上市公司来满足自身利益，就会在二级市场抛售该上市公司股票，使得上市公司相对于大盘的累积超额收益率为负。这证实了假设 3，即上市公司非公开发行股份数占原有股份数的比例同公告期的累积超额收益率有明显的正相关关系。

五、结 论

本文对《上市公司证券发行管理办法》正式实施以来至2007年底的30个伴随资产注入的非公开发行样本进行了分析。首先通过“隧道转移”模型对伴随资产注入的上市公司非公开发行样本进行探析，得出以下结论。

第一，在我国伴随资产注入的非公开发行中，非公开发行股票价格远远低于最后实施价格，因此在进行资产注入的同时，控股股东以更低的成本增加了对上市公司的控股权，控股权的增加也意味着未来收益权的增加，在增加控股股东话语权的同时为控股股东今后从上市公司转移利益埋下了伏笔；在非公开发行前，大股东均处于对上市公司的超控状态，在非公开发行中的认股比例也比较大。通过验证模型的考察，在我国伴随资产注入的非公开发行中，约有60%的公司存在“隧道转移”现象。

第二，伴随资产注入非公开发行在窗口期（-3，1）存在明显的正公告效应。在窗口期时间拉长后（1，30）累积超额收益率低于市场平均水平。被控股股东“隧道转移”利益的上市公司市场表现更糟，无论是在窗口期还是在窗口期拉长后，累积超额收益率均低于未被控股股东掏空的上市公司。这说明对上市公司进行“隧道转移”的控股股东虚报了所注入资产的价值，并夸大了未来盈利能力，从而对中小投资者带来一定的错误信息。因此，伴随资产注入的非公开发行在公告期间会受到市场上中小投资者的追捧，产生明显的正公告效应。但是，由于注入资产质量不高，上市公司的后续运营能力和盈利能力没有得到显著提升，公司业绩提升幅度不大，在被市场识破注入资产的真实面目后，市场投资者会通过“用脚投票”抛售该上市公司的股票影响该上市公司的市场表现。

第三，非公开发行股份数占原有股份数的比例同公告期的累积超额收益率有明显的正相关关系。由于我国存在控股股东一股独大的超控现象，控股股东相对中小股东存在天然的信息不对称的优势，对伴随非公开发行注入的资产质量有准确的了解。通过本文的分析，控股股东通过非公开发行“隧道转移”上市公司利益的行为十分普遍，但是中小投资者随着时间的推移能逐渐发现控股股东侵害中小股东利益这一行为，上市公司市场价值的表现低于市场平均水平。

参考文献

[1] 冯根福、吴林江：《我国上市公司并购绩效的实证研究》，载于《经济研究》2001 年第 1 期。

[2] 胡乃、阎衍、张海峰：《增发融资的股价效应与市场前景》，载于《金融研究》2002 年第 5 期。

[3] 江伟：《我国上市公司控制性股东掏空与行为支持的实证分析》，载于《经济科学》2005 年第 2 期。

[4] 李增泉、孙铮、王志伟：《“掏空”与所有权安排》，载于《会计研究》2004 年第 12 期。

[5] 李增泉、余谦、王晓坤：《掏空、支持与并购重组》，载于《经济研究》2005 年第 1 期。

[6] 刘力，王汀汀，王震：《中国 A 股上市公司增发公告的负价格效应及其二元股权结构解释》，载于《金融研究》2003 年第 8 期。

[7] 陆正飞、叶康涛：《中国上市公司股权融资偏好解析——偏好股权融资就是缘于融资成本低吗》，载于《经济研究》2004 年第 4 期。

[8] 吴江、阮彤：《股权分置结构与中国上市公司融资行为》，载于《金融研究》2004 年第 6 期。

[9] 张祥建：《股权再融资与大股东控制的“隧道效应”——对上市公司股权再融资偏好的再解释》，载于《管理世界》2005 年第 11 期。

[10] 张祥建、郭岚：《资产注入、大股东寻租行为与资本配置效率》，载于《金融研究》2008 年第 2 期。

[11] 周革平：《上市公司增发新股股价效应分析》，载于《资本市场》2003 年第 3 期。

[12] Bae K., J. Kang, J. Kim, “Tunneling or Value Added? Evidence from Mergers by Korean Business Groups”, *Journal of Finance*, 2002, 57: 2695 - 2740.

[13] Baek J. S, J. K. Kang, K. S. Park, "Corparate Governance and Firm Value: Evidence from Korean Financial Crisis", *Journal of Financial Economics*, 2004, 71: 265 - 313.

[14] Barber B. M., Lyon, J. D., "Firm Size, Book-to-market-ratio, and Security Returns: The Empirical Power and Specification of Tests Statistics", *Journal of Finance*, 1997, 52: 875 - 883.

[15] Barber B. M., Lyon, J. D., "Detecting Abnormal Operating Performance: The Empirical Power and Specificationof Tests Statistics", *Journal of Financial Economics*, 1996, 41: 359 - 399.

[16] Barclay Michael J., Clifford G. Holderness, Dennis P. Sheehan, "Private Placements and Managerial Entrenchment", Unpublished Working Paper, University of Rochester, 2003.

[17] Ferreira E. J., Brooks, L. D., "Evidence on Equity Private Placements an Going-out-of-business Information Release", *Journal of Economics and Business*, 1999, 51: 377 - 394.

[18] Ferreira E. J., Brooks, L. D., "Investor Misconceptions on Equity Private Placement Value: Examining Real and Imagined Operating Flow Determinants", John Carroll University Working Paper, 2004: 1 - 49.

[19] Fields L. Paige, Eric L. Mais., "The Valuation Effects of Private Placements of Convertible Debt", *Journal of Finance*, 1991, 46: 1925 - 1932.

[20] Friedman E., S. Johnson, T. Mitton, "Propping and Tunneling", *Journal of Comparative Economics*, 2003, 31: 732 - 750.

[21] Glaeser E., S. Johnson, A. Shleifer, "Coase Versus the Coasians", *Quarterly Journal of Economics*, 2001, 116: 853 - 900.

[22] Hertzel M., Smith, R. L., "Market Discounts and Shareholder Gains from Placing Equity Privately", *Journal of Finance*, 1993, 48: 459 - 485.

[23] Hertzel M., Lemmon, M., Link, J. S., Rees, L., "Long-run Performance Following Private Placements of Equity", *Journal of Finance*, 2002, 57: 2595 - 2617.

[24] Jae-Seung Bark, Jun-Koo Kang, Imoo Lee, "Business Group and Tunneling: Evidence from Private Securities Offerings by Korean Chaebols", *Journal of Finance*, 2006, 5: 2415 - 2449.

[25] Johnson S. , R. La Porta, F. Lopez-De-Silanes, A. Shleifer, "Tunneling", *American Economic Review*, 2000, 90: 22 - 27.

[26] Kang Jun-Koo, Rene M. Stulz. , "Why is there a Home Bias? An Analysis of Foreign Portfolio Equity Ownership in Japan", *Journal of Financial Economics*, 1997, 46: 3 - 28.

[27] La Porta R. , F. Lopez-de-Silanes, A. Shleifer, R. Vishny, "Investor Protection and Corporate Governance", *Journal of Financial Economics*, 2000, 58: 3 - 27.

[28] La Porta R. , F. Lopez-de-Silanes, A. Shleifer, R. Vishny, "Investor Protection and Corporate Valuation", *Journal of Finance*, 2002, 57: 1147 - 1170.

[29] La Porta R. , F. Lopez-de-Silanes, A. Shleifer, R. Vishny, "Law and Finance", *Journal of Politicall Economy*, 1998, 106: 1113 - 1155.

[30] La Porta R. , F. Lopez-de-Silanes, A. Shleifer, "Corporate Ownership around the World", *Journal of Finance*, 1999, 54: 471 - 518.

[31] Loughran T. , Ritter, J. R. , "The Operating Performance of Firms Conducting Seasoned Equity Offerings", *Journal of Finance*, 1997, 52: 1823 - 1850.

[32] Lyon J. D. , B. M. Barber, C. Tsai, "Improved Methods for Tests of Long-run Abnormal Stock Returns", *Journal of Finance*, 1999, 54: 165 - 201.

[33] Marciukaityte D. , Szewczyk, S. , Varma, R. , "Investor Overoptimism and Private Equity Placements", *Journal of Financial Research*, 2005, 28: 591 - 608.

[34] Myers S. C. , Majluf, N. S. , "Corporate Financing and Investment Decisions when Firms Have Information that Investors Do Not Have", *Journal of Financial Economics*, 1984, 13: 187 - 221.

[35] Wruck K. H. , "Equity Ownership Concentration and Firm Value: Evidence from Private Equity Financing", *Journal of Financial Economics*, 1989, 38: 3 - 28.

[36] Wu Y. L. , "The Choice of Equity-selling Mechanisms", *Journal of Financial Economics*, 2004, 74: 93 - 119.

我国证券投资基金羊群行为的实证研究*

一、引　言

从1998年发行“新基金”① 以来，我国的证券投资基金业得到了迅速的发展。1998年，我国证券投资基金的净资产总额约为62亿元，发行总份额为100亿份；而截至2007年底，我国证券投资基金净资产总额已达25662亿元，发行基金份额规模达22457亿份。

由于基金经理具有专业的知识背景和相对理性的投资理念，证券投资基金常被认为是有效稳定市场价格、抑制股票市场羊群行为的市场力量。从发达国家的经验看，证券投资基金发挥了市场中坚的作用，促进了金融系统的竞争，提高了资本市场的效率。对新兴市场国家而言，证券投资基金的发展也对一国金融结构的优化产生了重大的影响，并对金融体系稳定性的提高起了推动性作用。

然而，在我国证券投资基金业迅速发展的过程中，只有短暂历史的证券投资基金能否发挥稳定市场的巨大作用，是一个值得深入研究的问题。从资本市场角度来看，中国证券市场目前仍是一个新兴市场，证券投资基金作为市场投资主体，为市场提供了大量有效资金，虽然规模不断壮大，结构也不

* 本文原载于《北京师范大学学报（社会科学版）》2010年第5期。合作者：宋李。

① 在1997年11月中国证监会出台的《证券投资基金管理暂行办法》颁布以前设立的基金被称为“老基金”，之后设立的基金被称为“新基金”。

断优化，但其规模和结构还存在不足，对证券市场的稳定作用显得力量不够。从微观主体角度来看，我国的证券投资基金不论在规模、品种、投资理念和技术上都还处于初期的发展和探索中。因此，证券投资基金的行为是否反映了理性、成熟的投资理念，其总体行为具有怎样的特征，是否也存在类似散户的羊群行为，具有迫切的研究意义。

我国当前正处于以证券投资基金为代表的机构投资者快速发展阶段，证券投资基金对股票市场的影响力日益显著。但是，证券投资基金可能在一定程度上领导了股票价格，却未能根本改变我国股市的投资模式并有效地防止和规避羊群行为。本文研究的问题正是证券投资基金的羊群行为特征，从股价分散度角度对我国证券投资基金的羊群行为进行检验与测度。

二、文献综述

羊群行为（herd behavior）是指证券投资基金经理会跟随其他的证券投资基金买卖同样的股票。关于羊群行为的理论研究主要有两类观点：一类是非理性的羊群行为，主要研究行为主体的心理，认为行为主体忽视理性分析，盲目地相互模仿；另一类是理性的羊群行为，认为由于信息获取的困难、行为主体的激励因素等外部性的存在，使得行为主体的最优策略为羊群行为。

对非理性羊群行为成因的研究基于投资者心理或情绪角度阐述的文献相对较多。席勒（Shiller，1990）建立了兴趣传染模型（interest contagion model/epidemic model），以群体信息传递机制为出发点，解释投资者对金融市场中某一特定资产产生兴趣的原因。此外，席勒（2000）认为，经济主体通常采用相似的模式进行投资决策，并且定义这种模式为大众模式。

对于理性羊群行为的成因研究基于以下三种模型展开：基于声誉的羊群行为，基于委托代理报酬的羊群行为和基于信息流的羊群行为。

沙夫施泰因和斯坦因（Scharfstein and Stein，1990）提出基于声誉的羊群行为模型（reputational herd behavior model）。该模型认为，基金经理若投资失误，则会出现名誉风险，因此常常模仿其他基金经理的投资。弗鲁特等（Froot et al.，1992）还认为证券投资基金存在羊群行为的原因是其高度的同质性。基金经理通常关注同样的市场信息，采用相似的经济模型、数据处理技术、对冲及组合策略，因此证券投资基金可能对“盈利预警”或分析师建议等相同的外部信息做出相似的反应，进行相同的股票买卖操作，于是产生了羊群效应。

毛格和奈克（Maug and Naik，1996）提出了基于报酬的羊群行为模型（compensation-based herding）。模型认为基金经理与基金持有人具有典型的委托代理关系特征，因此基金持有人（委托人）与基金经理（代理人）的最佳策略是建立与基准挂钩的报酬结构，基金经理的报酬依据其所管理的基金相对于指数或其他基金的表现来确定。但这种报酬合约会扭曲基金经理的激励机制，间接鼓励基金经理推断、模仿并追随指数或同行进行投资决策，最终出现群体的羊群行为。

信息流模型（informational cascades model）由班纳吉（Banerjeer，1992）提出，后经比强达尼等（Bikhchandani et al.，1992）加以完善。模型假定不同投资者对信息质量的判断不同，投资者通过观察对方交易行为进而判断对方的私有信息，先前的投资者的投资决策对公共信息量有强化或弱化作用。模型得出结论：羊群行为的类型不仅取决于信息的数量，而且取决于信息产生的顺序。具体来说，先前投资者一旦出现羊群效应，便强化了公共信息，导致之后的投资者的私人信息的作用将下降；市场价格波动大时，信息不确定性最大，投资者也就最有可能跟从市场舆论，出现明显的羊群行为。

比强达尼和沙玛（Bikhchandani and Sharma，2000）的定义也强调羊群行为是投资者有意识的模仿，这是信息连锁反应导致的一种行为方式。假设每个投资者都拥有某只股票的私人信息，投资者虽然不能直接知晓他人的私人信息，但可以通过观察他人的交易行为来分析和推测其私有信息，当个体参照其他主体行为而选择采取类似的投资行为时就会产生羊群行为。

国外学者对于证券投资基金羊群行为也进行了大量的实证研究，主要测度方法有两类：一是通过证券投资基金的交易信息分析其投资组合的变动，来判断和度量股票交易时的决策羊群性；二是以股价分散度为指标，通过研究羊群行为对股价的影响，来验证整个市场在大幅涨跌时是否存在羊群行为。

1. 通过交易信息测度羊群行为

拉科尼绍克等（Lakonishok et al.，1992）在对证券投资基金羊群行为进行研究时提出了著名的买卖羊群行为的测度方法（LVS 法）。LSV 法利用基金经理买卖特定股票的行为平均倾向来定义羊群行为。具体公式为：

$$H_{i,t} = |p_{i,t} - E(p_{i,t})| - AF \tag{1}$$

其中，H 表示在一段时间内买入股票的基金占买卖股票基金的比例与预期买入股票基金占预期买卖股票基金比例之差的绝对值减去调整因子。$p_{i,t}$ 为基金经理在给定季度 t 净买入股票 i 的比例，即

$$p_{i,t} = \frac{B(i,t)}{B(i,t) + S(i,t)} \tag{2}$$

其中，$B(i,t)$ 和 $S(i,t)$ 分别为在给定季度 t 净买入和卖出股票 i 的基金数量。$E(p_{i,t})$ 表示 $p_{i,t}$ 的期望值，使用所有股票的 $p_{i,t}$ 在给定季度 t 的算术平均值近似替代。

AF 是调整因子，计算公式为：

$$AF = |p_{i,t} - E(p_{i,t})| = |p_{i,t} - \bar{p}_t| \tag{3}$$

当所求得的羊群行为平均值 $\bar{H}_{i,t}$ 为正值时，即表示有羊群行为，且 $\bar{H}_{i,t}$ 越大，羊群行为程度越明显；反之，当所得的 $\bar{H}_{i,t}$ 接近 0 或为负值时，表示无羊群行为。

拉科尼绍克等（1992）研究了经营 769 只免税证券基金的 341 个美国货币基金管理者的羊群行为，并按股票股本大小、基金资产规模进行了分类检验。结论显示，基金整体并没有表现出明显的羊群行为；但由于小公司股票

的公众信息较少，更容易受到其他基金投资行为的影响，因而小盘股的羊群行为程度要显著大于大盘股。

沃默斯（Wermers，1999）对 LVS 法进行了一定的修正，通过分析美国共同基金从 1975 年到 1994 年的股票交易行为来判定基金是否存在羊群行为，以及羊群行为对股票价格的影响。结果发现基金总体的羊群行为程度较低，且买入和卖出股票时的羊群行为程度相差不大，但不同投资风格的基金的羊群行为程度有较大差异，如成长型基金比收入型基金的羊群行为程度高。

LSV 法在估计某只股票羊群行为的程度时，只考虑了市场买卖双方投资者的数量，没有考虑交易的股票的数量。因此，沃默斯（1995）采用关联交易的组合变化测量法（PCM），将投资者行为的方向性和交易股票的强度综合起来考虑，用不同基金管理者的资产组合中各种股票权重同方向变化的程度来度量羊群行为，同时通过基金中股票权重变化的百分率来刻画交易集中度。具体形式为：

$$\hat{\rho}_{t,\tau}^{I,J} \equiv \sum_{n-1}^{N_t} (\Delta\hat{\omega}_{n,t}^{I})(\Delta\hat{\omega}_{n,t-\tau}^{J}) / (N_t \hat{\sigma}^{I,J}(\tau)) \tag{4}$$

其中，$\hat{\rho}_{t,\tau}^{I,J}$用于测度资产组合 I 和 J 在滞后期 τ 的权重变化的一致性，即测度羊群行为。$\Delta\hat{\omega}_{n,t}^{I}$表示资产组合 I 的 n 只股票在［$t-1$，t］期间的权重变化，$\Delta\hat{\omega}_{n,t-\tau}^{J}$表示资产组合 J 的 n 只股票在［$t-\tau-1$，$t-\tau$］期间的权重变化，N_t 表示资产组合 I 在［$t-1$，t］期间的股票和资产组合 J 在［$t-\tau-1$，$t-\tau$］期间持有的股票所形成的交集的股票数目。横截面标准偏离度（cross-sectional standard-deviation，CSSD）的均值公式为：

$$\hat{\sigma}^{I,J}(\tau) = \frac{1}{T}\sum_{t}\left(\frac{1}{N_t}\left[\sum_{n}(\Delta\hat{\omega}_{n,t}^{I})^2 \sum_{n}(\Delta\hat{\omega}_{n,t-\tau}^{J})^2\right]^{½}\right) \tag{5}$$

与 LSV 法相比，PCM 方法的测量值随着买卖某一只股票的基金数量的增加而增加，即活跃于某只股票的基金越多，市场上在同一方向交易的基金数量的比例越大。

2. 通过股价分散度测度羊群行为

比强达尼等（1992）认为，当金融市场存在羊群行为时，多数投资者的看法与市场舆论一致，则个股的收益率与市场收益率偏离不大，即市场股票收益率的分散度（个股收益率接近市场平均收益的程度）会较小。并且，在市场价格波动较大时，投资者更有可能追随市场舆论，出现明显的羊群行为。股价分散度被定义为收益率的标准差，即

$$D = \sqrt{\frac{\sum_{i=1}^{n}(r_i - \bar{r})^2}{n-1}} \tag{6}$$

分散度指标随着个股偏离市场收益程度的增加而增加。当整体完全发生羊群行为时，所有个股收益与市场收益一致，分散度指标等于零；当羊群行为程度减轻，个股收益逐渐偏离市场收益时，分散度指标也逐渐增加。因此，可以通过比较价格剧烈波动时期的分散度指标与平均水平下分散度指标的相对大小来检验羊群效应。

克里斯蒂和黄（Christie and Huang，1995）提出了横截面报酬标准差（CSSD）来计算股票报酬的离散程度。

$$CSSD = \sqrt{\frac{\sum_{i=1}^{n}(r_{i,t} - \bar{r}_t)^2}{n-1}} \tag{7}$$

其中，n 为样本股票的总数，$r_{i,t}$为 t 时期 i 公司的股票报酬，$\bar{r}_t$ 为累计 n 个投资组合的横截面平均报酬。接着，该模型通过假定离散程度与市场报酬之间的关系，采用引入虚拟变量的方法来区分极端波动时期的线性模型，从而明确羊群行为的测度方法。当回归系数显著为负时，说明市场处于极端波动时期，股票报酬离散度会减少，验证了羊群行为的存在。

克里斯蒂和黄（1995）使用美国每日股价数据进行实证检验，结果显示，在股市有较大的变动时，不同股票的报酬会有较大的离散程度，说明市场不存在羊群行为。

常等（Chang et al.，2000）修正了 CH 方法所采用的个股报酬与市场报

酬横截标准差的方法，提出横截面绝对偏离度（cross - sectional absolute deviation，CSAD）来衡量股票报酬离散程度。其计算公式为：

$$CSADt = \frac{1}{N}\sum_{i=1}^{n} | E_t(R_t) - E_t(R_m) | \quad (8)$$

其中，N 为投资组合的股票数量，$R_{i,t}$为股票 i 在交易日 t 的收益率，$R_{m,t}$为市场组合的收益率。常等（2000）的实证结果指出，美国、日本，以及中国香港股市在市场剧烈变动期间，报酬离散程度会增加，羊群行为不存在。他们的实证结果与克里斯蒂和黄（1995）一致。然而在对韩国和中国台湾等新兴市场的检验中，发现在股票报酬极度波动期间，股票的报酬离散度会减少，说明在新兴市场存在羊群行为现象。另外，他们还通过实证对比 CH 法与 CCK 法，证明 CSAD 比 CSSD 更具有普适性。

借鉴国外学者提出的羊群行为的检验与测度模型，我国学者也对中国证券投资基金的羊群行为特征进行了测度，方法多集中于 LSV 法。

施东晖（2001）以证券投资基金公布的前 10 名股票为样本，检验了 1999 年第一季度到 2000 年第三季度的羊群行为度，结果表明我国基金的交易行为具有严重的羊群行为，但并没有显示出典型的反馈交易策略。同时，由于我国证券投资基金存在投资风格模糊、投资理念趋同的问题，加剧了股价波动。

吴福龙等（2004）也使用沃默斯（1999）的检验模型，对 2000 ~ 2001 年投资基金的数据进行实证研究，发现中国投资基金具有明显的羊群效应，且中国投资基金在只买不卖方面的羊群效应高于美国互助基金，在既买又卖和只卖不买方面的羊群效应并不高于美国互助基金。

陈浩（2004）使用经典 LSV 法，对 1991 年第一季度至 2003 年第二季度的基金交易数据进行实证研究，羊群行为测度结果显示：证券投资基金存在显著羊群行为，并且在小盘股上的羊群行为更显著。另外，为对比经典 LSV 法与沃默斯（1999）区分买卖方指标的方法，采用沃默斯（1999）的方法进行实证研究，却没有得出显著的结果。

祁斌等（2006）使用了经典的 LSV 方法和沃默斯（1999）的扩展方法对

我国证券投资基金的交易行为进行实证研究。结果发现，我国证券投资基金使用正负反馈操作策略，具有较明显的羊群行为，且成长型基金的羊群行为更为显著，流通盘较大或较小的股票的羊群行为也更为显著。

胡赫男和吴世农（2006）以在沪深两市交易的1998年第一季度至2003年第四季度94家证券投资基金投资组合明细数据为样本，参考LSV法构造了新的羊群行为测度指标。研究发现，基金的羊群行为受季节、时间、基金规模、基金盈利、市场规模、市场态势等因素的影响，且熊市中的测度值大于牛市。

另外，也有学者从股价分散度角度对羊群行为进行了检验。

宋军和吴冲锋（2001）使用个股收益率的分散度指标，检验了1998年10月到2000年9月8个季度基金的羊群行为。检验结果显示，我国证券投资基金存在明显的羊群行为，且买方羊群行为度明显高于卖方；高增长行业股、低价股以及小公司股比其他种类股票存在更为严重的羊群行为。

孙培源和施东晖（2002）指出了宋军和吴冲锋（2001）在分析方法和论证逻辑两方面存在的问题，以资本资产定价模型（CAPM）为基础，建立了股票收益率的横截面收益绝对偏离和市场收益率的非线性检验。检验结果表明，我国证券市场由于存在政策干预、信息不对称等严重问题，存在一定程度的羊群行为，并且羊群行为在市场上升期间更加明显。

常志平和蒋馥（2002）也采用横截面收益绝对差（CSAD）方法，对我国股票市场是否存在羊群行为进行了实证检验。结果发现，在市场上升时，我国证券市场不存在羊群行为，但在下跌行情中，证券市场均存在羊群行为，且深圳证券市场比上海证券市场更为显著。

三、研究设计

由于分散度测度羊群行为的方法具有需要的数据准确且容易获得的优点，计算方法也较为简单，这是其他羊群行为测度法所不具有的，本文选择从股价分散度角度对我国证券投资基金的羊群行为进行测度。

（一）实证模型

1. 变量设定与说明

采用常等（2000）提出的 CCK 模型作为本研究的基本模型。该方法认为证券投资基金作为最主要的市场投资主体，其羊群行为最终都将通过交易在股价和收益率之中反映出来。当存在显著的羊群行为时，投资者的行为趋同，导致股票价格变化也趋向一致。

假设市场上有 N 种股票，股票 i 在交易日 t 的收益率为 $R_{i,t}$，市场组合收益率为 $R_{m,t}$，那么市场在交易日 t 的横截面绝对偏离度为：

$$CSAD_t = \frac{1}{N}\sum_{i=1}^{n} |E_t(R_t) - E_t(R_m)| \tag{9}$$

根据资本资产定价模型（CAPM），股票 i 的期望收益率为无风险利率和系统风险溢价之和，即

$$E_t(R_t) = r_f + \beta_t[E_t(R_m) - r_f] \tag{10}$$

其中，r_f 为无风险利率，β_t 度量了股票 i 的系统风险，$E_t(R_m)$ 为市场组合的预期收益率。对式（10）变形：

$$E_t(R_t) - E_t(R_m) = (\beta_t - 1)[E_t(R_m) - r_f] \tag{11}$$

由于股市存在风险溢价，市场组合的预期收益将大于无风险利率 r_f，对式（3）取绝对值：

$$|E_t(R_t) - E_t(R_m)| = |(\beta_t - 1)|[E_t(R_m) - r_f] \tag{12}$$

对式（12）加总求和，得出横截面绝对偏离度：

$$CSAD_t = \frac{1}{N}\sum_{i=1}^{n} |E_t(R_t) - E_t(R_m)| = \frac{1}{N}\sum_{i=1}^{n} |\beta_t - 1|[E_t(R_m) - r_f] \tag{13}$$

对式（13）分别取 E_t（R_m）的一阶导数和二阶导数：

$$\frac{\partial E(CSAD_t)}{\partial E_n(R_m)} = \frac{1}{N}\sum_{i=1}^{n} |(\beta_t - 1)| > 0$$

$$\frac{\partial^2 E(CSAD_t)}{\partial E_t(R_m)^2} = 0 \tag{14}$$

从式（14）可以看出，在有效的市场环境中，横截面绝对偏离度应当是市场收益率（$R_{m,t}$）的线性递增函数。但若市场价格大幅波动，由于基金对市场信息的判断能力有限，会追随市场总体的投资行为，从而产生羊群行为，而此时横截面绝对偏离度与市场收益率之间的线性递增关系将减弱甚至不存在。

因此，将横截面绝对偏离度设定为被解释变量，市场收益率（R）设定为解释变量。通过考察两者间的线性关系存在与否，来对证券投资基金的羊群行为做出判定。

2. 回归方程

由上节原理建立回归方程：

$$CSAD_t = \alpha + \gamma_1 |R_{m,t}| + \gamma_2 (R_{m,t})^2 + \varepsilon_t \quad (15)$$

参考孙培源和施东晖（2002）的处理方式，考虑到市场上涨和下跌时羊群行为的程度可能有所不同，对 CCK 模型建立两个回归方程，以分别研究市场上升和下跌不同环境下的羊群行为：

$$CSAD_t^{up} = a + b_1^{up} |R_{m,t}^{up}| + b_2^{up} (R_{m,t}^{up})^2 + \varepsilon_t \quad (16)$$

$$CSAD_t^{down} = a + b_1^{down} |R_{m,t}^{down}| + b_2^{down} (R_{m,t}^{down})^2 + \varepsilon_t \quad (17)$$

其中，$CSAD_t^{up}$ 和 $|R_{m,t}^{up}|$ 分别是市场上升期的横截面绝对偏离度和市场收益率绝对值，而 $CSAD_t^{down}$ 和 $|R_{m,t}^{down}|$ 分别是市场下跌期的横截面绝对偏离度和市场收益率绝对值。

当式（16）和式（17）中的回归系数 b_1^{up}、b_1^{down} 显著为正，b_2^{up}、b_2^{down} 显著为负时，说明横截面绝对偏离度与市场收益率之间不存在线性递增关系，而存在非线性的关系，即证明羊群行为存在。

（二）样本与数据说明

1. 样本选取

样本采集期间从 2004 年初开始，到 2008 年底结束。考虑到指数上升和下跌的不同市场环境，以 2005 年 6 月 16 日和 2007 年 10 月 16 日为两个转折点，将样本期间划分为2004年1月1日至2005年6月30日的下跌区间1，共359个交易日；2005年7月1日至2007年12月31日的上升区间，共609个交易日；2008年1月1日至2008年12月31日的下跌区间2，共246个交易日。

采集的数据来源于Wind资讯，选取2004~2008年356只开放式和封闭式证券投资基金每季度报表公布的其投资组合中重仓持股明细公告①的前十位股票作为研究对象。具体方法为：首先汇总各基金每季度持有的股票，在样本中剔除在一年中仅有个别季度受到基金关注的股票，保留大于等于3只以上基金持有的股票，将股票划分为年均3~5只基金持有的低关注组和年均5只以上基金持有的高关注组进行统计，然后按照年份对股票进行汇总，年度内发行股票不纳入该年度统计范围（见表1）。

表1　　样本股票数量分类统计汇总（2004~2008年）

样本分类	2004年	2005年	2006年	2007年	2008年
总样本	74	107	123	110	176
高关注组	44	58	71	61	108
低关注组	30	49	52	49	68

2. *数据处理*

这里使用式（13）对数据进行处理。

首先，采用各股票日流通市值加权beta（120日滚动）作为$\beta_{i,t}$。

其次，选取上证综合指数作为市场组合收益率R_m。一方面，2004年后上证综指的总市值和成交量是深证成指的2.5倍左右，因此上市比深市更具代表性；另一方面，施东辉（2001）对两市指数的相关性研究表明，其相关系数高达0.9787，两市的收益状况和股价波动都非常相似。从日市场组合收益

① 重仓持股明细公告的主要内容是在季度内基金持有的排名前十位的股票名称以及持股总量、季度持股变动、持股占流通股比、持股总市值、持股市值占基金净值比、持股市值占基金股票投资市值比。

率的描述性统计特征来看，各期峰度都高于3，呈现尖峰状态；整体和市场上升期间的偏度小于0，统计上呈现负偏特征（见表2）。

表2　　　　市场组合收益率的统计特征（2004M1～2008M12）

研究期间	均值	标准差	偏度	峰度
整体期间（2004M1～2008M12）	0.00035	0.019443	−0.007964	5.936
市场下跌期间1（2004M1～2005M6）	−0.000806	0.01403	1.0657	6.467
市场上升期间（2005M7～2007M12）	0.002749	0.01719	−0.8346	6.0033
市场下跌期间2（2008M1～2008M12）	−0.003902	0.028559	0.408704	4.070322

再次，无风险收益率 r_f 选取银行一年期人民币存款利率（见表3）。

表3　　　　一年期人民币存款利率（2002～2008年）

调整时间	一年期存款利率（%）
2002年2月21日	1.98
2004年10月29日	2.25
2007年3月18日	2.79
2007年5月19日	3.06
2007年7月21日	3.33
2007年8月22日	3.6
2007年9月15日	3.87
2007年12月21日	4.14
2008年10月9日	3.87
2008年10月30日	3.6
2008年11月27日	2.52
2008年12月23日	2.25

最后，用以上三组的对应数据按照式（13）计算出日横截面绝对偏离度，2004年1月1日至2005年6月30日的下跌区间1，共359个样本；2005年7月1日至2007年12月31日的上升区间，共609个样本；2008年1月1日至2008年12月31日的下跌区间2，共246个样本。

四、实证检验结果

使用式（16）和式（17）对两组组合分别进行回归，同时对整体样本区间进行回归比较，结果如表4所示。

表4　　模型回归数据结果（2004～2008年）

变量	整体样本区间（2004年1月1日至2008年12月31日）			市场上升期间（2005年7月1日至2007年12月31日）		
	总样本	高关注组	低关注组	总样本	高关注组	低关注组
a	-0.0057	-0.0097	-0.0076	-0.0138	-0.0172	-0.0096
t检验	-0.9995	-1.3504	-1.4909	-1.9517	-1.9947	-1.9317
b_1	0.0173	0.0242	0.0124	0.0491	0.0622	0.0331
t检验	2.8147	3.1478	2.2741	6.6521	6.9318	6.3882
显著性	***	***	**	***	***	***
b_2	-0.0037	-0.0048	-0.0021	-0.0125	-0.0156	-0.0086
t检验	-3.1297	-3.2369	-2.0056	-8.9828	-9.2284	-8.7785
显著性	***	***	**	***	***	***
Adj-R^2	0.008	0.0091	0.0033	0.1266	0.1312	0.1235
D-W值	1.9889	1.9913	1.9983	1.959	1.9609	1.9545
F检验	4.9041	5.4316	2.5859	45.0654	46.8977	43.8239
Prob(F检验)	0.0076	0.0045	0.0759	0	0	0
变量	市场下跌期间1（2004年1月1日至2005年6月30日）			市场下跌期间2（2008年1月1日至2008年12月31日）		
	总样本	高关注组	低关注组	总样本	高关注组	低关注组
a	0.0121	0.0083	-0.0012	0.0006	0.0044	0.0002
t检验	1.7045	0.8813	-0.1251	2.0365	2.3546	2.1646
b_1	0.0526	0.0603	0.0349	0.096	0.6472	0.0256
t检验	6.5832	5.6563	3.3262	4.6968	4.3567	3.2378
显著性	***	***	***	***	***	***
b_2	-0.0196	-0.0241	-0.0158	-1.3426	-9.0507	-0.3582

续表

变量	市场下跌期间 1（2004 年 1 月 1 日至 2005 年 6 月 30 日）			市场下跌期间 2（2008 年 1 月 1 日至 2008 年 12 月 31 日）		
	总样本	高关注组	低关注组	总样本	高关注组	低关注组
t 检验	-11.763	-10.862	-7.2201	-3.9764	-4.4686	-4.8466
显著性	***	***	***	***	***	***
Adj - R^2	0.3296	0.3296	0.3083	0.0828	0.0889	0.0892
D - W 值	2.0034	2.0034	2.0262	2.0648	2.0903	2.0029
F 检验	88.9997	88.9997	80.7979	9.4257	11.8594	12.0254
Prob（F 检验）	0	0	0	0	0	0

注：***、** 分别表示在 1%、5% 的水平上显著。

从表 4 可以看出，D - W 值均接近 2，说明样本不存在残差自相关。

从计量结果看，在整个样本区间、市场上升阶段和下降阶段，回归系数 b_2^{up}、b_2^{down} 和 b_2^{total} 均显著为负，这意味着无论在总体样本区间内、上升阶段和下降阶段，$CSAD_t$ 和 $|R_{m,t}|$ 之间的线性关系均不成立，而是呈现非线性关系，即意味着羊群行为的存在。因此，在上涨和下跌两种不同的市场环境中，基金重仓股都存在明显的羊群行为。

同时，整体样本区间、上升区间和下降区间的 b_1^{up} 和 b_1^{down} 的回归系数均显著为正，表明横截面绝对值随市场涨跌幅度的增大而增大，说明基金的羊群行为加剧了市场的涨跌程度。市场下跌区间 2 高关注组的 b_1^{down} 显著大于下跌区间 1 的同组系数，这可能是由于 2008 年证券基金自身规模和对市场的影响力大大超过 2004 ~2005 年，因此在市场下跌过程中，基金行为对市场收益率的影响更为明显。

从回归系数来看，整体样本区间稍弱于上升和下降区间，说明从整体区间上看，基金羊群行为不如在上升和下降区间强烈，这可能是因为在股市上升和下降区间基金采用了不同的趋同投资策略，而这些策略在一定程度上形成对冲，减弱了整体样本区间的羊群效应。因此，对整体样本区间的检验结果可能不如单独分析上涨或下跌时的结果明显。

同时，从表 4 中还可以看出，高关注组的羊群行为较低关注组更为明显，其价格波动受到羊群行为的影响更大，说明较多基金关注的股票的价格波动与基金行为的关系更密切。

五、结　论

从实证分析中可以看出，目前我国的证券投资基金具有明显的羊群行为特征。我们认为，造成我国证券投资基金羊群行为的特定原因主要是宏观体制环境和微观信息机制两个方面。从宏观层面上看，市场基础制度的欠缺和管理部门的过度干预为羊群行为创造了环境；就微观层面而言，由于信息披露机制的不完善和监管手段的缺乏，基金运作模式与上市公司和投资者理念之间的矛盾也促使证券投资基金表现出羊群行为的特征。

首先，在市场基础制度方面，我国证券市场还处于初步发展阶段，证券交易所缺乏卖空、日内回转、做市商等市场机制，还不能完全适应不同种类产品的交易特征，无法满足证券投资基金的交易需求（见表5）。例如，做空机制的缺乏、单向多做的盈利模式，使得市场信息流动性不足，并在一定程度上导致交易聚集和操作策略趋同，从而产生羊群行为。

表5　　　　证券交易所交易机制的国际比较

交易机制	中国	美国	印度
股票信贷与卖空机制	无	有	有
日内回转交易	无	有	有
做市商交易制度	无	有	无
涨跌停制度	10%或5%	无	20%或个股断路器
断路器	无	有	有
订单形式	较少	多	多
一揽子交易便利措施	无	有	有
场外市场	不发达	发达	较发达
结算周期	T+1	T+3	T+2
交易成本	较高	低	较高

资料来源：中国证监会。

其次，监督管理部门的监管还处于初级水平，难以很好地平衡监管的公平和效率。一方面，监管的低效、扭曲的信息披露会减缓新信息的吸收速度，从而为羊群行为提供生存空间。另一方面，过度的行政干预又会干扰证券市场的正常运作，使得证券投资基金在运作过程中与外部市场产生矛盾。为避免这一现象，证券投资基金等机构投资者对政策方向产生了高度的依赖性，基金经理放弃了投资风格和投资个性，而常常采取从众行为。

再次，从我国上市公司状况来看，大量的资产重组也使企业的经营状态和产业特征处于不稳定的状态，导致我国股市上缺乏足够的蓝筹股和绩优成长股，可供选择的投资品种较为有限。在这样的市场环境下，基金无法保持既定的投资风格，而只能追逐市场热点，从而出现多个基金同时买卖相同的股票的现象。

最后，基金性质与中小投资者的投资理念之间存在矛盾。我国广大的基金投资者由于缺乏正确的长期投资理念，将基金这一代人理财的集合投资方式看作短期内能为自己带来丰厚利润的工具。因此，若某一证券投资基金的表现落后于市场平均水平或同行，就会遭到大量投资者的责备，甚至面临赎回的风险。在这种激烈的同业竞争和巨大的舆论压力下，某些基金为了改善自身净资产值或投资业绩落后的状况，不得不改变原先确定的长线投资理念，而在运作上呈现从众的羊群行为趋向。

参考文献

[1] 常志平、蒋馥：《基于上证30及深圳成指的我国股票市场“羊群行为”的实证研究》，载于《预测》2002年第3期。

[2] 陈浩：《中国股票市场机构投资者羊群行为实证研究》，载于《南开经济研究》2004年第2期。

[3] 胡赫男、吴世农：《我国基金羊群行为：测度与影响因素》，载于《经济学家》2006年第6期。

[4] 祁斌、袁克、胡倩、周春生：《我国证券投资基金羊群行为的实证研究》，

载于《基金研究》2006 年第 12 期。

[5] 施东晖：《证券投资基金的交易行为及其市场影响》，载于《世界经济》2001 年第 10 期。

[6] 宋军、吴冲锋：《基于分散度的金融市场羊群行为研究》，载于《经济研究》2001 年第 11 期。

[7] 孙培源、施东晖：《基于 CAPM 的中国股市羊群行为研究——兼与宋军、吴冲锋先生商榷》，载于《经济研究》2002 年第 2 期。

[8] 吴福龙、曾勇、唐小我：《中国证券投资基金羊群行为的进一步研究》，载于《中国管理科学》2004 年第 4 期。

[9] Banerjeer , "A Simple Model of Herd Behavior", *Quarterly Journal of Economics*, 1992, 107: 797 – 817.

[10] Bikhchandani Sushil, David Hirshleifer, Ivo Welch, "A Theory of Fads Fashion", *Journal of Political Economy*, 1992, 100: 992 – 1026.

[11] Bikhchandani S. , Sunil Sharma, "Herd Behavior in Financial Markets: A Review", Working Paper, IMF, 2000.

[12] Biknchandani, Hirshleifer, Welch, "A Theory of Fads, Fashion, Custom, and Cultural Changes as Informational Cascades", *Journal of Political Economy*, 1992, 100: 992 – 1026.

[13] Christie William G. , Roger D. Huang, "Following the Pied Piper: Do Individual Returns Herd around the Market?", *Financial Analysts Journal*, 1995 (4): 31 – 37.

[14] E. Chang, J. Cheng, A. Khorana, "An International Perspective", *Journal of Banking and Finance*, 2000 (10): 175 – 210.

[15] Froot K. A. , Scharfsteinand D. S. , Stein J. C. , "Herd on the Street: Informational Inefficiencies in a Market with Short-term Speculation", *Journal of Finance*, 1992, 47: 1461 – 1484.

[16] Lakonishok Josef, Andrei Shleifer, Robert W. Vishny, "The Impact of Institutional Trading on Stock Prices", *Journal of Financial Economics*, 1992, 32: 23 – 43.

[17] Maug E. , Naik N. , "Herding and Delegated Portfolio Management", Working Paper of London Business School, 1996.

[18] Scharfstein David S. , Jeremy C. Stein, "Herd Behavior and Investment", *American Economic Review*, 1990, 80: 465 -479.

[19] Shiller R. J. , *Investor Behavior in the October* 1987 *Stock Market Crash: Survey Evidence*, Cambridge: MIT Press, 1990.

[20] Shiller R. J. , *Irrational Exuberance*, Princeton: Princeton University Press, 2000.

[21] Wermers Russ, "Herding, Trade Reversals and Cascading by Institutional Investors", University of Colorado, 1995.

[22] Wermers Russ, "Mutual Fund Herding and the Impact on Stock Prices", *Journal of Finance*, 1999, 54: 581 -623.

证券投资基金是否稳定股价

——基于中国股票市场的经验证据*

随着中国证券市场的发展，证券投资基金已经成为证券市场投资者的主导力量。统计显示，2000～2008年，证券投资基金净值占A股流通市值的比例已由4.90%上升至59.90%。由于基金经理具有专业的知识背景和相对理性的投资理念，证券投资基金常被认为是有效稳定市场价格、抑制股票市场羊群行为的市场力量。

然而，在我国证券投资基金业的迅速发展过程中，只有短暂历史的证券投资基金能否也发挥稳定市场的巨大作用，是一个值得深入研究的问题。从资本市场角度来看，中国证券市场目前仍是一个新兴市场，证券投资基金作为市场投资主体，为市场提供了大量有效资金，虽然规模不断壮大，结构也不断优化，但其规模和结构还存在不足，对证券市场的稳定作用显得力量不够。从微观主体角度来看，我国的证券投资基金在规模、品种、投资理念和技术上都还处于初期的发展和探索中。因此，证券投资基金的总体行为具有怎样的特征，是否对证券市场起到稳定作用，具有迫切的研究意义。

本文针对这一问题，通过对基金持股比例与股票价格波动的关系进行实证分析，探究我国证券投资基金对证券市场的影响，验证发展证券投资基金

* 本文原载于《财贸经济》2010年第8期。合作者：宋李。基金项目：教育部人文社会科学一般项目“国有商业银行最优重组成本：理论与实证分析”（项目号：09YJA790018）；国家社科基金重点项目“我国经济发展方式转型中的金融保障体系研究”（项目号：10AJL005）。

以稳定股价的政策效果。

一、文献回顾

关于证券投资基金行为对证券市场影响的研究主要有三个不同的观点。一是证券投资基金行为稳定了股票价格（以下简称“稳定股价论”）。该观点认为，证券投资基金是稳定股市的中坚力量。证券投资基金通过专家理财，在信息获取和数据处理方面具有优势，投资理念也更为成熟稳健，更有能力进行价值导向型投资以及长线投资。证券投资基金倾向于使用逆向投资技巧，经常买入价格下跌极低的股票和抛售价格上涨过高的股票，从而使股票价格向其内在价值回归，以减轻股价波动幅度。

赫什莱弗、苏布拉马尼亚姆和蒂特玛（Hirshleifer，Subrahmanyam and Titma，1994）认为，证券投资基金由于拥有优越的信息资源，并且有专业的研究人员和基金经理，因此是理性的投资者。基金常常买入急速下跌的股票、卖出快速上涨的股票，在股市经常出现过度反应的环境中，证券投资基金的这种趋势追踪或负反馈交易能够稳定股市。另外，与一般投资者相比，证券投资基金往往持有大量的股票，它们不会频繁地改变投资组合，因此不会引起价格的较大波动。

沃默斯（Wemers，1999）研究了美国所有的共同基金 1975 年至 1994 年的数据，发现共同基金存在一定程度的羊群行为，小盘股和成长型基金的羊群行为表现得更为明显。从同期和滞后收益来分析，基金共同买入的股票比共同卖出的股票都更高，因此其收益差距能够持续较长时间，沃默斯据此得出结论：共同基金的羊群行为加快了股价吸收新信息，有利于股价稳定。

科恩、贡珀斯和沃尔蒂纳霍（Cohen，Gompers and Vuolteenaho，2002）同样发现美国共同基金通过买入具有正现金流的股票，对信息做出反应，而对于非信息变动引起价格上涨的股票，进行对个人投资者卖出的操作，因而证券投资基金的行为使股价趋向其内在价值，可以起到稳定股价的作用。

姚姬和刘志远（2005）以2001年至2003年基金重仓股为研究对象进行实证研究，通过对各季度基金持股比例与收益率、收益波动率和换手率的截面数据予以回归，判断变量之间稳定的线性关系。结论显示，股票持股比例越高，股票的季度流动性和收益性也更高、波动性更低，因此证券投资基金发挥了稳定股市的作用。步国旬、周旭和徐晓云（2005）采用与姚姬和刘志远（2005）相同的方法，运用2002年第一季度至2005年第一季度的偏股型开放式基金以及封闭式基金进行研究，也得出相似的结论。

张羽和李黎（2005）以我国封闭式证券投资基金为研究对象，实证研究发现我国整体上羊群行为度是成熟市场国家的3~4倍，且基金在卖出股票时比买入股票时的羊群行为更为显著。同时，他们进一步分析发现，基金的卖出羊群行为加快了股价吸收新信息的速度，有利于股市的长期稳定。

盛军锋、邓勇和汤大杰（2008）利用改进的GARCH模型和条件波动方程，从市场整体角度检验证券投资基金等机构投资者的市场影响。通过合理地界定证券投资基金大规模入市的三个政策时点，论证证券投资基金的进入减小了股价波动，并在一定程度上起到了稳定市场的作用。

二是证券投资基金行为加剧了股价波动（以下简称“加剧波动论”）。该观点认为证券投资基金并非完全基于自身掌握的信息来进行投资决策，而是模仿或跟随其他投资者，进行相似的股票标的或相同方向的买卖，具有比个人投资者更强的羊群行为。这样，由于投资者瞬间买入和卖出导致的大量资本流动，极容易造成股票市场价格的不稳定。

西亚斯（Sias，1996）以1977年到1991年纽约证券交易所的全部股票为研究对象，分析机构投资者持股比例与股票波动的关系。研究认为，机构投资者偏好价格波动性较弱的股票，若股价波动增大，则机构投资者会将其从资产组合中剔除。若假定公司规模不变，则机构持股比例与股价波动存在正相关关系，即机构投资者持股比例的增加将导致更大的股价波动。

法尔肯斯坦（Falkenstein，1996）同样指出基金等机构投资者都偏好低流动性、低风险的股票。当机构投资者在同一时间大量买卖相同的股票，即机构投资者存在羊群行为时，买卖压力将超过市场流动性，从而导致价格的大幅变动，破坏股价的连续性和市场的稳定运行。

帕特里克和迪恩（Patrick and Deon，2002）研究发现，机构持股比例高的股票波动性更大，由此推断股票表现与机构持股比例密切相关，且在股市大幅波动的环境中，共同基金和养老基金等机构投资者比个人投资者的反映更为强烈。这一结论与正反馈的羊群行为一致，这样的行为会导致股票价格不能反映正常的信息，因此价格与基本价值产生较大的偏离，在短期加剧市场的波动性和脆弱性。

常和森（Chang and Sen，2005）运用日本1975年至2003年的数据，研究发现机构投资者的羊群行为与公司价格的异常波动具有显著的正相关关系。研究者还发现，在某些突发事件中，证券投资基金行为对股票价格的波动起到推波助澜的作用。

施东晖（2001）对1999年第一季度至2000年第三季度期间我国证券投资基金的交易行为及其市场影响进行了分组研究。从整体上看，我国证券投资基金存在明显的羊群行为，且羊群行为在一定程度上加剧了股价波动。

伍旭川和何鹏（2005）将我国开放式基金2001年12月至2004年3月间的投资组合数据按流通股本大小、股票所属行业、股票上季度表现等标准进行分类，衡量基金的羊群行为程度及其导致的超额需求与股票价格波动的关系。研究结果显示，我国开放式基金存在较为明显的羊群行为，且这种一致性的交易行为对股票价格波动也产生了一定的影响。

三是证券投资基金行为对股价没有显著影响（以下简称“无关论”）。该观点认为，不同的投资主体掌握的资源不同，因而不可能获取完全相同的信息；即使对于完全相同的信息，不同的机构投资者的反应也会有所不同。一般情况下，对某只特定的股票，总有一些投资者在买入，而另一些投资者在卖出，证券投资基金等机构投资者之间的大笔交易所产生的影响可以相互对冲，因此对股价的影响不大。

徐妍、林捷和裘孝锋（2003）研究发现，基金持股比例与股票波动性之间存在较为显著的相关关系，但却没有稳定和一致的关系存在。2002 年前两者呈现正相关关系，而 2002 年后两者呈现负相关关系，即从 2000 年到 2001 年末，基金持有比例越高，股票波动性越大；而从 2002 年开始，回归系数显著为负，表明基金持有比例的增加降低了股票的波动。

何基报和王霞（2006）研究认为，机构投资者与稳定股市没有必然的联系，在市场其他要素给定的情况下，股价波动的大小是市场中投资者结构参数的非线性函数，"机构投资者一定能够稳定股市" 的论断不成立。

二、研究设计

本节通过建立回归模型，检验基金持股比例以及交易行为与股票波动性之间的关系，即验证基金持有比例的不同是否会影响股价波动性。

（一）研究模型

1. 变量设定与说明

将股价波动率设定为被解释变量；影响股票波动的因素很多，我们选取公司规模作为解释变量；为验证证券投资基金持股行为对股票价格产生的影响，基金持股比例也作为解释变量。

股价波动率 $Vol_{i,t}$ 用样本股票 i 在 t 时期日涨跌幅标准差来表示；公司规模 $Capital_{i,t}$ 用样本股票在各时期最后一个交易日的流通股本数量表示；基金持股比例 $Ins_{i,t}$ 用所有证券投资基金对样本股票 i 在 t 时期末的持股比例总和表示。

2. 回归方程

借鉴徐妍、林捷和裘孝锋（2003）以及何基报和王霞（2006）的实证方法，构造以下回归模型：

$$Vol_{i,t} = \alpha + \beta_1 \ln(Capital_{i,t}) + \beta_2 (Ins_{i,t}) + \varepsilon \tag{1}$$

其中，β_1 反映了股票流通股本对于股价波动的影响：若 β_1 为正，说明公司规模越大，股价波动越大；若 β_1 为负，说明公司规模越小，股价波动越大。β_2 反映了基金持股比例对股价波动的影响：若 β_2 为正，说明证券投资基金加大了股价波动；若 β_2 为负，说明证券投资基金稳定了股价。

（二）样本与数据说明

1. 样本选取

样本区间自 2004 年上半年开始，到 2008 年下半年结束，共 20 个样本区间。考虑到市场上涨和下跌的不同宏观环境，以 2005 年 6 月 16 日和 2007 年 10 月 16 日为两个转折点，将整个研究期间划分为三个阶段：2004 年上半年至 2005 年上半年为市场下降阶段；2005 年下半年至 2007 年下半年为市场上升阶段；2008 年同样为市场下降阶段。

参考姚姬和刘志远（2005）的样本选择模式，样本的选取以机构持股比例及股票一贯被关注程度为依据。具体方式为：在 2004 ~ 2008 年 356 只开放式和封闭式基金持股前十位股票情况汇总中，统计各重仓股出现的频数，选择前 50 位股票（见表 1）。

表 1　　样本股票汇总（2004 ~ 2008 年）

序号	股票名称	股票代号	出现频数	序号	股票名称	股票代号	出现频数
1	招商银行	600036	2076	14	双汇发展	000895	510
2	万科 A	000002	1200	15	武钢股份	600005	478
3	中国石化	600028	1171	16	烟台万华	600309	475
4	长江电力	600900	1154	17	华侨城 A	000069	455
5	上海机场	600009	1076	18	五粮液	000858	453
6	贵州茅台	600519	1066	19	海油工程	600583	434
7	宝钢股份	600019	906	20	中国平安	601318	394
8	中兴通讯	000063	901	21	大商股份	600694	389
9	浦发银行	600000	860	22	中集集团	000039	384
10	中信证券	600030	859	23	伊利股份	600887	325
11	民生银行	600016	663	24	盐湖钾肥	000792	324
12	中国联通	600050	650	25	上港集团	600018	323
13	苏宁电器	002024	626	26	大秦铁路	601006	313

续表

序号	股票名称	股票代号	出现频数	序号	股票名称	股票代号	出现频数
27	西山煤电	000983	289	39	中国人寿	601628	194
28	鞍钢股份	000898	275	40	南方航空	600029	191
29	金融街	000402	273	41	中国船舶	600150	189
30	深发展 A	000001	264	42	赣粤高速	600269	186
31	上海汽车	600104	251	43	海螺水泥	600585	186
32	歌华有线	600037	244	44	盐田港	000088	184
33	振华港机	600320	220	45	同仁堂	600085	181
34	工商银行	601398	210	46	招商地产	000024	179
35	福耀玻璃	600660	210	47	天津港	600717	168
36	泸州老窖	000568	209	48	云南白药	000538	165
37	金地集团	600383	201	49	华能国际	600011	163
38	太钢不锈	000825	194	50	兴业银行	601166	159

资料来源：Wind 数据库。

从锐思数据（www. resset. cn）中分别导出以上 50 只股票的日收益率，季报、半年报及年报中披露的前十大公司股东与股本，以及各股票在最后一个交易日的流通股本数量。

从 50 只股票中剔除苏宁电器（002024）、中国平安（601318）、上港集团（6000018）、大秦铁路（601006）、工商银行（601398）、中国人寿（601628）、兴业银行（601166）7 只上市时间较短、不能提供足够数据的股票，以剩下的 43 只股票作为研究对象。

2. 数据处理

首先，分别计算 43 只样本股票在 20 个研究期间的日收益标准差。波动率 $Vol_{i,t}$ 用 50 只股票在各季度的日收益标准差表示，即股票 i 在 t 季度的日收益标准差。标准差的估计公式为：

$$\sigma = \sqrt{1/T\sum_{1}^{r}(r_t - \bar{r})^2} \tag{2}$$

其中，r_t 为所考察股票或股价指数在第 t 期的收益率，$\bar{r}$ 为 T 期内收益率的平均值。

从描述性统计结果来看，从2006年下半年开始，股价波动率出现明显的尖峰、负偏现象。之前的期间，除2004年第四季度和2005年第四季度外，其他期间均表现为近正态分布（见表2）。

表2　　波动率的统计特征（2004Q1－2008Q4）

研究期间	$Vol_{i,t}$			
	均值	标准差	偏度	峰度
2004Q1	0.023	0.004	0.524	2.921
2004Q2	0.020	0.004	0.246	3.240
2004Q3	0.020	0.004	-0.124	2.222
2004Q4	0.020	0.005	0.268	1.936
2005Q1	0.020	0.004	0.253	2.526
2005Q2	0.028	0.006	0.586	2.569
2005Q3	0.020	0.004	0.607	3.349
2005Q4	0.020	0.007	2.397	12.61
2006Q1	0.026	0.008	0.724	5.610
2006Q2	0.036	0.013	0.297	5.005
2006Q3	0.021	0.007	-0.570	4.159
2006Q4	0.029	0.007	-1.591	8.655
2007Q1	0.039	0.008	-3.103	17.76
2007Q2	0.038	0.009	-1.138	9.895
2007Q3	0.033	0.008	-1.615	9.632
2007Q4	0.032	0.008	-1.197	8.046
2008Q1	0.038	0.005	0.046	3.61
2008Q2	0.043	0.006	-0.402	3.271
2008Q3	0.037	0.01	-2.279	9.628
2008Q4	0.038	0.011	-1.844	7.539

其次，统计各样本股票的公司规模。公司规模 $Capital_{i,t}$ 用样本股票在各时期最后一个交易日的流通股本数量表示，并计算其自然对数值。

最后，汇总各样本股票的基金持股比例。基金持股比例 $Ins_{i,t}$ 通过统计各股票季报及年报中披露的前十大股东与股本情况，计算证券投资基金对该股票的持股占总股本的比例之和，表示样本股票 i 在 t 时期末的基金持股比例总和。

三、实证检验结果

（一）相关性分析

为描述解释变量与被解释变量共同变化的统计特征，计算变量间的相关系数（见表3）。

表3　　样本相关性分析结果汇总（2004Q1～2008Q4）

研究期间	Cor [$Vol_{i,t}$, ln ($Cap_{i,t}$)]	Cor ($Vol_{i,t}$, $Ins_{i,t}$)
2004Q1	0.125882	-0.10734
2004Q2	0.031724	-0.07901
2004Q3	-0.07327	0.217845
2004Q4	-0.29451	0.266891
2005Q1	-0.1328	-0.0692
2005Q2	-0.37417	0.090351
2005Q3	0.020281	-0.17168
2005Q4	-0.10093	-0.23178
2006Q1	-0.34149	0.174548
2006Q2	-0.28395	-0.00291
2006Q3	-0.2662	0.223975
2006Q4	-0.06446	0.157391
2007Q1	0.090528	-0.03328
2007Q2	-0.15598	0.167247
2007Q3	-0.05867	0.281091
2007Q4	0.029441	0.277686
2008Q1	0.078197	0.074437
2008Q2	0.198722	-0.135697
2008Q3	0.102895	-0.034344
2008Q4	0.115198	-0.120166

数据序列均为截面数据，因此相关系数的绝对值可能不大，而且由于相关性分析只能捕捉线性关系，对于变量间可能存在的二次及以上的非线性关系挖掘不足。但由于变量间经济意义的逻辑通过，还是能够从相关性分析中

粗略地看出其相关关系。

从大的趋势来看，2007 年底之前股票规模与股价波动呈负相关关系，股票流通股本数量越大，股价波动越小；2007 年底及 2008 年，由于外部宏观经济的变化，股票规模与股价波动呈正相关关系，股票流通股本数量越小，股价波动越小。但是，机构持股比例与股价波动没有稳定的正相关关系或负相关关系。

再分阶段来看，在市场下跌期间 1（2004. 01. 01 ~2005. 06. 30）变量间的相关关系较为明显，股票规模与股价波动呈负相关关系，机构持股比例与股价波动呈正相关关系，在市场上升期间（2005. 07. 01 ~2007. 12. 31），变量间没有明显的线性关系。下跌区间 2（2008. 01. 01 ~2008. 12. 31）中只有股票规模与股价波动呈正相关关系，机构持股比例与股价波动没有明显的相关关系（见表 4）。

表 4　　样本相关性分析结果分阶段汇总（2004 ~2008 年）

研究期间	Cor $[Vol_{i,t}, \ln(Cap_{i,t})]$	Cor $(Vol_{i,t}, Ins_{i,t})$
市场下跌期间 1 （2004. 01. 01 ~2005. 06. 30）	-0. 1056	0. 136847
市场上升期间 （2005. 07. 01 ~2007. 12. 31）	0. 063051	-0. 05761
市场下跌期间 2 （2008. 01. 01 ~2008. 12. 31）	0. 111406	-0. 063599

（二）线性回归分析

对方程 $Vol_{i,t} = \alpha + \beta_1 \ln(Capital_{i,t}) + \beta_2(Ins_{i,t}) + \varepsilon$ 的回归结果如表 5 所示。

表 5　　多元线性回归结果汇总（2004Q1 ~2008Q4）

研究期间	β_1			β_2			F 检验		调整的 R^2
	参数估计值	t 检验值	显著性	参数估计值	t 检验值	显著性	F 检验值	显著性	
2004Q1	0. 000395	0. 5514		-3. 26E -05	-0. 35743		0. 386937		-0. 03007
2004Q2	-2. 10E -05	-0. 03142		-3. 90E -05	-0. 46019		0. 126143		-0. 04342
2004Q3	8. 34E -05	0. 145114		9. 70E -05	1. 33767		1. 007471		0. 000356
2004Q4	-0. 000917	-1. 22627		7. 52E -05	0. 900535		2. 343408	*	0. 060125
2005Q1	-0. 00114	-1. 44163		-0. 000116	-1. 23901		1. 14038		0. 00664

续表

研究期间	β_1			β_2			F 检验		调整的 R^2
	参数估计值	t 检验值	显著性	参数估计值	t 检验值	显著性	F 检验值	显著性	
2005Q2	-0.00268	-2.78738	***	-0.000125	-1.19157		4.081337	**	0.127955
2005Q3	-0.000919	-1.09786		-0.000169	-1.56177	*	1.228297		0.010754
2005Q4	-0.003076	-2.82176	***	-0.000455	-3.18886	***	5.342561	**	0.171354
2006Q1	-0.00313	-2.22484	**	-0.000241	-0.9777		3.181214	**	0.094094
2006Q2	-0.006411	-2.81923	***	-0.000983	-2.02055	**	3.974225	**	0.124059
2006Q3	-0.0012	-1.02395		5.66E-05	0.392305		1.608206		0.028147
2006Q4	0.000146	0.145214		0.000111	0.931222		0.518833		0.025286
2007Q1	0.000643	0.5553		2.58E-05	0.149484		0.176526		0.008749
2007Q2	-0.000557	-0.36965		0.000112	0.535743		0.645813		0.031281
2007Q3	0.000712	0.654412		0.000295	1.935343	*	1.948313		0.043207
2007Q4	0.001925	1.632355	*	0.000442	2.487817	***	3.114652	**	0.091485
2008Q1	0.000978	1.092870		0.000148	1.081937		0.711943		0.013908
2008Q2	0.000893	0.938078		-6.87E-06	-0.046900		0.823428		-0.008479
2008Q3	0.001168	0.676159		7.01E-05	0.275909		0.252483		-0.036910
2008Q4	0.000583	0.305296		-0.000113	-0.375197		0.340315		-0.032432

注：*** 表示在 1% 的水平上显著，** 表示在 5% 的水平上显著，* 表示在 10% 的水平上显著。

值得注意的是，一般认为 R^2 的值高则回归直线拟合较好，R^2 的值低则回归直线拟合得不好，但通常在时间序列的分析中能够得到较高的 R^2 值，因为任何随时间增长的变量都有可能很好地解释另一个随时间增长的变量。但上述回归所进行的截面数据的研究中，会出现即使模型令人满意，但 R^2 值仍然较低的情况，因为各个观测值之间存在较大的变差，而此时 R^2 不再适合说明模型是否令人满意。

从回归结果可以看出，在 20 个季度的样本期间中，与持股比例对应的 β_2 系数显著为正（在 5% 的水平上显著）的只有 1 个，显著为负（在 5% 的水平上显著）的只有 2 个。这意味着在 20 个样本期间内，在 2005 年下半年和 2006 年上半年，股票收益的波动与基金持股比例呈现显著的负相关关系，即在 43 只股票样本中，基金持股比例越高，股票价格的波动越小。而在 2007 年下半年，股票收益的波动与基金持股比例呈现显著的正相关关系，说明在 43 只股票样本中，基金持股比例越高的股票股价的波动越大。但在其他样本期间内，两变量没有显著的关系。

再分阶段来看，所有参数估计值均不显著（见表6），表明所计算系数的可信度并不充分，从而可以判断，机构投资者持股比例与股价波动率没有显著的相关关系。

表6　　　　多元线性回归结果分阶段汇总（2004~2008年）

研究期间	β_1			β_2			F检验		调整的 R^2
	参数估计值	t检验值	显著性	参数估计值	t检验值	显著性	F检验值	显著性	
2004.01.01~2005.06.30	-0.00024	-0.54997		5.18E-05	1.130282		1.356443		0.021077
2005.07.01~2007.12.31	0.000504	0.540386		-0.00005	-0.3919		0.496184		0.004703
2008.01.01~2008.12.31	0.000875	1.208566		1.87E-05	0.169404		1.076460		0.000893

综上所述，基金持股比例的增加并不总是显著地带来样本期间股票收益波动的减少。持股比例与收益波动呈负相关关系意味着证券投资基金具有稳定市场的功能，从计量的数据结果来看，在以上20个样本期间，证券投资基金只在极少的期间内减少了股价波动，而在大部分时间没有起到稳定股价的作用。而按照股票市场行情分阶段来讨论，也不能发现机构投资者持股与股票价格波动之间的明显关系。

四、结　论

通过对我国证券投资基金与证券市场股票价格关系的实证研究，可以得出以下结论：我国证券投资基金没有显著地发挥出稳定市场、抑制股价大幅波动的功能，也没有明显地表现出加剧市场价格波动性的特征。目前我国证券投资基金发挥稳定市场的作用并没有显现出来，其原因如下。

首先，我国证券市场的法律环境虽然比成立初期有很大改善，但在保护投资者和中小股东利益方面没有实质性进展。一方面，我国属于成文法系，与普通法相比缺乏灵活性，很多条文在证券法规中只是描述性罗列，缺乏可执行性。另一方面，法律对证券投资基金违法行为的执行效率较低，执法效率的低下直接导致了监管有效性的不足。因此，法规执行力的低下是证券投资基金不能发挥稳定股价作用的重要原因。

其次，我国证券投资基金发展历史还很短，自身规范程度，包括治理结构、激励制度安排和专业素质等都有待提高。由于基金投资的羊群行为比较严重，基金投资趋于集中，一些基金投资行为偏好短期化，存在投机行为，因此，证券投资基金的投资行为不仅不能稳定股价，甚至可能加大股价以及整个市场的波动。

再次，规范的证券投资基金需要有成熟的个人投资者为基础。个人投资者是投资证券投资基金的主要力量，但个人投资者以短线投资为主，平均换手率较高，这将影响到基金经理的投资行为。因此，引导个人投资者树立价值投资和长期投资的科学理念是稳定市场的重要前提。

最后，上市公司质量是证券投资基金发展的基础，若上市公司治理不规范，则证券投资基金通过参与公司治理实现自己长期战略利益的动力将大大削弱，因此上市公司的公司治理亟待规范。另外，我国上市公司信息披露方面随意性和操作性较强，导致证券投资基金不能从基本面和财务数据分析中预测公司的业绩和投资价值，因此不愿意长期持有股票，而倾向于追求在交易中获得差价收益，股价难以得到稳定。

参考文献

[1] 班耀波、齐春宇：《机构投资者：稳定市场还是加剧波动》，载于《经济评论》2003年第6期。

[2] 步国旬、周旭、徐晓云：《基金投资行为与证券市场波动性实证分析》，载于《上海证券报》2005年。

[3] 何基报、王霞：《机构投资者一定能稳定股市吗？——理论和实证研究》，深圳证券交易所综合研究所研究课题，2005年。

[4] 李国正、杜贺亮:《基金尚未起到稳定市场的作用》，民生证券研究所研究报告，2003 年。

[5] 罗伯特·S. 平狄克、丹尼尔·L. 鲁宾费尔德著，钱小军等译:《计量经济模型与经济预测（第 4 版)》，机械工业出版社 2003 年版。

[6] 盛军锋、邓勇、汤大杰:《中国机构投资者的市场稳定性影响研究》，载于《金融研究》2008 年第 9 期。

[7] 施东晖:《证券投资基金的交易行为及其市场影响》，载于《世界经济》2001 年第 10 期。

[8] 孙培源、施东晖:《基于 CAPM 的中国股市羊群行为研究——兼与宋军、吴冲锋先生商榷》，载于《经济研究》2002 年第 2 期。

[9] 王岗:《机构投资者与股票市场稳定：以基金业为例》，载于《证券市场导报》2003 年第 9 期。

[10] 伍旭川、何鹏:《中国开放式基金羊群行为分析》，载于《金融研究》2005 年第 5 期。

[11] 徐妍、林捷、裘孝锋:《证券投资基金行为对市场影响的研究》，申银万国证券股份有限公司研究成果，2003 年。

[12] 姚姬、刘志远:《我国开放式基金赎回行为的实证研究》，载于《经济科学》2004 年第 5 期。

[13] 张羽、李黎:《证券投资基金交易行为及其对股价的影响》，载于《管理科学》2005 年第 4 期。

[14] Chang Eric, Sen Dong, "Idiosyncratic Volatility, Fundamentals, and Institutional Herding: Evidence from Japanese Stock Market", Working Paper, 2005.

[15] Chopra Navin, Lakonishok Josef, Riter Jay R., "Measuring Abnormal Performance: Do Stocks Overreact", *Journal of Financial Economics*, 1992, 312: 35 - 58.

[16] Cohen R., P. Gompers, T. Vuolteenaho, "Who Under - react to Cash - flow News? Evidence from Trading between Individuals and Institutions", *Journal of Financial Economics*, 2002, 66: 409 - 462.

[17] Eric G. Falkenstein, "Performances for Stock Characteristics: A Revealed by Mutual Fund Portfolio Holdings", *Journal of Finance*, 1996, 51: 122 - 157.

[18] Hirshleifer David, Avanidhar Subrahmanyam, Sheridan Titman, "Security Analysis and Trading Patterns When some Investors Receive Information before Others", *Journal of Finance*, 1994, 49: 1665-1698.

[19] Lakonishok Josef, Andrei Shleifer, Robert W. Vishny, "The Impact of Institutional Trading on Stock Prices", *Journal of Financial Economics*, 1992, 32: 23-43.

[20] Nofsinger John R., Richard W. Sias, "Herding Feedback Trading by Institutional and Individual Investors", *Journal of Finance*, 1999, 54: 2263-2295.

[21] Patrick J. Dennis, Deon Strickland, "Who Blinks in Volatile Markets, Individuals or Institutions?", *Journal of Finance*, 2002, 57 (5): 1923-1949.

[22] Sias Richard W., "Volatility and the Institutional Investor", *Financial Analysts Journal*, 1996: 13-20.

[23] Sias Richard W., Laura T. Starks, Sheridan Titman, "The Price Impact of Institutional Trading", Washington State University and University of Texas at Austin, Working paper, 2001.

[24] Wermers Russ, "Mutual Fund Herding and the Impact on Stock Prices", *Journal of Finance*, 1999, 54: 581-623.

第三篇
金融风险与金融危机

- 美国次贷危机成因研究述评
- 市价调整与美国次贷危机：一个理论述评
- 后金融危机时代系统性风险及其测度评述
- 全球系统重要性金融机构评定及其对中国的启示
- 国有商业银行重组与政府公共成本付出
- 论金融危机中财政救助的成本与收益

美国次贷危机成因研究述评*

一、引　言

2007 年 7 月，美国次贷危机全面爆发。这场由华尔街及其在全世界的众多门徒共同“缔造”的灾难，对全球银行业、金融市场及金融稳定构成巨大威胁，在世界范围内迅速掀起轩然大波。次贷危机波及面之广、持续时间之长、破坏力之大前所未有，几乎超出所有人的想象。危机发生后不久，很快就成为学界聚焦的热点，西方学者纷纷撰文寻找危机产生的根源，从多角度深入剖析了危机的成因。

二、关于次贷危机成因的研究

本文从相关文献的研究视角出发，将西方学界关于次贷危机成因的研究整理综述为五大观点：货币政策失误说、金融自由化过度说、会计标准不当说、道德风险上升说和经济结构失衡说。

（一）货币政策失误说

2000 年，美国高科技产业泡沫破裂，美国经济陷入衰退，为了拉动美国经济尽快复苏，美联储开始放松银根，从 2001 年 1 月 3 日到 2003 年 6 月 25

---

* 本文原载于《证券市场导报》2008 年第 12 期。合作者：罗惠良。

日连续降息 13 次，联邦基金利率从 6.5% 降为 1%，下降 550 个基点。不断降低资金的价格，持续刺激消费和投资，扩张社会信用，造成住房市场迅速繁荣起来，房价连续上涨并泡沫化（Papadimitriou et al.，2006）。有观点认为，美联储宽松的货币政策、为住房市场过度繁荣提供的低利率环境，是导致次贷危机的重要原因之一。美国经济学家理查德·邓肯（Richard Duncan，2007）指出，美联储宽松货币政策和大量外部资金的流入鼓励并驱动着美国居民的持续过度消费，由于家庭消费是美国经济增长的主要引擎，对美国 GDP 的贡献达 70%，消费的升温对经济的稳定增长构成强劲支撑，在经济增长的拉动下，住房价格不断上涨。房产泡沫产生的财富效应又促使居民消费热度更加膨胀，购房热情随之高涨。这样，放松银根和房产泡沫驱动着消费支出，而后者又反过来助长了房产泡沫化。在消费与房价反复作用的循环通道中，美国的住房抵押市场一扫已往的沉闷气氛，空前繁荣，非理性的过度繁荣最终导致了危机的发生。与理查德·邓肯的观点一致，但研究视角不同，纽约储备银行的艾登与普林斯顿大学教授信（Adrian and Shin，2008）等认为，美联储宽松的货币政策导致流动性过剩，而流动性过剩致使资产价格上升和外部融资成本下降，激发了金融机构运用更高的财务杠杆的行为倾向，过高的财务杠杆使得金融机构风险敞口巨大，因此，当美联储调高利率时，资产价格随即破裂，导致了危机的发生。除了理查德·邓肯、艾登和信等，美国斯坦福大学教授约翰·B. 泰勒（John B. Taylor）也指责美联储 2002～2004 年实行的宽松货币政策造成了美国住房市场的过度繁荣，最终导致了次贷危机的发生。泰勒认为，美联储在 2001 年时就该果断地将联邦基金利率从 1.75% 上调至 5.25%，而不应继续调低至 1% 之后再缓慢加息。事实上，为了配合布什政府减税的扩张性财政政策，减轻通货膨胀压力，美联储从 2004 年 6 月 30 日到 2006 年 6 月 29 日连续加息 17 次，联邦基金利率从 1% 上升为 5.25%，加息 425 个基点，不断提升资金的价格，80% 的次级抵押贷款月供在不到半年时间猛增 30%～50%；2005 年，美国房地产市场增长出现拐点，持续缩小了抵押住房与住房抵押贷款的价差，不断形成住房抵押贷款呆账和坏账，持续恶化住房抵押贷款及其衍生产品的基本面。对此，美国著名的左翼经济学家考斯达斯·拉帕维查斯（Costas Lapavitsas）进行了严厉的批评，“新自由主义在所有的方面都推动自由放任，却通过中央银行制度高度调控货币政策，但这样的调控看来已经难以奏效”①。

（二）金融自由化过度说

该观点认为，金融自由化过度是美国次贷危机的主要成因之一。所谓金融自由化过度主要体现在两个方面：证券化过度、信贷标准与信贷质量下降。

1. 证券化过度

统计资料显示，1994～2007年，美国住房抵押贷款证券化水平大幅度提高。美国抵押市场全部抵押贷款的证券化率由1994年的55.8%提高至2007年的74.2%，而所有次级抵押贷款的证券化率则由1994年的31.6%大幅提高到了2007年的92.8%（James Barth et al.，2008）。据美联储统计，美国住房抵押贷款证券（MBS）规模从2000年的3.0万亿美元增长到2006年的5.83万亿美元。过去一段时期，经济学家普遍认同诸如证券化等金融创新活动具有提高风险分担、降低银行资本成本等诸多优点。

然而，在高度证券化的美国次级抵押贷款市场上，次级抵押贷款的呆账和坏账，恶化了庞大的住房抵押贷款证券的资产池，增加了住房抵押贷款证券收益的不确定性。抵押品赎回权的丧失率（delinquencies）在2005～2007年短短两年时间内激增50%。顷刻间，对证券化及金融创新的批判之声震耳欲聋（Stiglitz et al.，2007）。

事实上，证券化与监管有效性的关系问题是一个颇富争议的重要命题。戴蒙德和道格拉斯（Diamond and Douglus，1984）指出，如果信贷市场上有多个放款人向同一借款人放贷，“搭便车”问题（free-rider）、协调失灵问题（coordination failure）等时有发生，则对借款人的监控是低效的；相反，如果

① 这是拉帕维查斯接受访谈时的公开言论。详细的分析可参见《国外理论动态》2008年第7期。

放款人只有一个，监管相对有效得多。但霍尔姆斯特姆和梯若尔（Holmstrom and Tirole，1997）并不同意戴蒙德和道格拉斯的观点，他们认为，如果缺乏有效的激励条件，放款人一般很少主动去监管借款人。彼得森和拉詹（Petersen and Rajan，2002）进一步研究指出，由于证券化会拉大借款人与放款人之间的距离，加大监管难度，因此，证券化会弱化放款人对借款人的监管激励。

借鉴现有的理论思想，克伊丝等（Keys et al.，2008）利用美国次债市场数据进行的实证分析发现，次贷危机的发生机理主要源于证券化的过快、过度发展，随着一些非流动性贷款转化为流动性债券，金融机构对借款者的评估和监测动力明显降低。因此，证券化程度与监控力度显著负相关，过度证券化对于美国次贷危机的发生难逃罪责。

2. 信贷标准和信贷质量下降

次贷危机发生前，美国的房价经历了快速上涨的持续繁荣。高房价对抵押贷款市场的繁荣构成强有力的支撑，住房抵押迅速扩张，抵押贷款的证券化等金融创新层出不穷。研究表明，信贷市场的金融创新活动对信贷标准有重要影响（Lown and Morgan，2006）。随着住房抵押市场的扩张和金融创新的空前发展，贷款担保要求、信贷标准、信贷质量均出现明显下降（Asea and Blomberg，1998），由于90%的次贷可以打包出售，在外在的竞争压力下，贷款机构不再关心借款人信用，不断放松贷款标准，竞相延长贷款期限，再三降低首付比例，尽量减轻借款人眼前还本付息压力，大幅简化申报文件，吸引贷款客户，扩大住房抵押贷款市场份额，越来越多的次级借款人很容易就获得了信贷（Jimenez et al.，2006）。

实际上，美国次贷危机的发生，很大程度上就是因降低信贷标准和信贷质量造成的。而信贷标准和信贷质量的双双下降与住房价格的持续上涨不无关系。一方面，2001~2006年房价不断上涨，金融机构发放了大量次级贷款，根据国际证监会组织（IOSCO）发布的《次贷危机报告》，美国住房抵押贷款余额从2000年的4.8万亿美元增长到2006年的9.8万亿美元，年增13%，形成了庞大的住房抵押贷款。其中，次级贷款2003年为4000亿美元，2004年突破1万亿美元，2005年增加到14000亿美元；次级抵押贷款比例从1993年开始起步发展到2005年的20%。而监管机构几乎难以及时发现这些贷款的真实状况及其高风险，因此，这段时期美国抵押贷款的质量整体上不断下降，低质贷款的过度膨胀最终酿成了如今的危机（Demyanyk and Hemert，2008）。另一方面，由于房产价格不断上升，大量新的信贷机构进入抵押贷款市场，追逐高收益，加剧了机构之间的竞争，导致信贷标准下降和贷款者承担的风险提高，而抵押市场上存在的信息不对称和欺诈行为进一步加剧了风险的上升，过高的风险也造成金融市场的动荡（Dell'Ariccia et al.，2008）。

事实上，在现代公司治理中，董事会在考察金融机构管理者经营行为的绩效时，通常简单地以其创造的利润来衡量。因此，多数金融家和银行家倾向于追求高收益的投资机会。针对这一现象，经济增加值（economic value added，EVA）学派提出了自己的看法。该学派认为，在以利润创造为主要框架的激励、考核机制中，股东价值最大化成为企业的主要目标，雇员和公众等利益相关者都被视为与企业无关的群体。而股东价值的高低可以以EVA的高低来判断，于是，EVA被视为评判机构、部门或个人行为绩效的一个标杆，它以资本加权成本为折现因子，对未来活动的现金流进行折现得出的净现值来计算。通常而言，净现值越高，某项活动的收益就越高。在现代金融活动中，传统的借贷业务因资本运用规模庞大获得的EVA相对较低，市场份额已出现萎缩；而证券化和衍生品等交易活动充分借助于高杠杆，运用较小规模的资本，即可产生相对更高的EVA，其市场份额不断提升。因此，几乎所有的机构和个人都像恶狼一样拼命地追逐高收益的证券化和衍生品交易机会，而将风险因素置于次要位置。

（三）会计标准不当说

美国次贷危机发生后，众多经济学家、政要和实业界资深人士，特别是一些损失惨重的金融机构对按市价调整的会计计量方法发起了猛烈抨击，他们纷纷指责金融机构实行的按市价调整会计是引发此次危机的罪魁祸首。

根据美国公认的一般会计准则（U. S. Generally Accepted Accounting Principles，U. S. GAAP）和国际金融报告标准（International Financial Reporting Standards，IFRS）关于结构产品账面价值处理规定，公允价值核算要求只能按当前市值计价，不能按购入成本计价结构产品投资。这就要求，估值缺少流动性的次贷产品，在市场剧烈震荡的条件下，必须适时考虑市场条件，合理估算现金流，采用恰当折现方法，配备足量合格的估值人员，及时更新数据库，规范估值业务流程，坚持独立核算原则。然而，美国金融行业还难以全面满足这些条件，尤其缺乏合格的人力资源、成熟的估值模型和规范的业务流程。这些不仅不是一朝一夕之功，而且激化了次贷危机，市值与购入成本价差构成了投资银行亏损，过快体现损失加剧了投资者的风险厌恶，造成恐慌性杀跌，形成了次贷危机的一轮又一轮恶性循环。

次贷危机发生初期，美国高盛（Goldman Sachs）JBWere 公司的首席财务官大卫·维尼尔（David Vinner）就指出，次贷危机中许多金融工具的货币价值之所以会远远低于其基础资产的价值，是由按市价调整会计所产生的传染效应造成的，这种不合时宜的会计计量方法的应用理应遭到谴责。

2008 年 3 月 5 日，詹金斯（Jenkins）在《华尔街日报》上发表文章，指责按市价调整会计导致了美国次贷危机的发生。他认为，按市价调整随市场波动而变动，价值变动随意性很大，在不断低迷的市场中，账面价值大幅缩水，进而引发大规模恐慌，使得后果不断恶化。可以说，始于 20 世纪 90 年代的按市价调整，尽管在会计方法上和监管手段上是一种创新，但如果考虑到美国政府当时实施按市价调整会计计量方法的初衷——欲通过强化会计准则来降低市场风险，那么，如今的危机已经证实了华盛顿政府的失败。

此外，茅瑞斯（Morris）在其出版的著作中指出，抵押贷款的证券化通过搜寻对信贷风险并不敏锐的借款人，催生了诸如 CDO 等衍生金融产品市场，促进了金融创新的快速发展。他认为，虽然美国次贷危机的发生与衍生证券化产品的发展不无关系，但如果金融机构没有实施按市价调整会计，美国次贷危机就不会产生如此快速的传染效应。与茅瑞斯的观点一致，弗雷戈姆

（Flegm）也认为，虽然美国次贷危机的发生与美联储前任主席格林斯潘实行的宽松货币政策以及监管放松导致的金融业失控有关，但美国财务会计准则委员会（US Financial Accounting Standards Board，FASB）要求实施的按市价调整会计是引发此次次贷危机更重要的因素。在旧会计制度下，许多资产以成本计价，美国新的会计制度（2006 年 11 月 15 日起实施）将金融机构持有的资产分为三大类：第一类资产按市值计价，第二类资产按估值入账（但要公布估值模型），第三类涉及素质较差及难以评估价值的资产由公司自行假设资产价值，但须作大额拨备。当市场急剧变化后，第二类和第三类资产都需要作大量拨备并冲减股东权益，由此导致了信贷和流动性的进一步紧缩。例如，美国第五大投资银行贝尔斯登（Bear Stearns）的困境并不是因为资不抵债，而是因为缺乏流动性。他甚至建议美国金融机构重新回到历史成本会计。

在金融界，以富兰克林·邓普顿（Franklin Templeton）基金管理人马克·莫比尔斯（Mark Mobius）为代表的市场资深人士认为，美国强制实施的按市价调整会计，是本次尚在全球范围内不断蔓延的信贷危机的真正缔造者。他指出，美国次贷危机从本质上来看是由会计问题造成的，因为按市价调整要求银行等金融机构必须按市场价格更新其资产、负债的价值纪录，金融机构出于资本充足率和流动性等指标的考虑，通常需要持有大量短期金融工具。当市况逆转时，银行收紧个别对冲基金和投资银行的银根，迫使它们平仓减债。平仓带来价格下跌，资产缩水，抵押值下降，银行进一步抽紧银根，导致进一步的平仓甚至清盘，推动整体价格的下跌，使得所有拥有这类资产的基金、投资银行，必须按市价重估资产价值。由于抵押值下降，金融机构的市场贷款环境转差，导致新的更大的沽盘。斩仓盘带来恶性循环。

可见，个别基金的问题，通过按市价调整会计方法变成了整个行业的问题，需要全体金融机构进行拨备。在金融系统出现问题时，没有人愿意购买次按的相关产品，市场上没有相应的交易价格，大多数产品只能以模型计价，导致市场迅速失去了流动性，金融机构之间也不再互相信任，甚至连银行的商业票据都发不出去。当金融机构的债务不断到期但又没有能力在市场上继续获得融资时，自然就导致了流动性危机。被迫的出售行为就促成了危机传染机制的生成。以此为基础，莫比尔斯认为，强制要求所有信贷项目按市场价格调整的做法是荒谬的，是金融机构老板的噩梦，是投资银行、对冲基金的催命索。

事实上，早在2000年前后，美联储前任主席格林斯潘和美国银行业协会（American Bank Association）就已分别表示，由于在实行按市价调整会计时，公允价值的评估是一个无法回避的重要难题，因此，按市价调整会计的可信度需要深入论证。

作为对诸多指责的回应，美国政府政要、众议院金融服务委员会（House of Representatives Financial Services Committee）主席弗兰克（Frank）已经要求政府对按市价调整会计进行重新思考和论证。

当然，在按市价调整会计遭到诸多指责的同时，也有研究者认为，将美国次贷危机完全归咎于按市价调整会计计量方法并不合适。他们指出，受困于美国不断恶化的信贷危机的金融机构将市价调整会计作为替罪羊，其目的是试图转移重点，真正的罪魁祸首是金融机构内部错误的经营决策、规避会计准则的行为和市场缺乏监管、规范等其他因素。

米勒和班森（Miller and Bahnson）在2008年5月出版的美国注册会计师协会会刊《会计学杂志》上，就会计准则在美国次贷危机和信贷市场泡沫的最终崩溃中所起的作用提出了他们的观点。他们指出，此前有学者提出的“按市价调整致使美国次贷危机更糟糕”这一论断，是缺乏理论支撑的，次贷危机的发生另有他因。他们认为，借款人获得的信贷超出了其还款极限、抵押贷款发起人的收费激励、收取打包和销售费用的投资银行没有合理地揭示金融产品的风险，以及追求高收益的机构投资者没有完全理解投资风险和金融工具的真实价值等因素才是引发危机的根源。此外，他们还认为，按市价调整会计能够真实地反映金融工具的市场价值，因此这种会计准则只会限制泡沫，而不是创造泡沫。

斯蒂克诺斯（Stichnoth）认为，按市价调整不应被视为信贷危机的主要威胁。他分析指出，出现危机的金融机构，或者是持有大量可疑资产，或者是融资杠杆运用过度。而且，多数金融机构的负债以短期为主。因此，在次贷危机期间，他们不得不选择卖掉短期期权以减少冲击。而事实上，相对于会计处理方法而言，大量的可疑资产和短期（流动性）负债对于任何企业造成的危害都更加严重。

著名评级公司标准普尔指出，从满足资本充足率要求的视角来看，对于信贷衍生品实行按市价调整所产生的损益对实体经济并没有显著影响，因此认为按市价调整引发了美国次贷危机的观点缺乏充分的理论依据。

事实上，在美国次贷危机发生之前，对于按市价调整在经济危机期间所发挥的作用问题，学术界已经进行了深入研究，并已达成部分共识。例如，美国特许金融分析师协会认为，相对于历史成本会计而言，按市价调整的会计准则是计量衍生产品等金融工具最具透明性的方法，按市价调整的会计处理和披露为投资者提供了关于当前市场情况和远期分析等信息，其本身并没有引起任何损失，而是客观地反映了企业的处境，可以提高市场的透明度，为投资者提供完全透明的信息，对全球市场经受当前的混乱并防止未来的泡沫和相关经济紊乱，甚至增强危机期间经济的复苏能力均至关重要。

（四）道德风险上升说

在现代经济中，金融系统在发挥平滑经济或风险分担功能的同时，对生产部门的控制力也已经显著增强。因此，金融系统的不稳定会通过生产部门的传导传染整个经济系统甚至全球经济，对全球经济稳定构成威胁。在经历几次并购重组的全球浪潮后，如今的许多金融机构都已成为“巨无霸”，甚至有些金融机构的总资产或交易规模比某些新兴市场国家的 GDP 还大。例如，美国第二大银行美国银行 2006 年的总收益为 730 亿美元，如果把其加入世界各国的 GDP 排行榜中，居然高居第 56 位。如此规模庞大的金融机构，即便是在美、日、欧等发达国家，其破产对金融系统和经济稳定产生的冲击也是不容小觑的。鉴于此，世界各国的中央银行都会对“巨无霸”金融机构的破产引发的金融危机进行救助。由于人们预期中央银行的救助行为必然发生，金融机构的道德风险问题往往就在所难免。正如《金融时报》的沃尔夫冈·门采尔（Wolfgang Munchau，2007）所言，“道德风险是非对称性预期造成的，因为市场或机构金融危机一旦发生，中央银行必然会采取救助措施帮助金融机构渡过难关”。

从世界各国对金融危机的救助历史来看，中央银行采取的措施主要有直接接管、注入流动性、降息等，无论是何种措施，最终受益的都是金融机构或市场，而买单的却是全体纳税人，救助往往陷入“收益私人占有，风险公众分担”的怪圈。

有学者认为，道德风险问题激励了银行的风险承担，弱化了风险约束机制，2001~2005年美国的银行抵押贷款供给迅速上升，供给的扩张将原来无法获得抵押贷款的边缘消费者拉入抵押信贷市场。与此同时，快速上升的抵押信贷供给导致借款者风险的迅速积累和房产价格溢价上升，进一步提高了消费者的风险偏好，抵押贷款需求激增。道德风险上升所引起的抵押贷款市场非理性繁荣，为后来违约率的激增埋下隐患，是引发金融市场危机的重要诱因（Michael Mah-Hui Lim，2008）。

（五）经济结构失衡说

提出经济结构失衡说的学者认为，次级抵押的违约率上升并不是导致金融危机发生的根本原因，充其量只是个触发器而已。泡沫的发生是经济结构失衡造成的。他们所称的经济结构失衡有三种类型：一是经常账户失衡（current account imbalance）；二是财富与收入分配失衡（wealth and income imbalance）；三是现代资本主义增长的失衡（modern capitalist growth imbalance），即金融部门和实体经济部门间的失衡（sectoral imbalance between finance and real economy）。

1. 美国经常账户的长期失衡与次贷危机

对于1997年发生的亚洲金融危机，学术界普遍认同危机与新兴市场国家经常账户的巨额赤字有直接关联。而如今，多数亚洲国家都有大量的财政盈余和外汇储备。亚洲十国持有的外汇储备达 34000 亿美元，占全球外汇储备的 59%。这些出口盈余和超额储蓄源源不断地为美国居民和政府消费提供融资。例如，2006 年美国 5 万亿美元的政府财政赤字中，44%（2.2 万亿）的债权人是外国投资者，由外国中央银行持有的储备就占到 64%。除政府财政赤字外，美国家庭的私人债务达 128 万亿美元，公司债 9 万亿美元，金融债 24 万亿美元，这些债务中，外国债权人持有的美国国债为 46%、公司债 27%、其他政府机构债 14%。2007 年，美国经常账户赤字额达 7900 亿美元，赤字额的 93% 由中国、日本、德国和沙特阿拉伯等融资支持。也就是说，在当今世界金融格局中，其他国家（包括中国等发展中国家）正在为美国家庭、企业和政府的消费提供融资，这些融资代表着一种形式的穷国对美国的借贷。尤其引人注目的是，2004 年以来，美国国内绝大部分的外国资本是通过购买资产支持证券（ABS）的渠道流入的，外来资本最终支撑了证券化和次级债的爆炸式增长，而政府机构债的比重却在下降。在全球经常账户严重失衡的格局中，亚洲新兴市场和石油输出国不断增加的盈余和储备是美国经常账户逆差可持续的重要条件。美国著名经济学家莱茵哈特和若戈夫（Reinhart and Rogoff, 2008）利用比较分析法，对战后工业化国家出现的 18 次危机进行了比较研究。他们发现，次贷危机与以往危机有众多不同之处，美国政府债务低于以往危机的平均水平，通货膨胀水平也低于以往危机前的通货膨胀水平，但是，美国的经常账户赤字水平要比以往危机严重得多。因此，他们认为，美国经常账户的巨额赤字导致了危机的发生。同样，有学者也将美国次贷危机归罪于全球经济失衡背景下的美国经常账户长期的巨额赤字（Michael Mah-Hui Lim, 2008）。

2. 财富和收入分配失衡与次贷危机

财富和收入分配失衡的观点可以视为对经常账户失衡研究的进一步深化，该观点认为，全球经常账户失衡与发达国家和发展中国家财富和收入分配的失衡有直接关系。吴和佩罗夫（Wu and Perloff, 2004）的研究证实，虽然收入和财富分配不均在世界各国都存在，但发达国家和发展中国家的表现不同。1985~2001 年，以中国为代表的发展中国家，因城乡二元结构的加剧，城乡之间以及各自内部的失衡双双加剧，中国的基尼系数已从 0.310 提高至 0.415。而美国失衡的加剧主要体现在城乡内部，城乡之间并不存在。国际货币基金组织和亚洲发展银行指出，过去几年来，世界许多国家的收入和财富分配不均仍然在恶化。收入和财富分配失衡的加剧，在资本与劳动对收入的分享比例上可见一斑。在我国，劳动是 GDP 的主要贡献因素，但劳动在收入上的分享却没有获得应有的份额，绝大比例的收入由资本品占有。2007 年美国《经济学家》杂志刊登的世界银行估计结果显示，伴随着 GDP 的快速增长，我国的劳动收入比重从 1998 年的 53% 下降至 2005 年的 41%，与之对应，私人消费对 GDP 的贡献从 1992 年的 47% 下降至 2006 年的 37%。美国经济分析局（BEA）认为，美国劳动对经济增长的分享比重从 1970 年的 60% 降至 2006 的 56%，基本保持稳定，但资本的分享份额则从 27% 提高至 43%。该机构认为，资本分享份额的提高，与红利税、资本利得税等减免有关。劳动分享的下降和资本分享的提高更多是政策环境造成的，与边际生产率提高的关系不大。美国经济学家约翰斯顿（Johnston，2007）认为，美国在保持经济持续增长的同时，收入和财富分配的失衡也在加剧。

美国知名的 *Alpha* 杂志追踪了华尔街对冲基金管理人的收入，2006 年，美国顶尖 25 家对冲基金管理人的平均收入为 5.7 亿美元，位居榜单前 3 位的管理人收入超过 10 亿美元，25 位管理者的收入加总相当于世界第 95 位的约旦 GDP 总额。在华尔街，全部投资银行职员的平均年收入约为 436084 美元，相当于其他私人部门工人平均年收入（40368 美元）的 10 倍以上。

事实上，绝大多数的财富创造并没有使绝大多数人受益，而持有巨额财富的小部分人的消费支出是相当有限的。然而，超额资本的存在并非为了消费，而是追逐超额收益，超额财富需要再投资。个人、机构和国家超额收入便在世界范围内搜寻匹配的投资机会。此时，对冲基金等金融机构和金融创新产品则满足了这一需求。证券化、衍生品市场空前繁荣起来，但在金融系统的某一环节出现问题时，这些超额资本就会转移战场，另寻他路，导致此前有巨额资金流入的美国金融市场上的创新型金融产品持续暴跌，流动性危机显现。

3. 金融部门与实体经济部门间的失衡与次贷危机

在财富和收入分配等多种失衡以及资源错配的市场格局中，相对于其他部门而言，金融部门通常能为投资者带来更高的收益，对资源的吸引力更大，大量金融资源和人力资源不断涌入金融部门。结果，实体经济部门和金融部门之间必然会产生更严重的失衡。金融部门对实体经济部门的削弱十分明显。

在现实经济中，如果以生产性投资衡量实体经济部门的兴衰，那么，金融部门中两个重要指标直观地反映了金融交易的不断膨胀对全球生产性投资产生的削弱。

一是全球金融资产与年度总产出之比。1980 年，全球金融资产与年度总产出之比为 109%，到 2005 年，该指标已达 316%。在规模上，2007 年全球 GDP 总量为 48 万亿美元，而全球金融总资产高达 140 万亿美元（World Bank，2007；Wolf，2007）。其间 1997 年亚洲金融危机后，世界经济增长下滑，但全球金融资产总额却上升了 30%。

二是外汇市场交易量。国际清算银行（BIS，2007）指出，如今全球年度贸易额仅为 12 万亿美元，而传统外汇市场（现货、远期、掉期）的日交易量就已达前所未有的 3.2 万亿美元，场外衍生品市场日交易量也高达 2.1 万亿美元。外汇交易与贸易额之比从 20 世纪 80 年代的 10：1 上升至 90 年代末的 60：1，如今已达 100：1。

事实上，由于金融创新层出不穷，流动性形式集中涌现，众多衍生品均具有很高的杠杆，流动性创造功能极强，流动性范畴已明显扩展。传统的 M1、M2 和 M3 已经不再是流动性最核心的内容。美国《独立策略》（*Independent Stragy*）分析指出，在 2007 年全球约 607 万亿美元的流动性中（相当于全球 GDP 的 12.5 倍），M1、M2 仅占 1%，M3 占 9%，证券化负债约占 10%，其他 80% 全部是衍生品。金融创新已经致使全球流动性市场结构发生了史无前例的变局，各国中央银行对全球流动性市场的控制力明显削弱，实体经济部门的运行更大程度上要受制于金融市场，金融市场的动荡对实体经济的影响日益深远。

三、评述

由于研究视角的差异，经济结构、会计标准、金融自由化、道德风险和货币政策分别被不同研究者视为导致危机发生的罪魁祸首，学术界关于美国次贷危机发生原因问题尚未形成一致的认识。但事实上，不同的研究结论之间并非完全对立，而是内在联系或统一的。

首先，过度金融自由化、道德风险上升均与无效监管相联系。在过度的金融自由化过程中，市场上信贷质量与信贷标准在下降，贷款者承担的风险在提高，这与监管当局的不利监管是分不开的，在一个高效运转的监管制度下，放贷标准的明显放松通常不会发生。同样，道德风险的上升也是无效监管的一个体现。金融机构投机性风险承担行为，导致供给大量扩张，进而将原来无法获得抵押贷款的边缘消费者拉入抵押信贷市场，同时快速上升的抵押信贷供给致使借款者风险迅速上升和房产价格溢价上升，进一步提高了消费者的风险偏好。如果在信贷扩张初期监管高度有效，道德风险的明显上升也不会出现。

其次，经济结构失衡、宽松的货币政策为过度的金融自由化以及道德风险上升创造了条件。伴随着过度的金融自由化以及道德风险的上升，市场上的信贷规模在迅速扩大，随后金融机构经过分层、打包等环节，完成金融创新，并将证券化产品出售给投资者。在经济结构失衡的格局中，一方面，经常账户盈余国为美国政府、机构和个人消费者的负债源源不断地提供融资；另一方面，财富和收入分配的失衡以及金融部门与实体经济部门间的失衡等，为市场提供着巨额流动性，大批金融创新产品没有遇到多大困难就轻松找到了投资者，并很快被抢购一空。与经济结构失衡不同，宽松的货币政策主要为流动性过剩及消费的强劲构成了一定的支撑。

最后，按市价调整的会计准则与过度金融自由化、道德风险的上升也存在内在联系。主张“次贷危机缘起于会计标准不当”的学者认为，按市价调整要求金融机构必须按市场价格更新其资产、负债的价值纪录，在市场持续繁荣时期，金融工具的市场价格像气球一样被迅速“吹大”，出现泡沫，金融机构的负债率显著上升，助长了其风险承担行为。事实上，这与过度的金融自由化、道德风险的上升如出一辙。

虽然种种观点莫衷一是，但至少表明次贷危机是多种因素引致的综合并发症，是多重因素共同作用的结果。正如美国著名的左派经济学家罗宾·布莱克本（Robin Blackburn）所言：“次贷危机是一个金融化危机，它是由杠杆、放松监管和金融创新共同缔造的杰作。”

事实上，在如今的美国经济中，核心的大企业对银行信贷的依赖度已明显下降，投资资本更多来自企业自身的利润积累。结果金融机构在过去20～30年不得不开拓新的市场，创造新的利润点——乐此不疲地扩张消费信贷和住房信贷，并通过金融创新不断将信贷证券化，金融业相对独立于生产性企业迅速增长，制造泡沫的内在动力不断强化。美国许多经济学家将这一现象称为“金融化”①。然而，正如凯恩斯在20世纪30年代、马克思更早就曾指出的：只有生产出来的每一件东西都能卖出去，资本主义经济才能正常运转，而这只有在人们支出生产商品的所有收入用于购买这些商品的情况下才有可能。住房抵押贷款证券化的金融创新也是如此，如果没有大批高风险的投资者基础和宽裕的流动性市场环境，产品的销路就是个问题，金融创新活动恐怕难以为继。正是宽松的货币政策、高度的金融自由化、道德风险的上升和经济结构失衡的综合作用，才保证了住房信贷及其证券化每一个环节都畅通无阻，金融创新层出不穷，泡沫不断被吹大，最终在房

① 如美国学者格莱塔·克里普纳（Greta Krippner）、著名的左派经济学家罗宾·布莱克本（Robin Blackburn，2008）等。克里普纳曾证明了20世纪70年代以来美国经济继服务业、信息经济、后工业主义兴起后出现一个新特征——金融化。布莱克本则从金融化视角分析了次贷危机问题。直观而言，所谓金融化就是指“美国经济、企业（包括金融与非金融企业）的利润越来越多并已经主要来自金融渠道而非商品制造和贸易”。事实上，金融化类似于金融部门与实体经济部门间的失衡。

价回归理性和按市价调整的双重冲击下，次贷危机发生了。

参考文献

[1] 何玉长等：《超越与批判——西方激进经济学述评》，当代中国出版社 2002 年版。

[2] [英] 克里斯·哈曼，嵇飞译：《次贷危机与世界资本主义危机》，载于《国外理论动态》2008 第 7 期。

[3] 雷达、孙中栋：《次债背景下不确定的世界经济——基于全球经济失衡角度的理解》，东海证券网，2008 年 6 月 17 日。

[4] Asea Patrick, Brock Blomberg, "Lending Cycles", *Journal of Econometrics*, 1998, 83.

[5] Bank International Settlement, "Triennial Central Bank Survey of Foreign Exchange and Derivatives Market Activity", April, 2007, http://www.bis.org/publ/rpfxf07t.htm.

[6] Carmen M. Reinhart, Kenneth S. Rogoff, "Is The 2007 U.S. Sub-Prime Financial Crisis So Different? An International Historical Comparison", NBER Working Paper, No 13761, 2008.

[7] Charles R. Morris, "The Trillion Dollar Meltdown: Easy Money, High Rollers, and the Great Credit Crash", New York: Public Affairs, March 3, 2008.

[8] Dell'Ariccia et al., "Credit Booms and Lending Standards: Evidence from the Subprime Mortgage Market", IMF Working Paper, 08/106, 2008.

[9] Diamond, Douglas, "Financial Intermediation and Delegated Monitoring", *Review of Economic Studies*, 1984 (51).

[10] Economist, "A Workers' Manifesto for China", Economist, Economics Focus, Oct 11th, 2007, http://www.economist.com/finance/displaystory.cfm?story_id=9944703.

[11] Eugene H. Flegm, "The Need for Reliability in Accounting: Why Historical Cost is More Reliable than Fair Value", *Journal of Accountancy*, 2008 (5).

[12] Holman W. Jenkins, "Mark to Meltdown", *Wall Street Journal*, 2008, 5.

[13] Holmstrom Bengt, Tirole Jean, "Financial Intermediation, Loanable funds, and the Real Sector", *Quarterly Journal of Economics*, 1997 (52).

[14] James Barth et al., "The Housing Bust: a Statistical Portrait", 2008, http://www.usnews.com/blogs/flowchart/2008/04/04/the-housing-bust-a-statistical-portrait.html.

[15] Jimenez et al., "Determinants of Collateral", *Journal of Financial Economics*, 2006 (81).

[16] Johnston, "Average Pay in Investment Banking is Ten Times that Elsewhere", *International Herald Tribune*, 2007: 9-3.

[17] Keys et al., "Did Securitization Lead to Lax Screening? Evidence from Subprime Loans", SSRN Working Paper, 2008, http://ssrn.com/abstract=1093137.

[18] Lown Cara, Don Morgan, "The Credit Cycle and the Business Cycle: New Findings Using the Loan Officer Opinion Survey", *Journal of Money, Credit, and Banking*, 2006, 38: 6.

[19] Matt Stichnoth, "Backlash Against Mark-to-Market Accounting", by Matt Stichnoth Posted on: March 7, 2008, http://seekingalpha.com/article/67587-backlash-against-mark-to-market-accounting.

[20] Michael Mah-Hui Lim, "Old Wine in a New Bottle: Subprime Mortgage Crisis——Causes and Consequence", The Levy Economics Institute of Bard College, Working Paper, No. 532, 2008.

[21] Munchau, Wolfgang, "Prepare for the Credit Crisis to Spread", *Financial Times*, 2007: 9-4.

[22] Papadimitriou et al., "Are Housing Prices, Household Debt, and Growth Sustainable?", NY: The Levy Economics Institute of Bard College, Strategic Analysis Achive, 2006, No. sa_jan_06, Jan, http://www.levy.org/pubs/sa_jan_06.pdf.

[23] Paul B. W. Miller, Paul R. Bahnson, "The Spirit of Accounting: Don't Blame

Mark-to-market for the Subprime Bubble", *The Journal of Accountancy*, 2008, 6.

[24] Petersen, Mitchell A., Raghuram G., "Rajan. Does Distance Still Matter? The Information Revolution in Small Business Lending", *Journal of Finance*, 2002, 57.

[25] Richard Duncan, "Blame the Dollar Standard", 2007, http://freeofstate.org/new/?p=326.

[26] Robin Blackburn, "The Subprime Crisis", *New Lift Review*, 2008, 50.

[27] Stiglitz, Joseph. Houses of Cards. October 9, 2007, http://economistsview.typepad.com/economistsview/2007/10/joseph-stiglitz.html

[28] Terry Hall, Crisis Essentially Accounting Problem, 2008, http://www.stuff.co.nz/4500248a1865.html.

[29] Tobias Adrian, Hyun Song Shin, "Liquidity, Monetary Policy, and Financial Cycles", 2008, http://www.newyorkfed.org/research/current_issues.

[30] Wolf, Martin, "Unfettered Finance is Fast Reshaping the Global Economy".

[31] World Bank, "World Development Indicators", Washington D.C.: World Bank, July 1, 2007.

[32] Wu Ximing, Jeffrey Perloff, "China's Income Distribution over Time: Reasons for Rising Inequality", CA (Department of Agriculture and Resource, University of California), Working Paper, No. 977, 2004.

[33] Yuliya Demyanyk, Otto Van Hemert, "Understanding the Subprime Mortgage Crisis", SSRN Working Paper Series, 2008, http://ssrn.com/abstract=1020396.

市价调整与美国次贷危机：一个理论述评*

2008 年下半年，针对美国次贷危机及其引发的金融危机，美国和欧洲金融界某些银行家们将矛头指向公允价值会计准则，把危机的原因归咎于按市价调整（mark-to-market）会计计量方法，由此引起世界各国对公允价值会计的轩然大波。本文力图围绕按市价调整与危机关系、公允价值计量与历史成本计量的比较、按市价调整与金融系统稳定性三方面对国外研究文献进行述评，并思考相关研究为我们带来的启发。

一、按市价调整是美国次贷危机的主要成因吗

（一）肯定的观点

次贷危机发生初期，金融巨头高盛集团的大卫·维尼尔（David Vinner）就指出，次贷危机中许多金融工具的货币价值之所以会远远低于其基础资产的价值，是由按市价调整所产生的传染效应造成的，采取这种不合时宜的会计准则理应遭到谴责，因为它是引发次贷危机的罪魁祸首。

随着次贷危机的不断蔓延和加剧，越来越多的学者加入抨击按市价调整的队伍中。他们均把采用按市价调整的会计计量标准归结为这次美国次贷危

* 本文原载于《经济理论与经济管理》2009 年第 9 期。合作者：罗惠良、李晓峰。基金项目：国家社科基金项目“多层次资本市场建设及监管问题研究”（项目号：05BJL026）；财政部“资产评估学科建设院校”项目。

机的主要成因，其主要依据是：按市价调整引起某个金融机构资产账面价值大幅缩水，金融机构为了满足流动性需求集中抛售，进而引致资产价格进一步下降，最终形成连锁反应，危机发生。

詹金斯（Jenkins）从一般意义上分析了上述连锁机制。他认为，按市价调整随市场波动而变动，价值变动随意性很大，在不断低迷的市场中，账面价值大幅缩水，进而引发大规模恐慌，使得后果不断恶化。可以说，始于20世纪90年代的按市价调整，尽管在会计方法上和监管手段上是一种创新，但如果考虑到美国政府当时实施按市价调整会计计量标准的初衷——欲通过强化会计准则来降低市场风险，那么，如今的危机已经证实了华盛顿政府的失败。茅瑞斯（Morris）从衍生品及金融创新的特殊视角分析指出，抵押贷款的证券化通过搜寻对信贷风险并不敏锐的借款人，催生了诸如担保债务权益凭证（CDOs）等衍生金融产品市场，促进了金融创新的快速发展。他认为，虽然美国次贷危机的发生与衍生证券化产品的发展不无关系，但如果金融机构没有实施按市价调整的会计计量标准，衍生品价格下降的传染机制可能不会出现，美国次贷危机就不会产生如此快速的传染效应。与茅瑞斯的观点一致，弗雷戈姆（Flegm）也认为，按市价调整是引发此次次贷危机更重要的因素。在旧会计制度下，许多资产以成本计价，美国新的会计制度（2006年11月15日起实施）将金融机构持有的资产分为三大类：第一类资产按市值计价，第二类资产按估值入账（但要公布估值模型），第三类涉及素质较差及难以评估价值的资产由公司自行假设资产价值，但须作大额拨备。当市场急剧变化后，第二类和第三类资产都需要作大量拨备并冲减股东权益，由此导致了信贷和流动性的进一步紧缩。例如，美国第五大投资银行贝尔斯登的困境并不是因为资不抵债，而是因为缺乏流动性。他甚至建议美国金融机构重新回到历史成本计量。

在专业投资领域，富兰克林·邓普顿（Franklin Templeton）基金管理人马克·莫比尔斯（Mark Mobius，2008）指出，美国强制实施的按市价调整会计准则，是本次尚在全球范围内不断蔓延的信贷危机的真正缔造者。美国次贷危机从本质上来看是由会计问题造成的，因为按市价调整要求银行等金融机构必须按市场价格更新其资产、负债的价值纪录，金融机构出于资本充足率和流动性等指标的考虑，通常需要持有大量短期金融工具。当市况逆转时，银行收紧个别对冲基金和投资银行的银根，迫使它们平仓减债。平仓带来价格下跌，资产缩水，抵押值下降，银行进一步抽紧银根，导致进一步的平仓甚至清盘，推动整体价格的下跌，使得所有拥有这类资产的基金、投资银行，必须按市价重估资产价值。由于抵押值下降，金融机构的市场贷款环境转差，导致新的更大的沽盘。斩仓盘带来恶性循环。

可见，个别基金的问题，通过按市价调整变成了整个行业的问题，需要全体金融机构进行拨备。在金融系统出现问题时，没有人愿意购买次按的相关产品，市场上没有相应的交易价格，大多数产品只能以模型计价，导致市场迅速失去了流动性，金融机构之间也不再互相信任，甚至连银行的商业票据都发不出去。当金融机构的债务不断到期但又没有能力在市场上继续获得融资时，自然就导致了流动性危机。被迫的出售行为就促成了危机传染机制的生成。以此为基础，莫比尔斯认为，强制要求所有信贷项目按市场价格调整的做法是荒谬的，是金融机构老板的噩梦，是投资银行、对冲基金的催命索。

针对众多理论分析和业界观点，国际清算银行（BIS）给出了具体的测算数据，声称在第三类资产的定价过程中，如果对3A级评级的次级抵押贷款证券化产品应用按市价调整会计标准，并使用次级房贷债券价格综合指数（ABX）作为资产定价模型的输入参数确定金融工具的现价水平，那么，定价模型只能捕获某项交易行为期望总损失额的40%，而其他的60%都会被忽略。

事实上，早在2000年前后，时任美联储主席格林斯潘（Greenspan）和美国银行协会（ABA）就曾公开表示，在实行按市价调整时公允价值的评估是一个无法回避的重要难题，因此按市价调整这一会计计量标准的可信度需要深入论证。美国各界对按市价调整的异议早已有之。

（二）否定的观点

在按市价调整遭到诸多指责的同时，也有研究者认为，将美国次贷危机完全归咎于按市价调整的会计计量标准并不合适，甚至有将其妖魔化的嫌疑。他们指出，受困于美国不断恶化的信贷危机中的金融机构将市价调整会计计量作为替罪羊，其目的是试图转移重点，真正的罪魁祸首是金融机构内部错误的经营决策、规避会计准则的行为和市场缺乏监管、规范等其他因素。

米勒和班森（Miller and Bahnson）就会计准则在美国次贷危机和信贷市场泡沫的最终崩溃中所起的作用提出了自己的观点。他们指出，此前有学者提出的“按市价调整致使美国次贷危机更糟糕”这一论断是缺乏理论支撑的，次贷危机的发生另有他因。他们认为，借款人获得的信贷超出了其还款极限、抵押贷款发起人的收费激励、收取打包和销售费用的投资银行没有合理地揭示金融产品的风险，以及追求高收益的机构投资者没有完全理解投资风险和金融工具的真实价值等因素才是引发危机的根源。此外，他们还认为，按市价调整计量能够真实地反映金融工具的市场价值，因此这种计量标准只会限制泡沫，而不是创造泡沫。与米勒和班森的观点类似，斯蒂克诺斯（Stichnoth）也认为按市价调整不应被视为信贷危机的主要威胁。他指出，出现危机的金融机构，或者是持有大量可疑资产，或者是融资杠杆运用过度。而且，多数金融机构的负债以短期为主，因此在次贷危机期间，它们不得不选择卖掉短期期权以减少冲击。而事实上，相对于会计计量标准而言，大量的可疑资产和短期（流动性）负债对于任何企业造成的危害都更加严重。著名评级公司标准普尔指出，从满足资本充足率要求的视角来看，对于信贷衍生品实行按市价调整所产生的损益对实体经济并没有显著影响，因此认为按市价调整引发了美国次贷危机的观点缺乏充分的理论依据。

（三）述评

次贷危机发生前，对于按市价调整在经济危机期间的作用问题，学术界已达成部分共识。相对于历史成本计量而言，按市价调整的会计计量是计量衍生产品等金融工具最具透明性的方法，按市价调整的会计处理和披露为投资者提供了当前市场情况和远期分析等信息，其本身并不会带来任何损失，而是客观地反映企业处境，提高市场透明度，为投资者提供完全透明的信息，对全球市场经受当前混乱、防止未来泡沫以及增强经济复苏能力均至关重要。这是按市价调整会计计量的突出优点。

次贷危机发生后，许多金融机构的股票以极低的交易价格遭到抛售。但实际上，抛售行为并非按市价调整直接导致，投资者信心丧失才是首要因素。例如，雷曼陷入困境时，美林以雷曼发行价22%的售价将其卖掉，众多投资者以此为定价标杆，对未来股价信心不足，大规模抛售在所难免。再如，美国国际集团（AIG）的问题也并非缘于会计标准，即使没有实行按市价调整，在AIG的评级被大幅调低后，交易对手同样会要求AIG提供更多的流动性担保，AIG同样难逃流动性危机的厄运。因此，按市价调整本身并非糟糕的会计计量标准，一味地将金融危机与公允价值计量挂钩，实际上是某些银行家和政治家在转移矛盾和公众视线。

二、公允价值计量与历史成本计量孰优孰劣

随着按市价调整日渐成为美国次贷危机中的焦点之一，关于按市价调整会计计量的定义、应用，以及公允价值计量与历史成本计量的优劣比较等也成为广受关注的重要问题。

（一）按市价调整会计计量的定义及应用

在会计学中，历史成本计量和按市价调整的会计计量是两种重要的会计处理方法。通常来讲，历史成本对资产或负债的价值以其最初入账时记录的价格来衡量，而按市价调整则以公允价值来计算。因此，公允价值是按市价调整中一个最重要的概念。① 关于公允价值的定义，美国财务会计准则委员会

---

① 学术界和实业界将按市价调整与公允价值视为一对同义词，按市价调整的会计计量也称“公允价值计量”。参见 Wayne R. Landsman，“Fair Value Accounting for Financial Instruments：Some implications for bank regulation”，BIS workshop on accounting risk management and prudential regulation，Basel，Switzerland，2005：11～12。

(FASB) 认为，"公允价值是指金融工具在自愿当事人之间的当前交易（不属于被迫或清算性出售）中可交换的金额"。国际会计准则委员会（IASB）的定义为，"公允价值是指在公平交易中，熟悉情况的交易双方自愿进行资产交换或债务清偿的金额计量"。公允价值强调公平、自愿的交易价格，它最大的特征就是来自公平交易市场的确认，是基于活跃市场的理性双方对资产或负债价值的公平认定和计量，而不是某个特定主体的估计。它的确定并不在于业务是否真正发生，而在于双方因一致性而形成的价值，是一种具有明显可观察性和决策相关性的会计信息。

从发展历程看，美国是最早实践按市价调整会计计量的国家。1989 年，美国通过了《金融机构改革、恢复和强制执行法》(FIRREA)，该法案明确要求对美国国债采用按市价调整的会计计量标准。20 世纪 90 年代中后期，美国财务会计准则委员会的"107 号准则"（SFAS 107）和"115 号准则"（SFAS 115）进一步要求所有上市公司在财务报表的注释中披露金融资产和负债的市场价值，并要求将按市价调整应用于除持有至到期日的所有证券投资组合，该条例的实施被视为按市价调整会计计量应用史上迈出的第一步。

（二）两种会计标准的比较

关于两种会计标准的比较研究大致经历了两个阶段：早期研究和近期研究。

1. 早期研究

作为会计准则的一项改革措施，公允价值计量实施后，其相对于历史成本计量的优劣问题，在学术界引起了广泛关注，较早的研究基本可归纳为截然相反的两种观点。

一方面，公允价值计量的倡导者认为，按市价调整反映了金融机构资产负债表中各项目的真实价值，为投资者更好地评估其投资风险和收益，以及为政策制定者采取合适的监管措施提供了更加可靠的参考。而历史成本计量则不同，该方法不能真实反映个体借款人、金融机构以及整个市场的实时状况和变化趋势。尤其是在危机期间，当监管者考虑关闭一些经营恶化的金融机构时，历史成本计量也基本无法提供有价值的信息。不仅如此，历史成本计量还会助长企业获取交易性收益的偏好和管理者出现非理性、破坏性管理行为的倾向。

另一方面，公允价值计量的反对者则认为，由于按市价调整使企业不得不面对按市值计价所产生的收入冲击，进而影响投资者的投资行为，致使公司股价波动加剧。结果，金融机构的资产负债由于都受到市场短期波动的冲击，无法真实反映基础资产的价值。此外，实施按市价调整还会为企业带来额外的应用成本，产生资产、负债真实价值的测度（评估）困难等问题。

2. 近期研究

早期的研究者只注意到两种会计计量标准各自的优点，而忽视对其缺点的分析。20 世纪 90 年代中期以来，更多的研究者开始认识到两种会计计量标准都不是绝对完美，而是各有优劣的。研究视角主要集中于两种会计计量在抽取价格信息上的功能差异、公允价值的计量困难、按市价调整与危机间的反馈机制等。

帕拉丁等（Plantin et al.，2007）在关于两种会计计量的比较研究中主要分析了两个问题。一是会计与信息问题。他们认为，如果资产的合约化价值是其在流动性市场上可观测的价格，会计准则会影响到公司行为，公司行为也会对资产的市场价格产生影响。而且，资产价格对会计准则会产生推动作用，但会计准则本身对资产价格没有影响。在历史成本计量与按市价调整会计计量的比较研究中，指出由于忽视了价格信号，历史成本是缺乏效率的。但在抽取市场当前的价格信息内容时，按市价调整由于使价格波动增加额外的、非基础性的成分，会扭曲信息内容，也就是说公允价值计量有时引起的资产价值的波动会扭曲它所一直储存的真实价格信息。二是银行在面对出售或持有贷款抉择时的动机问题。他们指出，因为银行更了解其借款人，它自己对贷款到底有什么价值拥有最好的认识。它的经理们因为银行的会计利润而受到奖赏。如果贷款以历史成本计量并且市价上升，那么尽管市场可能低估其价值，但是在卖出是唯一实现利润的方式的情况下，贷款仍很可能被卖掉。虽然持有贷款对股东最有利，但是，银行的经理们仍会卖出贷款获取利润并相应得到报酬。公允价值计量能够规避这种代理问题。贷款不会在价值上升时被卖出套现，将资产标记为市场价值可以对利润和经理们的报酬产生同样有利的作用。但是，在经济出现滑坡时，公允价值计量却可能导致长期非流动信贷的被迫出售。如果市场上只有少数潜在的买家，而且所有拥有相同资产的金融机构都产生卖出动机，那么价格将会不断下降。[①] 这样，公允价值自身就歪曲了资产实际价值的真实价格，市场参与者从市场价格中获得的信息变得有缺陷，结果企业报表中的净值与其实际价值的偏离也越来越大。因此，历史成本计量和按市价调整的会计计量各有优缺点，会计计量标准的选择是一个囚徒困境问题。但同时，他们也指出，历史成本计量在分析长期耐用类资产和在较强流动性市场上交易的资产时，明显优于按市价调整。

巴斯（Barth，1994）的实证研究对帕拉丁等（2007）的部分结论构成支持。研究显示，如果以会计指标所具有的增量信息含量衡量，按市价调整明显优于历史成本计量。但如果投资者根据这些信息进行证券投资，那么，按市价调整的优势不再明显，甚至在某些条件下，基于公允价值所进行的证券投资收益反而低于基于历史成本的投资。这表明公允价值计量使用范围的扩大也许是一件好坏参半的事情。

米勒（Miller）也分析了会计标准的信息功能，但他侧重于分析不同会计计量标准下财务报表信息披露的差异。他指出，财务报表的目标是促使证券市场价格向其内在价值收敛，而该目标的实现会使证券价格和资本成本真实地反映其实际风险和收益。这对于所有市场主体以及市场发展都是有益的。

---

① 实际上，将长期信贷持有到到期日对股东是有利的。但遗憾的是，此时的管理者通常不会这样做。

因此，对于市场主体而言，能够获得的证券信息越多就越有利。从会计方法角度来看，公允价值较之历史成本在披露信息方面要优越得多。因为，在评估未来现金流时，没有考虑贴现率等指标的历史成本数据，其可信度远低于公允价值。但同时，米勒也不否认公允价值存在评估上的技术困难。

约翰逊（Johnson）和鲁梅尔（Rummell）首次提及市价调整与危机之间的反馈机制。他们指出，虽然公允价值计量能够反映金融工具的真实价值，但在次级抵押市场上，公允价值不仅存在评估困难，并且按市价调整与危机之间存在一个相互强化的反馈机制，这一机制会加重次贷危机的传染。他们认为，如果美国金融机构实施历史成本计量，至少这种反馈机制不会发生。

综观上述研究，与历史成本计量不同，以近期价格确定市值价格的公允价值计量，可以更真实地反映企业的财务状况。理论上，公允价值计量可以使企业的盈利能力、资产负债等更加真实地体现出来，为投资者、股东和监管部门及时发现企业财务问题提供便利。因此，按市价调整具有价值发现的优势。但如果经济出现大幅滑坡，公允价值则表现出其不甚理想的一面，它会扭曲资产实际价值的真实价格，恶化企业财务状况，与危机形成相互强化的反馈机制，促成危机的快速传染（但并非直接导致危机发生），而这在历史成本计量中一般不会发生。

三、按市价调整对金融系统稳定性有何影响

20 世纪 90 年代，美国财务会计准则委员会要求，所有在美国资本市场上公开上市的企业，只要条件允许，都要披露其资产负债表内和表外金融工具公允价值的估值。此后，公允价值计量备受关注。

（一）按市价调整与金融危机传染

鲍耶（Boyer）认为，在金融市场内在不完美的前提下，根据公司财务状况估值与按市场价值估值之间通常会产生一种相互作用机制，公允价值很可

能会强化现代金融系统中所谓的金融加速器效应。在将公允价值计量运用于银行、基金等金融机构时，如果金融创新没有产生一个反向补偿，那么，新的外生冲击就可能发生，经济波动也可能进一步加剧，进而强化金融系统的脆弱性，削弱危机中金融机构的复苏能力和金融系统的稳定性，产生所谓的会计加速器效应（见图1、图2）。

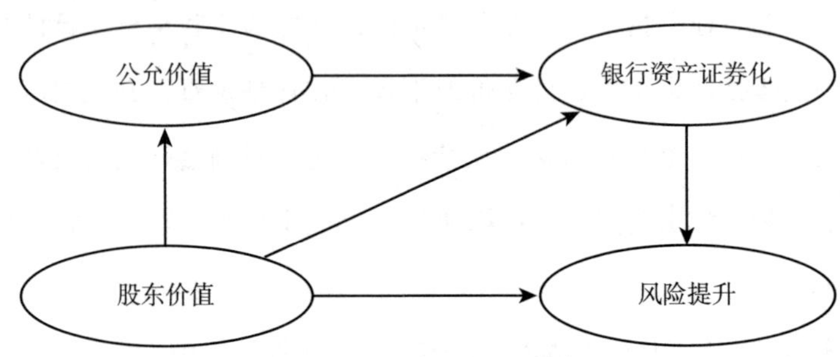

图1　公允价值计量引发的新反馈机制

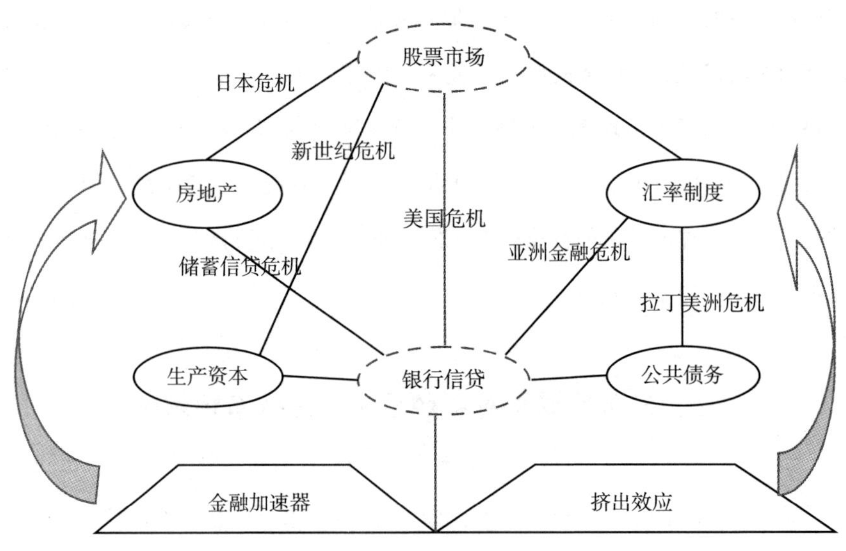

图2　危机期间金融机构提供流动性的功能

艾伦和卡勒迪（Allen and Carletti，2008）证实了鲍耶所判断的作用机制的存在。他们建立模型（以下简称“AC 模型”）研究指出，按市价调整与流动性定价之间的特有作用机制，会强化金融危机的传染效应或概率，建议监管部门应用按市价调整时进一步提高市场透明度，并强化会计与审计工作，弱化危机传染。夏普拉（Sapra，2007）进一步分析了 AC 模型中影响危机传染的具体因素，并解释了这些因素与流动资产定价之间的相互作用是如何产生危机传染机制的。他认为，AC 模型的建议并不那么有效。与鲍耶、艾伦和卡勒迪以及夏普拉的观点一致，博凯德和施特劳斯（Burkhardt and Strausz）也认为，虽然按市价调整有助于降低市场的信息不对称程度，提高市场的流动性，但同时还会产生风险转移问题，从而有可能引发金融危机的传染。

（二）按市价调整与银行信贷周期

阿德里安和信（Adrian and Shin）检验了实施按市价调整的银行之资产价格与资本基础价值的关系。传统上，银行在资产价格较高时有更大的购买激励，而在价格低时则被迫售出，资产负债表的扩展和收缩对信贷周期产生了强化作用。按市价调整的实施，又进一步提高了金融泡沫时期的购买“快感”，但在危机期间会加重市场的恐慌。为了研究银行上述行为的激励因素，阿德里安和信探索了风险价值（VAR）在解释银行资产负债管理决策中的作用，认为在所谓单位 VAR 的逆周期结束后，顺周期杠杆随即启动并发挥作用，通过贝尔斯等、雷曼兄弟的案例分析，对 VAR 的逆周期性进一步作出了经验验证。

恩里亚等（Enria et al.）针对资产价格波动对银行收益影响所进行的经验研究，结论与阿德里安和信较为相似。他们认为，从保持金融稳定的角度来看，采用公允价值会助长银行信贷的内在周期性，并导致经济周期更为明显。虽然恩里亚等同意按市价调整会助长银行信贷的内在周期性，但他们并不认为按市价调整会对银行股价的波动产生影响。

（三）其他研究

除金融危机传染和银行信贷周期外，银行资产价值的失真、银行的跨期平滑功能等其他方面也是研究的焦点问题。

沙弗尔（Shaffer，1944）分析了银行等金融机构自愿采用公允价值计量能否提高其稳健性和安全性问题。他认为，自愿采用公允价值计量为银行提供了更大灵活度，银行可以根据其自身情况决定是否采用，这可能导致银行倾向于采用对其有利的准则，而放弃对其不利的准则；或者在资产负债的部分采用与全部采用之间作出有利于自身的选择。他指出，虽然自愿原则对金融机构有利，但往往会产生资产价值失真问题，对金融系统的稳定性产生不利影响。

奥哈拉（O' Hara，1993）以及费瑞克斯和措姆克斯（Freixas and Tsomocos）分析了按市价调整对于银行系统稳定性的影响，发现实行按市价调整后银行的跨期平滑功能更易遭到破坏。奥哈拉（1993）还专门研究了按市价调整对正处于到期日的银行信贷的影响，认为这种会计计量标准会提高长期信贷的利率水平，进而导致信贷出现短期化倾向，削弱银行的流动性创造功能，致使市场出现流动性危机。

从国外文献可以看出，在按市价调整对金融稳定的影响问题上，无论是由银行信贷周期强化、资产价格失真、银行跨期平滑功能遭受破坏等引起的单个银行危机，抑或是由机构或市场的传染引致的金融系统危机，或多或少都体现出按市价调整在经济周期的不同阶段作用机制的非对称性特征：经济繁荣期间会计准则助推泡沫，经济衰退阶段则加剧危机。但这种非对称效应之于危机而言只是“加剧”，而非“导致”。

四、结论与启示

对于按市价调整与次贷危机关系，以及按市价调整对金融系统稳定性的研究，都涉及“是否要实施按市价调整”的重要问题。但事实上，正如纳斯尔（Nasr）所言，“这是一个没有确切结论的问题，因为它取决于你为什么要采用该计量标准”。例如，在资本市场上，担保债务权益凭证（CDOs）等结构性金融工具若存在短期被迫清算的可能，实施按市价调整就是合理的；但若超出上述市场环境，上述结论就未必成立。

过去几年时间里，许多结构性信贷产品都实施了按市价调整会计计量，倘要一下子重新回到历史成本计量，其难度不言而喻。事实上，许多实业界人士都认为重回历史成本计量的可行性并不大。① 次贷危机发生后，美国政府重申证监会（SEC）若认定是符合公众利益以及能保护投资者的话，有权停止执行“157号准则”（FAS157）以公允价值入账的会计计量标准；同时要求美国证监会联同联储局及财政部就该会计标准进行一项特别研究。这样，是否要重回历史成本计量仍需进一步论证。

2008年12月30日，美国证监会正式向国会作出回答，认为“取消‘157号准则’是实践的倒退”，将导致公允价值计量的不一致和混乱。当然，美国证监会也提出，需要采取措施提高公允价值计量的应用和理解，包括制定新的指南以指导在非活跃市场中确定公允价值，并建议美国财务会计准则委员会重新评估减值会计模型。②

在我国，2007年后开始全面执行与国际会计准则趋同的新会计准则，公允价值在我国会计领域广泛采用，金融工具实行按市价调整。但我国会计准则对采用公允价值计量的资产、负债等，规定了严格的公允价值限制条件。我国财政部会计司根据2007年1570家上市公司执行企业会计准则情况分析报告得出结论：企业会计准则在上市公司实施后，涉及公允价值计量的交易性金融资产、可供出售金融资产、投资性房地产等，公允价值变动损益金额较小，影响甚微，对利润总额的影响不到1%。③ 尤其是美国过度创新的金融产品在我国基本不存在，因此我国新会计准则的实施不能因金融危机而因噎废食，而是要在不断加强监管的过程中稳步推进，视实践效果而适当调整。

① 美国次贷危机发生后，有经济学家呼吁重新回到历史成本计量，针对这一呼声，英国巴克莱资本（Barklays Capital）的信贷衍生品数量分析师约·葛列格里（Gregory，2008）公开发表了这一观点。

② http：//www. sec. gov/news/studies/2008/marktomarket123008. pdf.

③ 中华人民共和国财政部官网。

参考文献

[1] Allen F., Carletti E., "Mark-to-Market Accounting and Liquidity Pricing", *Journal of Accounting and Economics*, 2008, 45: 2–3.

[2] Andrea Enria et al., "Fair Value Accounting and Financial Stability", European Central Bank Occasional Paper Series 13, 2004.

[3] Barth M., "Fair Value Accounting: Evidence from Investment Securities and the Market Valuation of Banks", *The Accounting Review*, 1994, 69: 1.

[4] Charles Morris, "The Trillion Dollar Meltdown: Easy Money, High Rollers, and the Great Credit Crash", New York: Publicaffairs, 2008.

[5] Eugene Flegm, "The Need for Reliability in Accounting: Why Historical Cost is More Reliable than Fair Value", *Journal of Accountancy*, 2008, 5.

[6] Family Securities Matters, "Fix 70% of the Problem Immediately: Suspend "Mark-to-Market" Now!", http://www.familysecuritymatters.org/publications/id.1344/pub_detail.asp,2008.

[7] Haresh Sapra, "Do Accounting Measurement Regimes Matter? A Discussion of Mark-to-market Accounting and Liquidity Pricing", *Journal of Accounting and Economics*, 2007, 10 (2).

[8] Holman Jenkins, "Mark to Meltdown", *Wall Street Journal*, 2008, 5.

[9] Johnson, "The Fair-Value Blame Game", http://www.cfo.com, 2008.

[10] Katrin Burkhardt, Roland Strausz, "The Effect of Fair vs. Book Value Accounting on Bank", IDEAS Department Working Paper 24, 2006.

[11] Matt Stichnoth, "Backlash Against Mark-to-Market Accounting", http: www.seekingalpha.com, 2008.

[12] Motley Fool, "Mark-to-Market Accounting: What you should know", http://www.iconocast.com/B000000000000057/X0/News1.htm, 2008.

[13] O'Hara, "Real Bills Revisited: Market Value Accounting and Loan Maturity",

Journal of Financial Intermediation, Elsevier, 1993, 3: 1.

[14] Paul Miller, Paul Bahnson, "The Spirit of Accounting: Don't Blame Mark to Market for the Subprime Bubble", http://www.webcpa.com/article.cfm?articleid=27811, 2008.

[15] Paul Miller, "The Capital Markets' Needs Will Be Served: Fair Value Accounting Limits Bubbles rather than Creates Them". *Journal of Accountancy*, 2008, 5.

[16] Plantin, Sapra, Shin, "Marking-to-Market: Panacea or Pandora's Box?", *Journal of Accounting Research*, 2007, 46: 2.

[17] Risk Magazine, Marking to Mayhem, http://www.db.riskwaters.com/public/showpage.html? page=665557, 2008.

[18] Robert Boyer, "Assessing the Impact of Fair Value upon Financial Crises", *Socio-Economic Review*, 2008, 5.

[19] Rummell N., "Fair-Value Rules Get More Blame for Crunch", http://www.financialweek.com, 2008.

[20] Sherrill Shaffer, "Market Value Accounting: A Guide For Safe and Sound Banking?", *Cato Journal*, 1994, 13.

[21] Terry Hall, "Crisis Essentially Accounting Problem", http://www.stuff.co.nz/4500248a1865.html, 2008.

[22] Tobias Adrian, Hyun Song Shin, "Liquidity and Leverage", Federal Reserve Bank of New York Staff Report 328, 2008.

[23] Xavier Freixas, Dimitrios Tsomocos, "Book vs. Fair Value Accounting in Banking, and Intertemporal Smoothing", OFRC Working Papers Series 2004 fe 13, 2004.

后金融危机时代系统性风险及其测度评述*

众所周知，系统性风险普遍存在于金融体系当中，并成为金融危机爆发的根源。从历史上看，几乎每一次金融危机的产生都蕴含着系统性风险的累积，尤其是此次全球金融危机，系统性风险的阴霾更是四处弥漫。危机之后，大家反思发现，正是由于金融监管的漏洞、真空及不足，监管当局未能及时发现并控制蕴藏在美国乃至全球金融体系中的系统性风险，才导致这场席卷全球金融风暴的大蔓延。因此，在后金融危机时代，识别、度量、防范和控制系统性风险，加强系统性风险的全球治理，已成为摆在世界各国监管当局面前一项刻不容缓、不容回避的任务和重大课题。

尽管我国金融部门在本轮金融危机中并没有受到严重冲击，但随着我国金融市场的逐步开放及金融全球化的进一步发展，我国金融部门与全球金融系统的联系更加紧密，遭受系统性风险冲击的可能性不断加大，因此，研究和防范系统性风险具有重要的现实意义。

一、系统性风险的概念诠释

系统性风险既不是一个新概念，也不是一个新问题。然而，由于金融

---

* 本文原载于《经济学动态》2012 年第4 期。合作者：代松。基金项目：国家社科基金重点项目“我国经济发展方式转型中的金融保障体系研究”（项目号：10AJL005）；国家社科基金重大项目“加快推进对外经济发展方式转变研究”（项目号：10ZD&017）。

体系中系统性风险而诱发灾难性危机的可能性却极高，因而，系统性风险一度成为各国中央银行行长眼中“最恐怖的词语”。目前，国际上对系统性风险并无明确统一的、被普遍接受的定义。例如，欧洲中央银行（ECB）为了避免未来金融危机的再次爆发，于2010年成立了专门权威机构——欧洲系统性风险理事会（European Systemic Risk Board，ESRB），但它成立伊始，遇到的最大问题就是“系统性风险”概念的清晰、准确定义。这一状况一方面反映出系统性风险是一个极为复杂的问题，另一方面也说明学术界对此的相关研究还存在一定的局限性和不足之处，有待进一步深入探索。

系统性风险与我们通常讲的系统风险有着本质的区别。系统风险是微观意义上的风险，由夏普（Sharpe，1964）定义，指的是证券市场中不能通过分散投资加以消除的风险，也称为不可分散风险或剩余风险。这种风险是市场固有的、对每一投资项目都同样存在的风险，这种风险只会使投资主体自身面临困境，而不会影响到其他投资主体。而系统性风险则是指宏观意义上的风险，是金融监管机构进行宏观审慎监管的依据和基础。

就目前的文献来看，对于系统性风险产生的根源及其概念，学术界具有代表性的定义大致有以下四类。

第一类是从危害范围大小的角度定义。美联储主席伯南克（2009）认为，系统性风险是威胁整个金融体系以及宏观经济而非一两个金融机构稳定性的事件。欧洲中央银行（2009）则定义其为“金融不稳定大范围发生，危及金融体系的运行，以至于经济增长和福利将遭受巨大损失”。国际货币基金组织（IMF）定义系统性风险为重要金融机构经营失败通过内部关联性对其他金融机构带来的巨大损失。

第二类是从风险传染的角度定义。哈特和津加莱斯（Hart and Zingales，2009）认为，系统性风险是单个事件通过一个机构传递到多家机构、从一个市场传染到多个市场引起多米诺骨牌效应，导致损失扩散和蔓延，从而使整个金融体系变得极为脆弱的可能性。

第三类是从金融功能的角度定义。明斯基（Minsky，1995）认为，系统性风险是突发事件引发金融市场信息中断，使得金融市场的信息处于混乱状态，从而导致金融功能丧失的可能性。国际权威机构之一的国际清算银行（1994）定义系统性风险为金融活动的参与者未能履行契约型债务义务，可能依次导致其他的参与者违约的一连串反应，从而导致更大范围的金融困境。

第四类是从对实体经济影响的角度定义。美国联邦储备委员会（FRB，2001）把系统性风险定义为一个金融机构到期债务不能偿还会导致其他债权人也无法偿还，不断扩散后，其他金融机构、存款机构及实体经济都会遭遇严重的支付困难。G20 财长和央行行长报告（2010）将系统性风险定义为“由全部或部分受损的金融体系造成的，有可能对实体经济产生严重的负面影响的金融服务流程受损或破坏的风险”。

上述对系统性风险的定义还主要是对其本质的抽象概括。在现实中，为了对系统性风险进行深入研究，许多学者将系统性风险的概念进一步具体化，以便展开定性和定量分析。德·邦特和怀特曼（De Bandt and Huartmann，2000）认为，对系统性风险的研究探讨集中在银行间市场、金融市场和支付结算体系三个领域。但无论在哪一个领域内探讨系统性风险，系统性风险的解释总包含两个方面的内容：一方面是系统中的某部门或所有部门受到一个系统性事件的冲击，另一方面则是讨论危机在系统内的传染机制。例如，考夫曼和斯科特（Kaufman and Scott，2003）认为，系统性风险是指整个系统崩溃的可能性，表现为系统中的大多数部门或所有组成部门间的相关性。库皮耶克和尼克尔森（Kupiec and Nickerson，2004）定义系统性风险为一种潜在的威胁，这种威胁由某个经济动荡引起，且会引起资产价格大幅波动、公司流动性显著减少、潜在的破产风险以及资产的重大损失等。陈莹蔚（Nicholas Chan，2005）则将系统性风险定义为由于金融市场的内部特性，某个市场主体违约给其他市场主体带来的巨大负面效应的风险。

国内学者董青马（2010）在讨论银行间系统性风险的生成机制时，将系统性风险的内涵总结为三个方面：第一，一个大的冲击或宏观冲击对国内的经济系统产生了巨大的负面影响，进而造成整个金融体系的崩溃；第二，部分金融机构倒闭后，冲击通过金融机构间的资产相互持有与实质交易进行传染；第三，即使金融机构间并无直接的关联和交互反应，但部分金融机构的倒闭仍然可以通过第三方风险暴露上的彼此相似性，即信息作用产生的溢出效应，进而导致整个金融体系的崩溃。龚明华和宋彤（2010）认为，系统性风险的首要特征就在于微观风险承担行为的“外部效应”。单家公司的重大风险强加于全社会的损失要远远大于投资者本身的损失，并且由于金融系统具有更明显的外部效应，其风险溢出、传染和蔓延及破坏性更加的突出。叶康（2009）认为，众多文献对系统性风险定义的共同之处在于，强调系统性风险是由某个触发事件引起的一连串负面经济反应的风险。这些负面经济反应既表现为金融机构的重大损失，又有整个金融市场层面的金融波动。

从上述定义不难看出，系统性风险的“系统性”至少包含三个方面的含义：第一，“系统性”是从宏观性、全局性的着眼点出发，指一个系统性事件影响了整个金融体系的功能；第二，系统性事件具有溢出和传染效应，能使金融危机从银行业传染到整个金融业，从虚拟经济传染到实体经济，从一国传染到世界各国；第三，系统性风险具有外部效应，一个系统性事件虽然肇始于个别金融机构，但风险的成本却由金融市场所有的参与者承担。

鉴于系统性风险对人类社会和经济生活具有巨大的破坏力，2009 年 4 月初，伦敦 G20 峰会决议设立一个全球金融监管体系——金融稳定委员会（Financial Stability Board，FSB），对全球系统性金融风险进行监管和治理。该委员会认为，系统性风险是指由经济周期、国家宏观经济政策的变动、外部金融冲击等风险因素引起的一国金融体系发生激烈动荡的可能性，这种风险具有强力的隐匿性、积累性和传染性，对国际金融体系和全球实体经济都会产生巨大的负外部性效应，并且系统性风险不能通过一般的风险管理手段相互抵消或者削弱，即系统性风险只能防止其积累乃至爆发，但是不能根本消除。

二、系统性风险的分析视角

所谓冰冻三尺非一日之寒，系统性风险从产生到最终爆发之间存在一个逐渐积聚的过程，也正是有这样一个积聚过程，使得对系统性风险成因的分析较之传统的风险分析方法更为复杂。同时，由于系统性风险的成因，既有金融风险产生的共同性也与世界范围内金融的新发展密不可分，体现了一定的时代特点，是世界金融一体化、金融创新、技术创新发展的结果。因此，只有首先找准系统性风险的研究视角，才能追本溯源，探寻系统性风险的生成机理，为系统性风险的定性定量分析提供切入点。

金融危机爆发后，对系统性风险的研究较之危机前有了新的发展。首先，传统的观点认为，系统性风险的爆发始于单个金融机构的倒闭所带来的连锁反应，而新观点认为，系统性风险爆发始于金融机构持有的共同的风险敞口和高杠杆的运作方式。其次，传统的观点倾向于将引致系统性风险的冲击事件视为外生变量来分析，而新观点认为，包括冲击事件和扩散过程在内，系统性风险是内生的。最后，新观点认为，由于金融创新和影子银行的发展，风险的扩散不再局限于通过传统的资产负债表渠道，而是通过多种渠道进行传播。此外，新的观点还认为，防范系统性风险的爆发，要在系统性风险的累积阶段就给予关注，防范系统性风险的积聚比关注触发性事件更重要。

从各类文献对金融系统的系统性风险定义的诠释和新的关注点可以看出，要开展对系统性风险的进一步研究，应该从三个方面着手：第一，研究系统性风险不能仅仅局限于对单个金融机构风险的研究，即系统性风险不是金融系统内各金融机构风险的简单加总，而要着眼于各金融机构间的相互关联性分析；第二，在研究系统性风险的传播渠道时，除关注传统金融机构资产负债表的高度关联性以外，应更加关注系统性风险传播的其他渠道，如共同的风险敞口等；第三，要在传统系统性风险测度和防范方法上推进新模型、新方法的研究与应用，包括对系统重要性机构的确定与衡量，将各类金融创新、影子银行系统纳入系统性风险的衡量和监控范围内，等等。

正是基于上述认识，英格兰银行（Bank of England，2009）在其关于系统性风险来源的分析报告中，从两个新的分析视角提出了系统性风险来源：一是空间维度，即大型机构的相互关联和共同行为引发的风险，也被称为网络风险；二是时间维度，即随着时间不断积累的失衡引发的风险，也被称为总体风险。并且，这两种风险相互关联，相互影响，两者相互作用，积累到足够大时便会引发金融危机。

这里的空间维度，也称为跨行业维度，主要是关注特定时间点风险是如何在金融体系中的各金融机构之间分布和相互作用的。巴曙松（2010）认为，这种风险暴露既可以是金融机构在相同或相似资产类别下的直接风险暴露，也可以是它们之间由于业务交叉而导致的间接风险暴露。从空间维度关注系统性风险，就需要关注金融机构的投资组合及金融产品间的相互关联性。也正是由于这种关联性，使得系统性金融机构的自身运营出现了“牵一发而动全身”的作用，伯南克（2011）指出，此类金融机构面临的问题是“太关联了而不能倒”，拉詹（Rajan，2009）则认为是“太系统了而不能倒”。金融危机后，如何识别系统性重要机构及如何衡量其在金融系统中的系统重要性地位，是目前从空间维度研究系统性风险的热点。

从时间维度测度系统性风险，主要是考虑金融系统的顺周期效应。布伦纳迈尔等（Brunnermeier et al.，2009）指出，所谓的顺周期风险就是指系统性风险由于金融体系内部及金融体系与实体经济之间的相互作用而不断放大的过程。谢平和邹传伟（2010）指出，金融系统顺周期性对系统性风险的影响主要由三个方面表现出来：对资本充足率监管的顺周期性、贷款损失拨备的顺周期性及公允会计准则引发的顺周期性。

相比较从空间维度对系统性风险进行分析，从时间维度对系统性风险进行分析的文献较多，危机后的焦点主要集中在对公允价值是否会放大金融体系内的系统性风险，以及如何放大系统性风险的讨论上。简单的逻辑就是，金融机构以公允价值计价的资产和利润呈现出顺周期的特征。经济高涨时，市场价值的上升推高了相应的资产的账面价值，导致银行资产和利润的虚增，刺激银行扩大信贷规模，资本市场和实体经济泡沫不断滋生、膨胀，风险逐步累积；经济衰退时，资产账面价值的下降促使面临资本监管约束的银行被迫出售资产，价格的下降引致其他银行进一步抛售资产，恶性循环使得萎靡的经济雪上加霜。沃利森（Wallison，2008）分析认为，公允价值计量在经济繁荣时期会制造资产泡沫，在经济萧条时期会造成资产价格非理性下跌，对宏观经济波动产生影响。李文泓（2009）和黄世忠（2009）都认为，公允价值的顺周期特征提高了银行体系的系统性风险。

三、系统性风险的测度方法

系统性风险的测度是指在对过去系统性风险损失资料及当前经济金融形势的分析基础上，对风险发生的概率以及所造成的损失程度进行定性和定量分析，从而较精确地预测出满足一定规律的结果的过程。它主要包括两部分内容：一部分是对过去所发生的系统性风险的规律性的发掘，找出呈现出一定必然性和统计规律性的东西；另一部分是对当前经济金融体系的现实状况及可能的冲击等进行分析，从而估测出当前金融体系的风险状况的过程（翟金林，2001）。

如何测度系统性风险，从使用方法上来讲可以分为三大类。第一类是利用财务报表数据进行测度，诸如不良贷款、盈利水平、流动性和资本充足率等。这类方法主要有金融压力指数法、早期预警法等，其主要缺陷是数据是低频的，存在着数据延迟、信息滞后等问题。金融压力指数法是由加拿大银行家伊林和刘（Illing and Liu，2003）提出的，为很少或没有发生过银行危机的国家建立金融系统性风险预警指标体系提供了方法。该方法以金融压力指数为衡量金融系统性风险程度的变量（被解释变量），以其他金融风险先导指标为系统性风险的预警指标（解释变量），并检验预警指标对金融压力指数影响的显著程度，从而确立最终的金融系统性风险预警指标体系。吕江林和赖娟（2011）在伊林和刘（2003）研究的基础上，结合我国实际，以金融系统性风险的同步指标构建而成的金融压力指数为金融系统性风险的测度指标，以金融压力指数本身的滞后项和具有先导性的经济、金融指标为解释变量，借助实证的方法，构建了我国金融压力指数预测模型。通过运用当前的金融压力指数和其他解释变量值，预测未来四个季度的金融压力指数。他们构建了反映我国金融系统性风险的综合性指标——中国金融压力指数（financial stress index of China，CFSI），并利用该指数进行了实证研究，以验证该指数的有效性。

第二类是利用银行之间的风险敞口数据为基础的网络模型来测度。网络模型法主要依赖金融机构数据来评估连带外部效应，跟踪一个信用事件或者流动性紧缩在银行体系所导致的反应，能提供一种重要的测度方法，用来衡量金融机构对于由其他金融机构陷入困境所引起的多米诺骨牌效应的弹性。艾伦和鲍布什（Allen and Babus，2008）指出，网络模型法是应对系统性关联度风险的一种很自然的候选方法，因为它能让监管者通过跟踪直接金融关联导致的几轮外溢效应，获取超越初始观察问题的能力。其缺陷除数据低频外，还存在局限于一个国家或地区的数据。

第三类是利用资本市场数据进行测度。由于资本市场数据具有高频性，这类方法的结果具有前瞻性，容易被所有参与方所接受。

从研究领域和研究视角来看，目前对系统性风险主要有两个大的研究方向：一个研究方向是对资产泡沫的早期预警体系的研究，另一个研究方向则是测度单个金融机构对系统性风险的边际贡献。

第一个研究方向的核心是金融危机，即金融机构大量损失或大量倒闭引起实体经济严重混乱的事件。从这一研究范畴看，系统性风险测度要重点实现以下功能：要能提供金融危机发生的先行信号而非同步信号；要能够充分考虑导致金融危机发生的相互影响行为；要能够充分说明危机的传递机制。但实现系统性风险测度功能所面临的最大困难在于，很难找到一个稳定且具有普遍解释力的金融危机成因分析框架。历经多年的研究，学术界发展了三种类型的系统性风险测度工具，主要有指标法、模型法和经验分析法。但这些工具在原理上都与实践的要求有相当大的差距。

第二个研究方向是利用资本市场数据对系统重要性金融机构的系统性风险“贡献”进行测度。它是识别系统重要性金融机构及对系统重要性机构进一步分类，从而制定针对性监管措施的依据。因此，金融危机后，从系统重要性金融机构角度展开对系统性风险测度的文献大量涌现，主要有四种思路。

第一种思路是保险溢价方法。黄等（Huang et al.，2009）利用了 CDS 价差和股票价格两个市场数据构建了一个系统性风险指标，经济含义相当于覆盖银行体系危机损失的一个假想风险溢价，其中的违约概率和机构间的相关性均用上述两个市场数据进行估计。他们用银行发行的债务工具组成的投资组合在未来 12 个星期内不受财务困境损失影响的保险费用的理论值，来衡量银行系统的系统性风险。通过信贷违约掉期以及从股市数据中提取 CDS 和单个银行的股价日交易信息，计算出单个银行的违约概率和不同期间股权回报率的相关系数作为风险参数。这种分析方法有较高的实时性，但应用条件较为苛刻。

第二种思路是阿德里安和布伦纳日尔（Adrian and Brunnerier，2010）提出的在险价值法（CoVaR）方法。CoVaR 法是将条件在险价值法引入系统性风险研究，捕捉一个机构系统性风险的（边际）贡献，并帮助监管机构进行逆周期调控。该方法是在 VaR 测度单个金融机构非条件性尾部风险的基础上，通过测度某个金融机构陷入困境对其他金融机构尾部风险的影响，将系统性风险和金融体系对陷入困境中金融机构的在险值联系起来。虽然 CoVaR 可以测度一家银行的倒闭给其他银行或银行体系带来的溢出效应，识别出有系统性重要影响的金融机构，但是，由于现代金融网络之间的高度关联性，决定了基于线性思维和模型的 CoVaR 法无法用一个统一的指标估算金融机构之间的关系，因而，它无法准确识别复杂金融网络的系统性风险，不能加总得出整个系统性风险。

第三种思路是 Shapley 值方法。Shapley 值可视为多人分配问题的有效结果，在博弈中，每个人持有的资源都可与他人的资源结合来创造价值。基于每个人的资源对总产出的平均边际价值，使用 Shapley 值的方法给单个金融机构分配系统性风险，每个金融机构的系统重要性度量加总后正好等于系统范围风险的度量。金融机构的规模、违约概率和对共同风险因子的暴露程度是系统性风险的主要驱动因素。塔拉什夫等（Tarashev et al.，2010）利用该方法将整个系统所产生的风险分配至每个参与机构，通过测度这些金融机构可以分别分摊系统的多少系统性风险，从而确定其系统重要性。我国学者贾彦东（2011）利用 Shapley 值法对我国金融机构的系统重要性进行了分析，他理论上将单一金融机构对整个系统的影响分为直接影响和间接影响两部分，并分别使用"冲击测试"和"Shapley 值"测算了两种效果造成的损失。理论分析后，又对我国金融系统进行了实证分析，得到了我国金融网络中的系统重要性分值及排序。

第四种思路是阿查里雅等（Acharya et al.，2010）提出了边际预期损失法（marginal expected shortfall，MES）。MES 法可以直接测度一家金融机构对整个系统性风险的"贡献度"。阿查里雅（2010）指出，具有越高 MES 值的银行对整个系统的系统性风险贡献度越大，因此，越高 MES 值的银行运营不善也就更容易引发金融危机。在此基础上，布朗利斯和恩格尔（Brownlees and Engle，2011）通过采用非对称的动态条件相关（dynamic conditional correlation，DCC）广义自回归模型（GARCH），提出了基于时间序列的动态 MES 法。结果显示，股票市值波动越大，同时多样化经营越少的公司的 MES 值越高，对系统性风险的贡献度也越大。

需要指出的是，Shapley 值法与 MES 法及 CoVaR 法的区别在于，MES 法及 CoVaR 法并没有尝试去测度总的系统性风险大小，这两种方法的焦点集中在了分析单个机构系统性风险层面。Shapley 值法是在其特征函数基础上将总的系统性风险进行了分解。换言之，即使是利用 CoVaR 法分析出的每个金融机构的系统性风险相加，与 Shapley 值法得到的总系统性风险也具有不同的经济学含义。总体而言，以上测度方法都是以能够获得资本市场每日数据为基础的。采用 MES 法、CoVaR 法、Shapley 值法，首先都要以计算 VaR（value-at-risk）为第一步，以计算期望损失 ES（expected shortfall）为第二步。其中，

CoVaR 法计算的是单个金融机构对整个系统性风险的分摊，而 MES 法计算的是单个金融机构对系统性风险的“贡献度”。CoVaR 法以 VaR 法为依托，MES 法以 ES 法为基础，而 ES 法要依靠 VaR 法，所以，也是以 VaR 法为基础的。

上述文献对系统性风险的测度，还包含一个潜在的假设，即无论是对于整个银行系统的冲击，还是对其中一家单独金融机构的冲击，该冲击均是一个外生变量。这种分析方法显然应用于银行间违约或风险传递时存在一定的局限性（Drehmann and Tarashev，2011）。为了解决外生性的问题，德雷曼和塔拉什夫（Drehmann and Tarashev，2011）利用银行间的财务数据把银行间近似成一个网络结构，以此分析风险在银行间的传播。他们选择了 20 个全球性银行进行了实证分析，结果显示，考虑互相关联的银行比不考虑相互关联时其系统性风险贡献度要大，即银行间同业市场增加了一个金融机构的系统重要性程度。

总之，对系统性风险的研究还只是金融危机理论的一个边缘性的新分支，其理论体系也只是初显雏形。在系统性风险的形成因素、风险的度量等方面都没有形成完整、科学的理论诠释。当前，对此问题研究角度多、视野广，但还远没有形成一个完整的体系。随着新的测度方法的不断出现，如何优化这些测度方法成为问题的关键，即如何确保在关注对使用市场数据测度单个机构风险贡献时，不至于分散对系统性风险其他方面的关注；如何使用测度方法和工具，建立一个监管和评估系统性风险的综合系统；以及如何把较为宽泛的风险加入这个综合系统中，都是下一步研究需要加以解决的。

四、总结

系统性风险及其测度是此次金融危机后讨论和研究最为广泛的题目，也将是今后较长时期内最为前沿的热点研究方向。我们认为，我国对系统性风险的研究，特别是从系统重要性金融机构的角度对系统性风险展开研究，还需要解决以下几个关键问题。

一方面，现在讨论的焦点主要集中在银行部门。虽然国外很多文献开始在讨论中逐步引入证券部门、保险部门、对冲基金等，但国内还是以银行部门系统性风险的研究居多。这固然与国内金融发展格局密切相关，但鉴于我国非银行金融部门发展非常迅猛，一些大型非银行金融机构对金融市场的影响越来越举足轻重。因此，如何将非银行部门的大型机构引入我国系统性风险的学术研究中，是下一步需要解决的问题。

另一方面，随着我国金融业开放程度不断加大，我国金融业受国外经济和金融波动的影响越来越广泛，如何将国外金融波动纳入我国系统性风险的研究中，是我国防范系统性风险不得不考虑的问题。此外，我国近些年影子银行系统发展迅速，但国内监管相对滞后，随着影子银行在今后的继续发展壮大，如何将我国的影子银行系统纳入我国系统性风险防范和研究的范围内，对系统性风险研究而言，也是一个必须面对的挑战。

参考文献

[1] 董青马：《开放条件下银行系统性风险生成机制研究》，中国金融出版社 2010 年版。

[2] 龚明华、宋彤：《关于系统性风险识别方法的研究》，载于《国际金融研究》2010 年第 5 期。

[3] 吕江林、赖娟：《我国金融系统性风险预警指标体系的构建与应用》，载于《江西财经大学学报》2011 年第 2 期。

[4] 谢平、邹传伟：《金融危机后有关金融监管改革的理论综述》，载于《金融研究》2010 年第 2 期。

[5] 徐超：《系统重要性金融机构识别方法综述》，载于《国际金融研究》2011 年第 11 期。

[6] 张晓朴：《金融系统性风险研究：演进、成因与监管》，载于《国际金融研究》2010 年第 7 期。

[7] 周小川：《金融政策对金融危机的响应》，载于《金融研究》2011 年第 1 期。

[8] Acharya V. V.,“A Theory of Systemic Risk and Design of Prudential Bank

Regulation", *Journal of Financial Stability*, 2009, 5: 224 - 255.

[9] Adrian T., M. Brunnermeier, "CoVaR", Federal Reserve Bank of New York Staff Reports, No. 348, 2008.

[10] Allen F., Gale D., "Financial Contagion", *Journal of Political Economy*, 2000, 108: 1 - 33.

[11] Bernanke B. S. et al., "International Capital Flows and the Returns to Safe Assets in the United States, 2003 - 2007", International Financial Discussion Papers, 2011.

[12] Billo M. et al., "Econometric Measurements of Systemic Risk in the Financial and Insurance Sectors", NBER Working Paper, No. 16223, 2010.

[13] Brunnermeier M., Crockett A., Goodhart C., Hellwig M., Persaud A., Shin H., "The Fundamental Principles of Financial Regulation", *Geneva Reports on the World Economy*, 2009, 11.

[14] De Bandt, Hartmann P., "Systemic Risk: A Survey", ECB Working Paper, 2000.

[15] Goodhart C., M. A. Segoviano, "Banking Stability Measures", IMF Working Paper, 2009.

[16] Hart Oliver, Zingales, "A New Capital Regulation for Large Financial Institutions", University of Chicago Working Paper, 2009.

[17] Huang X., H. Zhou, H. B. Zhu, "A Framework for Assessing the Systemic Risk of Major Financial Institutions", *Journal of Bank & Finance*, 2009, 33: 2036 - 2049.

[18] Illing M., Liu Y., "An Index of Financial Stress for Canada", Bank of Canada Working Paper, 2003.

[19] Kaufman G., Scott K., "What is Systemic Risk, and do Bank Regulators Retard or Contribute to It?", *Independent Review*, 2003, 7: 371 - 391.

[20] Tarashev N. A., C. E. V. Borio, K. Tsatsaronis, "Attributing Systemic Risk to Individual Institutions: Methodology and Policy Implications", BIS Working Paper, No. 308, 2010.

全球系统重要性金融机构评定及其对中国的启示*

一、引 言

自2007年美国次贷危机爆发以来，美国五大投行全军覆没，相继出现了贝尔斯登公司被收购、雷曼兄弟公司倒闭、摩根士丹利和高盛公司等被迫转型成银行控股公司等局面；在银行业，花旗银行等大型商业银行接受美国政府的注资；在保险业，美国AIG公司被迫求助于政府接济。一时间涉及证券、银行和保险等金融领域的所谓“大而不倒”机构纷纷倒闭或陷入困境，引发了各国金融机构多米诺骨牌式倒塌，对整个国际金融市场造成了剧烈冲击，导致金融体系的大范围瘫痪。此次金融危机表明，相比于过去，非银行金融机构对宏观经济体系的影响力大为增强，已经成为系统性金融风险和金融不稳定的重要影响因素。

在这种情况下，国际金融组织和国际金融机构，像金融稳定理事会（FSB）、巴塞尔委员会（BIS）以及国际货币基金组织（IMF）等，开始重新审视“大而不倒”问题，提出了“系统重要性金融机构”（systemically important financial

* 本文原载于《经济学动态》2012年第12期。合作者：郭卫东。基金项目：国家社科基金重点项目“我国经济发展方式转型中的金融保障体系研究”（项目号：10AJL005）；国家社科基金重大项目“加快推进对外经济发展方式转变研究”（项目号：10ZD&017）；北京师范大学985课题“金融风险指数”。

institutions，SIFIs）概念，并对系统重要性金融机构的识别、治理措施等提出了较为完善的监管标准法律制度。2011 年 11 月 4 日，金融稳定理事会发布了全球 29 家系统重要性金融机构名单，中国银行是新兴经济体国家唯一入选的金融机构。随着中国金融业的崛起，在不远的将来中国将会有更多的银行进入全球系统重要性银行的行列，这对中国银行业带来机遇的同时，也带来了新的挑战。

二、文献回顾

系统重要性金融机构，是指那些由于自身业务规模较大、复杂程度较高以及系统性关联较强等原因，一旦发生风险事件将对整个金融体系乃至实体经济运行造成巨大冲击或影响的金融机构。尽管系统重要性金融机构的概念提出的很晚，但实际上这个概念在强调一个金融领域的老问题，即金融机构“大而不倒”的问题。

早在 20 世纪 70 年代初，国际清算银行（Bank for International Settlements，BIS）就着手研究宏观经济变动引发金融领域系统性风险的可能性。美国在 20 世纪七八十年代曾掀起银行倒闭的高潮，庆幸的是没有发生金融危机，其主要原因是倒闭的银行规模都比较小，而大银行却得到了政府的救助，于是就出现了“大而不倒”（too big to fail）的说法。1998 年 9 月，由俄罗斯金融风暴引发的全球金融动荡致使美国的长期资本管理公司（LTCM）巨额亏损，由于 LTCM 是具有复杂内部关联性的金融机构，美联储出面组织安排以摩根、美林为首的 15 家国际性金融机构注资 37.25 亿美元购买了 LTCM90% 的股权，共同接管了该公司，从而避免了 LTCM 倒闭的厄运。于是又出现了“太关联而不能倒”（too interconnected to fail）的说法。2008 年，以雷曼兄弟公司倒闭为标志的全球金融危机爆发以来，“大而不倒”问题再次引起全球学者们的高度关注，于是，研究深度和范围也得到加深和扩大，出现了“太复杂而不能倒”（too complex to fail）以及“太相似而不能倒”（too similar to fail）等众多新的表现形式。研究对象也由以前的以银行类金融机构为主，扩展到今天的投资银行、系统重要性银行、系统重要性保险公司以及政府特许企业等多类型并重的金融机构。

在有关系统重要性金融机构的研究文献中，基本上都是集中在“大而不倒”方面。施皮格尔和信吉（Spiegel and Nobuyoshi，2000）采用市场股权价值对“大而不倒”的一些银行进行了详细研究；索萨（Soussa，2000）认真分析对比了那些具有“大而不能倒”地位的银行与小银行，最后得到“大而不能倒”的银行更容易产生道德风险和不公平竞争问题的结论；布鲁尔Ⅲ和加提亚尼（Brewer Ⅲ and Jagtiani，2007）探讨了银行在并购过程中以支付溢价而获得“大而不能倒”地位的问题；迪安和特拉维斯（Dean and Travis，2009）发现，“大而不能倒”的银行会获得政府隐形的补贴并对其进行了测算；塞戈维亚诺和古德哈特（Segoviano and Goodhart，2009）运用网络分析法对系统重要性金融机构进行评估；阿查里雅等（Acharya et al.，2010）运用MES方法测算了系统重要性金融机构对整个金融系统风险或损失的边际贡献程度；阿德·里安等（Adrian et al.，2009，2011）采用CoVaR方法衡量了系统重要性金融机构的风险溢出。尤其是MES方法和CoVaR方法成为当前引领学者们测算系统重要性金融机构系统性风险的主流方法。2011年7月，金融稳定理事会发布了《系统重要性金融机构的有效解决方案——建议和时间表》，国际清算银行发布《全球系统重要性银行（G－SIBs）：评估方法和额外损失吸收能力要求》；2011年11月，FSB发布了全球29家全球系统重要性金融机构（global systematically important financial institutions，G－SIFIs）名单，中国银行名列其中。至此，中国金融界及银监会等监管机构一致认为，系统重要性金融机构的监管问题是当前亟待解决的重要课题。

三、全球系统重要性金融机构的识别

国际上对系统重要性金融机构的识别及评估，最早来源于国际货币基金组织（International Monetary Fund，IMF）的研究。2009年4月，IMF在《全球金融稳定报告：应对金融危机测量系统性风险》中提出了系统重要性的评估，但是，它主要针对的是金融危机的巨大传染性，从内在关联性来评估系统重要性。IMF 提出了四种内在关联性模型：一是网络模型（network model），主要讨论当一个信贷冲击或流动性冲击发生时，由反馈效应引发的同业市场的直接相关性；二是违约强度模型（default intensity model），主要用于分析少量大型金融机构破产的可能性以及破产造成的直接和间接冲击；三是共同风险模型（co-risk model），该模型是使用金融机构信用违约掉期（CDS）利差，用回归方法来评估一个机构与其他机构 CDS 价差发生明显变化时对其他机构 CDS 的影响，以此来评估两个机构的关联性，以此类推可以得出该事件的系统影响力；四是压力相关矩阵模型（stress dependence matrix），这是基于多家机构的 CDS 数据集、违约概率、股价等来评估机构破产的联合概率分布，并计算一个机构破产对其他机构的影响。

2009 年 11 月，国际货币基金组织、国际清算银行和金融稳定理事会（IMF-BIS-FSB）联合发布的《系统重要性金融机构评估指引》认为，评估单家金融机构的系统重要性应同时考虑直接和间接影响，直接影响主要与规模、可替代性有关，而间接影响则取决于关联性。

2009 年 11 月，英国金融服务局提出从三个方面衡量系统重要性：一是规模，可以表示为单家金融机构规模或在特定市场中的相对规模的连续函数；二是关联性，可从银行之间的风险暴露、信心渠道和资产保证金螺旋渠道三个角度评估；三是金融机构的种类，虽然有些单家金融机构不具有系统重要性，但其所在这类金融机构可能被市场认为具有系统性影响。

从规模、关联性和可替代性评估 SIFIs 的理论框架得到了较高认同，但在开发 SIFIs 评估方法论的过程中，巴塞尔委员会面临着数据缺失的制约，因为只有规模指标具有很强的可得性，而其他两个方面只能寻找替代指标近似地反映。

巴塞尔委员会在 2010 年 12 月讨论了全球系统重要性银行的评估方法，并对金融机构间的资产与负债、银行的总资产等重要杠杆进行压力测试，最后得到全球前 60 家大型银行系统重要性的排序，可是，多数国家尤其是新兴经济体普遍认为，该评估方法论存在缺陷，所使用的关联性和可替代性指标与规模指标存在显著正相关性，实际上规模决定了系统重要性，未能充分反映大型复杂金融机构业务模式存在的根本性缺陷。也就是说，这种方法没有把金融机构的复杂性体现出来，反映不出当今系统重要性金融机构的真实水平。

2011 年 3 月，巴塞尔委员会改进了评估方法，出台《全球系统重要性银行：评估方法和额外损失吸收要求》，从系统重要性评估方法、额外损失吸收能力要求及满足额外损失吸收能力的工具等方面提出了全球系统重要性银行（global systemically important banks，G－SIBs）的政策框架。一是以定量指标与定性判断结合的方法评估系统重要性。系统重要性定量指标采用规模、可替代性、关联性、复杂性和全球活跃程度五大类 12 项指标，每方面赋予 20% 的权重，同时，每个方面又分了很详细的具体指标及权重（见表 1）。以此为基础，相关当局通过定量和定性信息对各银行的系统重要性进行调整，最终得出评估结果。根据这种新的计算方法，2011 年，FSB 初步发布了全球 29 家系统重要性银行名单（见表 2）。今后，巴塞尔委员会将动态调整 G－SIBs 的系统重要性分值和名单。二是对不同组别的 G－SIBs 实行不同的额外损失吸收能力要求。

表 1　　　　G－SIBs 的相关评估指标及权重

综合因素及权重	内涵	指标	权重（%）
规模（20%）	单个金融机构提供金融服务总水平	BaselⅢ中计算杠杆率所使用的整体敞口	20
可替代性（20%）	假如该机构倒闭，其他金融机构能否提供相同服务	支付结算系统发生额	6.67
		托管金融机构资产余额	6.67
		承销各类股票与债券价值	6.67
关联性（20%）	与其他金融机构间的联系	银行间资产	6.67
		银行间负债	6.67
		批发融资比率	6.67
复杂性（20%）	业务、结构及运营的复杂程度	OTC 衍生产品名义值	6.67
		Level3 资产	6.67
		交易账户及可供销售资产	6.67
全球活跃程度（20%）	跨越司法管辖权的业务活动	跨境的债权	10
		跨境的债务	10

资料来源：Basel Committee on Banking Supervision，“Global Systemically Important Banks：Assessment Methodology and the Additional Loss Absorbency Requirement”，2011.

表2　　G－SIBs的国别、名称及个数

国别	金融机构名称	个数
美国	美国银行、花旗银行、纽约梅隆银行、高盛集团、摩根士丹利、摩根大通、道富银行、富国银行	8
英国	苏格兰皇家银行集团、巴克莱银行、劳埃德银行集团、汇丰控股	4
法国	巴黎银行、农业信贷银行、人民银行、兴业银行	4
德国	德意志银行、德国商业银行	2
意大利	裕信银行	1
比利时	德夏银行	1
瑞士	瑞士银行、瑞士信贷集团	2
荷兰	荷兰国际集团	1
西班牙	桑坦德银行	1
瑞典	北欧联合银行	1
日本	三菱日联金融集团、瑞穗金融集团、三井住友金融集团	3
中国	中国银行	1

从表2可以清楚地看到，G－SIBs主要集中在美国和欧洲，其中，欧洲有17家，美国有8家；亚洲也只有日本3家，中国1家（即中国银行）（见图1）。

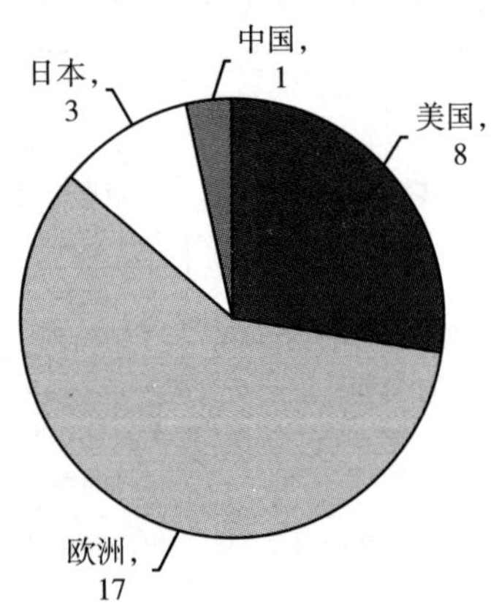

图1　G－SIBs分布情况

四、系统重要性金融机构的监管措施

对G－SIFIs监管的主要措施，就是采用更加严格的资本金要求、信息披露以及恢复处置计划来管理。

（1）更加严格的资本金要求。2011 年，巴塞尔委员会依据 FSB 所确立的监管思路，当认定某家金融机构是 G－SIFIs 时，就要选用分段法来决定该金融机构应具有的附加资本要求。分段法是把系统重要性金融机构分成五个分数区间，每个分段值对应相应的附加资本，分段值越高的机构所需的附加资本要求就越高（见表 3）。

表 3　　　　分组确定的 G－SIFIs 附加资本及要求

分段值	分数范围	最低额外损失吸收能力（普通股占风险加权资产的最低百分比要求）（%）
5（空的）	D－	3.5
4	C－D	2.5
3	B－C	2.0
2	A－B	1.5
1	临界点 A	1.0

注：若分数等于边界之一将被分配给较高的分数范围内。

资料来源：Basel Committee on Banking Supervision，“Global Systemically Important Banks：Assessment Methodology and the Additional Loss Absorbency Requirement”，2011.

按照《巴塞尔协议Ⅲ》的要求，资本充足率是考察银行杠杆率的最关键性指标，因为它能够约束银行过度的市场参与，同时还可以增强对潜在损失的吸收能力，从而更好地避免系统性问题的发生。鉴于此，要求 G－SIFIs 的核心一级资本充足率最低要达到 4.5%，而一级资本充足率必须达到 6%，另外，在这个基础上要增加 2.5% 的资本留存缓冲，同时，还要追加 0～2.5% 的逆周缓冲来作为选择性措施。为更好地增强 G－SIFIs 的抵御风险能力，巴塞尔委员会对 29 家 G－SIFIs 提出 1%～3.5% 最低附加资本的要求（见表 4）。对于那些没有达到附加资本要求的系统重要性银行，监管部门就要求其制订相应的资本补充计划，如 2014 年被认定的 G－SIFIs，从 2016 年起其附加资本要求将在 3 年内逐步实施，到 2019 年 1 月时完全生效，如果在规定时间段内未能达标，监管当局就会采取限制其利润分配等众多监管措施。

表 4　　G－SIFIs 的资本要求

类型	核心一级资本	一级资本	总资本
最低资本要求	4.5%	6.0%	8.0%
资本留存缓冲	2.5%	2.5%	2.5%
最低资本要求＋资本留存缓冲	7.0%	8.5%	10.5%
G－SIBs 最低附加资本要求	1.0%～2.5%（3.5%）	1.0%～2.5%（3.5%）	1.0%～2.5%（3.5%）
逆周期缓冲	0～2.5%	0～2.5%	0～2.5%

资料来源：Basel Committee on Banking Supervision，"Global Systemically Important Banks：Assessment Methodology and the Additional Loss Absorbency Requirement"，2011.

（2）信息披露。首先，凡是入选的 G－SIFIs 要按照表 1 的要求，提供相应的各项指标信息，同时还要按年度及时更新；其次，要提供机构与机构相互依存关系、金融体系与机构间的依存关系、系统重要性和结构性数据、临时需要的特定数据等；最后，入选的 G－SIFIs 要准备在尽可能短的时间内提供必要的有关信息，如机构内的支付清算、内部运营数据、法律框架以及机构运营的监管等。鉴于此，需要建立交易、风险管理、财务以及业务等多维度数据系统，方能达到监管要求。不过，入选的 G－SIFIs 在按监管要求不定期呈报中，由于部分数据会涉及商业机密等，所以在一定程度上来说，信息披露会影响到机构间的市场竞争。

（3）恢复处置计划。恢复处置计划具体来说就是那些"大而不倒"的金融机构制订如何避免倒的设计。凡是入选的 G－SIFIs 必须制订这一具有指导性的计划，尽管这个计划有可能用不到，但这实际上是《巴塞尔协议Ⅲ》的第二支柱下对资本管理以及压力测试要求的拓展，也就是以资本和流动性指标为参考，来确定金融机构在正常运营、压力状态、恢复区域以及处置区域不同阶段，如何能够有序处置，从而能够更好地保证极端压力情境下金融机构能够持续运行。但是，这个计划主要是针对整个金融系统以及外部利益方，所以，目前已被多国监管机构给具体化了。美国、英国、欧盟和中国的监管部门已出台具体的指引，瑞士、日本等国也提出了一些具体要求。可是恢复处置计划几乎涉及金融机构内部的各个环节和外部很多相关利益方，这可以说是一个巨大的系统工程，具体实施起来将十分艰难。

五、中国银行入选全球系统重要性金融机构的重要启示

在29家全球系统重要性金融机构名单中，中国银行是亚洲除日本之外唯一入选的全球系统重要性银行，也是新兴市场国家唯一入选的金融机构，这对中国银行来说，是机遇也是挑战。

G－SIFIs名单的确定是由金融稳定理事会和巴塞尔委员会主导的、客观的过程。中国银行的入选，一方面，反映出中国在全球的重要地位，也体现了国际社会对中国经济发展和金融改革的认可，有利于中国在更大程度、更大范围和更高层次参与各种国际金融事务和国际金融治理，有利于提高中国在国际金融监管及其规则制定中的话语权，在推动建立公平、公正、包容、有序的国际金融体系方面发挥更大的作用；另一方面，能够增强中国银行的品牌效应，有利于提高中国银行知名度，有利于促进中国银行学习国际先进银行的管理经验和服务经验，加快中国银行的国际化进程。

随着经济全球化以及中国经济的快速发展，中国的金融机构会得到更快的发展，将会有更多的国内银行成为全球系统重要性金融机构。鉴于此，中国银行入选全球系统重要性金融机构，对加强中国系统重要性金融机构的监管具有重大意义，也给了我们更多的启示。

一是建立科学的中国系统重要性金融机构的评估方法及认定标准。2011年末，中国银监会出台了《关于国内系统重要性银行划分标准的征求意见稿》，该稿件设有规模、关联性、可替代性以及复杂性四个重要指标来鉴别国内的系统重要性银行，各个指标均赋予25%的权重，同时，在每个指标范围内又设若干个子指标。遗憾的是，监管部门目前还没有对证券类以及保险类金融机构提出一些具体的标准。为了顺应国际监管要求的潮流，中国有关监管部门应结合实际国情，以国际评估标准为参照物，尽早科学地确定中国的

系统重要性金融机构名单。同时，要借鉴欧美等国的先进经验，依据国际标准，结合定量指标与定性判断来合理评估，即运用四大指标和结合机构的风险管理能力、公司治理结构等重要因素来衡量。在具体实施的过程中，要根据金融机构在关联性、规模等方面的差异来进行不同层次的划分，应针对不同层次的金融机构采取差异化的监管政策。对于系统重要性金融机构的规模方面，可以采用“简约金融”模式。因为限制规模对控制风险十分有利，同时还可以防止由于市场垄断所带来的不公平竞争问题，所以应让一些大而复杂的系统重要性金融机构尽量简化其内部结构，要尽可能去拆分过大的机构，防止其太大、太复杂以及风险关联度过高。另外，对于已入选的中国银行或将要入选的全球系统重要性金融机构，监管标准要高于国内的监管标准。

二是充分发挥监管部门或机构的协调性。近年来，中国的金融市场得到快速的发展，呈现出混业经营的趋势，如证券、银行和保险业之间业务在划分上日益模糊。因此，法律框架下分业经营的状况逐渐演变成事实上的混业经营的局面。可是，中国现行监管框架内，对系统性风险度量不力、协调成本较高等诸多问题严重制约着监管效能的有效发挥。为此，充分发挥监管机构的协调性势在必行。事实上，监管机构的协调性主要体现在两个方面：其一，国内监管机构间的协调；其二，国内监管机构和国际监管机构之间的相互协调。加强国内监管机构的协调旨在防范那些因行业相互关联所有可能引发的跨行业以及跨市场的风险。因此，只有加强监管部门之间的协调及联动，充分整合及妥善利用金融体系完整的数据信息，正确判断和有效识别金融风险，从而制定出更为有效的监管政策。加强与国际监管机构的协调旨在防范那些因金融机构的跨境业务而面临母国和东道国间差异的法律约束以至于不能妥善处置的风险。另外，在经济全球化背景下，金融风险也呈现出全球化的趋势，因此，不同国家或经济体的监管部门当局只有协调合作、强化监管标准才能有效地防止跨境监管套利等金融风险的发生。

三是建立起与系统重要性银行相配套的风险预警指标体系。所谓建立配套的系统性风险预警体系，就是要恰当地选取一系列关键性的经济、金融等指标，能够对可能引发系统性危机的因素作出准确的预测与警示。当前中国面临着诸多系统性金融风险，如宏观经济结构的调整、以房地产为代表的资产价格急剧变化、汇率的急剧波动以及地方政府投融资平台的快速发展等都可能引起系统性风险。而且，在中国，系统性风险的爆发首先会影响系统重要性银行。因此，建立与系统重要性银行相配套的风险预警指标体系是当务之急。具体来说，首先，要建立起一系列金融稳定指标，可采用资本充足率、杠杆率、回报率等指标作为监管标准；其次，要对那些系统重要性银行进行宏观压力测试，压力测试从本质上来说是具有前瞻性的，能够突出系统内冲击传导的途径，能够及时反馈出信贷扩张及紧缩在金融危机中的重要驱动能力；最后，就是要建立随市场变化的相关敏感指标体系，敏感指标体系的确立能够及时捕捉市场的信息，以及时做出最好的应对措施。总的来说，在中国建立起与系统重要性银行相匹配的风险预警指标体系将对系统重要性银行的监管更有利，从而能够稳定中国的整个金融体系。

四是建立逆周期的监管政策以及有效处理系统重要性银行风险的机制。银行在业务上与经济周期高度相关，因而常常会呈现出顺周期的行为。所以，建立恰当的逆周期的监管政策是防范系统性风险的重要举措。为此，第一，建立资本缓冲机制，它能比较好地平滑信贷周期以及经济周期所引起的经济波动。资本缓冲主要分两类：一类是资本留存缓冲，当银行处于压力期就可采用资本留存缓冲来解决；另一类是逆周期的资本缓冲，也就是为保护银行在面临经济下滑时避免大量违约损失而设的，监管部门应要求银行在信贷过度增长时做出计提逆周期资本缓冲的行动。第二，采用差别化的资本充足率和动态拨备政策。也就是说，监管机构要对不同资产规模以及不同风险的银行提出不同的资本监管要求。例如，对于房地产信贷等特定业务要提出特殊资本的要求，在经济上行或下降时期要灵活地提高或下调资本充足率及拨备水平等。

此外，系统重要性银行一旦面临重大危机抑或陷入困境时，需要有相应完善的妥善处理金融机构的机制，该机制应该涵盖是否允许破产、怎样处置资金来源以及处置程序等较为完整的恢复与处置计划，这样才能有效确保系统重要性银行的恢复或者平稳有序地退出市场，才能有效防止因其倒闭所可能带来的系统性风险的冲击及影响。

参考文献

[1] 国际货币基金组织：《全球金融稳定报告：应对金融危机测量系统性风险》，中国金融出版社2009年版。

[2] Acharya V., L. Pedersen, T. Philippon, M. Richardson, "Measuring Systemic Risk", NYU Working Paper, 2010.

[3] Basel Committee on Banking Supervision, "Global Systemically Important Banks: Assessment Methodology and the Additional Loss Absorbency Requirement", 2011.

[4] Dean B., Travis M., "The Value of the 'Too Big to Fail': Big Bank Subsidy. Center for Economic and Policy Research Issue Brief, 2009.

[5] Elijah Brewer III, Julapa Jagtiani, "How Much would Banks be Willing to Pay to Become 'Too-Big-to-Fail' and to Capture Other Benefits?", Working Paper RWP 07-05, Federal Reserve Bank of Kansas City, 2007.

[6] Elliott D. J., Robert E. L., "Identifying and Regulating Systemically Important Financial Institutions: The Risks of Under and Over Identification and Regulation", Brookings Working Paper, 2011.

[7] Farouk Soussa, "Too Big to Fail: Moral Hazard and Unfair Competition?", The Centre for Central Banking Studies, Bank of England, 2000: 7-32.

[8] FSB, IMF, BIS, "Guidance to Assess the Systemic Importance of Financial Institutions, Markets and Instruments: Initial Considerations Report to G20 Finance Ministers and Governors", 2009.

[9] Mark M. Spiegel, Nobuyoshi Yamori, "Financial Turbulence and the Japanese

Main Bank Relationship", Working Paper, Federal Reserve Bank of San Francisco, 2000.

[10] Miguel A. Segoviano, Charles Goodhart, "Banking Stability Measures", Discussion Paper, London School of Economics and Political Science, 2009.

[11] Tobias Adrian, Markus K. Brunnermeier, "CoVAR", NBER Working Paper, 2011.

国有商业银行重组与政府公共成本付出*

一、引　言

随着中国建设银行、中国银行、中国工商银行等国有商业银行相继完成财务重组和股份制改造，并在香港和内地陆续上市，预示着自 1998 年开始的以政府为主导的国有商业银行财务重组已接近尾声。在这次规模和耗资庞大的银行重组中，政府到底耗费了多少公共成本？这些成本的支出是否合理？是否实现了成本最小化？本文围绕这些问题，对中国国有商业银行重组的成本进行了估计，并从银行重组的条件、方式和时机三方面对影响成本的因素进行了分析。

从信息来源来看，由于信息披露机制不健全，加之我国国有商业银行重组持续期较长、参与机构众多，以至于中国国有商业银行的重组成本数额、承担者和流向一直没有统一的说法；从统计口径看，由于在重组成本的界定、不良贷款的分类方法等方面存在差异，理论界、政府部门以及国外研究机构对国有商业银行重组成本的估计结果也不尽一致。

本文从重组成本估计的范畴、统计口径方面进行比较和分析，系统地定义和区分了与银行重组相关的成本，并认为，中国国有商业银行重组的主要

---

* 本文原载于《改革》2008 年第 11 期。合作者：刁硕。基金项目：国家社会科学基金项目“多层次资本市场建设及监管问题研究”（项目号：05BJL026）。

成本应该是由财政和央行共同承担的公共成本，在此假定下分别对财政成本和央行成本进行了估计。从成本占比看，中国国有商业银行重组的成本占1999 年名义 GDP 的 30.5%，与其他国家相比明显偏高。[①] 除了传统的成本承担者——财政部以外，中央银行在整个重组过程中也扮演了重要角色。

影响银行重组成本的因素众多，有些是客观因素，如一国的金融深度、通货膨胀程度，往往无法改变；有些则是主观因素，如银行重组的政府策略、银行重组的时机选择等，为可控因素。我们结合中国国有商业银行重组的特征，侧重比较了央行外汇注资与财政注资对成本的影响，以及银行重组持续期对成本的影响。从货币扩张效应角度看，由于对外汇注资资本兑换成人民币进行了严格限制，虽然不能完全消除货币扩张效应，但影响并不明显；相反，由于我国信贷约束与投资约束双重软化的存在，通过发行国债进行的财政注资反而可能带来更大规模的货币扩张效应。从注资机构职能的合法性来看，央行注资将带来监管混乱、央行独立性等一系列的潜在问题。在短期内，央行外汇注资确实缓解了银行重组资金不足的局面，且不会带来很大的负面影响，但长期看，央行的过多参与将导致银行重组最终经济成本的上升。而由重组前四大国有商业银行的唯一股东——财政部来注资显得更为合理。

银行重组的持续期是另一个影响成本的重要变量，也是导致中国国有商业银行重组成本偏高的重要原因。国外学者的研究表明，银行业出现危机时问题的严重程度直接影响政府采取措施的速度和力度。中国国有商业银行重组并非由突发性的银行危机引起，而是中国渐进改革的一部分。这就决定了政府采取的措施难以一步到位，重复的注资和剥离拉长了整个重组持续期。而由于政府长期以来对国有商业银行的隐性担保等因素，使得中国国有商业银行重组持续时间的边际成本很高。因此，应该尽量缩短重组的持续期才能控制成本。

---

① 霍诺翰和克林格比尔（Honohan and Klingebiel，2000）研究的 40 次银行危机中，有 34 个国家的政府平均运用了相当于 GDP 12.8% 的经济资源。

二、文献综述

卡普里奥和克林格比尔（Caprio and Klingebiel，1999）对20世纪70年代晚期以来发生在93个国家的112次系统性银行危机和46个国家的边缘性危机的研究表明，几乎所有国家都为银行危机付出了代价，而相对于工业化国家，银行失败的案例在发展中国家和经济转型国家发生得更为普遍。霍诺翰和克林格比尔（2000）研究了40个国家的银行危机，得出这40个样本国家用于整顿金融系统的平均成本占GDP的12.8%。在发展中国家，这个比例更高。20世纪80年代早期，在阿根廷和智利发生的银行危机导致相当于GDP的40%~55%的财政成本。受东亚金融危机影响最为严重的三个国家（泰国、韩国、印度尼西亚）所耗费的财政成本占GDP的20%~25%。霍诺翰和克林格比尔（2000）同时指出，政府和最终纳税人主要承担了金融系统崩溃所导致的直接成本。上述文献都没有明确计算的财政成本的范围，只是提出了不应列入财政成本的项目，主要包括：破产银行储户和债权人的损失；为了弥补困难银行资产负债表上坏账而增加的存贷利差所造成的银行债权人和债务人的损失；银行为了增加贷款企业的利润，使之能够归还贷款，所赋予企业的垄断性权利优惠对市场的扭曲等。另外，卡普里奥等（1996）指出，这些数据的使用需慎重。在成本的估计中，一些数据包括了公司重组，而其他的数据只包括了金融系统的重组。

唐等（Tang et al.，2000）对银行重组的财政成本的范围进行了界定。他们认为，财政成本应该包括政府用于银行重组的成本和中央银行的准财政成本，政府收回的坏账则会减少财政成本。其中，政府付出的重组成本包括：为重组发行的债券（包括无偿发行和以不良贷款作为交换发行）、现金和财产划拨、兑付的政府担保、由政府承担的银行或企业负债、划拨给中央银行用于银行部门重组的资金和由于银行利润降低导致政府收入的损失。唐等（2000）提到中东欧（CEEs）国家政府对银行部门救助的成本占GDP的5%~27%，独联体（CIS）国家占GDP的0.1%~18%，波罗的海（Baltics）国家占GDP的1%~

3%。原则上，银行危机的成本应该由政府而非中央银行承担，中央银行应该只提供流动性支持。然而，有些国家的中央银行却在银行重组过程中处于领导的角色。在唐等（2000）研究的一些案例中，大部分国家的央行都只提供流动性支持，有些国家央行的干涉面较广泛——不仅提供短期和长期贷款，还为问题银行的资产提供再融资。因此，这些国家中央银行的干预成本主要有资金供应和对处于危机中银行信用扩张所造成的损失。但从总体上看，在唐等（2000）所研究的12个国家中，政府救助的成本远超过中央银行救助的成本。

戴维等（David et al.，2004）认为，评估银行危机的财政成本既要考虑政府的直接费用，也要考虑资产出售回收的资金。他们将银行危机的成本定义为四种类型：公共部门的总成本、公共部门的净成本、净现值成本、危机的经济成本。他们认为，以前对银行重组成本的估算存在几方面缺陷：一是没有将通货膨胀和经济增长受影响的成本计算在内；二是没有对资金流向和来自国家的现金流进行贴现，或通过其他办法计算干预活动的净现值，这样的估算同样会低估成本；三是在资产处置过程尚未完成的案例中，没有对资产处置的未来收入进行预测。他们同时指出，估计重组成本的主要目的是在不同国家间进行比较分析，但多数案例研究只能部分满足这一要求。主要是因为，这些研究所列举的重组成本占GDP的比率，在能确认现金流发生或债务发行的年份，往往采用成本与该年名义GDP相除的方法得到，而在多数情况下，重组成本只能获得反映若干年重组活动的总数据，因此，上述比率只能使用相关年份GDP的平均值，这种局限性造成很多结果无法进行比较。

近年来，国内学者对中国国有商业银行重组的成本进行了估计。谢平（2000）指出，中国整个金融业重组总成本达到25000多亿元，占GDP的31%。卢文鹏（2003）在不良贷款的回收率为30%的假设条件下，估计中国银行体系重组的总成本应为24817亿元，占1999年GDP比重的30.2%。穆迪投资服务公司全球信贷研究部（2004）的估计为18.8%；高盛的胡祖六（Fred Hu，2003）的估计分为低、中、高三种情况，分别是14%、30%、46%；标准·普尔的估计是22.3%。从结果看，不同学者和机构对中国国有商业银行重组成本的估计存在较大差异。我们认为，导致差异的主要原因是大家对重组成本范畴的不同定义，以及对重组成本进行估计时采用的统计方法的不同所致。我们将在下面的分析中，对重组成本的范围进行定义和区分，并从统计范围和统计方法等方面解释上述差异的原因。

对于影响银行重组成本的因素，可以划分为客观和主观两类。客观因素主要包括银行重组的原因、主导模式、金融深度、通货膨胀和政治因素等。主观因素则主要指在银行重组中，政府采取策略和时机选择的不同造成的重组成本差异。综合上述学者的研究表明，在银行重组过程中，采取重复注资、中央银行的过多干预、展期政策与隐性担保等政策以及银行重组没有结合企业重组的国家，其重组成本往往较高。

值得注意的是，国外学者讨论的央行干预是指提供流动性贷款或中长期贷款，而中国的央行干预方式还包括央行动用外汇注资。因此，他们的实证结果并不能直接解释这项政策工具对中国国有银行重组的成本影响。另外，在研究银行重组的时机选择与成本关系时，爱德华·J. 弗赖德（Edward J. Frydl，1999）认为，较长的银行危机持续期并不会导致成本上升，原因之一是银行资产状况恶化会给银行进一步融资带来约束。但在中国，由于政府长期以来对国有商业银行的隐性担保，银行净资产状况的持续恶化并没有导致存款总额的下降，因此，这种融资约束效应较弱。下面我们将结合中外学者的实证研究结果与中国的实际情况，展开进一步的研究。

三、银行重组成本的量化方法研究与估计

（一）中国国有商业银行重组成本的界定

对银行重组成本进行合理的估计，首先要对成本的范围进行清晰的界定，然后根据研究目的选择相应的成本数据进行分析。我们认为，涉及银行重组成本有以下几组概念需要加以区分。

1. 公共成本、财务总成本和经济成本

这三个概念的范畴是由小到大排列的。银行重组中涉及的公共部门主要是政府部门和中央银行。因此，公共成本应该包括银行重组中政府部门和中央银行的所有支出成本。例如，进行机构重组的政府支出，或在某些情况下，财政部直接支出，以及中央银行提供流动性支持、存款支付、购买受损资产、通过购买股权和次级债重新充实资本。财务总成本是指银行财务重组的总成本。它的范畴除了包含公共部门的总成本外，还应包括其他相关利益主体所付出的成本，如银行自身承担的损失以及银行储户和债权人的损失，上述两类成本都是银行重组的直接成本。经济成本则包括直接成本和间接成本，它侧重银行重组对整体经济发展的影响，除了直接成本外，还包括如财政资金用于银行重组带来的机会成本、银行本身由于重组而在其他业务扩展方面的机会成本、银行机构人员重组的成本和央行通过扩张基础货币参与重组对整体经济的影响等间接成本。不考虑整体经济成本会低估重组成本，但在银行重组中，经济成本往往无法量化。由于在中国国有商业银行重组的过程中，财政和中央银行是参与的主体，且重组对象在重组之前是财政独资的国有商业银行，因而，公共成本应是本文研究的对象。

2. 财政成本、准财政成本和公共成本

公共成本包括财政成本和准财政成本。唐等（2000）将中央银行在银行重组中承担的部分定义为准财政成本（quasi-fiscal cost）。值得注意的是，唐等（2000）将政府用于银行重组和偿还存款者的支出与中央银行的支出统称为财政成本。这种定义不尽合理。严格来讲，财政成本应该只包括最后转为政府预算内财政负担的那一部分损失。中央银行在银行重组中的支出不应该归入财政成本。将财政成本与准财政成本加以区分，对研究银行重组中不同公共部门参与的程度和方式对成本的影响有重要意义。

3. 公共成本、公共净成本和公共净值成本

公共部门的净成本指公共部门的总支出剔除出售已获得的资产和股权产生的收益以及资本获得重新充实的实体所还债务后的净值。与公共部门的总

成本这一范畴相比，公共部门的净成本考虑了资产回收和补偿的因素。因此，通常情况下，公共部门的净成本应该小于总成本。净现值成本则考虑到银行重组的长期性特征，在估计成本时对现金流进行适当贴现。结合中国的重组情况：据国内较乐观的估计，资产管理公司10年内的最终资产回收率将达到30%，因此，在估计重组成本时，资产的回收应当考虑在内，否则将高估成本。另外，处置不良贷款和发行国债的支出都是逐年分摊到财政预算中的，资产管理公司处置不良资产的最终损失由财政部注销，但显然这项运作也不是在当前进行。因此，对成本进行估计时应该考虑到时间因素，对未来的支出进行贴现的净值成本是一个更为合理的估计。

（二）已有文献对中国国有商业银行重组成本的估计

表1汇总了国内外一些学者和机构对中国国有商业银行重组的成本估计结果。从表1中我们可以看出，各方对我国国有商业银行重组成本的估计差距较大，最高的占GDP的47%，最低的占GDP的18.8%。

表1　　中国国有商业银行体系重组的成本估计

估计者	GDP参照年份	重组成本占GDP的比重（%）
穆迪评级公司	1999	18.8
多恩布什和吉沃兹	1998	25.0
谢平	1999	31
格莱森斯和克林格比尔（Claessens and Klingebiel）	1999	47
卢文鹏	1999	30.2
胡祖六	2002	14或30或46
标准普尔公司	2004	22.3

多恩布什和吉沃兹（Dornbusch and Givazzi，1999）在测算了我国国有商业银行的不良资产率和不良资产回收率的基础上，估计了银行重组的总成本。对不良资产率的估计，他们提到了三组数据：一是中国人民银行的官方数据（20%）；二是标准普尔公司的估计（24%）；三是穆迪公司的估计（40%）。基于当时我国国有企业的盈利能力和水平，他们认为，不良资产的回收率为50%甚至30%。综合这两方面的数据，多恩布什和吉沃兹（1999）认为，中

国国有商业银行的重组成本应该占 GDP 的 10%～20%，且这个占比的上限可能更接近真实值，甚至实际占比应该比这个上限更高。原因在于即使不考虑不良贷款，现有的银行资产也没有达到巴塞尔协议的标准。因此，他们认为，总成本应该占 GDP 的 25%。他们没有明确指出这个估计是以哪一年份的 GDP 作为基准，我们认为，鉴于该文写作的时间是 1999 年，所使用的 GDP 应该是 1998 年数据。

胡祖六（Fred Hu，2003）对银行重组的总成本进行了三种可能性估计——最优、中等和最差（见表 2）。成本估计主要考虑三方面的因素。一是资本盈余（不足）：贷款损失的计提资本（准备金）与估计的贷款损失（不包含剥离给资产管理公司的不良贷款）的差额。二是所需的新资本（8% 的资本充足率）。三是资产管理公司的贷款损失。重组总成本＝资产管理公司的贷款损失＋资本盈余（不足）＋所需的新资本。从表 2 中不难发现，胡祖六（2003）对最优和中等情况下不良资产率和不良资产的回收率的估计，与多恩布什和吉沃兹（1999）的估计近似，所不同的是最后的总成本占比选取的是 2002 年 GDP 的数据。

表 2　　　　银行重组的成本估计　　　　单位：10 亿元

项目	最优	中等	最差
用于核销损失的准备金：			
所有者权益	665	665	665
贷款损失准备金	130	130	130
合计	795	795	795
注：贷款损失准备金比率（%）	1.6	1.6	1.6
所有者权益/贷款总额（%）	8.2	8.2	8.2
贷款总额（截至 2003 年第 3 季度）	8112	8112	8112
不良贷款比率上限（被剥离到四大资产管理公司的除外）	23	40	50
不良贷款总额（被剥离到四大资产管理公司的除外）	1866	3245	4056
假定的不良贷款比率（%）	50	70	90
估计的贷款损失（被剥离到四大资产管理公司的除外）	933	2271	3650

续表

项目	最优	中等	最差
1. 剥离不良贷款后的净资本盈余（赤字）	-138	-1477	-2856
单位：美元（10亿）	-16.7	-178.4	-344.9
资本盈余（赤字）占GDP的比重（%）	-1	-14	-28
达到最小资本充足率所需的资本总额			
贷款总额	7982	7982	7982
资本充足率要求（8%）	639	639	639
减去：现存的资本盈余	—	—	—
2. 等于：必需的新资本（单位：人民币）	639	639	639
单位：美元（10亿）	77.1	77.1	77.1
3. 银行重组的总成本（1+2）	777	2115	3494
单位：美元（10亿）	93.8	255.5	422.1
占GDP的比重（%）（被剥离到四大资产管理公司的除外）	8	21	34
被剥离到四大资产管理公司的贷款	1394	1394	1394
假定的不良贷款比率（%）	50	70	90
4. 估计的四大资产管理公司不良贷款损失总额（%）	697	976	1255
单位：美元（10亿）	84.2	117.9	151.6
占GDP的比重（%）	7	10	12
5. 银行重组总额 + 四大资产管理公司不良贷款损失额			
(3+4)（单位：人民币）	1474	3091	4749
单位：美元（10亿）	178	373.4	573.6
占GDP的比重（%）	14	30	46

资料来源：Fred Hu，"China's Credit Boom：Causes and Implications"，Stanford Center for International Development Conference on China's Market Reform，September，2003.

谢平（2000）和卢文鹏（2003）对中国银行业重组成本的估计有相似的结论。谢平（2000）指出，中国整个金融业重组总成本达到25000多亿元，占GDP的31%。他认为，25000多亿元的重组成本主要有四个来源分摊：一是财政，包括国家财政和地方财政，约占60%，财政按年支出而不是一次性付出；二是央行，约占到30%，主要来自其货币发行收入；三是来自商业银行本身的利差；四是法人存款者利息的损失。谢平（2000）称，四大资产管理公司接收的不良资产回收率可能达到50%。卢文鹏（2003）估计中国银行体系重组的总成本在24817亿元左右，占1999年GDP的比重为30.2%。他引用了戴相龙在中国发展高层论坛上发言的数据：截至2001年底，四家国有独资商业银行的不良贷款为17656亿元，加上资产管理公司收购的13939亿元，四家国有独资商业银行的不良资产规模应该在31595亿元。他假设不良贷款的回收率为30%，则不良贷款的最终损失为22117亿元，并考虑1998年政府财政2700亿元的注资，得出以上估计。我们认为，各方对中国银行业重组的成本估计口径存在差异的原因主要有以下三个方面。

（1）成本占比所选取的GDP数据年份不同。谢平（2000）和卢文鹏（2003）都是选取1999年的名义GDP作为基准，而胡祖六（2003）选取的是2002年，多恩布什和吉沃兹（1999）则没有明确说明，据我们估计应该是选取的1998年。中国的名义GDP年增长迅速，因此，不同的年份选取是导致估计结果差异的主要原因之一。鉴于上述估计都是在中国国有商业银行重组开始阶段进行的，而1999年是四大资产管理公司成立并开始运营的第一年，我们认为，以该年份作为参照系较为合理。而若是重组完成后进行成本估计，则使用重组相关年份GDP的平均值较为合理。

（2）统计范围的差异。如果统一名义GDP的年份，会发现谢平（2000）和卢文鹏（2003）估计的成本占比比多恩布什和吉沃兹（1999）以及胡祖六（2003）适中情况下的估计小。他们对不良贷款回收率的估计较为一致，主要原因是谢平（2000）和卢文鹏（2003）的估计只考虑了不良资产损失的成本，没有考虑商业银行为达到新巴塞尔协议的资本充足率标准所需的新注资，从而低估了重组的总成本。

（3）统计方法的差异。卢文鹏（2003）引用的不良贷款的数据是基于贷款四级分类制度。2002年以前，我国普遍推行的是贷款四级分类制度，即正常、逾期、呆滞、呆账，后三者被归为不良贷款，即常说的“一逾两呆”。四级分类制度对不良资产的界定更多地依据于还款期限，这并不能适应经济发展的需求以及现代银行的经营理念。因此，从2002年起，我国开始推行和普遍采用贷款五级分类制度。对贷款按风险进行五级分类是国际通行的做法，即把贷款分成正常、关注、次级、可疑和损失五个类别，后三类被归为不良贷款。因此，使用四级分类法估计的不良贷款数值会低于五级分类法，这也是造成总成本低估的重要原因。表3列举了一些机构和学者对中国银行业不良贷款的估计。

表3　　关于中国银行业不良贷款的几组估计

估计者	不良贷款总额（比率）
胡祖六	18660亿元（23%）、32450亿元（40%）、40560亿元（50%）（2002）
安永	22060亿元（26%）（2003）
穆迪	26000亿元（19.8%）四级分类标准（2002） 24000亿元（15.2%）五级分类标准（2003）
银监会统计部	26.21%（2002） 22.19%（2003）
中国金融年鉴	17023.60亿元（21.41%）四级分类标准 20770.36亿元（26.12%）五级分类标准（2002） 19.74%五级分类标准（2003）

资料来源：根据相关文献整理。

（三）本文的估计

我国国有商业银行重组从1998年不良资产剥离开始，历经不良资产二次剥离、注资及引进战略投资者、境内外上市等过程。我们将其重组过程中的各项公共成本支出列示如下（见表4）。

表4　　1997~2005年中国国有商业银行重组的相关成本估计

支出形式及备注	出资方	金额	成本发生年份
发行特别国债	财政	2700亿元	1998
中央财政投入，用于成立四大资产管理公司	财政	400亿元	1999
剥离不良资产	资产管理公司	13939亿元	1999~2000
注资中国银行、中国建设银行	中央汇金	450亿美元	2004
中国银行、中国建设银行冲销不良资产损失	中国银行、中国建设银行	3000多亿元	2004
剥离中国银行不良资产	央行	1289亿元	2004
剥离中国建设银行不良资产	央行	1498亿元	2004
注资中国工商银行	中央汇金	150亿美元	2005
剥离中国工商银行不良资产	央行	3220亿元	2005

注：外汇汇率参照中国人民银行当年年末的平均汇率。

在国有商业银行重组过程中，第一阶段的公共成本主要是由财政负担的，从2004年开始的第二阶段，公共成本的最终归属比较复杂，中央银行较多地参与了这一阶段的重组。

在考虑最终归属时，我们认为，由于四大国有商业银行和资产管理公司的所有权属于财政部，因此，国有商业银行用于核销不良资产的所有者权益以及资产管理公司剥离不良资产的资金应该归属于财政成本。提到资产管理公司剥离不良资产，应该注意1999年和2004年的两次剥离在资产处置方式上有明显不同。中央汇金的两次注资均是动用的外汇储备，这两笔资金应归属于中央银行。基于上述分析，我们对表4中涉及两个阶段重组的公共成本归属如下。

1999年，四大管理公司共剥离四大国有银行不良贷款13939亿元。其中，中国华融资产管理公司从中国工商银行收购了4077亿元不良资产，其资金来源为央行再贷款947亿元，以及向中国工商银行发行3130亿元十年期债券，利率均为2.25%；中国长城资产管理公司从中国农业银行收购了3458亿元不良资产，资金全部来自央行再贷款；中国东方资产管理公司从中国银行收购了2672亿元不良资产，其中来自央行的再贷款为1162亿元；中国信达资产管理公司1999年收购了中国建设银行和国家开发银行3500亿元不良贷款，资金来源为发行债券3470亿元及央行再贷款30亿元。2000～2001年，中国信达资产管理公司又借了132亿元央行再贷款收购了央行、建行不良贷款。综合分析，这次剥离中，央行共出资4829亿元，财政出资9110亿元。

2004年，中央汇金公司用外汇储备向中国银行和中国建设银行注资450亿美元，成本由中央银行承担。

2004年，中国银行、中国建设银行用3000多亿元所有者权益冲销已明确的损失类贷款、部分可疑贷款以及财政部、中国人民银行和银监会确认的非信贷类损失。这部分成本应归属于财政。

2004年，中国人民银行发行央行票据，以50%的账面价格收购中国银行和中国建设银行1498亿元和1289亿元的可疑类贷款，再以招标方式由中国信达资产管理公司以30%的资产收购价收购。另外，50%可疑类贷款由信达公司以账面价格收购。因此，在不考虑不良资产回收的前提下，这次不良资产的剥离，央行承担了资产管理公司允诺的回收率与央行支付价格之间的差额，约557.4亿元；财政承担1393.5亿元。

2005年，中央汇金公司用外汇储备向中国工商银行注资150亿美元，成本应归属于中央银行。

2005年，中国工商银行4600亿元可疑类贷款由其自身以市场化方式向四大资产管理公司转让，国家要求工商银行对这部分不良贷款的回收率要保持在30%左右，如果达不到30%，要由工商银行自身动用盈利进行拨备。70%的损失部分则由央行以发行票据等方式承担。同样，在不考虑不良资产回收的前提下，央行承担约3220亿元，财政承担1380亿元。

2005年，中国工商银行2460亿元的损失类贷款处置。这次工商银行采取了"人寿模式"①，即把2460亿元损失类贷款放入汇金和财政的"共管账户"之中，靠多种渠道来核销，包括未来工商银行可以获得的部分所得税退税、汇金和财政的股本收益等。这一方案也被认为能减少当下的改革成本，但同时也增加了财政的隐形负债。由于该成本尚未发生，最后的承担者也不明确，暂不计入公共成本。

在计算成本时，应该考虑到不良资产的回收率。陈野华和卓贤（2006）指出，截至2005年6月，四大资产管理公司对不良贷款处置的平均资产回收率为25.5%。在计算1999年剥离给四大资产管理公司的13939亿元不良贷款时，由于当时尚未实行贷款五级分类，剥离的不良贷款没有进行损失类和可疑类的划分，所以，不良资产回收率按平均值25.5%计算。

根据前文的分析，我们设计出如式（1）所示的理论模型估计中国国有商

---

① 在2003年中国人寿保险公司的重组中，1998年以前的老保单损失都是由财政包下来，中国人寿没有压力。但是，核销工商银行"共管账户"的资金来源，很大一部分需要用工商银行自身的所得税和税后未分配利润核销贷款损失。这种方式显然要比"人寿模式"更市场化，也给工商银行带来了更大的激励约束。

业银行重组的公共成本。重组公共成本分为财政成本和准财政成本两部分，每部分又分别由注资成本和不良贷款剥离的最终损失构成。T 表示四大国有商业银行重组的总公共成本，F 为财政成本，C 为准财政成本（中央银行），I 为财政注资金额，I'为央行外汇注资金额，P 为剥离的不良贷款的最终损失归属财政的部分，P'为剥离的不良贷款的最终损失归属央行的部分。剥离的不良贷款又分为损失类和可疑类。财政成本中，P_1 为损失类贷款金额，R_1 为损失类贷款的回收率，P_2 为可疑类贷款金额，R_2 为可疑类贷款的回收率；准财政成本中，P'_1 为损失类贷款金额，R'_1 为损失类贷款的回收率，P'_2 为可疑类贷款金额，R'_2 为可疑类贷款的回收率。

$$\begin{aligned} T &= F + C \\ &= (I + P) + (I' + P') \\ &= (I + P_1 \times R_1 + P_2 \times R_2) + (I' + P'_1 \times R'_1 + P'_2 \times R'_2) \end{aligned} \tag{1}$$

因此，按照该比率计算，财政的总成本约为 14328.45 亿元，中央银行的总成本约为 10188.1 亿元。公共成本约为 24516.55 亿元，占 1999 年名义 GDP 的 30.5%。从上述成本的估算可以看出，中国银行业重组的过程中，中央银行不仅仅是履行提供流动性支持的职能，还是银行业重组的主导者之一。

四、影响银行重组成本的因素分析

从前文分析可以看出，中国国有商业银行重组耗费了巨额的公共成本。本部分将从银行重组的外部因素和内部因素入手，分析导致中国国有商业银行重组成本偏高的原因。

（一）银行重组的条件

1. 银行重组的主导模式

20 世纪八九十年代以来，全球掀起了银行重组并购的浪潮。市场主导模式和政府主导模式是这一时期银行重组的主要模式。欧美银行强强联合的重组并购是基于盈利需求的市场主导模式，利润最大化是其重组并购的基本动机。在这些重组并购中，政府基本不参与，因此，公共成本几乎为零。

与发达国家在经济全球化、金融竞争日趋激烈、管制放松以及技术进步背景下发生的银行并购浪潮不同，新兴市场经济体在经济转型中发生的大量重组并购是以金融稳定为目标的，是基于金融稳定需求的政府主导模式。金融危机是银行重组并购发生的主要背景。20 世纪八九十年代，拉丁美洲、东欧和亚洲先后爆发金融危机，大批金融机构倒闭或陷入困境，各国进行了一系列银行并购重组活动，以防止危机扩散和减少社会震荡。重组并购成为各国处理金融危机政策措施的重要组成部分。80 年代末开始，地中海诸国的银行重组则是另一种政府主导模式的银行重组。地中海诸国在过去很长时期内主要银行都是国有银行，高度垄断的国有银行脱离市场规则运行，缺乏竞争力。因此，法国、意大利、西班牙、葡萄牙等陆续对国有银行实行了股份化和民营化，走出了一条银行重组并购与银行业所有制结构重塑密切结合的重组模式。很显然，中国银行体系的重组也是政府主导模式，其重组背景和目的更像是上述两者的结合：既出于金融稳定的需要，又是对银行业的一次体制改革。

由于本文讨论的重组成本主要是公共成本，显而易见，不同的主导模式对成本的影响非常大。市场主导模式的重组成本基本由参与重组的银行自行消化，而在政府主导模式的重组中，政府通过多种方式为银行重组提供大量资金援助，是成本的主要承担者。

2. 银行重组国家的金融深度

金融深度是一个反映金融参与经济发展、促进投资程度的指标。一般来讲，通过金融体系流动的储蓄越多、金融深度越大、增长速度越快的国家金融体系越具深度。金融深度也受通货膨胀和实际利率水平的影响，通货膨胀率较低，实际利率为正值的国家金融部门较具深度。关于金融深度的衡量，金和莱金（King and Levine，1993）将这个指标定义为金融机构的流动负债除以 GDP，艾达·佐利（Edda Zoli，2001）则用私人部门的信用贷款与 GDP 的比率以及 M2 与 GDP 的比率来衡量金融深度。虽然衡量的具体方式有所差异，但比率越高，就说明金融深度越高。艾达·佐利（2001）通过对5个中东欧（CEEs）国家、3个波罗的海国家和3个独联体（CIS）国家银行改革的研究，指出影响银行重组成本的因素之一是各国的金融深度。而金融深度决定了各国应对银行体系问题和危机的策略选择——清算或是重组。他指出，波罗的海和独联体国家银行体系主要由新建的、规模较小而资金不足的银行组成，虽然一些国家的信贷机构数目也较多，但其所发挥的金融中介作用较小。因此，政府主要采取清算手段。由于银行清算所引起的存款补偿有限，因此，清算的公共成本十分小。相反，中东欧国家新建的银行数目较少，银行质量相对较高。更为重要的是，这些国家的金融深度较高，清算问题银行意味着银行体系中的大部分银行都将消失。因此，政府（除保加利亚外）普遍采取重组的形式，金融机构数目没有明显的变化，其重组成本也相对较高。中国银行体系的情况与中东欧国家较为相似。在重组之前，中国四大国有商业银行已经资不抵债，政府的对策是重组而放弃清算方式的原因之一也是考虑中国的金融深度较高。中国私人部门的信用贷款与GDP的比率以及M2与GDP的比率都远远高于其他经济转型国家，而四大国有银行在中国银行体系中处于绝对的垄断地位。如果采用清算的方式，虽然大大降低了公共成本，但经济成本和政治成本巨大。所以，政府宁可承担较高的公共成本对银行进行重组，也不采用清算的方式。

3. 银行重组国家的通货膨胀情况

艾达·佐利（2001）认为，银行不良贷款规模是影响银行重组成本的主要因素之一，而通货膨胀的程度会影响不良贷款的实际价值。文中提到，20世纪90年代初，波罗的海、独联体国家、马其顿和波兰等经历的高通胀，很大程度上缩减了不良贷款的实际价值，这就降低了以后政府处理银行危机的成本。但需要注意的是，通过通货膨胀虽然可以起到降低重组成本的功效，但会严重损害政府信誉和权威，政治成本巨大。而在中国，强大的政府信用正是银行体系稳定的重要保障，旨在维护金融体系稳定的银行重组，不太可能采用与其根本目的相矛盾的方式来降低重组成本。

4. 政治因素

克雷格·布朗和森达·丁克（Craig Brown and Sendar Dinc，2005）对20世纪90年代40次大规模的银行并购案的研究表明，政治上的利害关系是政府推迟干预银行重组并购的重要原因。在大选之前陷入困境的银行被政府接管或倒闭的情况比大选之后少得多。原因主要有以下两方面。（1）在大选前，政客会尽量减少大规模的经济支出。大银行的倒闭至少在短期内会对经济产生负面影响，因此，在大选前，政客们会尽量避免大银行的倒闭。（2）大部分银行倒闭的损失将由银行所有者、银行员工、借款者和存款者承担，但对银行体系健康的长远发展有利。而受到短期局部利益团体的压力，政客通常避免在大选前发生大银行倒闭。这种政治因素往往会导致银行重组的迟延，从而增加重组成本。我们从中国国有银行重组的时间表可以看出，两次大规模银行注资都是发生在政府换届之后。因此，在考虑成本时，政治也是一个需要考虑在内的因素。

（二）银行重组的方式

一国银行业的重组条件和背景往往是长期积累而形成的客观事实，短期内无法改变。因此，在以政府为主导的银行重组模式中，政府立场和相应的策略选择成为控制银行重组总成本的决定因素。唐等（2000）、艾达·佐利（2001）以及霍诺翰和克林格比尔（2000）的实证研究表明，政府对银行重组采取的政策和方式是影响成本的最为重要的解释变量。

霍诺翰和克林格比尔（2000）通过对1970～2000年由于银行破产而花费巨额财政成本的34个国家作为样本的实证研究表明，主要由政策变量构成的解释变量序列可以解释不同国家财政成本差异的60%～80%。宏观冲击往往导致银行破产，但事实证明当危机主要由于宏观经济因素引发时，一个失败的救助策略造成的破坏性更大。他们将政府干预银行危机的过程分为两个阶段：早期的节制阶段和中期的恢复重组阶段。在节制阶段，政府通常采用的政策工具是流动性支持和一揽子担保；在恢复重组阶段，政府实施的政策工具有展期政策、重复注资、建立资产管理公司和公债减免项目等。回归结果表明，无限制的存款担保、无底线的流动性支持、重复注资、对债务人的救助和展期政策是影响财政成本最为显著的政策变量。如果这些国家没有采取以上五种政策工具，平均财政成本将控制在 GDP 的 1%，这个数值是实际财政成本的 1/10。相反，采用了五种政策工具的国家，其财政成本超过 GDP 的 60%。

艾达·佐利（2001）从财务重组、机构重组、业务重组、贷款转移和存款者偿还五方面的政策入手，引入银行重组成效指标（REIs）进行计量分析，寻找和度量对成本影响最大的银行重组政策。他用 11 个国家作为样本，将这五个方面的重组政策用虚拟变量进行量化，这些虚拟变量的总和称为银行重组成效指标 REIs。REIs 值越大表示重组政策越有效，重组成本越低。检验结果显示，RELs 与重组成本显著负相关。艾达·佐利（2001）认为，在众多的重组政策中，重复注资、中央银行在重组计划中较多的参与、机构重组不充分，以及建立多于一家的重组机构会导致重组总成本激增。唐等（2000）通过对重组成本较高的保加利亚、匈牙利、捷克斯洛伐克和波兰等国的分析，发现这些国家对银行重组的操作缺陷主要表现为：一是最初的财务重组计划不够充分，导致资金不充分的银行激励机制扭曲，产生道德危机；二是财务重组没有结合经营重组和制度重组；三是银行重组没有结合企业重组；四是重复救助引起道德危机；五是新旧债务没有明确地划分界限。此外，他们还强调，央行对重组进行干预也是导致重组成本增加的主要原因之一。综上所述，在银行重组过程中，中央银行过多地参与重组，重复注资、财务重组没有与经营重组和制度重组结合、银行重组没有结合企业重组、展期政策以及无限制的存款担保（隐性担保）等策略选择是导致重组总成本上升的主要因素。下面分别加以讨论。

1. 财务重组与重复注资

几乎所有国家在解决银行偿债能力问题上（财务重组）取得的效果，远比其在解决盈利能力问题上（业务重组）和体制结构问题上（制度重组）取得的效果好。银行的偿债能力可以通过财务重组在短期内大幅提升，但盈利能力的增强和激励机制的改善，需要通过长期艰难的努力才能实现。没有结合经营重组和制度重组的财务重组，由于没有对银行的成本、收入和利润产生任何实质性的正面影响，银行的资本状况往往在短期转好后又迅速恶化，从而导致重复注资。而重复注资不但会增加直接的公共成本，更会使被注资银行产生持续的注资期望，导致激励机制扭曲并产生道德风险，使风险分摊的机制难以确立，各个方面的风险都向政府一方集中，银行重组的公共成本必然表现出最大化发展的趋向。匈牙利的银行重组就是一个例子。

1992～1993 年，匈牙利的银行重组由于财务重组不充分并且没有伴随经营重组，不良贷款问题在得到暂时的改善后又迅速恶化，迫使政府进行又一轮的重组。无独有偶，保加利亚 20 世纪 90 年代初期的银行重组由于没有结合经营重组，结果银行继续发放大量贷款给国有企业，导致了 1996～1997 年大规模的银行危机。结合中国的情况，1998～2000 年的银行体系重组也给我们留下了深刻的教训。四大国有商业银行于 1999～2000 年向国有资产管理公司转移了近 1.4 万亿元的不良资产，使当年的不良贷款率下降了约 10 个百分点。但到 2002 年末，四大国有商业银行的不良贷款率又高达 26.1%，不仅远远高于 4%～6% 的国际同业水平，而且大大超出了 10% 的国际警戒线。[①] 这使得政府不得不启动第二轮剥离和注资，导致银行重组的公共成本激增。

2. 银行重组与企业重组

唐等（2000）认为，由于大部分中东欧国家缺乏适当的企业重组，因而导致银行给丧失偿还能力的企业持续的贷款，从而引发银行的财务状况进一步恶化。这个现象较为突出的国家是保加利亚。而波兰则是个特例，该国的银行重组和企业重组同步进行，因此当企业重组取得一定的成效时，银行重组也就更为成功。在中国，1983 年“拨改贷”以来，国有商业银行承担起了

---

① 岳健勇、陈漫：《资金外逃困境下的引进外资》。

向国有企业注资的职责，中国渐进改革成本很大一部分依托国有银行的制度安排实现了由实体经济领域向金融系统的转移。中央银行研究局在 2002 年下半年的研究报告显示，国有银行不良资产形成的 80.7% 是渐进改革成本的转移造成的，具体原因包括行政规范性文件、企业政策性关停并转、国有企业经营不善、地方政府不当干预等（见图 1）。可以说，企业重组的成败很大程度上决定了银行重组的成败和成本。

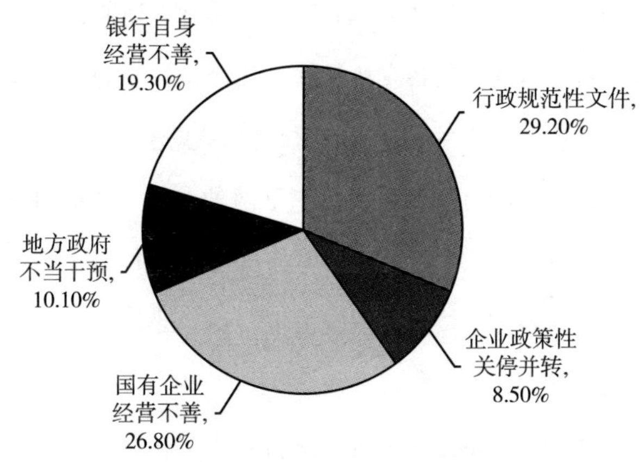

图 1　中国国有商业银行不良贷款成因分布

3. 央行外汇注资与财政注资

国外学者普遍认为，央行广泛的参与重组会导致重组成本的上升。其中，唐等（2000）对中东欧国家的实证研究表明，中央银行广泛地参与银行重组，特别是拥有商业银行的所有权或中期贷款会导致一系列的问题，主要有：一是中央银行产生的损失最终要由政府预算承担；二是导致透明度降低，潜在的财政风险和银行部门问题的实际成本难以估量；三是产生显著的通货膨胀压力；四是加剧利益与道德危机间的矛盾；五是诱发不良动机，不能解决根本性问题。因而，上述国家银行重组总成本远比央行参与较少的国家高。

我国国有商业银行体系重组的过程中，中央银行也扮演了重要的角色。值得注意的是，虽然国外学者的实证分析表明，央行过多地参与重组会导致重组成本的上升，然而在他们分析的国家中，央行的参与方式主要是提供中长期贷款和再贷款，而非外汇储备注资。而在中国国有商业银行体系重组过程中，央行是通过再贷款和外汇注资两种方式参与的。央行再贷款方式相当于央行发行基础货币，从而会导致货币扩张，因而，央行以该方式较多地参与重组往往会诱发通货膨胀，由此引发的一系列问题往往会增加重组成本。而2004年以来的两次外汇注资会不会导致公共成本激增，还需综合考虑。

通常，对国有商业银行注资有三种可能的方式：财政注资、中央银行借款或透支以及中央银行外汇储备直接注资。然而，各国为了强调中央银行的独立性，都以法律明文禁止中央银行向财政借款或透支，也禁止向非银行金融机构贷款，因此，实际可行的方案只剩下两种：财政注资和央行动用外汇储备注资。财政注资的方式主要是财政直接拨款和发行国债，相对于商业银行巨大的资金缺口，财政直接拨款注资的可行性较小，以发行国债的方式进行注资是各国通用的方式。

按照“10国集团”① 的定义，外汇储备是指“一国货币当局能够直接或通过有保障地转换性运用的，在国际收支逆差时可以用来稳定其汇率的外汇资产”。它的功能是弥补国际收支逆差和维持本国汇率稳定。而按照我国外汇管理局的说法，外汇储备的功能是保证国际支付和维护金融体系的整体稳定，这在定义上有出入，偏离了外汇储备的本意。

另外，外汇储备注资使央行存在违规嫌疑。作为中国银行和中国建设银行的最大股东以及中国工商银行的两大股东之一，中央汇金公司对三家国有商业银行负有监督的责任，而汇金公司的法人、董事会和监事会基本是央行及其直属机构外汇管理局的高层人员。因此，只要他们在行使监督权时以央行的意愿行事，央行就事实上对商业银行行使了监督权，这与《中国人民银

---

① 10国集团（G10）其实是由11个工业国组成，包括美国、日本、德国、英国、加拿大、法国、意大利、荷兰、瑞典、瑞士以及比利时。在被称为“中央银行的银行”的国际清算银行的框架下，G10央行首脑和财长定期举行会议，探讨经济和金融合作事宜。一般性，G10央行行长和财长的会议一年举行一次，时间是在每年国际货币基金组织的秋季会议期间。

行法》第二条“中国人民银行不具备银行监管职能”相冲突。并且，商业银行面临银保监会和人民银行的双重监管，会造成我国国有商业银行在执行政策上的困难，对其改革和经营不利。由此引出的另外一个问题是中央银行的独立性。中国人民银行成为事实上的商业银行股东后，导致了央行的“商业化”，其制订和实施货币政策的独立性将被削弱。

相比之下，作为重组之前四大国有商业银行的唯一所有者的财政部，在银行遇到资本金不足等困难时注资以充实资本显然更为合理。它避免了央行注资导致的监管矛盾和央行独立性问题。

当然，央行注资并非不可行，但操作时必须谨慎。短期内，在严格限制注资的外汇储备兑换成人民币的前提下，相对于财政注资，外汇储备注资的货币扩张效应反而相对较小，因此，货币扩张效应并非使用外汇储备注资的主要障碍和风险。而如何处理央行和银监会的双重监管局面和维护央行独立性等长期性问题，则显得更为关键。因此，政策部门应尽快制定相关办法，明晰汇金公司的权利和义务，尽可能地避免双重监管和政出多门。否则，央行注资的长期潜在风险将导致银行重组的最终经济成本激增。

（三）银行重组的时机

一些学者研究了当银行危机发生时，政府采取有效措施的及时性与成本的相关性。来自不同案例的事件证据显示，延迟采取行动会带来昂贵的成本。然而，实证研究的结果却并不支持这一结论。卡普里奥和克林格比尔（1996）用 29 个国家的数据定义了银行危机持续时间和成本，他们对这些国家的危机持续时间和成本之间的最小二乘法的回归显示，两者虽然正相关，但非显著相关且 R^2 值很低。林德格伦等（Lindgren et al.，1996）的研究，也得出了类似的结果。

弗赖德（Frydl，1999）对上述问题进行了分析。他将银行危机的持续期划分为两个阶段：第一阶段，从危机实际发生至外界开始意识到危机这一时期，称为意识延迟；第二阶段，从最初意识到危机至通过政策措施解决危机这一时期，称为行动延迟。行动延迟又划分为内部行动延迟和外部行动延迟。

内部行动延迟是指从意识到危机到开始采取措施试图解决危机，外部行动延迟指从开始采取措施到措施生效并结束危机（见图2）。

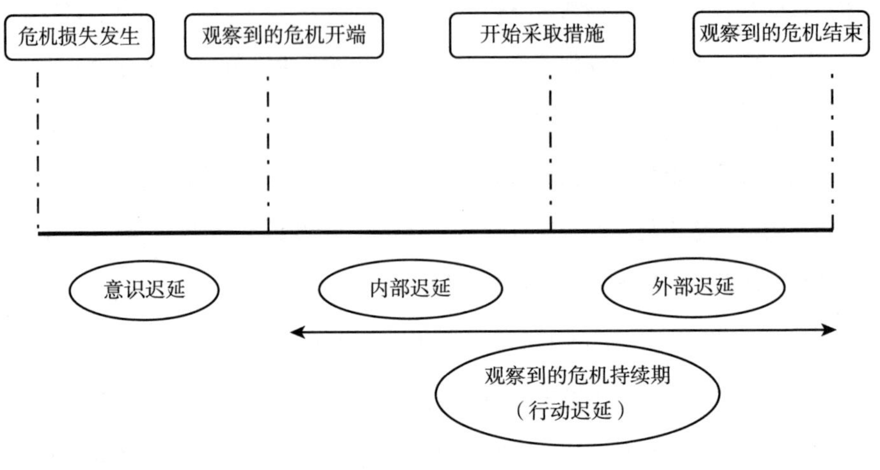

图2　银行危机的持续期

弗赖德（1999）认为，银行危机持续期的长短与成本没有显著的相关性，其原因主要有三方面。

（1）银行的净资产值低或下降会给银行的融资能力带来负面影响。由于隐性存款保险并不为银行清算提供担保，所以，即使在隐性存款保险框架下，这种影响也会产生。因此，在银行净资产出现负值时，银行来自新存款者的流动性会降低，资金的融通将会受到约束。另外，在危机中，如果很多银行的净资产值都为负，用于支持存款保险机制的准备金总额可能会急剧减少，这样就需要通过政府拨款补充新的资金，然而补充资金是否充足并不确定，这取决于政府的财政状况。因而，这个因素也可能导致在银行体系发生危机时新存款的减少。在这种情况下，净资产值低的银行会发现它们的融资渠道受到约束。虽然它们有赌博的动机，但获得资产的能力迅速下降。这样将会限制新风险的产生，处在危机中的银行也不会迅速产生新损失，从而不会增加解决危机的成本。

（2）微妙的干预。政府通常通过诸如直接重组、更换管理层或兼并等公开行动，消除银行的扭曲动机。由于政府极有可能通过一些较为隐蔽的方式来影响银行的行为，尽管这些方式往往不容易被外界所知，但确实会使银行避免一些高风险的行为，因此，这种情况会被看作一种持续期较长的危机，但并不会使成本进一步增加。

（3）政府应对更大规模危机时，采取行动往往更为迅速。最初认识到的银行危机规模越大，政府意识到需要采取行动的过程往往越迅速，即意识延迟越短。而预见的成本越高（危机越严重）时，政府采取的行动往往更为迅速和有力，行动延迟往往也更短，这样，整个危机持续期也就越短。相反，当银行系统的情况恶化较缓慢、预见的成本较小时，整个危机的持续期虽然较长但成本相对较小。如图 3 所示，*OA* 和 *OC* 衡量的是在开始意识到危机时，预见的初始危机成本。净资产低的银行越多，它们产生赌博行为的动机就越强烈。因此，相对来说，初始成本越高的危机趋向于恶化得越快，从而，初始成本越高的危机，其延迟的边际成本也越高。图 3 中反映为 *CD* 的斜率较 *AB* 更高。从图 3 中可以看出，当假设最终成本都为 *OE* 时，*CD* 危机的持续期比 *AB* 要短，这是由于初始成本高的危机中，政府的意识迟延和行动迟延都相对较短。

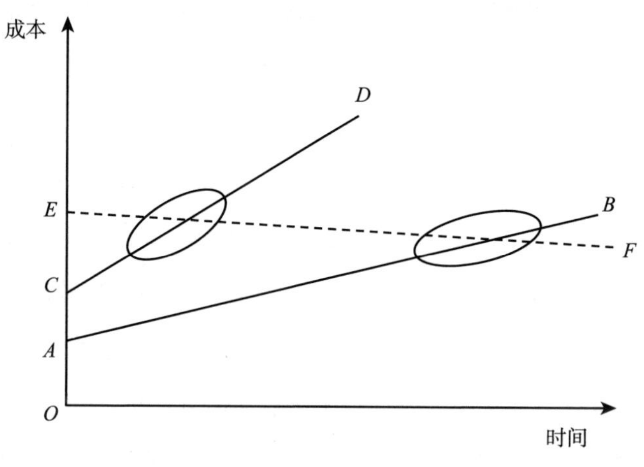

图 3　政府采取行动持续期与救助成本关系

弗赖德（1999）的结论反映了政府部门应对银行危机的一种常态：在银行危机初期，危机的严重程度很大程度上决定了政府采取行动的速度和效率。较轻微的危机由于政府重视程度不高、措施不力，导致不能有效迅速解决问题，危机的持续期较长。但由于恶化的速度较慢，加之存款者约束和政府隐性干预等因素对风险的抑制作用，总成本并不一定比持续期段的危机高；较严重的危机爆发时，政府采取行动往往较为迅速，因此，危机持续期较短，但越严重的危机恶化速度较快，成本的边际增长较快，因此增加了最终的总成本。

该结论同样可以用于解释中国国有商业银行重组的成本。1997 年，东南亚金融危机之后，中国政府开始关注中国银行业的资本金问题和不良贷款问题。可以说，1998 年的政府注资是一种防范金融危机的本能。而在加入世界贸易组织对银行改革进程的时间约束效应和“巴塞尔协议约束效应”的双重影响下，政府对国有商业银行进行了新一轮的巨额注资。由此可得，由于中国的国有银行重组并不是由突然的大规模银行危机所引发的，最初的预见损失较小，导致了政府的意识迟延和行动迟延都较长。

长期以来，中国银行业的财务信息披露不透明，银行亏损开始的准确时期和政府意识到银行潜在危机的时间都很难断定，即意识迟延和行动延迟中的内部延迟都无法准确判断。就外部延迟而言，从 1998 年财政发行 2700 亿元国债为标志的银行重组至今，都可以看作中国国有商业银行体系重组的外部迟延时期。

正如弗赖德（1999）所述，在初始预见成本较低的情况下，政府采取行动化解危机的动机不足，其采取的措施也往往不够有效，外部行动延迟较长。中国在重组初期采取的措施不够有力，直接反映为 1998 年财政发行 2700 亿元国债和 1999 年四大资产管理公司剥离 13939 亿元，并没有根本解决四大国有商业银行的问题，不良贷款率在短期下降后又迅速上升。为此，政府不得不对国有商业银行进行第二次注资，外部延迟时间也就随之拉长。因此，中国国有商业银行重组的情况与图 3 中的 *AB* 较为相似。但有所不同的是，弗赖德（1999）所分析的危机持续期长，不会导致成本上升的三个原因之一是银行资产状况恶化会给银行进一步融资带来约束，而这一点对于中国国有商业银行并不适用。中国国有商业银行净资产状况的持续恶化并没有导致存款总额的下降。因此，理论上，中国国有商业银行重组成本的斜率比 *AB* 应该更大，即延迟带来的边际成本更高。图 4 反映了中国国有商业银行重组的持续期与成本的关系。同图 3，*OA* 和 *OC* 衡量的是在开始意识到危机时预见的初始危机成本，*AB* 和 *CD* 的定义也与图 3 中相同，*AE* 表示中国国有商业银行重组成本与持续期的函数关系。与具有相同预见成本 *OA* 的危机相比，考虑到中国政府对国有商业银行的隐性担保，国有商业银行的存款并不会由于银行净资产状况的恶化而减少，从而银行用于从事高风险贷款或投资的资产额没有受到有效约束，其随着持续期延长的边际成本也较高，即 *AE* 的斜率大于 *AB*。假设当危机的持续期为 *OL* 时，*AE* 的成本为 *OM*，*AB* 的成本为 *ON*，*OM* > *ON*。

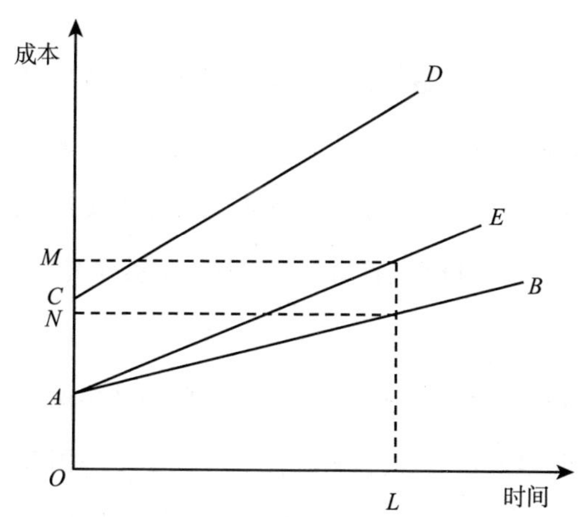

图 4　中国国有商业银行重组的持续期与成本的关系

弗赖德（1999）的研究样本是不同国家的银行危机成本和持续期，他虽然认为银行危机持续期的长短与成本没有显著的相关性，但并没有否认延迟是会产生边际成本的。因此，要控制银行重组的成本主要通过两个方面：缩短危机持续期和降低持续期延长的边际成本。结合中国国有商业银行体系的重组情况，1998 ~2000 年的第一次重组措施显然是不够充分和有效的，这导致了重组过程的延长和总成本的增加。而长期以来，我国中央财政对国有商业银行不良资产和存款负债的隐性担保，使国有商业银行重组持续期的边际成本趋于上升。

五、结　论

通过对中国国有银行重组成本的估计和影响重组成本因素的分析，本文得出以下结论。

首先，中国的经济环境和背景决定了中国国有银行重组成本较高。突出强调稳定因素的中国政府的目标函数、四大国有商业银行在中国银行业中的长期主导地位和间接融资是中国金融市场的主要融资方式等一系列因素，决定了中国国有银行重组的高成本，并且绝大部分成本是来自财政和中央银行的公共成本。

其次，为实现国有商业银行在短期内降低不良贷款比率、提高资本充足率的目标，央行和财政可以在财务重组期间共同承担成本。但央行动用外汇储备注资时，必须严格限制商业银行将外汇兑换成人民币，避免引起货币扩张。考虑到央行的独立性和央行注资的合法性，这种注资方式并非长久之策，须慎用。

最后，由于存在中国政府对国有商业银行的隐性担保，中国国有商业银行重组持续时间的边际成本很高，重复注资加大了中国国有商业银行重组的公共成本。重复注资一方面延长了重组时间，另一方面加大了商业银行的道德风险，这都会导致重组成本的上升。中国国有商业银行重组的第一次财政注资以失败告终说明单纯的注资不能解决国有商业银行的根本问题，财务重组必须与经营重组和制度重组相结合，银行重组必须与企业重组相结合，这样才能最大限度地避免重复注资。

参考文献

[1] 标准普尔：《研究报告——中国50大商业银行》，2006。

[2] 陈野华、卓贤：《中国渐进改革成本与国有银行财务重组》，载于《经济研

究》2006 年第 3 期。

[3] 卢文鹏:《经济转型中的政府担保与财政成本》，经济科学出版社 2003 年版。

[4] 穆迪投资服务公司全球信贷研究部:《中国银行业展望: 改革继续进行，问题有待解决》，收录于吴敬琏:《比较》(第 13 辑)，中信出版社 2004 年版。

[5] 谢平:《中国金融业改革总成本达 25000 亿》，2000 年 “华融论坛”。

[6] 由 David S. Hoelscher 和 Marc Quintyn 牵头的工作小组:《系统性银行危机的管理》，中国金融出版社 2004 年版。

[7] 张杰:《注资与国有银行改革: 一个金融政治经济学的视角》，载于《经济研究》2004 年第 6 期。

[8] Caprio G. , Klingebiel D. , "Episodes of Systemic and Borderline Financial Crises", Washington D. C: Mimeo, World Bank, 1999.

[9] Caprio Jr. Gerard, Daniela Klingebiel, "Bank Insolvencies: Cross-Country Experience", World Bank Policy Research Working Paper, No. 1620, 1996.

[10] Claessens, Daniela Klingebiel, "Fiscal Risks of the Banking System: Approaches to Measuring and Managing Contingent Government Liabilities in the Banking Sector", World Bank, Government Contingent Liabilities and Fiscal Vulnerability, 2000.

[11] Craig Brown, Sendar Dinc, "The Politics of Bank Failures: Evidence from Emerging Markets", *The Quarterly Journal of Economics*, 2005, 120.

[12] Dornbusch R. , Givazzi F, "Heading off China's financial crisis", Department of Economics, Massachusetts Institute of Techonology, Cambridge, M. A. , 1999.

[13] Edda Zoli, "Cost and Effectiveness of Banking Sector Restructuring in Transition Economics", IMF Working Paper, WP/01/157, 2001.

[14] Edward J. Frydl, "The Length and Cost of Banking Crises", IMF Working Paper, WP/99/30, 1999.

[15] Ernst, Young, "China Nonperforming Loan Report", 2004: 2 - 10.

[16] Fred Hu, "China's Credit Boom: Causes and Implications", *Stanford Center for*

International Development Conference on China's Market Reform, September, 2003: 2 – 22.

[17] Helena Tang, Edda Zoli, Irina Klytchnikova, "Banking Crises in Transition Countries: Fiscal Costs and Related Issues", World Bank Working Paper, No. 2484, 2000.

[18] King, Levine, "Financial Intermediation and Economic Development", in Mayer and Vives (eds.), "Capital Markets and Financial Intermediation", London: Centre for Economic Policy Research, 1993.

[19] Lindgren Carl-Johan, Gillian Garcia, Matthew I., "Saal. Bank Soundness and Macroeconomic Policy", Washington: International Monetary Fund, 1996.

[20] Patrick Honohan, Daniela Klingebiel, "Controlling Fiscal Costs of Banking Crises", Washington D. C: Mimeo, World Bank, 2000.

论金融危机中财政救助的成本与收益*

一、引 言

自2008年全球金融危机爆发以来，各国政府陆续出台多项财政救助措施，以抵御金融危机对宏观经济运行的危害。不可否认，这种大规模的财政救助可以在一定程度上减弱危机冲击，对稳定金融市场、恢复投资者信心等具有积极作用，但与此同时也带来了财政赤字攀升、道德风险加重等负面影响。随着各国财政救助措施的力度不断加大，救助成本与收益之间的矛盾也日益突出，因此，深入分析财政救助的各项成本与收益，具体考察救助是否切实有效成为理论和实践的需要。

国内外已有很多学者从不同角度对政府救助问题进行了研究。詹姆斯（James，1991）的研究表明，一家银行清盘价值比其市场价值低得多，银行倒闭成本通常高于重组成本，因此，向一家濒临倒闭的银行进行注资要比将其清盘好。爱德沃德（Edward，1999）认为，较长的银行危机持续期并不会导致成本上升，原因之一是资产状况恶化会给银行进一步融资带来约束。戴莫古克-康特和瑟温（Demirguc-Kunt and Serven，2009）通过大量的实证分析指出，在危

---

* 本文原载于《经济理论与经济管理》2010年第7期。合作者：孙飞。基金项目：国家社科基金重点项目“我国经济发展方式转型中的金融保障体系研究”（项目号：10AJL005）。

机遏制阶段，政府在“迅速采取救助措施遏制危机”的短期目标和“有效控制注资行为引发的道德风险”这一长期目标之间，应该更加倚重前者。

考夫曼（Kaufman，1991）则认为，有些学者低估了政府过度援助的风险，这会使面临危机的银行在未来寻求更多援助，并可能增加解决问题的成本。詹姆斯（1991）抽取美国20世纪80年代412家失败的商业银行进行回归分析，发现以在建项目为主要资产的银行在资产处理过程中损失的回归系数高达1.99，而道德风险正是造成这种损失的重要因素之一。奥诺汉和克林杰比尔（Honohan and Klingebiel，2000）研究了40个国家的银行业危机，得出样本国家用于整顿金融系统的平均成本占GDP的比重高达12.8%，在发展中国家，该比例有可能会更高。莱温和瓦伦西亚（Laeven and Valencia，2009）认为，由于政府救助政策的财政成本较大，并且注资时机具有滞后性，并不一定会加快经济的复苏。国内学者于旭辉、蒋健蓉（2008）对美国储贷危机、北欧银行危机和日本金融危机进行比较后发现，当政府态度越明确或应变速度越快时，救助所引起的社会成本就会越小。朱民（2009）也认为，只要是银行系统的危机，政府就必须迅速、全面干预，以迅速稳住金融系统，防止社会资金链的断裂。陈志英（2002）则认为，在政府对一般存款人利益予以保障的隐形保险制度下，银行内部存在严重的道德风险，这将导致存款保险基金损失的增加，进而增加危机处理成本。封北麟（2009）提出，在设计政府注资的救助方案时，应当设计良好的机制，以防止政府注资被滥用引起救助成本上升。

在借鉴上述学者研究成果的基础上，本文将重点分析金融危机中财政救助的成本与收益，深入考察两者之间的关系，并对美国、英国在金融危机中的财政救助效果进行实证分析。

二、财政救助成本

金融危机中的财政救助成本即救助过程中所产生的各类成本的总和，包括显性成本和隐性成本两方面。

（一）显性成本

显性成本是指一国财政为化解金融危机所耗费的各种资源的总和，即财政救助实施过程中所耗费的人力、物力和财力。大量研究表明，金融危机财政救助的显性成本较高，如表 1 所示，1997 ~ 2000 年的 24 场金融危机中，各国平均财政支出约占到其 GDP 的 16%。

表 1　　1997 ~ 2000 年金融危机中的累计财政成本

项目	所有国家	新兴市场国家	发达国家
危机数量（次）	24	17	7
财政救助成本占 GDP 的比重（%）	16	17.5	12

资料来源：Glenn Hoggarth，Ricardo Reis and Victoria Saporta，"Costs of Banking System Instability：Some Empirical Evidence"，*Journal of Banking & Finance*，2002，26（5）：857 – 860.

金融危机中财政救助引发的高额显性成本会增加国家财政负担，引发财政赤字恶化、公共债务攀升等问题，使宏观经济运行的潜在风险增加。在此次金融危机中，不论是发达国家还是发展中国家，财政赤字规模自 2008 年以来都快速攀升，其中发达国家的财政赤字恶化程度更为严重。以美国为例，2008 年其财政赤字高达 8450 亿美元，根据奥巴马政府的预算，2009 年这一数字将升至 1.84 万亿美元，2010 年也将高达 1.26 万亿美元。而在 2001 ~ 2007 年，美国年均财政赤字一直低于 3700 亿美元。

（二）隐性成本

隐性成本是指由财政救助所引发的一系列社会福利损失，这是由"公共财政"的性质决定的。简言之，公共财政是指利用财政支出提供公共产品以满足社会公共需要，让所有纳税人直接地受益、共同地受益、平均地受益，如基础设施建设、环境改善措施等。但金融危机中财政救助却并不满足这一条件，虽然救助可以化解危机引发的潜在公共风险，存在使所有纳税人在未来受益的可能性，但这种受益并不是直接的，至于共同而平均地受益就更难做到。因此，危机中的财政救助并不完全、严格地满足"公共财政"原则，这种不完全性将至少从以下两个方面引发财政救助的社会福利损失。

1. 财政救助造成的挤出效应

政府对危机企业的救助必然会对基础设施建设等其他公共支出产生挤出效应，可能造成一定的社会福利损失。

假设财政支出只分为两部分，一部分为危机救助支出，另一部分为基础设施、医疗卫生等支出，简称公共财政产品支出。在此假设下，若增加一个单位的危机救助，相应的公共财政产品支出就会下降一个单位，表现在图 1 中就是一条 45 度的预算线 AB。

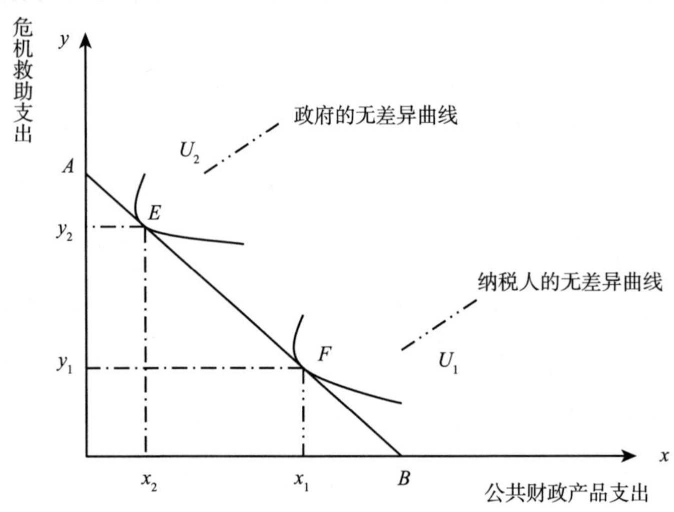

图 1　财政救助的社会福利损失

为比较两部分支出带来的效用差别，设两者会形成一条无差异曲线，但对于政府和纳税人而言，其无差异曲线是不同的。由于危机救助收益的不确定性，纳税人更偏好于公共财政产品支出，故表现为图 1 中的 U_1；出于对宏观经济、政治全局的考虑，政府更偏好加大救助支出，表现为图 1 中的 U_2。这两条效用曲线与预算财政支出的交点分别为 E、F，分别对应 X 轴和 Y 轴的 x_1 和 y_1、x_2 和 y_2，即政府和纳税人分别在 E、F 点实现了其效用最大化。

因此，对于纳税人，危机发生时按照政府的效用偏好进行救助形成的效用为 $U_{x_2}+U_{y_2}$，而按照其本来意图进行的救助效用为 $U_{x_1}+U_{y_1}$，其差额为：

$$U_{x_2}+U_{y_2}-(U_{x_1}+U_{y_1})$$

即金融危机中财政救助挤出效应造成的纳税人福利损失。

2. 财政救助引发的道德风险

在危机中，财政救助往往伴随着道德风险的增加。这是因为，危机全面爆发后，一国政府为减轻危机冲击，往往坚持大规模财政注资政策，并宣称不会放任金融体系中举足轻重的企业破产。① 这种援助政策很可能使企业尤其是大型金融机构产生“依赖”心理，在业务发展中不但不重视风险管理，反而更倾向于从事高风险的业务活动。而在金融机构面临的风险水平或风险权重保持不变的情况下，过度的风险偏好会导致其所面临的风险绝对量增加，从而带来潜在的社会福利损失增加。

综上所述，危机中的财政救助成本可以概括为：

$$C = f\left[C_1,\ g\left(C_2,\ C_3\right)\right] \tag{1}$$

其中，C 表示总财政救助总成本；C_1 表示显性成本；$g(C_2, C_3)$ 表示隐性成本，其中，C_2 表示由于救助挤出效应而产生的社会福利损失，C_3 表示由于救助引发道德风险而造成的社会福利损失。

在总成本统计中，由于隐性成本难以量化，往往无法精确计量。一般而言，可以利用下述方法加以估计：首先，选取财务上已破产但财政救助程度不同的金融机构，分别计算其各项财务指标；其次，通过比较各金融机构财务指标在救助前后的差异，来判断救助是否会有助于其运营状况的改善；最后，若发现适度救助的机构保持了较高的净值，则说明过度救助会造成价值损失增加，两者之间的差额即可作为隐性成本。

三、财政救助收益

（一）显性收益

在现代公共财政模型分析中，经常把政府支出引入生产函数或效用函数，

① 实践中政府经常会宣布此类政策。例如，在 2009 年 5 月完成的 19 家全美最大银行的压力测试中，美国政府表示，若需要筹集新资的 10 家银行无法从民间渠道筹资，政府将帮助其弥补资本缺口。

并由此估算财政支出带来的实际产出收益。具体到金融危机中的财政救助，其显性收益是指财政救助通过降低危机引发的实际产出损失所带来的相对收益。

一方面，按照西方经济学中新古典学派的理论，在严格假定条件下，政府财政投入可以有效刺激经济复苏，即财政救助在货币乘数效应、投资乘数效应和消费扩张效应的共同作用下，可以使整个社会经济活动的萎缩程度得以降低或减缓；另一方面，财政救助可以减少失业率增加、消费信心不足等因素对实际产出的消极影响，并能够通过对关系国计民生的大型企业和支柱产业的救助降低危机对实体经济的破坏作用。

（二）隐性收益

隐性收益是指财政救助带来的在实际中难以精确测算的潜在收益，可以划分为以下两个方面。

1. 交易产出收益

在财政支出收益分析中，往往偏重于对实际产出收益的分析，而对“交易产出”即交易成本降低获得的收益关注较少。本文将交易成本定义为：在不考虑外部因素假设时，由于危机中市场失灵或恐慌心理导致的交易费用上升和交易过程损耗。其中，交易过程损耗是指制度和人际沟通障碍因素导致的隐性损失。由此，可以将交易产出收益看成交易成本的函数，用公式表示如下：

$$R_2 = f\left[\Delta C\left(r_1,\ r_2\right)\right] \tag{2}$$

其中，设 R_2 为交易产出收益，ΔC（r_1，r_2）表示交易成本的变化；r_1 表示危机前的财政积累或依靠政府信用带来的救助支出；r_2 表示依靠税收带来的财政收入支出。可以看到，对于经济实力较强的国家，由于国家信用较好，可以通过 r_1 降低危机中的交易成本；而经济实力较弱的国家，只能通过征税实施财政救助，即通过 r_2 降低交易成本。而在通过征税增加救助支出从而降低交易成本的同时，却有可能产生交易成本收益的漏出。由此可见，相对于经济实力较弱的国家，经济实力较强的国家获得的交易产出收益会更高一些，即表现为较强的危机处理能力。

2. 其他隐性收益

除降低交易成本外，财政救助在短期内还可以有效化解经济陷入衰退时，因失业率增加、居民实际收入减少等因素带来的社会动荡等恶果。通过增加财政支出或政府转移支付，居民实际收入水平下降趋势逐渐有所减缓，从而减少由此引发社会动荡或群体性事件而付出的巨大成本，即获得隐性收益；同理，通过财政支出在提高就业等方面的运用，也可以获得隐性收益。虽然难以测算，但在一定条件下获得隐性收益在应对危机时重要性较高，甚至可以决定财政救助目标能否最终实现，以及一国经济发展的可持续性和政治局势的稳定性、连续性。

综上所述，危机中的财政救助收益可以概括为：

$$R = [R_1, g(R_2, R_3)] \tag{3}$$

其中，R 表示财政救助总收益；R_1 表示显性收益；R_2 表示交易产出收益，$R_2 = f[\Delta C(r_1, r_2)]$；$R_3$ 表示其他隐性收益。

四、财政救助成本与收益的关系

实施财政救助必然要考虑成本和收益的关系，在假设及时财政救助较为有效的前提下，其路径表现如图 2 所示，其中，T 表示时间。

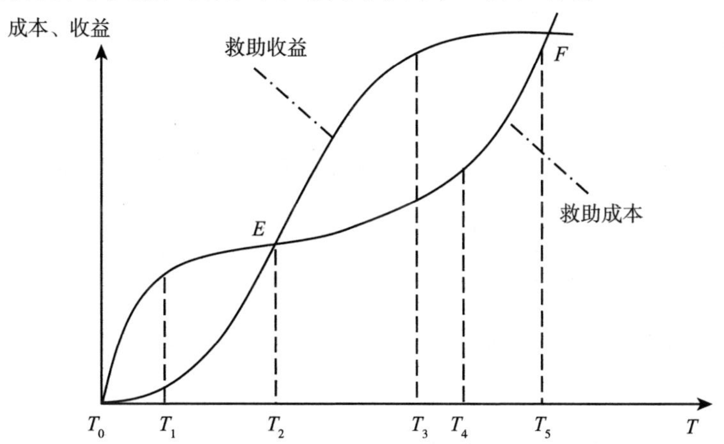

图 2　财政救助成本与救助收益的关系

从图 2 可以看出，在 T_0 阶段，政府开始实施救助，这时救助成本和收益均为零；随着财政救助程度的提高，救助收益和成本都开始增加，但是，增加的轨迹却完全不同。下面分别予以讨论。

1. 救助成本的变化

危机救助初期，为迅速遏制危机蔓延和扩散，需要大量资源投入，救助的显性成本和隐性成本都会迅速增加，导致救助总成本曲线呈现陡峭形态，如图 2 中的 T_0 至 T_1 段；在救助实施一段时间后，尽管财政支出还在增加，但随着人们对救助目的、作用的了解，隐性成本的增加开始下降，因此，总救助成本的增加开始趋缓，即图中的 T_1 至 T_4 段；但在救助达到一定程度之后，若没有实施有序的财政救助退出方案，显性成本会引发财政赤字、公共债务等问题，且救助幅度超出纳税人可承受的范围时会导致隐性成本迅速增加，总救助成本又开始迅速上升，即图 2 中的 T_4 之后。

2. 救助收益的变化

危机救助初期，因为政策实施时滞的存在，救助收益的增加并不显著，导致救助收益曲线比较平缓，如图 2 中的 T_0 至 T_1 段；① 在救助实施一段时间后，随着救助程度不断加深，救助收益快速显现，总收益曲线变得比较陡峭，如图 2 中 T_1 至 T_3 段；② 但在救助达到一定程度后，由于危机可能已基本被控制，如再继续实施深度救助，效果并不明显，表现为图 2 中 T_3 之后救助收益曲线的趋缓。

收益和成本曲线的两个交点 E、F 将危机救助效果分为了三个阶段：（1）T_0 至 T_2 阶段，收益小于成本；（2）T_2 至 T_5 阶段，收益大于成本；（3）T_5 之后，收益又小于成本。因此，最佳救助必定落在第二个阶段，而具体的选择则要根据累计成本与累计收益的值权衡决定。

① 此处假设救助收益增加由慢变快的时间与救助成本增加由快变慢的时间相同。

② 此处假设救助收益由快变慢时间 T_3 的出现早于救助成本由慢变快时间 T_4 的出现。

五、全球金融危机中美国、英国财政救助的实证考察

在大规模财政救助的刺激下，目前，大多数国家的经济指标都好于预期，全球经济呈现企稳回升迹象。但与此同时，财政刺激措施也使众多国家的财政赤字和公共债务攀升，经济运行的潜在风险增加。

（一）美国

1. 财政救助成本

次贷危机爆发以来，为避免危机的深度扩散，美国政府迅速出台多项财政救助措施。2008 年 1 月，布什政府推出约 1500 亿美元的减税方案；2008 年 9 月，美国国会就布什政府提出的 7000 亿美元“问题资产拯救方案”（TRAP）达成一致；2009 年 2 月，奥巴马政府公布了第二次世界大战以来规模最大的 7870 亿美元经济刺激计划。目前，美国财政救助金额高达 1.66 万亿美元，约占其 GDP 的 12%。[①] 大规模财政救助加重了政府负担，2009 年，美国财政赤字占 GDP 的比重达到 9.9%，大大超过 2008 年 3.2% 的水平。此外，美国公共债务总额也升至 12.3 万亿美元的历史新高。[②]

2. 财政救助收益

危机初始阶段，危机并未因政府为市场提供的流动性而得到有效遏制，反而迅速波及商业银行、“两房”以及三大投资银行，经济增速不断下降。直至 2009 年下半年，美国经济的下滑趋势才宣告结束，第三季度和第四季度的经济增速分别恢复至 2.2% 和 5.7%。目前，得益于政府的大规模救助，市场对金融崩溃的担忧情绪已明显退却，金融市场趋于稳定。据美国联邦保险公司公布的数据显示，2009 年第三季度，美国参与联邦储备保险体系的银行总盈利为 28 亿美元，大大超过 2009 年第二季度 43 亿美元的亏损。此外，失业

① 美国财政部。

② 美国经济分析局。

率增速也趋缓，美国劳工部的数据显示，美国2010年1月的失业率为9.7%，自2009年10月以来首次降到10%以下。①

3. 财政救助效果的简单分析

由图3可以看出，美国经济在2008年第一季度和第二季度出现小幅反弹，但反弹并未持久，下半年经济形势迅速恶化，第四季度GDP增长率更是降至26年来的历史新低（-6.3%）。进入2009年后，GDP增长率的降幅才开始收窄，并于第四季度恢复至5.7%。结合美国政府的财政救助政策，GDP增长率的变化趋势至少反映出以下问题。（1）布什政府2008年1月推出的1500亿美元减税方案取得一定成效，引起美国经济小幅反弹。但此次政策效果并不持久，随之而来的经济恶化意味着当时政府远远低估了危机深度，政策实施力度不够。（2）2008年9月，布什政府提出的7000亿美元“问题资产拯救方案”政策，并未立即显现效果，美国经济形势进一步恶化。这一方面是因为当时美国经济已陷入衰退，刺激政策对宏观经济回暖的作用开始下降；另一方面源于美国“不良资产救助计划”的推出并不顺利，政府对救助的不确定态度在一定程度上损害了市场信心，削弱了救市效果。（3）2009年2月，奥巴马政府的经济刺激计划推出之后，经济形势逐步好转，这不仅得益于救助规模的扩大，还得益于前期政策实施效果的显现。

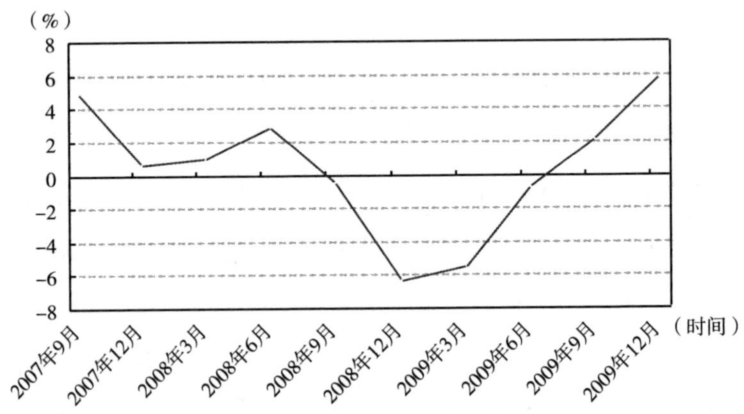

图3　金融危机中美国实际GDP增长率变化趋势

资料来源：美国经济分析局。

---

① 美国经济分析局。

（二）英国

1. 财政救助成本

危机爆发后，英国政府陆续推出了财政注资、减税以及增加政府投资等经济刺激政策。2008 年 10 月，英国政府向最大的八家银行机构直接注资 500 亿英镑，并由财政部接管了布拉福德—宾利银行 500 亿英镑的抵押贷款业务；2008 年 11 月，政府正式宣布总额为 200 亿英镑（占 GDP 的比重 1%）的综合性经济刺激方案；2009 年 1 月，英国政府宣布一项中小企业贷款担保计划，该计划包括 100 亿英镑的运营资金安排、向营业额达 2500 万英镑的小型企业提供 13 亿英镑额外银行贷款担保，以及将 7500 亿英镑投资于需要充实资本的小公司等。

财政救助也使英国财政状况趋于恶化，2008 年财政赤字占 GDP 的比重已高达 5.5%，2009 年这一数字更是升至 12%，远高于欧盟《马斯特里赫特条约》3% 的上限。与此同时，公共部门借贷和债务也在显著增加，据估计，2009 年，英国公共债务占 GDP 的比重将达到 66.3%，不但远高于政府奉行的"黄金法则"① 中不超过 40% 的规定，也已突破《马斯特里赫特条约》中 60% 的上限。②

2. 财政救助收益

总体而言，英国政府采取的一系列经济刺激措施在一段时滞之后开始发挥效力，市场信心逐步恢复，经济快速下滑的势头得以遏制。根据相关数据，英国 GDP 环比降幅从 2009 年第二季度开始收窄，第四季度继连续五个季度负增长后首次上涨 0.3%；同时，失业率增速也趋于平缓，从 2009 年下半年开始一直维持在 7.8% 左右。③

---

① "黄金法则"是英国财长布朗在 1997 年的首度预算演说中自创的名词，也是多年来布莱尔政府始终在名义上遵循着的法则，即在每个经济周期中确保公共债务与赤字持平，当时布朗承诺他的黄金法则"将确保政府在整个经济周期中所借全部债务仅仅用于投资，现金支出部分将完全由税收补足"。

② 英国财政部。

③ 国际货币基金组织。

3. 财政救助效果的简单分析

由图 4 可以看出，危机爆发以后，英国经济一路下滑，直至 2009 年初才出现好转。结合英国的财政救助政策，GDP 增长率的这种变化趋势可以说明以下问题：（1）英国政府 2008 年末推出的直接注资等财政刺激计划并未立刻显效，经济形势进一步恶化；（2）2009 年 1 月"一揽子"扩张性财政政策推出后，经济形势逐步好转，这也得益于前期政策实施效果的逐步显现。

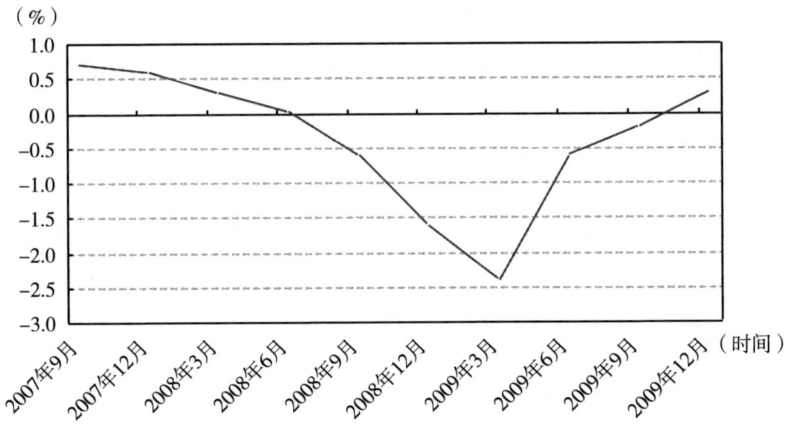

图 4　金融危机中英国实际 GDP 增长率变化趋势

资料来源：国际货币基金组织。

总之，由于财政救助措施出台时间较晚、力度相对较低等原因，英国在此次金融危机中的形势相对更为严峻，经济复苏也更为艰难。就目前情况而言，因为金融机构去杠杆化进程尚未结束、信贷紧缩等问题依然存在，金融危机对英国的负面影响仍未消除，经济复苏势头依然十分脆弱。

（三）美国、英国财政救助效果的比较分析

作为西方发达国家的代表，危机前美国、英国的金融发展以及经济运行状况就存在相似之处，危机爆发后两国采取的财政救助措施也有所重合，但就其财政救助成本与收益而言，两国的救助效果还存在一定差别。

（1）美国财政救助的显性成本较高。由前文分析可以看出，就财政救助的显性成本而言，美国政府的财政救助金额已高达 1. 66 万亿美元，而英国约

为8813亿英镑（约1.27万亿美元），低于美国的水平。

（2）美国财政救助的隐性成本相对较高。次贷危机爆发后，美国政府坚持大规模财政注资政策，并多次宣布不会放任在金融体系中举足轻重的企业破产。这种重金援助政策引发的潜在道德风险，不仅会使大型银行产生“依赖”心理，在业务发展中不重视风险管理，还可能使被救助银行滥用资金。例如，花旗银行等8家银行在接受政府救助后，滥用超过1600亿美元的救助资金用于发放高管奖金和分红。

（3）美国财政救助的显性收益较为明显。两国都是依靠政府财政救助才得以走出危机，但就救助收益来看，美国实际产出的恢复更为迅速，复苏之势也更为明显。这主要得益于两方面原因：一是美国财政救助更为及时，金融危机处置带有强烈的时效性，危机处置的越及时，金融业遭受的损失就越少；二是美国财政救助力度更大，大规模救助计划的实施有助于市场信心的尽快恢复，加快经济复苏步伐。

（4）英国财政救助的未来隐性收益相对较小。由于英国政府的财政状况自2000年起就趋于恶化，危机中经济刺激政策的实施，使其财政赤字以及公共债务的问题更加突出，政策调整压力不断加大，现政府已不得不承诺将在今后4年内通过有序的加税等措施将财政预算赤字减半。上述举措必然会产生交易成本收益的漏出，降低危机中财政救助所带来的隐性收益。

六、结论与启示

通过探讨金融危机中财政救助成本与财政救助收益，研究两者之间的关系并进行实证分析，我们可以得出下述初步结论和启示。

（1）政府应慎重考虑对财政救助成本的承受能力，合理安排危机不同阶段的成本支出。同时，对隐性成本要有足够的重视，充分考虑民众（纳税人）的利益，力争减少财政救助的社会福利损失，并降低道德风险引发隐性成本以及财政救助总成本上升的概率。

（2）遵从适度救助原则，谨防救助过度引起的成本激增。不可否认，及时有效的救助能够在一定程度上防止金融危机的进一步扩散。但也应注意到，这种救助本身也会引致种种成本，是金融危机成本的一部分。因此，政府部门在制定救助计划时，应遵从适度救助原则，避免对收益的单一考虑和盲目追求，防止无限度、不合理救助引起的成本激增。

（3）制定详细救助方案，避免救助资金的滥用。为降低金融危机财政救助中的道德风险，政府部门需要设计合理的救助机制，及时建立救助措施实施效果的监测、追踪机制，并在实践中不断完善救助计划的实施细则，加大对违规行为的查处、惩罚力度，避免救助资金滥用引致的损失。

（4）就金融危机中的财政救助实践而言，政府在实施大规模救助措施后，应根据形势估计危机边界和财政救助边界，就救助措施的“退出机制”和“分担机制”加以考虑和设计，避免对经济的过度干扰。但退出时机和机制的选择必须综合多方面因素进行科学评估，过早撤出刺激计划的行为并不可取，很可能导致经济衰退卷土重来。

参考文献

［1］陈志英：《银行危机过程中的道德风险及其对银行危机成本的影响》，载于《当代经济科学》2002 年第 3 期。

［2］封北麟：《金融危机中的政府注资行为分析及其政策启示》，载于《经济研究参考》2009 年第 3 期。

［3］苗永旺、王亮亮：《全球金融危机经济刺激方案的退出策略：历史经验与现实选择》，载于《国际金融研究》2010 年第 2 期。

［4］于旭辉、蒋健蓉：《次贷风暴或止于 2010——从历次重大金融危机比较研究看当下危机》，载于《首席财务官》2008 年第 11 期。

［5］朱民：《改变未来的金融危机》，中国金融出版社 2009 年版。

［6］Demirguc-Kunt，L. Serven，“Are All the Sacred Cows Dead?”，The World Bank Policy Research Working Paper，2009.

[7] G. Kaufman, "Lender of last resort: A contemporary perspective", *Journal of Financial Services Research*, 1991: 2.

[8] James, "The Losses Realized in Bank Failures", *The Journal of Finance*, 1991: 4, 9.

[9] J. Edward, "The Length and Cost of Banking Crises", IMF Working Paper, 1999: 30.

[10] L. Laeven, F. Valencia, "The Use of Blanket Guarantees in Banking Crises", Working Paper, 2009, April 28.

[11] P. Honohan, D. Klingebiel, "Controlling Fiscal Costs of Banking Crises", Washington D. C: Mimeo, World Bank, 2000.

第四篇 金融发展

- 金融发展过度：最新研究进展评述及对中国的启示
- 金融—增长视角下美国金融发展过度问题研究
- 金融发展与经济增长关系研究新进展
- 金融诅咒现象的表现、效应及对中国的启示

金融发展过度：最新研究进展评述及对中国的启示*

2008 年全球金融危机爆发后，学术界、实务界以及政府部门在探讨金融危机的成因和治理过程中，纷纷将目光聚焦在金融业的规模上，许多学者认为，一些发达国家（特别是美国）的金融业发展过大、过度。英国金融服务管理局主席阿代尔·特纳（Adair Turner，2009）勋爵就大声疾呼，“不是所有的金融创新都是有价值的，不是所有的金融交易都是有用的，过大的金融系统不一定更好，金融部门已经超过其社会最优规模”。他指出，在过去二三十年间，发达国家金融体系规模上的扩张并未带来经济增长的稳定，更多的是从实体经济赚取了租金收益，反而成为金融脆弱性和不稳定的重要诱因。金融发展过度的观点引起各界的广泛关注和激烈讨论，既有赞成者，也有反对者。那么金融发展是否真的过度，以至于金融发展对经济增长不再有促进作用，反而会阻碍经济增长呢？本文拟对最新的文献做一个全面、系统的回顾和评述。

一、引　言

经济学家们在研究金融发展及其带来的社会价值时，多从金融发展与经

* 本文原载于《经济学动态》2013 年第 11 期。合作者：倪淑慧。基金项目：广义虚拟经济研究专项资助项目［项目号：GX2013－1006（M）］；国家社科基金重点项目“我国经济发展方式转型中的金融保障体系研究”（项目号：10AJL005）；国家社科基金重大项目“加快推进对外经济发展方式转变研究”（项目号：10ZD&017）；北京师范大学 985 课题“金融风险指数”。

济增长的关系入手，即研究金融体系在经济发展中的作用、如何建立有效的金融体系以最大限度地促进经济增长、如何合理利用金融资源以实现金融的可持续发展从而带动经济的持续增长，这些研究构成金融发展理论。

金融发展理论的研究最早可追溯到巴杰特（Bagehot，1873）和熊彼特（Schumpeter，1912）。其中，巴杰特和希克斯（Bagehot and Hicks，1969）认为，金融系统在工业革命中起到了关键作用。而熊彼特则强调功能完善的银行能够发现成功概率较大的创新项目，并提供融资支持进而刺激创新，从而推动经济增长。后来的学者从不同角度对两者关系进行了研究，形成了金融抑制观、金融结构观、金融功能观（也称金融服务观）和金融法律观四大理论分支。

尽管现有文献更多地支持金融发展对经济增长有正向促进作用的观点（Goldsmith，1969；McKinnon，1973；Merton，1990；King and Levine，1993；Gunther et al.，1995；Minsky，1995；Levine and Zervos，1998；Levine et al.，2000；Arestis et al.，2001；Beck and Levine，2004；Rioja and Valev，2004a；Cheng and Degryse，2010），但是，由于理论假设过于严格且研究方法和数据方面也存在很多不足，现实中我们很难判定金融发展一定会促进经济增长。就连该理论的权威人物莱文（Levine，2003）也不敢轻易做出判断，他曾公开表示对包括“金融体系较发达的国家，其增长速度也较快”在内的一系列结论，持有相当程度的怀疑态度。

莱文的怀疑在里奥哈和瓦列夫（Rioja and Valev，2004）的研究中得到了证实。他们选择不同的分位数作为高低两个分界点，把74个国家1966～1995年的金融发展水平分为高、中、低三个区间，然后使用广义矩方法对面板数据进行回归，结果表明：在不同阶段，金融发展与经济增长的关系不同，因此，两者之间并不是简单的线性关系。具体来说，在一国金融发展的低水平阶段，金融对经济增长的作用是不确定的；在中等发展水平阶段，金融对经济增长具有比较大的正向作用；在高水平阶段，虽然对经济增长的作用也是正向的，但是，比中等发展阶段的作用要小。

此外，上述研究只强调金融体系对经济增长的作用，未考虑金融部门的发展也要占用一定的社会资源，如物质资本和人力资本。鉴于这个问题，莱文（1996）以及达林和赫尔曼（Da Rin and Hellmann，2002）将金融发展成本纳入研究，结果发现，金融发展与经济增长的关系存在多重均衡，即金融的增长效应存在贫困性陷阱和“门槛”效应。随后，里奥哈和瓦列夫（2004）以及格拉夫（Graff，2005）的实证研究证明了金融发展和经济增长之间的多重均衡和非线性关系。值得一提的是，基于两者的非线性关系，伊斯兰和斯蒂格利茨（Islam and Stiglitz，2000）实证研究得到当私人部门信贷超过 GDP 的 100% 时经济产出波动开始加剧的结果。

2008 年全球金融危机爆发后，学术界和实务界对金融发展是否具有增长效应的问题进行了激烈的讨论。鲁索和瓦赫特尔（Rousseau and Wachtel，2011）研究发现，在 1965～2004 年，当金融深化或者私人部门信贷超过一定规模时，对 GDP 增长的促进作用就消失了。因此，许多学者认为当金融发展过度时，不再能很好地发挥其促进投资、优化资源配置、降低风险和便利交易的职能，因此，对经济增长不再有促进作用，甚至给经济增长带来负面影响。现有文献的研究主要从两个视角来展开：一是从金融—增长功能视角的讨论集中在金融发展是否过度以至于对经济增长产生负影响；二是从金融部门视角，主要讨论作为一个独立的部门，金融部门是否发展过大或者过快、吸收了过多的物质和人力资源，造成社会资源配置的无效率。

二、从金融—增长视角来审视金融发展过度

许多现象表明在中等发展水平的国家，金融发展的增长作用最为显著，随着金融水平的不断提高，该作用呈现下降的趋势。那么，是否存在一个“门槛”，当超过这个“门槛”时，金融发展开始对经济增长产生负影响呢？

（一）金融发展过度的实证研究

关于超过某一“门槛”，金融发展将产生负的社会产出的观点并不是最近才有。例如，德格雷戈里奥和圭多蒂（De Gregorio and Guidotti，1995）考察

了不同收入国家金融深化和产出增长的关系，得到 1960 ~ 1985 年高收入国家金融发展深度对产出增长有促进作用，但是把数据缩小至 1970 ~ 1985 年，金融发展深度对增长产生负的影响。他们对此做出解释，认为高收入国家可能已经达到一个点（边界），过度的金融深化不再提高投资效率。

2008 年全球金融危机爆发后，学术界对金融发展带来负影响的研究再次成为热点。阿坎德等（Arcand et al.，2012）在一篇名为《金融发展过度了吗?》的文章中，实证考察了金融发展和经济增长的关系。与前述研究不同，阿坎德等（2012）基于金融发展和经济增长的非单调性关系进行回归，结果得出，1970 ~ 2000 年，当私人信贷超过 GDP 的 110% 时，金融发展开始对经济增长产生负影响。

私人信贷占 GDP 110% 的这个“门槛值”，与先前许多研究得出的结论都保持了高度一致。首先，该结果与伊斯兰和斯蒂格利茨（2000）发现金融深化开始加剧经济波动的“门槛值”一致，也与 G. 雷米和 V. A. 雷米（Ramey G. and Ramey V. A.，1995）研究波动减缓经济增长的“门槛值”一致。不同的是，该结果是在控制了宏观经济波动、银行危机和机构质量之后得到的。其次，该结果还与德格雷戈里和圭多蒂（1995）发现 20 世纪 70 年代发展私人信贷对 GDP 增长作用减弱时的数值一致，也和鲁索和瓦赫特尔（2011）发现金融深化作用消失的数值一致。不同的是，这两个研究没有考虑金融发展和经济增长的非单调性关系，才得到促进作用减弱和消失的结论。

阿坎德等（2012）进一步将数据时间从 1970 ~ 2000 年扩展至 1960 ~ 2005 年，发现金融发展对经济增长的边际效应变为负值时，私人信贷占 GDP 的比值变为 100%；再将时间扩展至 1960 ~ 2010 年，得到的“门槛值”为 90%。特别的，阿坎德等（2012）还考察了流动性对门槛值的影响，得到在经济正常运行情况下金融发展对经济增长的边际效应变为负值时，“门槛值”为 80% 左右，而在金融危机时“门槛值”变成 110%。

由于采用了私人信贷占 GDP 的比值作为衡量金融发展的指标，阿坎德等（2012）在描述金融发展时没有将金融发展、金融深化和金融规模进行区分。

切凯蒂和卡罗比（Cecchetti and Kharroubi，2012）则直接讨论了金融发展规模和经济增长的关系，基于金融发展和经济增长的倒“U”型曲线关系，采用劳动力人均 GDP 增长率指标①衡量经济增长，得到的“门槛值”为 100%。同时，切凯蒂和卡罗比（2012）还用银行信贷代替私人信贷作为衡量金融发展规模的指标，也得到相似的结论：当银行信贷占 GDP 超过 95% 时，对经济增长产生负影响，但是，根据五年内劳动力人均 GDP 增长率不同，这个“门槛值”在 90%~104% 之间不等。

研究金融和经济增长的关系时，不仅要考虑金融活动的产出，还应考虑金融活动的投入。基于这个原因，卡佩尔-布兰卡迪和拉博纳（Capelle-Blancard and Labonne，2011）使用信贷总额来衡量金融活动的总产出，用金融行业就业人口占总劳动人口的比重来衡量金融活动的投入，然后用信贷总额除以金融部门就业人数来构建衡量金融发展或者金融中介活动效率的指标，实证研究得到在过去 40 年间金融发展和经济增长的正向关系消失的结论。

（二）金融发展过度的原因探析

2008 年全球金融危机的爆发，给全球经济增长带来了灾难性的影响。有许多学者对金融发展带来的积极影响提出了质疑。例如，克鲁格曼和韦尔斯（Krugman and Wells，2011）对美国过去 40 年经济数据进行研究后发现，金融并未提高生产能力，反而是具有破坏性的。更偏激的学者甚至认为，金融部门的过度增长非但没有提高金融稳定，还给经济带来破坏性影响，本次金融危机就是很好的证明。有学者认为，金融发展过度，即信贷规模过大或者金融深化过度，可能是一些缺乏法律和监管的国家于 20 世纪 80 年代末和 90 年代初广泛推行金融自由化的结果。对此，鲁索和瓦赫特尔（2011）考察了金融自由化对金融—增长关系的影响。实证研究结果发现，金融自由化在减弱金融发展对经济增长的正向作用上起到的作用并不大。考虑到不同国家金融

① 多数文献在衡量 GDP 增长时，一般采用人均 GDP 增长率（real GDP per capita）指标，但是，切凯蒂和卡罗比（2012）则对劳动力人口和非劳动力人口进行了区分，采用劳动力人口作为基数，得到劳动力人均 GDP 增长率（real GDP per-worker growth）。

市场结构的差异性，如在一些国家证券融资代替了债务融资，鲁索和瓦赫特尔（2011）进一步考察了证券市场出现对两者关系的影响，发现证券融资代替债务融资并未明显地减弱金融发展与经济增长的正向关系。

特别地，阿坎德等（2013）通过建立信贷约束模型，证明在存在信贷配给和外生违约可能性的条件下，破产预期将导致金融部门超过社会最优规模，其中政府的破产和不完善的监管框架将导致社会的次优选择和过度借贷。具体来说，银行破产带来较大的外部成本使得银行业成为管制最为严格的部门；同时为保证存款人的利益，政府成立了各种显性或隐性的金融安全网。但是，阿坎德等（2013）认为，正是这些所谓的金融安全网，使得银行有激励承担更高的风险，盲目地扩张规模，发展过度，最终阻碍经济增长。

此外，有不少学者从银行危机的角度解释金融发展过度带来的负影响。鲁索和瓦赫特尔（2011）认为，银行危机是金融发展对经济增长正向作用消失的主要原因。德拉特拉等（De la Torre et al.，2011）讨论了金融发展过度和金融危机的关系，发现随着金融发展的不断推进，金融发展效益呈现递减趋势，而保持金融稳定成本呈现递增趋势，达到一定规模时，将超过金融发展带来的回报，更有可能带来金融危机。陈（Chen，2012）基于 1960 ~ 2009 年 150 个国家的面板数据，使用私人信贷占 GDP 比值作为衡量金融发展规模的指标，得到金融发展过度或者一个过大的金融部门容易提高系统性银行危机发生的概率，而权益市场资本规模的提高则会降低系统性银行危机发生的概率。基于金融部门混业经营的现状，施莱弗和维什尼（Shleifer and Vishny，2010）认为，银行将资产投资于证券市场使其自身变得不稳定，更容易引发危机。

（三）对金融发展过度观点的质疑

对金融发展过度的观点，有许多学者从不同角度提出了反对意见。

首先，有学者认为，衡量金融发展的指标过于简单和粗略，难以抓住高层次的金融发展。金融发展过度的实证研究在衡量金融发展程度时，多采用私人信贷总量占 GDP 的比值这个指标，但是，面对日益复杂的金融活动，私人信贷总量已经不可能涵盖所有的金融发展，很多国家权益市场融资规模远远超过私人信贷总量。例如，德米尔居士和赫伊津哈（Demirgüc-Kunt and Huizinga，2010）就认为，金融部门的活动已经超过了传统金融中介的范围，呈现非中介金融活动的趋势。很多金融活动无法用简单的数据测量其社会效益，如金融创新。当然，对这个观点也有学者提出了反对意见，认为由于金融部门业务不断扩大，金融发展的社会效益确实无法靠简单的指标衡量，但是，就目前金融部门的功能来看，除提供融资、收取资产管理费用、增加房地产资产泡沫外，金融发展的社会效益并不明显。另外，格林伍德和沙尔夫斯泰因（Greenwood and Scharfstein，2013）还提到金融也有很多负面效应无法测量，如加大收入不公等。

其次，有学者认为，不能简单地从私人信贷来源对信贷进行分类，而应该依据信贷的投放和流向对私人信贷进行分类。贝克（Beck，2012）根据私人信贷分别进入生产部门和家庭的现实，将私人信贷分为生产性信贷和消费性信贷，实证研究证明，生产性信贷对经济增长有促进作用，而消费性信贷没有这个作用。现实中也确实如此，如金融危机发生前，美国和英国的信贷多用于消费性的家庭房产借贷，这些信贷的增加带来的是资产泡沫，而不是经济增长，这也部分解释了在发达国家金融发展对经济增长的促进作用不是那么明显的现象。贝克（2012）进一步将银行部门业务分为中介业务和非中介业务，中介业务即信贷业务，非中介业务包括衍生品和交易活动，基于77个国家1980～2007年的面板数据，得到如下结论：从长期来看，中介业务能促进经济增长并减少波动，但是，非中介业务并没有这个功能。对此，也有学者提出质疑，认为如果扩大数据中的国家样本和时间样本，可能会得出过快的家庭信贷将会对经济增长产生负影响的结论。

再次，金融发展过度的研究并未考虑国家发展水平和金融结构，因为不同国家有不同的金融结构，而且银行发展和证券市场发展对经济增长的短期和长期影响并不一样。程等（Cheng et al.，2012）基于15个发展中国家和15个新兴国家1976～2005年的数据研究发现，长期的信贷增长在发达国家对经济增长是有益的，在发展中国家却是有害的。但是，证券市场发展和经济增长的关系在发达国家是有害的，在新兴国家是有益的，因此，简单实用的私人信贷数据不能得出普适的结论。

最后，金融发展过度的研究并没有考虑技术进步的作用。杜克特和格雷切纳（Ductor and Grechyna，2011）使用传统的指标进行回归分析，发现在1970～2005年，当私人贷占GDP的比值为122%时，金融发展的正效应最大，过度的金融发展将对经济增长产生负影响。但是，他们认为并不是金融发展过快了，而是生产部门的技术进步和创新没有赶上金融部门的发展速度，才使得金融发展对经济增长产生负影响。

三、从金融部门视角来剖析金融发展过度

与金融—增长功能视角分析金融发展过度问题存在争议不同，在金融部门比其他部门发展过快并占用了过多的资源上，学者们达成了一致意见。甚至有学者提到，不论以何种指标和测量方法，包括部门产出占GDP的比值、金融资产数量、就业比例、平均工资等，在过去的几十年里到2008年金融危机爆发前，美国的金融部门以爆炸式的速度增长着。数据显示，在20世纪50年代，美国金融部门资产价值和本国GDP基本持平，在2010年已经增长至GDP的4.5倍。

实际上，在20世纪80年代就有学者意识到金融部门发展过度的问题。托宾（Tobin，1984）提到，“我们把越来越多的资源，包括年轻的人力资本投入远离生产产品和服务的金融活动中，投入获取与其社会生产力不相称的高额私人收入的活动中……金融部门的社会产出低于其私人收入，过大的金融部门将从生产性部门中‘偷取’人力资本，从而导致社会资源配置无效，最坏的结果是金融部门不再具有生产效益”。

2008年全球金融危机爆发后，学者们纷纷提出，相比金融部门提供的服务，其占用了过多的人力资源，并获得了超额的管理费用，特别是发达国家的金融部门已经发展过度了。对此，学者们从以下几个方面进行了论证。首先，通过对比实体经济部门和金融部门的发展速度，论证金融部门发展过快是导致对经济出现负影响的主要原因。其次，通过构建二元金融机构的职业选择模型，论

证存在隐性信息的金融市场确实存在发展过度的可能性。此外，还有学者直接从金融部门自身的投入和产出进行分析，讨论其效率问题，即金融部门提供的金融服务是否能弥补金融部门使用的经济资源。最后，有学者从金融部门的集中率上分析，讨论单个机构和单项交易是否存在过大或者过于集中的现象。

（一）通过两部门对比研究金融发展过度问题

通过不同部门发展速度的比较，可以判断某个部门是否存在过度发展的问题。杜克特和格雷切纳（2011）在研究金融部门发展过度问题时，将经济分为生产性部门（包括制造企业和能源）和金融部门（包括金融服务），基于33个OECD国家的面板数据，证实了平稳顺畅的经济增长需要实体经济部门和金融部门的均衡增长，因此，两部门之间均衡的技术进步是经济增长的必要条件。其中，生产性部门的技术进步可以扩大经济的生产能力，而金融部门的技术进步使这些新生产能力得到有效应用。鉴于两部门技术进步对经济增长的不同作用，作者认为，只要实体经济部门的增长速度超过金融部门，金融危机就不会发生。

在区分实体生产部门和金融部门对经济增长的不同作用后，杜克特和格雷切纳（2011）将金融部门发展过度定义为社会总产出下降时，金融部门和实际产出部门增长率之间的差额。具体来说，他们选取了衡量金融和生产部门差额的四个指标来考察金融部门是否发展过度了。第一个指标是金融部门和生产部门中产出增长的差额。其中，金融部门产出指的是金融中介、房地产、租赁和其他经济活动产生的GDP，生产部门的产出主要包括工业产出。研究发现，当差额超过4.45%时，会对经济增长产生负影响。第二个指标是私人信贷占GDP的比值与生产性产出占GDP比值的差额，其中，GDP为实际GDP增长。研究发现，当差额超过43.3%时，会对经济增长产生负影响。第三个指标是金融部门和生产部门中单位劳动力成本增长的差额，研究发现，当差额超过1.33%时，会对经济增长产生负影响。第四个指标是金融部门和生产部门中单位劳动力生产率增长的差额，这个指标在统计上并未得到显著结果。

此外，切凯蒂和卡罗比（2012）选择金融部门就业人口占总就业人口的比重来衡量金融部门发展是否过度，认为这是衡量人力资本是否错配的最好指标。实证研究得出，当金融部门就业人口占总就业人口的比重超过3.5%时，对经济增长产生负影响。但是，根据五年内劳动力人均GDP增长率不同，不同国家之间这个比值在2.7%~3.9%不等。他们还进一步研究了金融部门就业增长过快对经济增长的影响，选用金融部门就业人口占总就业人口比重的增长值作为衡量金融部门发展速度的指标，用以考量其与生产力增长的关系。研究发现，当金融部门就业比重的增长率超过1.3%时，将对生产力增长产生负影响。当金融部门急剧扩张时，特别是就业比重年度增长1.6%时，人均GDP增长率将下降0.5%。从中可以看出，金融部门的过快增长会给其他部门带来较高的负外部性。

（二）通过划分二元金融机构研究金融部门发展过度问题

考虑到金融市场的信息不对称问题，博尔顿等（Bolton et al.，2011）创新地引入二元金融部门，即将金融市场分为标准交易市场和有隐性信息的店头交易（OTC）市场。通过建立职业选择模型，论证了在信息不对称的OTC市场上，经纪人收取了过高的信息租金，同时也吸引了过多的人力资本进入金融部门。

在职业选择模型中，参与者可以选择在实体经济部门工作成为企业家，或者进入金融市场成为知情经纪人。当然成为知情经纪人需要具有评估交易资产价值的技术，因此，进入金融市场是有成本的。此外，存在两类金融市场：一个是具有透明信息的竞争金融市场，在这个市场上参与者进行统一标准的交易；另一个是具有隐性信息的OTC市场，在该市场上知情经纪人具有信息优势和评估技能，能够为企业家在该市场上出售资产提供诱人的条件和激励，当然在提供评估服务时，他们也收取信息租金。知情经纪人的这种“撇油”（cream skimming）行为，给规范交易施加了一个负的外部性，最终导致并不是很有价值的资产在该市场上交易，降低了市场的效率。

在该模型中，经纪人根据资产的特征来提供信息，但是，信息并不会反映在市场价格中。因此，多少人参与交易、信息在多少人之间传递，并不会改变资产价格。竞争最终只是简单地增加了信息租金，因而，金融市场上的信息是生产过度了。该模型从侧面解释了金融行业存在的普遍现象，即知情方有激励退出规范交易市场，因为在 OTC 市场上交易的话，可以获取大额的信息租金。此外，两元金融市场的分析还有助于解释金融业急速上涨的佣金总是集中在一部分或者某一类型的金融机构里，主要包括场外交易市场的中介机构，这正是经纪自营商及大型商业银行代理经销商通过“撇油”获取高额信息租金的结果。

（三）通过对比金融部门投入和产出的研究

金融部门高额的收益，特别是资产评估费用和从业人员的工资，在金融危机期间受到各界人士的抨击，他们认为，相比其提供的服务，金融部门获取了过多的收益。以金融部门从业人员的薪水为例，1980 年金融部门从业人员的工资跟其他行业同等职位员工的薪水基本持平，但是截至 2006 年，金融部门的工资至少比其他部门高出了 70%（Phillipon and Reshef，2009）。高额的收入吸引了更多的人力资源进入该行业，1969～1973 年哈佛大学仅有 6% 的毕业生进入金融服务部门工作，到 2008 年有将近 28% 的毕业生选择投身金融行业（Goldin and Katz，2008）。因此，美国金融业已经变成熟练工人密集的行业（Phillipon and Reshef，2009）。

爱泼斯坦和克罗蒂（Epstein and Crotty，2013）通过比较金融部门的收入和金融部门提供的服务研究了美国金融部门规模的问题。他们首先考察了不同经济部门依靠外源融资和内源融资的情况，发现在过去一段时间内，非金融机构（部门）越来越多地依靠外源融资。为购买房产和耐用品，家庭从金融的净借出者变成净借入者，同时，政府部门也更多地依靠外源融资。这些趋势使得金融活动脱离生产性投资转向消费性借贷，容易引发资产泡沫。在此基础上，他们选取金融部门工资和利润比上融资缺口（外源融资和内源融资的差额）作为衡量金融部门收入和其提供服务的指标。研究发现，1946～1959 年，金融部门每弥补 1 美元的融资缺口，平均可获得 30 美分的收益，在 20 世纪 90 年代可获得 1.09 美元，在 21 世纪初可获得 1.74 美元。从上述数据可以看出，相比提供的服务，美国金融部门的收益确实有急剧上升的发展趋势。

（四）从金融部门集中率角度的研究

金融部门视角的研究还讨论了金融部门的集中率问题。因为某类金融机构成长过快、某类金融资产过于集中，都会加剧金融部门的运行风险。这方面的研究多集中在美国，事实证明过去二三十年，美国部门的集中率确实有急剧上升的趋势。

关于单个金融机构相比整个金融部门的规模过大的讨论主要集中在银行部门特别是投资银行。舍内梅克和维克霍夫（Schoenmaker and Werkhoven，2012）认为，可以从下面两个视角衡量银行系统规模是否过大：一是金融部门规模应与本国经济能力相匹配，这就意味着政府有能力去救助问题银行，如果银行部门规模超过政府救助能力，将会引发危机；二是小国家能否救助大型银行部门。在此基础上，他们对实证研究选取的指标进行了评价。第一种方法下有银行资产价值占 GDP 的比值和银行权益的账面价值占 GDP 的比值两个指标，他们认为，在《巴塞尔协议Ⅲ》下，银行要保证足够的资本充足率，因此，第一个指标并不能说明大规模银行比小银行危险，而第二个指标可以说明，同时该比值也是衡量救助成本的合意指标。对于第二种视角，讨论主要基于客户导向的原则，认为银行部门是为其客户服务的，那么银行规模应该与家庭和企业的金融需要相一致。在这个意义上，私人部门信贷占 GDP 比值和金融部门增加值占 GDP 的比值这两个指标，并不是衡量金融发展的合意指标，因为 GDP 不能涵盖所有的社会产出和社会需求，而且每个国家有不同的金融需求，一国中金融机构、政府、非金融企业和家庭也都有不同的金融需求。例如，在拥有一个或者多个大型跨国企业的国家，如果有一个大型的银行为其提供跨国服务，要比许多小银行为其提供服务更加有效。因此，银行规模应该放在一个更宽泛的行业政策角度去判断。

由于引致金融危机的众多金融创新是由投资银行创造的，投资银行自 2007 年以后一直处于舆论的核心。有学者考察了美国投资银行的规模问题（Greenwood and Scharfstein，2013）。数据显示，1945 ~ 1980 年，包括投资银行在内的证券行业的金融资产仅占全部金融部门金融资产的 1%，到 2008 年已经上升到5%。如果用其占GDP的比值来衡量，其发展速度更为显著，该比值已经从第二次世界大战后的1.5%上升至2007年的22%。此外，1990~2000年，投资银行的集中率也从35%上升至65%。可见，过去二三十年间，美国投资银行无论在规模还是集中率上，均发展过快了。

此外，有学者还从单个交易活动收入相比金融机构总收入比重过大来研究主要金融机构的问题。一方面，从衍生品交易收入来看，数据显示，美国五大商业银行和信托公司持有衍生工具合约名义总额的95%，五大商业银行获得了衍生工具交易收入的76%；另一方面，从投机性交易收入在投资银行总收入中的占比来看，2008年全球金融危机爆发前，投资银行持有对冲基金总额占其总资产的比例则高达19.1%。

四、现有研究不足及进一步研究方向

（一）实证研究选取的指标过于粗略

目前，在金融发展过度问题的文献中，多采用传统的私人信贷规模占GDP的比值这个指标量衡量金融发展。选取这个指标主要是基于以下考虑：在横向考察多个国家的金融发展规模时，该指标数据比较容易获得，因而使得各国之间具有对比性。但在现实中，随着金融的不断发展，私人信贷占GDP的比值已经不是一个合意的指标。特别是最近二三十年间，影子银行发展迅速，而这些机构的信贷并未纳入计量范围，这就使得实证结果与现实存在较大的偏差，不断涌现的金融创新也加剧了衡量金融发展以及由此带来的效益的难度。金融部门视角的研究也存在类似的问题：首先，私人信贷是否能作为金融部门产出的指标有待进一步考量；其次，金融部门工资、利润及就业人口也不能完全衡量金融部门的全部投入。因此，目前研究仍缺乏衡量金融发展规模、金融部门投入和产出的合意指标及模型，后续学者应该将此作为研究的重点。

（二）未分析不同“门槛值”出现的原因

如果不同学者研究金融发展对经济增长产生负影响的“门槛值”出现不同，可以解释为采用的样本空间、模型和计量方法不同，那么在同一研究中出现不同的“门槛值”，应该如何解释呢？例如，阿坎德等（2012）将样本时间从1970~2000年扩展至1960~2005年后，金融发展对经济增长的边际效应开始为负时，私人信贷占GDP的数值从110%下降为100%；进一步将时间扩展至1960~2010年，得到的“门槛值”为90%。那么在过去15年的时间里，究竟出现了哪些新的经济或者非经济事件或因素，使得“门槛值”出现下降的趋势呢？阿坎德等（2012）并未对此进行进一步的研究。

此外，在正常流动性情况下，金融发展的边际效应变为负值的“门槛值”为80%左右，而在出现金融危机时，“门槛值”变成110%，这个结果意味着在发生危机时，可以容纳更大的金融部门或者更大的流动性，现实是否如此，也需要进一步的研究。

（三）未考虑不同国家的特质因素

实证研究中，为了保证研究结果更接近于现实或者更具普适性，越来越多的国家被纳入样本空间。这样的做法不仅使得衡量金融发展的指标过于粗略和单一，也忽略了许多特质因素。例如，随着跨国企业的不断发展，大额融资需求不断增加，相比分散的融资，有一家大型银行为其提供融资可能更加有效。因此，如果一国拥有多个大型跨国企业，那么大型银行可能使得社会更加稳定，经济增长更快。此外，不同国家的金融结构、金融基础设施和金融监管法规也不尽一致，这些因素都会影响金融部门功能的发挥，也会直接影响金融部门的规模。贝克等（2003a）就考察了禀赋对金融发展和经济增长关系的影响。他们使用前殖民地国家作为样本，检验了当初由殖民者引入的法律体系，以及殖民地当初的疾病与地理禀赋是否可以解释今天的金融发展。结果显示，由殖民者引入的法律体系及殖民地最初的禀赋，均是股票市场发展和私人产权保护的重要决定因素。因此，有必要将研究转向国内，考察不同国家的特质因素，以便更好地寻找阻碍经济增长的因素，提供更符合本国金融发展现状的政策。

（四）未考虑经济增长、其他经济部门对金融发展的作用

帕特里克（Patrick，1966）最早研究金融发展与经济增长的因果关系，认为两者间的因果关系存在供给主导（supply-leading）和需求遵从（demand-following）两种可能。贝克等（2000）为两者间的因果关系提供了更多的证据，他使用不同类型的工具和经济计量方法论证，得出金融和增长之间确实存在着因果关系。但是，最近研究的重点只集中在金融发展对经济增长的作用和金融部门对其他部门的影响上，而未考虑经济增长对金融发展的影响以及其他部门对金融部门的影响。但是，在现实中，实体经济部门和金融部门间的关系变得更加复杂和对立，金融部门在提供便利和造成麻烦的同时，也被其他部门改变着（Orhangazi，2011）。因此，未来应该更多地关注经济增长对金融发展的影响，以及其他部门对金融部门的影响，使金融发展更加合理有效。

（五）需要进一步研究金融发展过度的原因

金融危机后，很多学者对金融部门提出了批评，认为危机带来的教训就是，对自身利益最大化的追求，特别是在金融部门，并未导致社会福利提高（Stiglitz，2010）；还有许多学者对金融发展过度带来的负影响进行了分析，但是关于导致金融发展过度原因的研究相对较少。除了前面提到的信贷配给模型，也有学者从投资者行为角度进行了尝试。鉴于金融部门收取了过多资产管理、信息等相关费用的现象，伯顿（Burton，2013）从投资者过度自信和金融部门广告营销角度，分析了金融部门得以长期收取过多费用的原因。但是，这些研究均是从主观角度进行的分析，很难据此对金融部门的有效发展提供可行的建议。因此，未来还应进一步研究金融发展过度的原因。

五、结论及对中国的启示

金融危机后关于金融发展过度的研究，确实迎合了各国加强金融监管的需要。尽管相关研究存在各种不足，尤其是在金融部门导致社会资源配置无

效，以及在金融发展规模对经济增长产生负影响上无法达成一致，仍存在争议，这也恰恰说明了金融发展的复杂性，研究难以涵盖金融发展的方方面面，很多金融活动的成本和收益难以被准确衡量。此外，金融部门视角的研究多集中在发达国家，特别是美国。但是，这些研究强调不能过分注重金融发展的规模，而应关注金融发展的功能，当金融发展超过一定规模时，应当对其进行限制、监管甚至缩减的观点，具有较强的针对性和现实意义，对中国金融业的发展也有一定的启示。

一是不能过多地强调金融发展规模，而应该注重金融发展的功能。随着金融的不断发展，其对经济增长的边际效应呈现递减趋势，因此当金融发展超过某一“门槛”时，将对社会产出产生负影响，此时金融不再能很好地发挥其促进投资、优化资源配置、降低风险和便利交易的职能。在中国，金融市场发展还不是很完善，金融体制仍处于改革阶段，如果过于追求金融发展规模的扩张，势必催生金融泡沫，加大金融脆弱性。因此，金融发展过程中，不能盲目地推行金融自由化和金融创新，应该根据经济发展的切实需求，如长期以来的中小企业融资难问题，调整金融市场结构、引导资金流向以提高社会资金使用效率，使其促进经济增长的职能得到更好发挥。

二是要确保金融部门和实体经济部门的协调发展。金融部门能够甄选成功概率较大但是周期较长的投资项目，并为其提供融资，因而促进了经济增长。但是，如果金融发展规模过大或者速度过快，超过实体经济部门发展的需求或者速度，社会资金将流向不具有生产能力的地方，如消费者或者其他虚拟经济中，最终会降低资金使用效率甚至引发经济泡沫。以 2013 年第二季度中国银行业出现的“钱荒”现象为例，由于银行业将大量资金用于理财等其他金融创新产品中，忽略了实体经济部门的资金需求，导致企业投资意愿不强，发展减缓。针对该现象，政府提出了要将这些不具有生产能力的资金“盘活”的方案，建议其流向具有发展潜力的新兴产业中，增强产业活力，加快产业升级。执行该政策时，还应该规范影子银行、民间借贷市场等非正规金融活动，切实确保金融部门和实体经济部门协调的发展速度。

三是要加大金融行业的信息披露，降低金融风险。信息不对称是市场经济发展中的常见现象，在金融交易中，具有信息优势的交易者可以通过提供信息服务获得高额的租金。但是，这种行为也给规范交易施加了一个负外部性，导致市场的逆向选择，降低了市场效率。长期以来，中国金融机构的透明度都比国际通行的惯例差，公众难以享受到应有的信息权。随着外资银行的全面进驻，如果没有透明的信息披露制度环境，将引发中外银行的恶性竞争，加大金融风险，最终损害的仍是储户的利益。目前，中国银行业、证券业信息披露的法规建设还处于起步阶段，相关法律法规包括《证券投资基金信息披露管理办法》和《商业银行信息披露办法》等，但是，相关规定，包括衍生金融工具披露以及会计政策等方面，仍和国际惯例存在较大差距。因此，要进一步加强金融业信息披露制度建设，尽快与国际通行管理接轨，切实保护储户和投资者的权利，为金融机构的发展提供一个健康透明的制度环境。

四是要根据不同地区金融发展现状制定相关政策。在经济和金融发展的不同阶段，金融发展对经济增长的影响是不同的，因此要根据金融发展水平制定相关政策。在中国，不同省份之间、不同城市之间以及城乡之间经济和金融发展水平差距较大，因此，在制定政策时不能搞“一刀切”。此外，各地区之间，资源禀赋、文化风俗以及法律环境也存在较大的差距，未来应该加强对这些特质因素的研究，才能制定出有效的金融政策。

参考文献

[1] Arcand J. L., Berkes E., Panizza U., “Finance and Economic Development in a Model with Credit Rationing”, IHEID Working Papers, No: 02/2013, 2013.

[2] Arcand J. L., Berkes E., Panizza U., “Too Much Finance?”, IMF Working Paper, 12/161, 2012.

[3] Beck T., Demirgüc-Kunt A., Levine R., “Law, Endowments and Finance”, *Journal of Financial Economics*, 2003.

[4] Beck T., Levine R., "Financial Intermediation and Growth: Correlation or Causality", *Journal of Monetary Economics*, 2000, 46: 31-77.

[5] Beck T., "Finance and Growth-lessons from the Literature and the Recent Crisis", Submission to the LSE Growth Commission, 2012.

[6] Bolton P., Santos T., Scheinkman J. A., "Cream Skimming in Financial Markets", NBER Working Paper, No. 16804, 2011.

[7] Burton G., Malkiel, "Asset Management Fees and the Growth of Finance", *Journal of Economic Perspectives*, 2013: 97-108.

[8] Capelle-Blancard G., Labonne C., "More Bankers, More Growth? Evidence from OECD Countries", CEPII Working Paper, 2011-22.

[9] Cecchetti S. G., Kharroubi E, "Reassessing the Impact of Finance on Growth", Bank for International Settlements, 2012.

[10] Chen J., "Does More Finance Lead to More Crises?", Job Market Paper, Ohio State University, Finance Department, 2012.

[11] Cheng S. Y., Ho C. C., Hou H., "The Finance-growth Relationship and the Level of Country Development", *Journal of Financial Services Research*, DOI 10.1007/s10693-012-0153-z, 2011.

[12] Cochrane John H., "Finance: Function Matters, Not Size", *Journal of Economic Perspectives*, 2013: 29-50.

[13] De Gregorio J., Guidotti P., "Financial Development and Economic Growth", *World Development*, 1995, 23 (3): 433-448.

[14] Demetriadesm P., Rousseau P. L., "The Changing Face of Financial Development", MMF Conference, University of Birmingham, 2011.

[15] Ductor L., Grechyna D., "Excess Financial Development and Economic Growth", Working Paper, 2011.

[16] Easterly W., Islam R., Stiglitz J., "Shaken and Stirred, Explaining Growth Volatility", Annual Bank Conference on Development Economics, World Bank, Washing-

ton D. C, 2000.

[17] Epstein G., Crotty J., "How Big is Too Big? On the Social Efficiency of the Financial Sector in the United States", PER Working Paper, No. 313, 2013.

[18] Gennaioli N., Shleifer A., Vishny R. W., "Neglected Risks, Financial Innovation, and Financial Fragility", NBER Working Papers 16068, 2010.

[19] Goldin Claudia, Katz L. F., "Transitions: Career and Family Life Cycles of the Educational Elite", *American Economic Review*, 2008, 98 (2): 363 – 369.

[20] Greenwood R., Scharfstein D., "The Growth of Finance", *Journal of Economic Perspectives*, 2013: 3 – 28.

[21] Grossman, Sanford, Stiglitz J., "On the Impossibility of Informationally Efficient Markets", *American Economic Review*, 1980, 70: 393 – 408.

[22] Krugman P., Wells R., "The Busts Keep Getting Bigger: Why?", The NY Review of Books, 2011, July, 14.

[23] Levine R., "More on Finance and Growth: More Finance, More Growth?", *The Federal Reserve Bank of St. Louis*, 2003: 31 – 46.

[24] Orhangazi Ö, "Financial vs. Real: An Overview of the Contradictory Role of Finance", *Research in Political Economy*, 2011, 27: 121 – 148.

[25] Patrick H. T., "Financial Development and Economic Growth in Underdeveloped Countries", *Economic Development and Cultural Change*, 1966, 14: 174 – 189.

[26] Philippon T., "The Evolution of the US Financial Industry From 1860 to 2007", NYU Working Paper, 2009.

[27] Philippon T., Ariell R., "Wages and Human Capital in the U. S. Financial Industry: 1909 – 2006", NBER Working Paper, 14644, 2009.

[28] Ramey G., Ramey V. A., "Cross-Country Evidence on the Link between Volatility and Growth", *American Economic Review*, 1995, 85 (5): 1138 – 1151.

[29] Rioja F., Valev N., "Does one Size Fit All? A Reexamination of the Finance and Growth Relationship", *Journal of Development Economics*, 2004, 74 (2): 429 – 447.

[30] Rousseau P. L., Wachtel, "What is Happening to the Impact of Financial Deepening on Economic Growth?", *Economic Inquiry*, 2011, 49: 276 – 288.

[31] Schoenmaker D., Werkhoven D., "What is the Appropriate Size of the Banking System?", DSF Policy Paper, No. 28, 2012.

[32] Stiglitz J. E., "Freefall: America, Free Markets, and the Sinking of the World Economy", W. W. Norton, 2010.

[33] Tobin J., "On the Efficiency of the Financial System", *Lloyds Bank Review*, 1984, 153: 1 – 15.

[34] Turner, Adair, "Mansion House Speech", September, 2009.

金融—增长视角下美国金融发展过度问题研究*

一、引 言

长期以来，学术界对金融发展和经济增长的关系做了大量的理论和实证研究。主流理论和实证研究的结果表明，金融发展与经济增长呈现一种正相关关系。一国经济体系中金融越发展经济增长就越快，已经成为各国政府决策部门的共识。尤其是20世纪90年代以后，美国金融市场和交易规模不断扩张，带动证券市场和房地产市场的资产价格不断上涨，居民财富大幅增加，大量国际资金流动不断涌入，增长似乎已经摆脱了经济周期的限制，呈现出一派繁荣景象。然而，2007年次贷危机爆发并迅速演变为席卷全球的金融危机的事实表明，金融发展对经济增长的作用并不是简单的正向线性关系。金融过度发展很可能会直接或间接地鼓励投机，导致投资不足和稀缺资源的错配，从而造成资源的浪费。

在对金融危机爆发的反思中，学术界、实务界乃至政府部门纷纷将目光投向金融部门的规模，普遍开始质疑金融发展对经济增长的作用，探讨金融

* 本文原载于《亚太经济》2015年第4期。合作者：倪淑慧。基金项目：国家社科基金重点项目“我国经济发展方式转型中的金融保障体系研究”（项目号：10AJL005）；“推动我国资本市场的改革、规范和发展研究”（项目号：14AZD035）；北京市社科基金一般项目“金融集聚与总部金融发展——北京现代金融产业体系的构建与发展对策研究”（项目号：12JGB059）。

体系支持经济增长的最优规模问题。许多学者指出，在许多发达国家金融发展已经超过合意的规模，对经济增长产生了负作用，这些国家金融发展过度了。特别的，阿康德等（Arcand et al.，2012）在一篇名为《金融发展过度了吗?》的文章中，对主要发达国家金融发展和经济增长的关系进行了经验研究，结果表明当私人信贷占比 GDP 超过 100% 时，将会对经济增长产生负影响。

关于超过某一“门槛”，金融发展将对经济增长产生负影响的观点并不是最近才有。例如，米盖尔和圭多提（De Gregorio and Guidotti，1995）考察了不同收入国家金融深化和产出增长的关系，得到 1960 ~ 1985 年高收入国家金融发展深度对产出增长有促进作用，但是，把数据缩小至 1970 ~ 1985 年后，金融发展深度对增长产生负的影响。

然而，学者们对该问题进行了真正的深入研究，却是在金融危机爆发之后。切凯蒂和卡罗比（Cecchetti and Kharroubi，2012）认为，研究金融发展和经济增长关系时，不仅要考虑产出，还应该考虑投入，因此，采用劳动力人均 GDP 增长率指标衡量经济增长，基于金融发展和经济增长的倒“U”型曲线关系，实证得到当私人信贷占比 GDP 超过 100% 时，将对经济增长产生负影响；接着用银行信贷替换私人信贷进行验证，得到相应“门槛值”为95%，将对经济增长产生负影响。卡佩勒和拉波尼（Capelle-Blancard and Labonne，2011）进一步考察了金融部门的投入产出情况，其中金融活动的总产出用信贷总量表示，金融活动的投入用金融业就业人数表示，据此构建金融中介活动效率指标，即信贷总量比金融业就业人数，实证结果表明，在过去 40 年间，金融发展和经济增长的正向关系并不存在。

当然，也有学者提出反对意见。狄克特和格林提娜（Ductor and Grechyna，2011）使用金融发展指标实证验证得到上述结论后指出，并不是金融发展过快了，而是生产部门的技术进步和创新没有跟上金融部门的发展速度，才使得对经济增长产生负影响。此外，诸多学者提出金融活动的许多社会效益无法用简单的指标进行衡量，目前的金融发展指标过于简单，难以涵盖金融发展带来的所有效益。

美国是世界上金融体系最发达的国家，尤其是在2008年金融危机爆发前的二三十年时间里，美国的金融部门以爆炸式的速度增长着。统计数据显示，1965～1980年，美国金融总资产基本上维持在GDP的5倍，1980～2000年，该数值从5.5上升至9.24；21世纪后持续上升，到2007年已经高达11.12。而金融部门金融资产与GDP的比值，在1965～1980年基本上维持在2.5左右，在1980～2000年迅速从2.6上升至4.3，在2007年再次上升，达到5.33。因此，研究美国金融发展与经济增长的关系，探讨美国金融发展是否存在过度问题，具有较为重要的理论意义和现实意义。

与现有的研究比较而言，本文力图在以下方面有所贡献：一是梳理并拓展现有文献研究方法和指标，从金融—增长视角给出一个研究美国金融发展过度问题的框架；二是借助IMF金融发展数据库、美国商务部以及经济分析局的数据，考察美国1961～2011年是否存在金融发展过度问题；三是对美国金融发展过度的原因进行了定量分析。本文试图从不同角度验证美国存在金融发展过度问题，并找到导致金融发展过度的原因。

二、一个研究美国金融发展过度问题的框架

现有文献主要从两个角度研究了金融发展过度问题。一是金融—增长的视角，即研究金融发展是否过度，以至于对经济增长产生负影响。例如，阿康德等（Arcand et al.，2012）基于金融发展和经济增长的非线性关系，得出当金融发展超过一定“门槛值”时，将对经济增长产生负影响，即存在金融发展过度问题。二是金融部门视角，研究作为一个独立的部门，金融部门是否发展过大或者过快，相比其提供的服务，占据过多的物质和人力资源，从而造成社会资源配置的无效率。切凯蒂和卡罗比（Cecchetti and Kharroubi，2012）选择金融部门就业人口比重作为衡量人力资源错配的指标，得出当金融部门就业人口占总就业人口比重超过3.5%时，将给其他部门乃至整个经济

带来较高的负外部性。

本文将对第一个视角进行拓展研究。首先，拓展阿康德等（2012）相关研究的指标体系，在金融发展和经济增长的非线性关系下研究美国的金融发展过度问题；其次，通过两部门对比，构建金融发展过度指标，检验美国是否存在金融发展过度问题；最后，根据信贷流向对信贷进行分类，从而检验到底是哪部分信贷导致了金融发展对经济增长的负作用。

（一）基于金融—增长非线性关系研究金融发展过度问题

关于金融—增长非线性关系，危机前就有许多学者进行了研究。里奥哈和瓦勒夫（Rioja and Valev，2004）发现，金融发展超过一定门槛值时，才会对经济增长产生促进作用。门槛值以下，影响是不确定的。他们将金融发展分为高、中、低三个水平，认为不同水平的金融发展在金融—增长关系中发挥着重要作用。中等金融发展水平国家，金融体系对经济增长有一个较为明显的促进作用；在高等金融发展水平国家，促进作用不再那么明显；在低等金融发展水平国家，金融体系促进经济增长的作用并不明显。进一步，现有证据还显示金融—增长的关系随着不同收入水平而变化。德·米盖尔和圭多提（De Gregorio and Guidotti，1995）的研究发现，金融发展对经济增长的促进作用在中低收入国家要明显强于高收入国家。

对此，我们借鉴阿康德等（2012）的研究，在模型中加入解释变量的平方项，构建模型如下：

$$GROWHT = \alpha_0 + \beta_1 FINANCE + \gamma_1 FINANCE^2 + \varepsilon_1 \tag{1}$$

其中，α_0 为常数项，β_1、γ_1 为系数，ε_1 为残差项。

被解释变量 *GROWTH* 为经济增长，借鉴贝克和莱文（2004）的研究，我们选取人均 GDP（*gdp_pc*）作为衡量经济增长的指标；此外，本文还选取劳动力人均 GDP（*gdp_pw*）作为替代指标。GDP 数据以 2005 年为基期进行平减，回归过采取对数形式。所选数据来源于美国商务部经济分析局和美国劳工部网站，样本时长区间为 1961 ~2011 年。解释变量 *FINANCE* 为金融发展指标，是金融发展指标的平方项；在阿康德等（2012）的实证研究中，选取私人信贷占比 GDP 作为衡量金融发展指标的基础上，本文选取以下五个变量作为衡量金融发展的指标。一是私人信贷占比 GDP（*PRI*），该指标等于流向私人部门的信贷总量比上名义 GDP。选用金融体系借给私人部门的信贷，是因为 20 世纪 70 年代后期，美国“影子银行系统”使得私人部门总信贷量要远远大于存款银行借给私人部门的信贷量，因此，采用私人部门信贷总量要比采用存款银行借给私人部门的信贷量更为全面。二是证券市场换手率（*TUR*），等于一国国内交易所交易的国内上市股票的市值除以国内上市股票的总价值。三是证券市场资本化率（*CAP*），等于一国国内交易所交易的国内上市股票的市值除以当年的 GDP。四是证券市场交易价值（*VAT*），等于一国国内交易所交易的国内上市股票的成交总金额除以当年的 GDP。五是金融结构指标，选取证券市场资本化率比银行部门私人信贷比率（*CAPBANK*）和证券市场交易价值比银行部门私人信贷比率（*VATBANK*）作为衡量金融结构的指标。

（二）构建金融发展过度指标研究金融发展过度问题

接下来，我们通过对比金融部门和实体经济部门，构建金融发展过度指标，衡量两部门发展失衡，即相对实体经济部门，金融部门发展过快时，对经济增长的影响。

借鉴狄克特和格林提娜（Ductor and Grechyna，2011）的研究，我们构建如下回归模型：

$$GROWHT = \alpha_0 + \beta_1 TMF + \varepsilon_1 \quad (2)$$

其中，α_0 为常数项，β_1 为系数，ε_1 为残差项。

被解释变量 *GROWTH* 为经济增长，选取人均 GDP 增长率作为衡量经济增长的指标。解释变量 *TMF*（too much finance）为金融发展过度，与狄克特和格林提娜（2011）仅对比金融部门和生产性部门产出构建金融发展过度指标不同，本文还从金融部门就业情况构建了金融发展指标，选取以下四个变量作为衡量金融发展过度的指标：一是私人信贷占比 GDP 减去生产性部门产出占比 GDP 的差额（*TMF*1）；二是金融部门产出占比 GDP 减去生产性部门产出占比 GDP 的差额（*TMF*2）；三是金融部门占总就业人口的比重（*TMF*3）；四是金融部门就业比重的增长率（*TMF*4）。

（三）考察不同信贷流向对经济增长的影响

金融发展理论的研究在考察信贷对经济增长的影响时，对银行部门私人信贷和非银行部门私人信贷进行了区分，但是，他们忽略了这样一个事实，即不同信贷来源对经济增长的作用基本是一致的，而信贷的流向却会对经济增长产生不同的影响。20 世纪 80 年代后，以美国为代表的发达国家信贷市场呈现如下趋势：家庭部门信贷、房地产信贷比重逐渐增加，企业部门信贷比重逐步减少。为考察这种趋势的影响，有必要对信贷流进行区分，分别考察其对经济增长的影响，从而检验到底哪部分信贷对经济增长产生了负影响。

对此，本文借鉴贝克等（2009）关于家庭信贷的研究，构建回归模型如下：

$$GROWHT = \alpha_0 + \beta_1 HOUSEHOLD + \gamma_1 ENTERPRISE + \lambda_1 ESTATE + \varepsilon_1 \quad (3)$$

其中，α_0 为常数项，β_1、γ_1、λ_1 分别为解释变量的系数，ε_1 为残差。

被解释变量 *GROWHT* 为经济增长，借鉴贝克和莱文（2004）的研究，我们选取人均 GDP（*gdp_pc*）作为衡量经济增长的指标。与贝克等（2004）的研究不同，本文根据美国商业银行信贷分类选取以下解释变量：一是家庭信贷占比（*HOUSEHOLD*），等于消费者信贷比商业银行总信贷；二是企业信贷占比（*ENTERPRISE*），等于工商业信贷比商业银行总信贷；三是房地产信贷占比（*ESTATE*），等于房地产信贷比商业银行总信贷。

三、美国金融发展过度问题的实证研究

（一）数据来源

本文实证研究数据主要来源于国际货币基金组织（IMF）金融发展数据库、美国商务部经济分析局、美联储和美国劳工部网站，其中，美国经济增

长指标主要包括人均 GDP（*gdp_pc*）和人均 GDP 增长率，GDP 数据以 2005 年为基期进行平减，回归中采取对数形式。数据来源于美国商务部经济分析局和美国劳工部网站，样本时长区间为 1962～2011 年。美国金融发展指标的数据来源于国际货币基金组织（IMF）的金融发展数据库，其中，私人信贷占比 GDP 样本时长区间为 1961～2011 年，其余指标数据样本时长区间为 1989～2011 年。美国金融发展过度指标的数据来源于国际货币基金组织（IMF）的金融发展数据库和美国商务部经济分析局，样本时长区间为 1962～2011 年。美国信贷流向指标，包括家庭信贷占比、企业信贷占比和房地产信贷占比的数据来自美联储，考察时间区间为 1960～2011 年。

（二）回归结果分析

在实证检验前，我们对变量进行平稳性分析，因为经典的计量经济学模型把回归方程中的变量建立在平稳序列的基础之上，如果变量是非平稳序列，容易出现伪回归现象。利用迪基－富勒（Dickey-Fuller，DF）单位根检验所有变量的平稳性，得到的结果如下。

经济增长指标中，人均 GDP 一阶差分平稳、人均 GDP 增长率原序列平稳；金融发展指标中，金融结构变量 *VATBANK* 一阶差分仍存在单位根，与人均 GDP 和其他金融发展指标不同阶平稳，将其剔除；人均 GDP 和其他金融发展指标属于同阶差分平稳序列，可以做协整回归并分别考虑其协整关系。四个金融发展过度指标均属于平稳序列，同人均 GDP 增长率属于同阶平稳序列，也可以在上述设定模型下进行协整回归分析。三个信贷流向指标均属于差分平稳序列，同人均 GDP 属于同阶差分平稳，也可以进行协整回归分析。

1. 基于金融—增长非线性关系的回归结果分析

在得到人均 GDP 和金融发展指标属于同阶差分平稳后，采用 EG 两步法在前面设定模型下进行回归，回归结果如表 1 所示。

表1　　金融发展指标对人均GDP影响的回归结果

变量	(1)	(2)	(3)	(4)	(5)	(6)
	lngdp_pc	lngdp_pc	lngdp_pc	lngdp_pc	lngdp_pc	lngdp_pc
PRI	0.0542 (0.0968)	0.0135*** (0.00117)				
PRI2	-0.000175 (0.000570)	-0.0000308*** (0.00000391)				
TUR			0.00349*** (0.000450)			
TUR2			-0.00000618*** (0.00000107)			
CAP				0.0136*** (0.00284)		
CAP2				-0.0000511*** (0.0000132)		
VAT					0.00240*** (0.000269)	
VAT2					-0.00000398*** (0.000000671)	
CAPBANK						0.149*** (0.0186)
CAPBANK2						-0.0149*** (0.00273)
常数项	6.560 (4.093)	9.189*** (0.0825)	10.21*** (0.0383)	9.710*** (0.143)	10.30*** (0.0219)	10.27*** (0.0258)
门槛值	154.9%	219.16%	282.36%	133.07%	301.5%	5%
N	21	30	23	23	23	23
R^2	0.7514	0.9858	0.8350	0.7613	0.8943	0.8838

注：括号里为标准差，*、** 和 *** 分别代表在5%、10%和1%水平上显著。

在得到上述回归结果后，我们分别对回归残差进行ADF单位根检验，结果发现，第（1）列和第（5）列回归的残差单位根检验P值过大，回归结果可能存在伪回归问题，不可用；而第（2）列、第（3）列、第（4）列和第（6）列回归的残差单位根检验P值很小，表明这四个回归的结果不存在伪回归问题。

在考察 1961 ~2011 年间私人信贷占比 GDP 对经济增长的影响时，回归结果因为残差不平稳，存在伪回归问题，将考察区间分为 1961 ~ 1981 年和 1982 ~2011 年两个时间段，分别考察私人信贷占比 GDP 对经济增长的影响，结果如表 1 第（1）列和第（2）列所示。

从第（2）列回归结果可以看出，私人信贷占比 GDP（*PRI*）对经济增长产生负影响的“门槛值”为 219.16%，即当私人信贷占比 GDP 超过 219.16% 时，就表明存在金融发展过度问题。但是从样本数据来看，在考察期间该解释变量并未超过相应的“门槛值”。

从第（3）列回归结果可以看出，证券市场换手率（*TUR*）对经济增长产生负影响的“门槛值”为 282.36%，即当证券市场换手率超过 282.36% 时，就表明存在金融发展过度问题。从样本数据来看，该解释变量仅在 2008 年金融危机爆发后超过了相应“门槛值”，在 2000 ~ 2002 间比较接近但并未超过“门槛值”。

从第（4）列回归结果可以看出，证券市场资本化率（*CAP*）对经济增长产生负影响的“门槛值”为 133.07%，即当证券市场资本化率超过 133.07% 时，就表明存在金融发展过度问题。从样本数据来看，1998 ~2001 年，2005 ~2007 年，证券市场资本化率均超过了该“门槛值”，特别是在 1999 年和 2000 年，该变量一度超过 160%，严重阻碍了经济增长。

从第（6）列回归结果可以看出，证券市场资本化率比银行信贷占比 GDP（*CAPBANK*）对经济增长产生负影响的“门槛值”为 5%，即当该金融结构指标超过 5% 时，就表明存在金融发展过度问题。从样本数据来看，2000 ~2002 年以及全球经济危机爆发后的 2008 ~2010 年，该比值均超过了“门槛值”，可见，美国金融体系过度偏向金融市场，在某些年份阻碍了经济增长。

2. 金融发展过度指标对经济增长影响的回归结果分析

在得到人均 GDP 增长率和金融发展过度指标均属于平稳序列后，采用 EG 两步法在前文设定模型下进行回归，结果如表 2 所示。

表 2　　金融发展过度对人均 GDP 增长率影响的回归结果

变量	(1)	(2)	(3)	(4)
	gdp_pcr	*gdp_pcr*	*gdp_pcr*	*gdp_pcr*
*TMF*1	-0.0158 * (0.00647)			
*TMF*2		-0.275 *** (0.0615)		
*TMF*3			19.80 *** (0.0271)	
*TMF*4				-0.177 * (0.200)
常数项	3.595 *** (0.696)	2.643 *** (0.293)	0.00141 (0.00407)	2.147 *** (0.327)
N	50	50	50	50
R^2	0.1109	0.2946	0.9999	0.3819

注：括号里为标准差，*、** 和 *** 分别代表在 5%、10% 和 1% 水平上显著。

对上述四个回归的残差进行单位根检验，得到 ADF 统计量小于 1% 的临界值，P 值也较小，即回归残差不存在单位根，上述回归结果不存在伪回归问题。

从回归结果可以看出，除了第三个金融发展过度指标，即金融部门就业比重促进经济增长外，其他三个金融发展过度指标均明显不利于经济增长。

由此可见，当金融部门发展速度超过生产性部门和金融部门就业比重增长过快时，就会出现金融发展过度问题，对经济产生负影响。

3. 不同信贷流向对经济增长影响的回归结果分析

根据 EG 两步法对人均 GDP 增长率和不同信贷占比进行协整分析，回归结果如表 3 所示。其中，第（1）列回归时间区间为 1960～2011 年；此外，为考察信贷比重变化对美国经济增长的影响，分别考察 1960～1981 年和 1982～2011 年两个阶段信贷流向对经济增长的影响，回归结果分别列示于第（2）列和第（3）列。

表 3　　　　　　　　信贷流向对经济增长影响的回归结果

解释变量	(1)	(2)	(3)
	lngdp_pc	lngdp_pc	lngdp_pc
HOUSEHOLD	3.397 *** (0.561)	6.290 * (2.252)	0.538 (0.676)
ENTERPRISE	2.536 ** (0.771)	0.728 (2.204)	-1.272 * (0.907)
ESTATE	-1.772 ** (1.238)	-4.720 (3.566)	-1.690 * (0.715)
常数项	8.615 *** (0.556)	9.127 *** (1.780)	10.87 *** (0.579)
N	52	22	30
R^2	0.9419	0.6988	0.9240

注：括号里为标准差，*、** 和 *** 分别代表在 5%、10% 和 1% 水平上显著。

在得到上述回归结果后，我们分别对回归的残差进行单位根检验。发现第一个和第三个回归的结果均不存在伪回归问题，而第二个回归的残差存在单位根，回归结果有可能存在伪回归问题。

从第（1）列回归结果可以看出，家庭信贷和企业信贷比重的增长都促进了经济增长，房地产信贷比重的增加不利于经济增长。从第（3）列回归结果可以看出，家庭信贷比重的增加对经济增长的作用不显著，企业信贷比重和房地产信贷比重的增加均不利于经济增长。

总之，家庭信贷比重的增加对经济增长的作用是正向的，这个结果跟德米盖尔（De Gregorio，1996）一致，但是跟贝克等（Beck et al.，2012）得出的结果相反，可见，不同国家家庭信贷的作用是不同的，本文认为，在美国，家庭信贷多用于消费，因此促进了经济增长。

企业信贷比重的增加，在整个考察期间对经济增长的作用是正向的，但是，在 1982～2011 年却阻碍了经济增长。主要是因为这个阶段实体经济投资严重不足，企业信贷增加不能转化为有效投资，无法对经济增长产生促进作用。

相反，房地产信贷比重的增加在整个考察期间以及 1982～2011 年均不利于经济增长，主要原因可能是美国房地产信贷过量发行，同时也未转化为有效投资，仅仅推高了资产泡沫，因而阻碍了经济增长。

四、美国金融发展过度的原因分析

2008 年全球金融危机爆发后，许多学者分别从宽松的货币政策、监管宽容和金融行业追逐高额利润等多个角度对美国金融发展过度的原因进行了定性分析，但是，很少有学者进行定量的考察。对此，我们通过构建一个简单的线性回归模型，检验究竟是什么原因导致了美国金融部门的过度发展，具体模型如下：

$$TMF = \alpha_0 + \beta_1 x + \varepsilon_1 \tag{4}$$

其中，α_0 为常数项，β_1 为系数，ε_1 为残差项。

被解释变量 *TMF* 为金融发展过度指标，根据前文的实证结果，私人信贷占比 GDP 减去生产部门产出占比 GDP 的差额是较为合意的金融发展过度指标。因此，我们选择该指标作为衡量金融发展过度的指标，考察解释变量的变化对其的影响。

所选解释变量主要包括以下几个。

一是货币政策和流动性指标。美联储宽松的货币政策将会为金融部门的发展提供充足的流动性，因此我们选取联邦基金利率（*Rate*）作为货币政策指标，选取证券市场资本化率（*Cap*）和流动性负债占比 GDP（*liquid*）作为衡量市场流动性指标。联邦基金利率数据来源于美联储，证券市场资本化率和流动性负债占比 GDP 数据来源于国际货币基金组织（IMF）的金融发展数据库，样本时长区间为 1989 ~ 2010 年。

二是监管放松指标。监管的放松将刺激金融机构承担更高的风险，进而使得金融部门过度发展。考虑到放松管制导致大型银行业务范围扩大、杠杆率提高，而且资产更加集中，所以，选取商业银行杠杆率（*leverage*）、集中率（*concentration*）以及银行金融资产占金融部门总资产比重（*bankassetshare*）作为衡量管制放松的指标。杠杆率和集中率数据来源于国际货币基金组织（IMF）的金融发展数据库，银行金融资产占金融部门总资产比重来源于美联储资金流量表，由笔者自行计算而得，样本时长区间为 1999 ~ 2010 年。

三是产业结构指标。考虑到产业结构以及经济环境也会对金融发展产生影响，选取制造业资本支出比重（*MFS*）、信息行业 GDP 增加值比重（*information*）以及金融部门金融资产占总金融资产的比重（*f_sector*）作为衡量产业结构变化的指标。制造业资本支出比重和信息行业 GDP 增加值比重数据来源于美国商务部经济分析局，金融部门金融总资产比重数据来源于美联储资金流量表，由笔者自行计算而得，样本时长区间为 1998 ~ 2010 年。

四是对外开放和政府信贷指标。借鉴贝克等（2012）的研究，我们加入对外开放度（*openness*）和政府信贷市场比重（*gov*）变量；因为随着对外开放程度的提高，外国投资者不断进入美国金融市场投资，将会增加市场流动性和规模；而政府信贷进入信贷市场融资，也将增加信贷市场规模，进而推动金融部门扩张。对外开放度数据来源于美国商务部经济分析局，政府信贷市场比重来源于美联储资金流量表，笔者自行计算而得，样本时长区间为 1979 ~ 2010 年。

采用 EG 两步协整法进行回归分析，并对所有回归的残差进行单位根检验，剔除残差不平稳的回归，表 4 中所有回归的残差均平稳，即不存在伪回归问题。

表 4　　　　各变量对金融发展过度影响的回归结果

变量	(1)	(2)	(3)	(4)	(5)	(6)	(7)
	y	*y*	*y*	*y*	*y*	*y*	*y*
rate	-7.844*** (0.865)				-6.016*** (0.880)		
cap	0.541*** (0.0610)				0.320** (0.0856)		
liquity	3.602*** (0.485)				2.206** (0.563)		

续表

变量	(1)	(2)	(3)	(4)	(5)	(6)	(7)
	y	*y*	*y*	*y*	*y*	*y*	*y*
leverage		-2.984 (3.378)				-7.114 ** (1.652)	-8.482 (6.488)
concentration		2.559 ** (0.589)				1.093 * (0.371)	0.838 (1.906)
bankassetshare		0.221 (197.0)				18.69 (60.50)	-27.89 (239.8)
mfs			395.0 * (157.9)			281.2 * (76.74)	
information			-2.614 (20.65)			-2.490 (3.678)	
f_sector			-4.170 ** (1.177)			-2.532 *** (0.308)	
openness				11.00 *** (0.818)	4.286 ** (1.257)		2.198 (2.707)
gov				658.0 ** (214.4)	217.2 (141.1)		-142.8 (138.7)
常数项	-133.0 *** (32.48)	123.2 (61.15)	73.32 (117.9)	-137.0 *** (20.96)	-126.5 *** (26.47)	140.9 *** (19.58)	186.7 (77.56)
N	22	12	14	32	22	12	12
R^2	0.9361	0.9163	0.6094	0.8690	0.9633	0.9967	0.9383

注：括号里为标准差，*、** 和 *** 分别代表在5%、10%和1%水平上显著。

首先，我们来看货币政策和流动性对金融发展过度的影响，结果如表4第（1）列和第（5）列所示。从回归结果看，利率同金融发展过度存在显著的负相关关系，可以看出，降低利率会导致金融过度发展；两个流动性指标均与金融发展过度存在显著的正相关关系，意味着充足甚至过量的流动性是导致金融发展过度的重要原因。由此我们可以看出，美联储宽松的货币政策以及金融衍生交易带来的过量流动性确实导致了金融部门的过度发展。适当提高利率，维持合意的利率水平和流动性是金融部门适度发展的重要前提。

其次，我们来看监管放松引起的金融业结构变化对金融发展过度的影响，回归结果见表4第（2）列、第（6）列和第（7）列，由于第（7）列回归结果不显著，因此，只考虑第（2）列和第（6）列回归结果。从上述结果可以看出，银行集中率的影响较为显著，可见，银行资产和业务的集中也是导致金融发展过度的重要因素。银行持有金融资产比重的回归结果不显著。经营杠杆率对金融过度发展的影响是负的，说明提高经营杠杆会抑制金融过度发展。在这里可做如下解释：由于选取的是美国商业银行平均杠杆率，该数值在1980年之后处于逐步下降的趋势，20世纪80年代平均在17左右，90年代下降为12左右，2000~2007年，基本维持在小于10的水平上。事实上大型商业银行的杠杆率在这段时间有所增加，但是也不高，增长比较快的是投行等新型金融机构。所以，商业银行杠杆率并不是导致金融部门过度发展的主要因素。后续我们考虑使用投行杠杆率指标进行进一步研究。

再次，考虑美国产业结构对金融发展的影响，回归结果如表4第（3）列和第（6）列所示。信息经济的比重，代表高科技的进步，会抑制金融过度发展，也就是说一个新技术或创新带动实体经济增长速度提高，当其增长速度和产出大于金融部门时，就不会导致金融部门过度增长。制造业资本支出比重的增加将导致金融发展过度，可以做如下解释：美国实体部门生产效率过低，导致投资效率降低，也是金融部门过度发展的原因。此外，金融部门持有金融资产也会抑制金融过度发展，这个结论需要进一步分析。

最后，我们考察政府对外政策以及政府支出对金融发展过度的影响，回归结果见表4第（4）列、第（5）列和第（7）列，同样剔除结果不显著的第（7）列。从回归结果可以看出，美国对外开放度较为显著地促进了金融部门的过度发展，可见，在全球化进程中，适度稳健的对外开放度是有必要的；此外，政府在债务市场的比重也是导致金融发展过度的重要因素，因为只有转化为有效投资的信贷才能促进经济增长，而流向政府部门的信贷并没有这个作用，只是简单地增加了债务余额，导致债务市场扩大，进而推动金融部门过度膨胀。

五、 结论及对中国的启示

（一） 主要结论

本文在构建一个研究金融发展过度问题的框架基础上，对美国金融发展过度问题进行了实证研究，主要得出如下结论。

一是美国确实存在金融发展过度问题，同时，证券市场过度发展程度比银行更为严重。实证回归结果显示，1989～2011 年，证券市场换手率对经济增长产生负影响的“门槛值”为282.3%，证券市场资本化率对经济增长产生负影响的“门槛值”为133.07%。实际上，考察区间内，一些变量已经超过了相应的“门槛值”。例如，证券资本化率在1998～2001 年和2005～2007 年均超过了133.07%这个“门槛值”，甚至一度高达160%，严重阻碍了经济增长。

二是相比实体经济部门，金融部门增长过快时，将不利于经济增长。对比金融部门的产出比重和就业比重，构建金融发展过度指标以衡量其对经济增长的影响。实证结果显示，1962～2011 年，金融部门产出分别用私人信贷占比 GDP 和 GDP 增加值考察，两部门差额的增加均不利于经济增长。可见，金融部门必须保持适度发展，和实体经济保持较为均衡的增长速度，才能促进经济增长，反之，将会阻碍经济增长。

三是不同的信贷流向对经济增长的影响也是不同的，美国金融发展过度对经济增长产生负影响，更多的是由于房地产企业比重增长过快导致的。

四是通过分析美国金融发展过度的原因可以看出，首先，宽松的货币政策、证券市场流动性提高都是美国金融发展过度的主要原因，因此，适当提高利率水平、降低市场流动性将有助于金融市场的适度发展。其次，监管放松带来的银行集中率提高也是造成美国金融发展过度的原因之一，但是，由于使用商业银行杠杆率数据，并未得到杠杆率提高将造成金融发展过度的结论。最后，产业结构的调整，特别是信息等高科技产业的进步，将抑制金融发展过度，因为技术进步将带动实体经济增长，当实体经济增长速度超过金融部门时，就不会出现金融发展过度问题。此外，对外开放程度的提高以及政府过多的信贷融资都是造成金融部门规模扩张和发展过度的原因，因此，保持适度的对外开放、将信贷更多投向生产性部门，才能保证金融部门的适度发展，从而促进经济增长。

（二）中国金融发展过度问题探析

21 世纪以来，中国金融体系进入长足发展时期，形成了较为完善、多层次的金融体系。各类金融机构在规范中发展，货币市场和证券市场交易规模不断扩大。尽管在规模上、结构上、深度上都和美国存在一定差距，中国仍然需要谨防金融发展过度问题。

首先，21 世纪以来中国金融体系呈现较快的增长趋势。从各项金融发展指标来看，私人部门信贷占比和流动负债占比自 2000 年以来增长趋势较快，特别是 2009 年以来增长加快；证券市场换手率在 20 世纪 90 年代一度超过 300%，经过改革和规范发展回归至正常水平，但是，2005 年以来再次进入快速发展阶段（见表 5）。

表 5　1992～2011 年中国金融发展指标数据　单位：%

年份	私人部门信贷占比	流动负债占比	证券市场换手率	年份	私人部门信贷占比	流动负债占比	证券市场换手率
1992	76. 17	77. 73	171. 31	2002	111. 35	140. 07	66. 61
1993	76. 86	81. 08	161. 72	2003	116. 82	143. 90	82. 99
1994	76. 37	83. 83	233. 79	2004	115. 98	144. 45	111. 05
1995	74. 12	86. 66	111. 63	2005	110. 29	144. 48	80. 79
1996	78. 62	93. 87	326. 43	2006	104. 54	146. 61	100. 90
1997	87. 09	104. 12	227. 93	2007	99. 65	142. 24	178. 07
1998	96. 87	114. 92	129. 07	2008	100. 57	144. 37	109. 93
1999	104. 25	124. 74	133. 70	2009	112. 50	160. 69	226. 47
2000	107. 18	130. 60	157. 02	2010	120. 17	167. 97	161. 74
2001	107. 87	135. 37	80. 17	2011	121. 49	170. 62	178. 36

资料来源：国际货币基金组织（IMF）金融发展数据库。

其次，房地产市场膨胀发展，泡沫明显。一方面，房价收入比是用以衡量居民对住房支付能力的指标，等于一套住房的平均价格与居民单个家庭年收入的比值，比值越高，支付能力越低，世界银行一般认为该比值在 4 ~6 之间是较为理性的比例。从图 1 可以看出，2002 ~2012 年中国房价收入比均在 6 以上，说明房地产市场存在一定的泡沫。

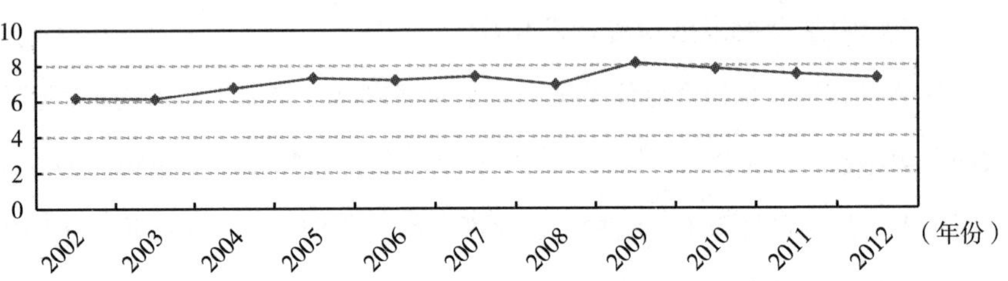

图 1　2002 ~2012 年中国房价收入比情况

资料来源：孙红湘、张悦，《中国房地产泡沫测度与成因分析》，载于《西安科技大学学报》2013 年第 33 卷第 4 期。

另一方面，房地产投资增长率与 GDP 增长率的比值这个指标反映的是房地产在投资层面是否存在过热现象，一般情况下，该指标不应超过 2。2002 ~2012 年，中国该比值一直在 2 以上，尽管 2009 年比值有所回落，但仍低于 2，这就说明中国房地产市场存在投资过热现象，投机倾向明显（见图 2）。

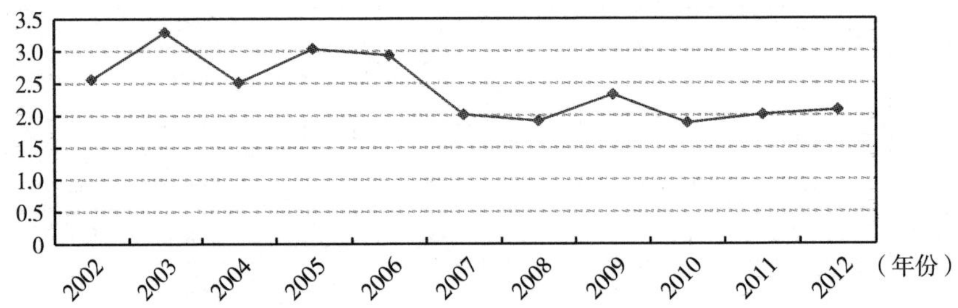

图 2　2002 ~2012 年中国房地产投资增长率与 GDP 增长率对比情况

资料来源：孙红湘、张悦，《中国房地产泡沫测度与成因分析》，载于《西安科技大学学报》2013 年第 33 卷第 4 期。

再次，经济新常态下，金融体系可能成为吸收资金的重要部门。进入 2014 年，中国经济进入缓慢增长阶段，为刺激经济增长，政府势必出台宽松的货币和财政政策，但是，从前文结论就可以看出，只有这些资金流向企业或者生产部门时才能真正促进经济增长。目前，这些资金流向还不是很明确，但是，从2015年以来持续上涨的股市多少可以看出，金融体系很可能会较大地分流和吸收市场中的资金，这势必进一步增加经济下行的压力。

最后，互联网金融快速发展，使得金融体系的发展更加快速和复杂。互联网金融凭借便捷、快速的技术手段，在提供服务和优化资金配置的同时，也给传统金融体系带来较大的挑战，迫使传统金融机构改革、转型和创新。而这一系列的变革，势必使得整个金融体系更加复杂多变，增加金融体系的风险，也将增加监管部门统计、监测的难度。

因此，在金融体系快速发展和新经济形势下，如何较好地监测金融体系的发展，避免金融部门过度发展，是中国经济发展面临的不可避免的重大问题。

（三）启示及建议

美国金融发展过度问题的研究为中国金融发展带来如下启示。

一是要保持金融与实体经济的均衡发展。中国首先应在坚持金融发展为实体经济服务的本质要求基础上，适度推进金融深化、完善金融市场体系、提供优质金融服务；其次，在推进金融深化的同时，要确保金融发展结构与实体经济发展结构相匹配；最后，要促进和加强产业结构调整，加快转变经济发展模式，在实体经济中寻找内生的增长动力，而不是依托资产价格上升带动整体经济的增长。

二是要谨防房地产泡沫。2014年末到2015年初，中国经济跨入“新常态”，央行先后推出降准降息等政策，缓解经济紧缩压力。但是，CPI、PPI等指标却显示中国经济很可能陷入通货紧缩。一旦经济紧缩和房价下跌同时出现，将对中国经济产生沉重打击。因此。中国应加紧推动和完善不动产登记，确保房地产市场信息透明，维护房地产市场合理有序发展。

三是要加强监管，保持适度金融创新。一方面，中国应吸取美国金融监管放松和缺位导致金融体系信贷过度扩张最终引发金融危机的惨痛教训，尽快完善金融监管法律法规，加强金融衍生产品的监管。另一方面，中国、美国情差别较大，中国金融市场发达程度较低，如果对金融创新及金融衍生产品市场实行过紧的立法和监管，必将影响其发展。因此，中国应根据经济发展的实际情况，审慎推进金融衍生产品业务，在当前经济结构和融资结构均不完善的情况下，可逐步推进资产证券化业务激发市场活力。

参考文献

[1] 胡海峰、倪淑慧：《金融发展过度：最新研究进展评述及对中国的启示》，载于《经济学动态》2013 年第 11 期。

[2] Arcand J. L., Berkes E., Panizza U, "Too much finance?", IMF Working Paper, 12/161, 2012.

[3] Beck T, Büyükkarabacak B, Rioja F., et al., "Who Gets the Credit? And Does It Matter?", European Banking Center Discussion Paper, No. 12, 2009.

[4] Beck T., Levine R., "Stock Markets, Banks, and Growth: Panel Evidence", *Journal of Banking & Finance*, 2004, 28 (3): 423 –442.

[5] Capelle-Blancard G., Labonne C., "More Bankers, More Growth? Evidence from OECD Countries", CEPII Working Paper, 2011.

[6] Cecchetti S. G., Kharroubi E., "Reassessing the Impact of Finance on Growth", Bank for International Settlements, 2012.

[7] De Gregorio J., Guidotti P., "Financial Development and Economic Growth", World Development, 1995.

[8] Ductor L., Grechyna D., "Excess Financial Development and Economic Growth", Working Paper, 2011.

[9] Rioja F., Valev N., "Does One Size Fit All?: A Reexamination of the Finance and Growth Relationship", *Journal of Development Economics*, 2004, 74 (2): 429 –447.

金融发展与经济增长关系研究新进展*

一、引　言

长期以来，关于金融与经济增长关系的研究一直是学术界最富有挑战和最吸引人的热门话题之一。最早的文献可以追溯到白哲特（Bagehot，1873）和熊彼特（Schumpeter，1911）。他们认为，一个运行良好的金融体系在经济增长中发挥着不可替代的重要作用。尽管以后有多篇文献支持了上述观点，但是在金融发展与经济增长关系这个问题上，学术界一直没有达成共识，不断有学者提出相反的意见。罗宾逊（Robinson，1952）提出，金融只是被动地随着实体经济的发展而发展，金融体系存在的意义和作用是满足实体经济的资金运转需求。卢卡斯（Lucas，1988）则认为，金融发展和经济增长之间没有必然联系，至少学术界不应过分强调二者之间的因果关系。

20世纪90年代开始，越来越多的学者从实证的角度研究金融与经济增长之间的关系。许多学者受到内生增长理论的启发，将金融发展纳入经济增长的模型中去探索二者的关系，特别是有关收入和金融发展等数据的可得性大大增强，使得这个领域的实证研究更为严谨。莱文（Levine，1997）是研究金融发展和经济增长关系的权威，率先用金融发展深度作为经济增长的预测指

* 本文原载于《经济学动态》2016年第5期。合作者：王爱萍。基金项目：国家社会科学基金重点项目“推进我国资本市场的改革、规范和发展研究”（项目号：14AZD035）。

标，并通过大量研究支持了金融发展能够促进经济增长的结论。

尽管20世纪90年代以来各种研究大量涌现，但学术界对金融发展与经济增长之间的因果关系并没有清晰的结论。不但因果关系无法确认，就连金融发展是不是一定会促进经济增长都不能轻易下结论。例如，德格雷戈里奥和圭多蒂（De Gregorio and Guidotti，1995）在研究高收入国家中金融深化与产出增长之间的关系时发现，1960～1985年金融发展深度对产出增长有促进作用，1970～1985年二者之间的线性关系则为负。他们认为，上述现象是由于高收入国家的发展已经到达一个临界点，再继续发展金融无法提高投资效率，反而会吸收过多的资源，对经济增长造成不利影响。面对诸多实证研究对金融发展与经济增长之间关系的质疑，连莱文（2003）对其原有的“金融体系较发达的国家，其增长速度也较快”的结论也不得不有所怀疑。

2008年那场波及范围广、持续时间长的金融危机爆发后，学术界和实务界对金融发展是否真的能够促进经济增长这个问题又展开了更加激烈的争辩。例如，克鲁格曼（Krugman，2009）强烈质疑和抨击金融发展有利于经济增长的观点，认为“金融业的过度发展弊大于利”“金融吸纳了整个社会太多的财富与人才”。高度复杂的金融创新产品对经济增长并没有明显的益处，而是更多地从实体经济赚取了租金收益，一旦金融创新程度超出了监管能力的控制范围，就可能引致金融危机并使经济发生倒退。英国金融服务管理局主席阿代尔·特纳（Adair Turner，2009）认为：不是所有的金融创新都是有价值的，不是所有的金融交易都是有用的，过大的金融系统不一定更好，金融部门已经超过其社会最优规模。他们的观点得到了学术界的热烈响应，此后众多学者利用不同的模型、数据和估计方法，从多个角度得出了金融发展过度对经济增长带来抑制作用的结论。

可见，对金融发展和经济增长之间的关系，虽然大量学者倾注心力进行了细致的研究和讨论，但是直至今天，两者是相互促进还是抑制仍然处于莫衷一是的状态。本文试图围绕该主题，对国外最新研究进展做一个全面和系统的梳理，归纳出该领域的争议热点以及探讨未来的研究方向。

二、金融发展与经济增长关系在理论上的解释与推演

（一）金融发展促进经济增长

在美国次贷危机爆发以前，金融发展能够促进经济增长的观点在学术界占主导地位。诸多的研究大多数是围绕如何解释和验证金融发展促进经济增长而展开的。为了更好地评述国际学术界最近的争论，我们先对20世纪后期的研究做一简要回顾。当时研究的主要切入点是经济运行中的摩擦和障碍会降低效率，例如，信息不对称带来的逆向选择和道德风险会导致市场失灵，而金融体系的存在能够在很大程度上减少此类现象的发生，从而提高效率、促进经济增长。莱文（1997）在前人研究的基础上提出了金融体系的五大功能，至今仍被学者视为讨论金融发展促进经济增长的理论基础。

1. 金融发展有助于风险管理

莱文（2005）认为，银行主导型的金融体系可以用较低成本提供标准化的风险管理措施，而市场主导型的金融体系可以通过创造更多产品和工具来增加风险管理的灵活性。具体而言，一个发达的金融体系可以降低三方面的风险：一是在不同项目之间分散风险。由于知识和经验等方面的不足，投资人往往难以评估和应对高收益项目所伴随的高风险，因此，投资人往往选择风险较低但是收益稳定的项目，那些高风险高收益的项目就会因为缺少资金而失去发展机会。金融体系可以通过专业化的分析和操作，将吸收的资金合理配置到不同项目中，不仅可以满足那些“两高”项目的资金需求，还能够给予投资人稳定的回报。二是降低流动性风险。很多优秀的投资项目，往往具有相对较长的周期，这与人们对于流动性的需求相矛盾。如果没有金融体系的存在，投资人会追逐流动性高的项目，而回避那些可能具有更高回报的长周期项目。金融体系通过产品设计和创新，大大提高了这些长周期项目的投资流动性。投资者通过持有证券（如股票债券等）间接投资到项目中，而这些有价证券可以随时变现，满足了投资人对于流动性的需求。并且，相比

个人筹集基金投资项目，金融体系可以更加准确地预测流动性需求，从而有更高的投资效率。莱文（1991）建立了一个内生增长模型，试图解释投资行为对经济平衡增长路径的影响，在这个模型中，股票市场起到分散风险的作用，人们根据自己的判断和预期，随时改变手中的股票投资组合来获取收益、规避风险，从而影响了经济增长的均衡点。三是平滑跨期风险。艾伦和盖尔（Allen and Gale，1997）建立了一个世代交叠模型，作为资金流转中介的金融体系能够帮助投资人进行跨期的投资，使得风险在不同的代际分散，通过这样一个传递机制就可以平滑不同经济周期的收益。

2. 金融发展能够吸收居民的储蓄，进而将储蓄资金合理分配到投资项目中去

从传统意义上来看，吸收储蓄的功能主要靠拥有众多分支机构的银行来完成。随着金融机构的发展与金融工具的创新，吸收储蓄的渠道越来越多，并且延伸到互联网金融领域。在一个封闭经济体当中，投资等于储蓄，储蓄的增加使得投资有了更多的资金来源。但是，也有不少研究发现，并非金融体系越发达，储蓄额就越高。在那些金融体系不发达、金融工具不完善的发展中国家，由于投资和避险途径较少，多数居民会选择通过储蓄的方式来规避风险，从而导致储蓄的比例更高。总之，金融体系创造了储蓄资金池，为投资积累了源头活水。

3. 金融发展能够促进储蓄资金向效率更高的投资项目流动

格林伍德和约万诺维奇（Greenwood and Jovanovic，1990）把金融发展和经济增长视为内生变量，通过建立理论模型发现，更发达的金融机构能够降低储蓄资金向投资项目流动的成本，从而增加产出、加快经济增长。格林伍德和约万诺维奇（1997）认为，银行和股票市场能够帮助投资者找到更好的投资机会。本奇文加等（Bencivenga et al.，1996）认为，通过期限搭配可以实现短期储蓄支持长期投资项目，使经济增长具备可持续的基础。

4. 金融发展能够降低信息获取成本

信息不对称一直是影响社会经济运行效率的重要因素之一。对于借贷双

方来说，信息的匮乏是制约交易的最主要障碍，而金融体系是生产信息的重要环节。借贷发生之前，金融中介能够帮助投资人了解借款人的情况，降低考察成本；借贷发生之后，金融中介能够帮助投资人了解借款人的经营情况，降低监管成本。博伊德和史密斯（Boyd and Smith，1992）建立了一个逆向选择模型，模型的重要前提假设是衡量产出的成本很高，而金融机构在获取信息方面具有比较优势，因此，由金融机构来完成事前的评估工作能够避免投资者自己评估所带来的逆向选择问题，降低潜在优秀项目被驱逐出市场的可能性。布莱克伯恩和亨（Blackburn and Hung，1998）重点关注了借贷合同的道德风险问题，认为企业在获得资金之后有动力谎称亏损以拖欠借款，而一份激励相容的合同可以监督企业的行为。然而，合同的设计和执行成本较高，如果由专业的金融机构来完成就可以降低每一单位合同的平均成本。因此，金融体系既可以降低事前逆向选择的可能性，又能够在一定程度上防范事后的道德风险。

5. 金融发展能够促进创新

熊彼特既是创新理论的倡导者，也是提出金融发展促进经济增长的先驱和代表人物。熊彼特（1911）认为，金融体系在获取信息以及事后监管上都具有比较优势，能够对创新和研发项目做出专业评估，进而通过合理的资金搭配以分散创新带来的风险，最终起到促进经济增长的作用。莫拉莱斯（Morales，2003）通过建立把资本积累和研发活动纳入经济增长的影响因素中的模型发现，金融体系能够减少研发过程中的道德风险、提高监管水平，进而增加研发成功的概率。同时，金融部门对于研发活动的影响还会产生两个结果：一方面，金融发展促进创新，并给社会其他产业部门带来溢出效应，从而带动整个社会的经济增长；另一方面，创新的活跃使得已有的生产者认为自己很有可能很快被创新者取代，因此会降低他们研发的动力。而斯蒂格利茨（Stiglitz，1985）此前就已经对该问题做出研究，认为金融部门对研发活动的作用受到金融体系类型的影响，在市场主导型的金融体系中，信息会很快传递到竞争对手那里，因此生产者创新动力不足；而在银行主导型的金融体系中，信息相对保密，生产者更愿意进行研发活动。总之，内部融资往往无法满足创新活动所需要的大量资金，金融体系的出现和发展在很大程度上放松了创新的融资约束，使得创新活跃成为可能。

（二）金融发展抑制经济增长

学术界很多人认为，金融发展是一把“双刃剑”，在一定的范围内能够促进经济增长，而一旦超出这个度就会反向伤害实体经济。金融对经济的副作用主要体现在金融过度发展会吸收社会过多的资源，从而降低整体效率，并且给经济带来更多的不稳定性，诱发金融危机。

1. 金融部门吸收了社会过多的资源，制约了其他产业的发展

托宾（Tobin，1984）曾提出，金融部门的过度发展会吸收过多的人才。菲利彭和瑞舍夫（Philippon and Reshef，2013）认为，金融部门的规模与该部门人均收入成正比。克内尔（Kneer，2013）认为，一个较大的金融体系会损害到其他的产业，尤其是那些需要技术人才的科技产业。切凯蒂和卡罗比（Cecchetti and Kharroubi，2015）将劳动力因素加入信贷配给模型中，求解得到一系列发散的无效均衡解。在这个不满足帕累托最优的均衡里，人才被过度集中到金融部门，如果能够向实体部门分散一些，社会总体福利就会提高。他们通过理论模型推导发现，当金融部门的议价能力比较强的时候，人才会集中向金融部门流动，而此时实体经济部门会选择一个产出效率不高但是风险相对较小的项目来运作，从而会降低整个社会的产出效率。

2. 金融部门的盲目扩张使其暴露在更大的风险中，并且运作效率更低

阿坎德等（Arcand et al.，2015a）建立信贷约束模型证明，在信贷配给和外生违约可能性的条件下，破产预期将导致金融部门超过社会最优规模，其中政府的破产和监管框架的不完善将导致社会的次优选择和过度借贷。具体来说，银行破产带来较大的外部成本，使得银行业成为管制最为严格的部门；同时，为保证存款人的利益，政府成立各种显性或者隐性的金融安全网，而这些所谓的金融安全网却激励银行冒更高的风险，盲目扩张规模、过度发展，最终阻碍经济增长。

3. 金融发展过度导致经济不稳定，极易诱发金融危机

拉詹（Rajan，2005）和特拉等（Torre et al.，2012）认为，金融发展对经济增长的促进作用呈现边际效应递减的趋势，最终会减少到小于其负面影响所带来的成本，超过一定程度就会引致金融危机，最终对经济增长起到反向作用。阿坎德等（2015a）发现，当控制了金融危机这个虚拟变量之后，金融发展和经济增长之间仍然呈现出倒“U”型的关系，也就是说，金融危机只能部分解释金融发展过度对经济增长的负向影响。

三、金融发展与经济增长关系在实证研究中的争议

（一）实证模型的选择

早期学者从单调变化模型出发开展研究，后期陆续有人采用非单调变化模型，但是并没有得到足够的重视。美国次贷危机之后，非单调变化模型逐渐占上风成为主流。非单调变化模型有三类：一是在原有单调变化模型的基础上加入关键自变量的二次项；二是采用门槛模型；三是利用半参数估计方法放松对模型的前期假设。

1. 单调变化模型

单调变化模型主要有以原始变量建立线性方程和以原始变量取对数之后建立对数线性方程两种形式。

（1）直接构造金融发展与经济增长间的线性函数。这种做法非常流行，目前依然占有重要地位。比较经典的是鲁索和瓦赫特尔（Rousseau and Wachtel，2011）利用线性模型对1965～2004年的数据进行实证检验发现，当金融深化达到一定程度之后，金融发展对GDP增长的促进作用就消失了，他们把这种现象称为“消失效应”。阿坎德等（2015a）随后提出非单调变化模型，研究结果发现金融发展和经济增长之间存在一个倒“U”型的关系，这个结论支持了消失效应，却对鲁索和瓦赫特尔（2011）的研究方法表示质疑，认为他们并没有把出现这种消失效应的机制解释清楚，即关键自变量的系数之所以会

逐渐减小直至为零，一部分源于金融发展和经济增长之间的真实关系，另一部分源于模型的设定是错误的。如果正确设定的模型形式并非单调变化的，那么一旦选择一个单调变化模型去估计金融发展与经济增长之间的关系，就一定会使关键自变量的估计系数出现向下的偏误，这个偏误随着金融发展程度的提高而增大，从而使得关键自变量的估计系数越来越小，最终减小到失去统计上的显著性并逐渐为零。

尽管消失效应在统计上存在着严重的偏误，但却为后续研究提供了重要的启示。库尔内德和登科（Cournède and Denk，2015）建立了一个简单的线性方程来考察 OECD 国家金融发展与经济增长的关系。他们用三个指标——金融产业增加值与 GDP 的比值、银行贷款总额与 GDP 的比值、股票市场市值与 GDP 的比值来衡量金融发展，并分别对经济增长进行回归。结果发现，金融产业增加值指标与经济增长负相关，银行贷款总额指标与经济增长负相关，股票市场市值指标与经济增长正相关。坎贝尔－布兰卡德和拉博纳（Capelle-Blancard and Labonne，2016）研究了过去 40 年间 OECD 国家金融发展和经济增长之间的关系，采用简单线性函数进行实证检验，并没有发现金融深化与经济增长之间存在显著的正相关关系。

（2）从生产函数出发，对变量取对数后考察对数线性关系。简单线性模型进行系数估计的一个重要假定前提是干扰项服从正态分布，而真实情况是，绝大多数情况下干扰项只是渐进服从正态分布。对变量进行对数化处理之后，只需要干扰项服从对数正态分布，就大大提高了事前假定成立的可能性。而且，对数线性模型可以反映弹性系数的大小，具有更明确的经济学含义。此外，对数化处理之后的模型可以使用自回归分布滞后估计方法（auto-regression distribution lagged），该方法能够区分长短期影响，并且主要观察长期效果是否显著。例如，穆罕默德等（Muhammad et al.，2015）研究了过去 40 年间澳大利亚金融发展、国际贸易与经济增长之间的关系，该研究从柯布－道格拉斯生产函数出发，将金融发展和国际贸易从全要素生产率中抽离出来单独研究，对因变量和各个自变量取对数之后建立对数线性方程，结果发现，从长期来看，金融发展通过促进国内投资而带动经济增长。

在实证研究中，两类单调变化模型都被学者广泛使用。克莱因（Cline，2015a）利用与库尔内德和登科（2015）相同的模型和数据，在对所有变量取对数之后进行回归，结果显示了更高的拟合优度，但此时金融发展指标的系数非负，出现了与库尔内德和登科（2015）相悖的结论。尽管拟合优度检验可以从统计上反映出模型对样本观测值的拟合程度，但完全依赖拟合优度去判断模型的优劣往往会脱离理论和本质。

此外，单调变化模型还存在着一个严重的缺陷，它在某种程度上掩盖了数据背后隐含的特征事实和发展趋势，可能造成数据的使用者无法完整描述和判断金融发展和经济增长之间的全景关系。例如，库尔内德和登科（2015）的研究结果看似违反常识，如果按照他们的结论，就可以推出“取消银行信贷就能够导致经济增长速度最大化”的荒谬结果，但是，若仅仅从局部状态——样本国家异质性的视角出发去解释这个结论而不对其结论加以推广，那么其结果还是具有重要的经济学意义的。银行信贷总量与经济增长的负相关关系表明，在当前条件下，住房和商业信贷的继续扩张对经济增长有害无益。但是，这个结论并不能否定在较长时间内金融可能都是促进经济发展的重要因素。因此，在进行研究设计以及结论解读时，要注意单调变化模型的这一缺陷。

2. 非单调变化模型

单调变化模型的局限性促使研究者开始寻找其他的模型来刻画金融发展与经济增长之间的关系。进入21世纪以来，越来越多的学者尝试通过非单调变化模型开展研究。

厄冈戈（Ergungor，2008）利用最小二乘法对1980～1995年46个发达国家和发展中国家的数据进行估计检验，结果支持金融发展（银行部门）与经济增长之间的非线性关系。戴达和法图赫（Deidda and Fattouh，2002）对1960～1989年119个发达国家和发展中国家金融发展和经济增长的关系进行研究发现，在高收入国家，金融发展是经济增长的重要决定因素，但是这种效果在低收入国家不显著。黄和林（Huang and Lin，2009）研究了1960～

1995 年 76 个发达国家和发展中国家金融发展和经济增长之间的关系，通过对高收入国家和低收入国家两组样本分别进行门槛模型回归发现，金融发展和经济增长之间存在非线性关系，而且这种关系在低收入国家中更加显著。劳和辛格（Law and Singh，2014）选取研究非线性关系的常用模型——门槛模型作为研究框架，用三个金融发展指标对 1980 ~2010 年 87 个国家的数据分别进行回归，得到私人信贷对 GDP 的比值、流动性负债对 GDP 的比值和国内信贷对 GDP 的比值的门槛值分别为 88%、91% 和 99%。当低于这个水平时，金融发展对经济增长有显著的正向作用，而一旦超过这个门槛值，就会有显著的负向影响。沈和李（Shen and Lee，2006）对 1976 ~2001 年 48 个发达国家和发展中国家的数据进行混合回归，得到了金融发展（主要是股票市场）与经济增长之间的倒"U"型关系。切凯蒂和卡罗比（2012）采用同样的方法，对 1980 ~2009 年 50 个发达国家和新兴经济体的数据进行实证分析后发现，金融部门的发展对经济增长的影响呈现倒"U"型。随后，切凯蒂和卡罗比（2015）的研究也支持了信贷膨胀会伤害制造业的结论。阿坎德等（2015）的研究更为全面，他们采用多种计量方法，包括最小二乘估计、广义矩估计以及半参数检验，对 1960 ~2010 年 130 多个发达国家和发展中国家的面板数据进行检验，稳健地支持了当私人信贷对 GDP 的比例超过 100% 之后金融开始对经济增长产生抑制作用的结论。

与单调变化模型相比，非单调变化模型的显著优势在于，它改善了单调变化模型有可能掩盖样本数据背后隐含的特征事实和发展趋势的不足和缺陷，可以揭示出金融发展和经济增长两个变量之间更为细致的关系。但是，在刻画某一细分时间段的关系时，非单调模型显然不如单调模型那样简单明了。

3. 对非单调变化模型实证效果的争论

虽然非单调变化模型能够比较完整地刻画变量间的关系，促使人们更深刻地认识金融发展和经济增长之间的关系，但是近期学术界对非单调变化模型的实证效果也存在争议。

克莱因（2015a）针对阿坎德等（2015a）的研究结果提出质疑，他认为从非单调变化模型出发进行实证检验得到的倒“U”型曲线关系只是统计上的一种幻觉，与变量所代表的经济含义没有直接联系，其他无关变量也可以表现出这样的关系。一方面，他用数学推导说明阿坎德等（2015a）的模型中二次项系数必然为负，与所赋予的变量的意义无关；另一方面，他利用该模型研究三个与经济毫无关系的其他变量——每千人的医生数量、每百人的电话费用、每万人的研发人员数量与经济增长之间的关系，最终也产生了一个倒“U”型的曲线，这从侧面支持了他的质疑。

阿坎德等（2015b）立即对克莱因（2015a）的质疑进行了回应。首先，他们发现了克莱因在数学证明过程中的错误；其次，在控制国别固定效应和时间固定效应的情况下，克莱因所提出的三个自变量中的两个（每千人的医生数量和每千人的研发人员数量）估计系数都不再显著，也就是说他的研究结果是不稳健的。

总之，目前的研究主要是立足于实证角度去判断一个模型的适用程度，尽管这种做法可以满足统计上的要求，但理论支持的缺乏极大削弱了模型的解释力。更为可靠的做法是，从理论层面出发建立一个有较强理论支撑的模型，然后利用数据对模型进行检验，而不是仅仅追求数据在统计上的意义。

（二）测量样本和测量指标的选择

尽管当前的众多研究结果并没有对金融发展与经济增长之间的关系给出统一答案，但这并不意味着这些研究不科学、结论错误，而是上述研究受到样本、指标等诸多因素的影响，因而得到的具体结论大相径庭。

1. 样本国家的异质性是影响研究结果的第一个重要因素

实证研究中，为了保证研究结果更接近于现实或者更具普适性，越来越多的国家被纳入样本空间。这样的做法不仅使得衡量金融发展的指标过于粗略和单一，也忽略了许多异质性因素。样本国家的异质性主要体现在经济发展水平、金融体系结构、金融机构质量不同等方面，这些都会影响到金融发展和经济增长之间的关系。事实上，对于金融发展过度的担忧主要来自金融体系完善的发达国家，而发展中国家的金融体系相对落后，几乎不存在发展过度的问题。在选择样本以及进行估计检验时，需要充分考虑到这些异质性的存在，否则，实证结果将会出现偏误。

里奥哈和瓦列夫（Rioja and Valev，2004）对1961～1995年74个发达国家和发展中国家的面板数据进行了实证检验，并根据金融发展程度的不同将这些样本国家分成高、中、低三组。研究结果表明，对于中等水平的国家来说，金融发展对经济增长有显著的促进作用，这种促进作用在金融发展程度高的国家也是存在的，但是效果相对较弱，而在金融发展程度低的国家，这种促进作用不显著。欧文和坦姆斯瓦里（Owen and Temesvary，2014）按照经济增长率的条件分布对样本国家进行分组，实证分析发现不同国家以及不同类型（国内或者国外）的银行借贷对经济增长的影响是不同的，这种差异主要来源于股票市场的发达程度、法律健全程度甚至是银行业发展程度的不同。贝克等（2014）利用金融中介机构发展程度考察了金融对经济增长及其稳定性的影响，对1980～2007年77个国家的数据进行了分析，结果显示，从长期来看，金融中介机构的发展会促进经济增长，同时降低经济的不稳定性。对于高收入国家来说，金融中介机构发展程度一旦超过平均水平，会促进经济增长，但代价是给经济带来更多的不稳定性。对于低收入国家来说，金融中介机构的发展程度与经济增长之间呈现出线性正相关关系，并且金融中介机构的发展会使经济更加稳定。

萨马甘地等（Samargandi et al.，2015）研究了中等收入国家金融发展与经济增长之间的关系，样本包括23个中等偏上收入国家和29个中等偏下收入国家，通过采用M3与GDP的比值、商业银行资产与所有金融机构总资产的比值、银行对私人的信贷与GDP的比值三个指标构建了一个金融发展指数（FD）。然后，分别对全部样本国家、中等偏上收入国家和中等偏下收入国家进行回归。在同样模型、方法和变量情况下，系数大小以及显著性在这三组间出现了显著差异。尤其是在门槛值的估计上，对于样本整体来说，门槛值为0.915，而对中等偏上收入国家和中等偏下收入国家，则分别为0.918和0.433。并且，样本整体的估计结果显示，金融发展与经济增长在长期内存在显著的负相关关系。然而，杰迪代（Jedidia，2015）采用与萨马甘地等（2015）同样的估计方法（ARDL）对单一国家突尼斯进行研究，却得到相反的结果：从长期来看，金融发展会促进经济增长。结论相反的关键原因在于使用了不同的样本，突尼斯仅仅是中等收入国家中的一个。因此，在解读此类研究结果时，首先要限定研究范围，充分考虑到样本的异质性，不能离开研究对象而单纯分析这二者的关系。

此外，关键自变量的估计系数大小也会因为样本的不同而出现明显差异，这点在当前的文献中已有争论。对日本这个私人信贷占比（占 GDP 的比例）较高的国家而言，如果按照阿坎德等（2015a）的拟合方程，所有金融机构对私人部门的信贷占 GDP 的最优比例为90%，并且以2012 年的数据为例，若这一比例从当年的 178% 下降到 90%，那么经济增长率会增加 1.6 个百分点。而切凯蒂和卡罗比（2012）的研究与阿坎德等（2015a）类似，不同的是，他们只统计银行对私人部门的信贷，根据其拟合方程，这一指标的最优状态是 94%，并且同样以 2012 年的数据为例，把这一指标从当年的 105% 下降到最优状态的 94%，也只会使经济增速提高 0.02 个百分点。

阿坎德等（2015a）认为，研究结果出现显著差异的原因在于样本的异质性。切凯蒂和卡罗比（2012）的研究只包含了 50 个国家，而他们的样本则包括了 130 个国家。国家之间的较大差异影响了关键自变量的系数估计。可见，目前的研究结果严重依赖于样本特质，因而研究结论的普适性比较低。

因此，采用国别差异较大的样本进行研究时通常要使用国别固定效应以消除国家之间的个体差异带来的内生性干扰。但学术界对此分歧较大。巴罗（2012）认为，一旦使用国别固定效应，整个模型会遗漏很多重要信息。克莱因（2015b）是主张不用国别固定效应的代表，他认为早期利用多国数据研究经济增长的文献都没有使用国别固定效应，而是否使用该效应与该阶段的增长趋同是“条件趋同”还是“绝对趋同”有关。1960 ~ 1990 年，世界经济增长表现出条件趋同的模式，即每个国家会趋同到自己的长期均衡收入水平，这个阶段使用国别固定效应以控制国家之间的个体差异是有道理的。但是，这个阶段之后，表现出了绝对趋同，每个国家都会趋同到一个相同的长期均衡收入水平，尤其是当研究的样本国家特征相似的时候，继续使用国别固定效应就是画蛇添足，干扰了模型中所有自变量的估计系数。

然而，国家的经济运行是一个复杂的系统，每个国家都有自己独特的环境，内部结构千差万别，在这种情况下，利用跨国数据研究金融发展和经济增长之间的关系，使用国别固定效应得到的结论通常更加稳健。

正因为如此，当前研究普遍意义上的金融发展和经济增长的文章并不多，越来越多的研究是限定在某一类国家范围内，如 OECD 国家、海湾合作委员会国家、中等收入国家甚至某一个单一国家等，这些研究都在尽量减少跨国样本所带来的内生性，否则研究结果大而宽泛，很容易受到诟病。

2. 样本时间范围的不同是影响研究结果的第二个重要因素

研究结果随时间范围而改变的根本原因是一国或者一个地区的经济发展水平、金融制度环境等在不断演进，这些都会影响到金融发展对经济增长的作用。样本时间范围对研究结果的影响主要表现在以下两个方面。

（1）随着时间推移，自然增长改变了国家特质。针对这种情况，目前通常将较长的研究区间细分为几个部分来分别进行回归，不但能够观察各个不同阶段的变化，而且可以作为一种稳健性检验的手段。

德梅特里亚德斯和鲁索（Demetriades and Rousseau，2015）在简单线性模型的基础上加入银行监管强度、信贷控制强度、市场自由化程度、证券市场发展程度、银行业进入壁垒等变量，对 1975 ~2004 年 84 个国家的数据进行三组回归，分别是全时间段、1975 ~ 1989 年以及 1990 ~ 2004 年。结果显示，在 1975 ~ 1989 年，金融发展对经济增长起到了正向作用，但在 1990 ~ 2004 年，这种正向作用消失了。德梅特里亚德斯和鲁索（2015）认为在后一个时间段内银行监管起了重要作用，金融发展是不是能够推动经济增长取决于银行是不是被有效监管。普拉丹等（Pradhan et al.，2016）利用 1961 ~ 2013 年 18 个欧元区国家的数据来研究创新、金融发展与经济增长的关系，将整个阶段分为三部分分别进行回归，实证结果表明，从长期来看，金融发展和创新都会促进经济增长，但是短期效果不显著。

（2）重大事件的干扰。研究期间若出现干扰经济的重大事件不加以处理，研究结果将会受到这个特殊值的影响而产生严重偏误。在当前关于金融发展与经济增长的文献中，最重要的事件是2008年的全球金融危机。因此，有的研究把时间限定在2008年之前，以避免纳入金融危机的影响，而有的研究则选择用统计方法控制并观察金融危机的影响。例如，布雷滕莱切纳等（Breitenlechner et al.，2015）对1960～2011年74个国家的数据进行了广义矩估计，并将金融危机的发生设置为虚拟变量，考察一国或者一地区在金融危机以及非金融危机时期金融发展与经济增长之间的关系。研究发现，在非金融危机年代，金融发展正向促进经济增长，但是在金融危机时期，金融发展会负向影响经济增长。他们认为，金融发展对经济增长的正向作用呈现边际递减的趋势，但金融发展引发金融危机的可能性则呈现递增趋势。

3. 金融发展测量指标的不同是影响研究结果的第三个重要因素

学术界对于因变量的测量意见比较统一，绝大多数采用人均GDP增速这一指标来衡量经济发展。但是，关于如何测量金融发展程度，则众说纷纭。根据研究目标的差异，当前的研究主要有两种选择标准：一是对于主题为探索金融发展与经济增长之间关系是正向还是负向的研究，最主要的考虑是选择能够反映金融发展程度且内生性最弱的代理指标，这种情况下，主要采用单一指标，这个思路既包括直接用单一的金融发展指标（如信贷类、货币供应量类的指标）对因变量进行回归，也包括通过主成分因子分析从多个备选指标中提取因子载荷比较大的指标，然后用提取的因子对因变量进行回归；二是对于主题为剖析金融发展的内部结构、探析金融发展对经济增长影响渠道的研究，多采用能够测量金融发展不同维度的分类指标分别进行回归。

（1）单一指标测量金融发展程度。单一指标的研究主要还是延续传统的从信贷角度或者货币流通量角度入手的做法。例如，阿坎德等（2015a）沿袭了前人的做法，用私人信贷占GDP的比例作为衡量金融发展的指标，尽管这个指标并不完善，但是他们认为这是当前最为恰当的指标。具体来说，私人信贷包括所有存款性银行以及非银行的金融机构对私人部门的贷款。20 世纪 90 年代，银行对私人部门的贷款几乎等同于所有金融机构对私人部门的贷款，因为那个时候银行是主要的信贷资源提供者。但是，进入 21 世纪，环境发生了较大的变化，尤其是影子银行的出现和发展使得这二者不再相等，并且有着相当大的差异，因此，考虑到研究期限，阿坎德等（2015a）选择的测量范围是所有银行以及非银行的金融机构对私人部门的贷款。穆罕默德等（2015）使用 M2 占 GDP 的比值以及国内信贷占 GDP 的比值作为测量金融发展的指标，对 1975 ~2012 年 6 个海湾国家金融发展与经济增长的关系进行实证研究，结果支持了金融发展与经济增长之间的正向关系。

不过，单一指标并非指仅用一个指标去衡量金融发展，可能也会有多个指标，但是这些指标之间的相关性非常大，用多个指标进行回归的目的是为了使研究结果更加稳健，这种研究也被归类为单一指标的研究。坎贝尔 - 布兰卡德和拉博纳（2016）使用金融部门信贷占 GDP 的比例、金融部门从业人员数量占总劳动力的比例以及单位人员信贷额作为金融发展的三个测量指标，研究了过去 40 年间 24 个 OECD 国家金融发展和经济增长之间的关系，但是最后并没有发现显著的正向或者负向关系。

单一指标的研究局限性较大，因为很难通过一个或者几个同类指标衡量一个国家或者地区的金融发展水平，通常这类研究只能给我们一些方向性的启发，并不能全面刻画该国或者该地区的金融发展状况。

此外，不少研究者利用主成分因子分析法测量金融发展程度，其好处是可以相对全面地反映该国或者该地区的金融发展水平。达席尔瓦（da Silva，2015）利用 5564 个巴西城市 2012 年的截面数据研究了巴西金融发展与经济增长之间的关系，通过在三个金融发展维度（地理渗透度、人口渗透度、金融服务使用量）上使用 12 个指标进行因子分析，构建了金融发展指数。同时，考虑到一个国家的不同城市之间会有比较强的溢出效应，采用空间自回归的方法进行估计检验，发现相邻城市之间的经济发展程度显著正相关，并且金融发展对经济增长有显著的正向影响。

（2）多个维度测量金融发展，探析金融发展对经济增长的影响渠道。这样做主要是为了打开金融发展这个黑匣子，找到金融发展影响经济增长的途径和机制。哈桑等（Hasan et al.，2015）从4个角度选取指标测量金融发展水平：私人部门信贷占GDP的比例来测量银行的发展深度；上市公司的市值占GDP的比例来测量股票市场的发展深度；银行的净息差以及股票市场周转率来分别测量银行和股票市场的效率；资本收益率加上股本比除以资本收益率的标准差来测量银行的稳定性。他们对1960～2011年72个国家的数据进行贝叶斯估计之后发现，从长期来看，只有银行效率可以促进经济增长，银行系统在把资金从储蓄者传递到借贷者的过程中发挥了重要作用，促进了整个经济的循环流动，对于经济增长具有重要意义。

库尔内德和登科（2015）的模型采用金融增加值占GDP的比例、银行等机构对私人部门的贷款占GDP的比例、股票市场市值占GDP的比例这三个指标衡量金融发展，结果发现，金融增加值指标与经济增长负相关，间接贷款指标与经济增长负相关，股票市场市值指标与经济增长正相关。从结果来看，金融发展的两个指标都与经济增长负相关，似乎应当将金融增加值和间接贷款降低为零才能促进经济增长。他们进一步用金融监管程度作为工具变量进行了两阶段最小二乘估计并得到了同样的结论。对这个难以理解的结果的合理解释是，样本数据来自OECD国家，这些国家的特质可能会影响到研究结果，即金融发展促进经济增长的阶段已经过去，在当前的发展阶段中，金融发展处于过度状态，对经济增长起到负面作用。

总之，在测量指标的选择上，要根据研究目的进行设计，并没有统一的衡量标准去判断指标的优劣，指标选择的重要标准是能否准确表达研究意图。

四、当前新的研究思路和探索视角

（一）重点关注金融与实体经济的协调发展

金融的发展是为了支持实体经济的发展，但是当前在世界很多国家和地区都出现了金融部门过度膨胀的现象，货币资金在金融体系内部空转，并没有起到支持实体经济的作用，金融发展和实体经济的不协调发展加剧了整体经济不平衡和不稳定，从而抑制了经济增长。杜克特和格雷齐纳（Ductor and Grechyna，2015）利用 1970～2010 年 101 个发达国家和发展中国家的数据研究了金融发展、实体经济发展和经济增长之间的关系，发现金融发展对经济增长的促进作用依赖于私人信贷是不是流向了实体经济部门。如果快速膨胀的私人信贷超过了实体经济的发展速度，那么金融发展对经济增长的作用为负。因此，对于一个特定国家或者地区来说，金融发展水平要与实体经济的发展水平相匹配，才能推动整体经济的增长。

金融危机爆发的触发点在于金融的非理性繁荣。2008 年金融危机全面爆发之后，世界各国在重创之下进行了深刻反省。合理引导金融发展、避免催生金融泡沫是各个国家的重要任务。因此，在今后的研究中，进一步关注金融与实体经济协调发展显得尤为重要。

（二）分解因变量，研究金融发展对不同经济部门的影响

一直以来，对金融发展的测量有很多争议，但是对于因变量，学术界的观点保持了高度一致，即用人均 GDP 增速作为衡量经济增长的指标。近几十年来几乎都没有在因变量方面有过深入探讨。艾森曼等（Aizenman et al.，2015）做出了新的尝试，他们用 41 个样本国家的数据研究了金融发展和经济增长之间的关系，特别之处在于研究了金融发展的数量和质量对 10 个经济部门（农业、采矿业、制造业、建筑业、公共事业、批发零售业、交通运输业、金融和商业服务、其他市场服务以及政府服务）的影响，将因变量由单一指标拓展为 10 个指标。研究结果表明，金融发展和经济增长之间确实存在非线性关系，而且这种关系在不同的经济部门表现不同。

（三）在模型中加入环境质量、技术创新等变量，逐渐打开全要素生产率的黑箱

当资本和劳动生产率已经被开发到极致的时候，我们越来越关注全要素

生产率的开发。全要素生产率是指那些能够促进经济增长但是不能被资本和劳动力解释的要素。全要素生产率推动经济增长的主要途径是技术创新和生产要素的重新组合。技术创新为生产提供了新的工具，而生产要素的重新组合使得资本和劳动力的搭配更加高效。因此，随着经济发展水平的不断提高，资本和劳动生产率的边际效率不断降低，而全要素生产率对经济的贡献度越来越高。因此，从实证研究的角度来看，如果仍然把全要素生产率放在干扰项中，必然会产生严重的内生性，导致关键自变量的系数估计有偏。更为合理的做法是，逐渐打开全要素生产率的黑箱，在原有模型基础上纳入能够反映全要素生产率的变量，一方面可以更加准确地估计金融发展与经济增长之间的关系，另一方面也可以考察其他因素在这个关系链条中所起的作用。

奥姆里等（Omri et al.，2015）研究了金融发展、环境质量、贸易开放度和经济增长之间的关系。他们从柯布－道格拉斯生产函数出发，抽离出这些可识别的因素，并对变量取对数之后建立联立方程模型。通过使用 1990 ~ 2011 年 12 个中东和北非国家（MENA）的数据，分别对每个国家的数据进行时间序列检验以及对所建立的联立方程进行检验，发现了这四个变量两两之间的因果关系。就金融发展与经济增长之间的关系来说，在部分国家显示出显著的促进作用，而在部分国家则没有。

（四）探索金融发展对经济增长作用的内在机制

当前，越来越多的研究并不局限于观察金融发展是否能够促进经济增长，而是开始探索金融体系这个庞大而复杂的系统是如何影响经济增长的，也就是研究这两个变量之间的作用机制。这个方向的研究主要有两类尝试：（1）剖析金融发展的内涵和外延，尤其是要先从理论上分析金融发展影响经济增长的渠道和途径，然后选取合适的测量指标进行实证检验；（2）检验金融发展和经济增长之间的因果关系，甚至是将金融发展这个大而宽泛的概念进行具体化之后，探求自变量和因变量之间的因果关系。

1. 对于影响渠道的辨识

贝兹梅尔等（Bezemer et al.，2016）从功能金融说的角度出发，认为信贷功能是金融发展能够促进经济增长的主要动因，他们将信贷细分为四种类型：房地产信贷、消费信贷、非金融产业信贷和金融信贷（保险、养老金等其他非银行的金融机构），并进一步计算了信贷存量和信贷流动性。他们对1990~2011年46个国家的数据进行系统GMM和双重差分的估计检验，发现信贷存量对于经济增长的影响是负向的，但是估计系数没有统计上的显著性，而信贷流动性对经济增长的影响则有显著的正相关关系，其程度随着一国金融发展程度的提高而降低。值得注意的是，这个研究发现，当银行信贷流向金融部门的时候，其对经济的影响作用比其他流向要弱，这也从侧面反映了当金融部门集聚过多社会资源时会降低整体经济的效率。

2. 对于因果关系的探索

实证分析的重要目的之一是确定变量间的因果关系，这是一项非常具有挑战性的工作。在金融发展与经济增长之间关系的研究领域中，对因果关系的探索也是一个关键点，可以帮助我们清晰地看到金融发展对经济增长的影响机制。佩亚等（Peia et al.，2015）将金融发展分为股票市场的发展和银行的发展，然后对22个国家的数据分别进行时间序列分析之后发现：在11个国家中，股票市场的发展和经济增长之间表现出了因果关系；而在16个国家里，银行的发展和经济增长之间表现出了反向因果关系。这一研究结果提醒我们，金融发展对经济增长的影响没有统一机制，在研究设计中要充分考虑样本国家异质性等具体情况，才能逐渐逼近变量之间的真实因果关系。

五、结　论

通过对国外关于金融发展和经济增长最新文献的整理分析，我们可以得到以下结论。

第一，金融发展与经济增长实证模型的选择没有一定之规，要根据具体的研究目的去确定究竟用单调变化模型还是非单调变化模型，而不是仅仅依靠统计上的拟合优度指标去判断。如果研究目的是从广义上去分析金融发展和经济增长的全景关系，那么更好的做法是选择非单调变化模型，甚至是用非参数检验或者半参数检验的方法，以避免单调变化模型掩盖数据背后隐含的特征事实和发展趋势的缺陷和不足。而如果研究目的是重点观察某一个较短时间段内的关系，研究当前时刻金融发展是否能够促进经济增长，那么单调变化模型能够清晰地刻画所要观察的对象的特点。

第二，对金融发展与经济增长关系的研究结论要谨慎解读。样本不同，研究结果往往相差甚远。在叙述研究结论的同时需要强调研究背景，否则并没有太多实际意义。在金融发展与经济增长的关系链条上有很多因素在起着调节两者关系的作用，我们无法做到控制所有的干扰因素，那么就要在解读结论时做到严谨。

第三，测量金融发展的指标要根据研究目的去合理设计。如果仅仅是观察金融发展与经济增长之间是正向关系还是负向关系，那么使用单一指标体系就足够了，但是如果要探索金融发展影响经济增长的机制，就需要采用多指标体系。

第四，金融发展和经济增长之间关系的争论已经白热化，未来的研究需要跳出窠臼，尝试探索新的方向和思路，才能从理论和实践上产生新的意义。例如，我们可以结合中国当前的形势，研究中国的金融发展与实体经济发展的匹配问题，也可以在这二者关系的模型中加入新的重要变量，观察这些变量之间的相互作用，或者细致分析金融发展影响经济增长的机制等。

参考文献

[1] Aizenman J., Y. Jinjarak and D. Park, "Financial Development and Output Growth in Developing Asia and Latin America: A Comparative Sector Analysis", NBER Working Paper, No. 20917, 2015.

[2] Allen F., D. Gale, "Financial Markets, Intermediaries, and Intertemporal Smoothing", *Journal of Political Economy*, 1997, 105 (3): 523-546.

[3] Arcand J. L., E. Berkes and U. Panizza, "Too Much Finance?", *Journal of*

Economic Growth, 2015a, 20 (2): 105 – 148.

[4] Arcand J. L., E. Berkes, U. Panizza, "Too Much Finance or Statistical Illusion: A Comment", Graduate Institute of International and Development Studies Working Paper, No. 12, 2015b.

[5] Bagehot W., *Lombard Street: A Description of the Money Market*, London: Henry S. King & Co, 1873.

[6] Barro R. J., "Convergence and Modernization Revisited", NBER Working Paper, No. 18295, 2012.

[7] Beck T., R. Levine, "Financial Intermediation and Growth: Correlation and Causality", *Journal of Monetary and Economics*, 2000, 46 (1): 31 – 77.

[8] Beck T., "The Econometrics of Finance and Growth", in Mills T. C., K. Patterson, *Palgrave Handbook of Econometrics*, London: Palgrave Macmillan, 2008, 2: 1180 – 1209.

[9] Bencivenga V. R., B. D. Smith, R. M. Starr, "Equity Markets, Transaction Costs, and Capital Accumulation", *The World Bank Economic Review*, 1996, 10 (2): 241 – 265.

[10] Bezemer D., M. Grydaki, L. Zhang, "More Mortgages, Lower Growth?", *Economic Inquiry*, 2016, 54 (1): 652 – 674.

[11] Blackburn K., V. T. Y. Hung, "A Theory of Growth, Financial Development and Trade", *Economica*, 1998, 65 (257): 107 – 124.

[12] Boyd J. H., B. D. Smith, "Intermediation and the Equilibrium Allocation of Investment Capital: Implications for Economic Development", *Journal of Monetary Economics*, 1992, 30 (3): 409 – 432.

[13] Breitenlechner M., M. Gächter, F. Sindermann, "The Finance-growth Nexus in Crisis", *Economics Letters*, 2015, 132: 31 – 33.

[14] Capelle-Blancard G., C. Labonne, "More Bankers, More Growth? Evidence from OECD Countries", *Economic Notes by Banca Monte dei Paschi di Siena* SpA, 2016,

45 (1): 37-51.

[15] Cecchetti S. G., E. Kharroubi, "Reassessing the Impact of Finance on Growth", BIS Working Papers, No. 381, 2012.

[16] Cecchetti S. G., E. Kharroubi, "Why does Financial Sector Growth Crowd out Real Economic Growth?", BIS Working Papers, No. 490, 2015.

[17] Cline W. R, "Too Much Finance, or Statistical Illusion?", Policy Brief, Peterson Institution for International Economics, No. 9, 2015a.

[18] Cline W. R, "Further Statistical Debate on Too Much Finance", Policy Brief, Peterson Institution for International Economics, No. 16, 2015b.

[19] Cournède B., O. Denk, "Finance and Economic Growth in OECD and G20 Countries", OECD Economics Department Working Paper, No. 1223, 2015.

[20] da Silva M. S., "Financial and Economic Development Nexus: Evidence from Brazilian municipalities", The Banco Central do Brasil Working Papers, No. 399, 2015.

[21] De Gregorio J., P. E. Guidotti, "Financial Development and Economic Growth", *World Development*, 1995, 23 (3): 433-448.

[22] Deidda L., B. Fattouh, "Non Linearity between Finance and Growth", *Economics Letters*, 2002, 74 (3): 339-345.

[23] Demetriades P. O., P. L. Rousseau, "The Changing Face of Financial Development", University of Leicester Working Paper, No. 20, 2015.

[24] Ductor L., D. Grechyna, "Financial Development, Real Sector, and Economic Growth", *International Review of Economics and Finance*, 2015, 37: 393-405.

[25] Ergungor O. E., "Financial System Structure and Economic Growth: Structure Matters", *International Review of Economics and Finance*, 2008, 17 (2): 292-305.

[26] Greenwood J., B. Jovanovic, "Financial Development, Growth, and the Distribution of Income", *Journal of Political Economy*, 1990, 98 (5): 1076-1107.

[27] Greenwood J., B. D. Smith, "Financial Markets in Development, and the Development of Financial Markets", *Journal of Economic Dynamics and Control*, 1997, 21

(1): 145 - 181.

[28] Hasan I., R. Horvath and J. Mares, "What Type of Finance Matters for Growth? Bayesian Model Averaging Evidence", Bank of Finland Research Discussion Papers, No. 17, 2015.

[29] Huang H. C., S. C. Lin, "Non-linear Finance-growth Nexus", *Economics of Transition*, 2009, 17 (3): 439 - 466.

[30] Jedidia K. B., T. Boujelbène, K. Helali, "Financial Development and Economic Growth: New Evidence from Tunisia", *Journal of Policy Modeling*, 2014, 36 (5): 883 - 898.

[31] Kneer C., "Finance as a Magnet for the Best and Brightest: Implications for the Real Economy", DNB Working Paper, No. 392, 2013.

[32] Krugman P., "The Market Mystique", *New York Times*, 26 March, 2009.

[33] Krugman P., "Don't Cry for Wall Street", *New York Times*, 22 April, 2011.

[34] Law S. H., N. Singh, "Does Too Much Finance Harm Economic Growth?", *Journal of Banking & Finance*, 2014, 41: 36 - 44.

[35] Levine R., "Stock Markets, Growth, and Tax Policy", *Journal of Finance*, 1991, 46 (4): 1445 - 1465.

[36] Levine R., "Financial Development and Economic Growth: Views and Agenda", *Journal of Economic Literature*, 1997, 35 (2): 688 - 726.

[37] Levine R., "More on Finance and Growth: More Finance, More Growth?", *The Federal Reserve Bank of St. Louis Review*, 2003, 85: 31 - 46.

[38] Levine R., "Finance and Growth: Theory and Evidence", in *Handbook of Economic Growth*, 2005, 1: 865 - 934, edited by Philippe Aghion, Steven Durlauf, Elsevier.

[39] Lucas R., "On the Mechanics of Economic Development", *Journal of Monetary Economy*, 1988, 22 (1): 3 - 42.

[40] Morales M. F., "Financial Intermediation in a Model of Growth through Creative Destruction", *Macroeconomic Dynamics*, 2003, 7 (3): 363 - 393.

[41] Muhammad N. et al., "Financial Development and Economic Growth: An Empirical Evidence from the GCC Countries Using Static and Dynamic Panel Data", *Journal of Economics and Finance*, 2015, 149 (3): 1-19.

[42] Omri A. et al., "Financial Development, Environmental Quality, Trade and Economic Growth: What Causes what in MENA Countries", *Energy Economics*, 2015, 48: 242-252.

[43] Owen A. L., J. Temesvary, "Heterogeneity in the Growth and Finance Relationship: How does the Impact of Bank Finance Vary by Country and Type of Lending?", *International Review of Economics and Finance*, 2014, 31: 275-288.

[44] Patric H. T., "Financial Development and Economic Growth in Undeveloped Countries", *Economic Development and Cultural Change*, 1966, 14 (2): 174-189.

[45] Peia O., K. Roszbach, "Finance and Growth: Time Series Evidence on Causality", *Journal of Financial Stability*, 2015, 19: 105-118.

[46] Philippon T., A. Reshef, "An International Look at the Growth of Modern Finance", *Journal of Economic Perspectives*, 2013, 27 (2): 73-96.

[47] Pradhan R. P. et al., "Innovation, Financial Development and Economic Growth in Eurozone Countries", *Applied Economics Letters*, DOI: 10.1080/13504851, 2016.

[48] Rajan R. G., "Has Financial Development Makes the World Riskier?", NBER Working Paper, No. 11728, 2005.

[49] Rioja F., N. Valev, "Does one Size Fit All? A Reexamination of the Finance and Growth Relationship", *Journal of Development Economics*, 2004, 74 (2): 429-447.

[50] Robinson J., "The Generalization of the General Theory", in Robinson, J., *The Rate* of *Interest and Other Essays*, edited by Robinson John Violet, London: McMillan, 1952.

[51] Rousseau P. L., P. Wachtel, "What is Happening to the Impact of Financial Deepening on Economic Growth?", *Economic Enquiry*, 2011, 49 (1): 276-288.

[52] Sahay R. et al., "Rethinking Financial Deepening: Stability and Growth in Emerging Markets", IMF Staff Discussion Note, No. 8, 2015.

[53] Samargandi N., J. Fidrmuc, S. Ghosh, "Is the Relationship between Financial Development and Economic Growth Monotonic? Evidence from a Sample of Middle-income Countries", *World Development*, 2015, 68: 66-81.

[54] Schumpeter J. A., *A Theory of Economic Development*, Cambridge: Harvard University Press, 1911.

[55] Shen C. H., C. C. Lee, "Same Financial Development yet Different Economic Growth: Why?", *Journal of Money, Credit and Banking*, 2006, 38 (7): 1907-1944.

[56] Stiglitz J. E., "Credit Markets and the Control of Capital", *Journal of Money, Credit and Banking*, 1985, 17 (2): 133-152.

[57] Tobin J., "On the Efficiency of the Financial System", *Lloyds Bank Review*, 1984, 153: 1-15.

[58] Torre A. D. L., A. Ize, S. L. Schmukler, "Financial Development in Latin America and the Caribbean: The Road Ahead", World Bank Latin America and the Caribbean Studies, 2012.

[59] Turner A., "Mansion House Speech", 22 Sept, http://www.fsa.gov.uk, 2009.

金融诅咒现象的表现、效应及对中国的启示*

2008 年爆发的国际金融危机虽然已经远去，但它对世界经济造成的冲击至今仍未消除，八年后的发达经济体依然深陷低增长和高失业的泥潭不能自拔。这次金融危机影响的范围之广、时间之长、危害之深发人深省，并促使一大批学者开始全面反思金融对社会经济发展造成的负面影响。其中，英国学者萨克斯森和克里斯坦森（Shaxson and Christensen，2013）提出的“金融诅咒”（financial curse）概念引发了学界的强烈关注和共鸣。他们认为，如同资源依赖型国家受到“资源诅咒”而出现增长停滞甚至负增长现象一样，金融过度发展的经济体也会受到“金融诅咒”的威胁，也就是说，一旦金融发展过度甚至脱离实体经济进入无序、畸形的自我循环、自我膨胀发展轨道，就会损害经济增长和社会稳定，诱发金融危机，并超越国界，产生极具传染性的“多米诺效应”，导致全球市场动荡、经济衰退。

一、金融诅咒概念的由来及表现

萨克斯森和克里斯坦森（2013）提出的金融诅咒概念，一方面是借鉴了近年来学术界对金融发展和经济增长关系研究的成果；另一方面则是对发达

* 本文原载于《教学与研究》2018 年第 4 期。合作者：王爱萍。基金项目：国家社会科学基金重点项目“推进我国资本市场的改革、规范与发展研究”（项目号：14AZD035）。

经济体金融发展过度、金融部门规模过大造成的社会经济运行种种弊端、矛盾、恶果的集中提炼和概括。

众所周知，早在一百多年前，西方经济学家就开始关注金融体系对经济增长的作用，认为一个运行良好的金融体系，在经济增长中发挥着不可替代的重要作用。此后有众多的文献支持了金融发展对经济增长有正向促进作用的观点。然而，20 世纪 90 年代以来相继出现日本房产泡沫破裂、墨西哥金融危机、东亚金融危机、巴西金融危机等程度不等的市场震荡，人们开始重新思考金融发展与经济增长之间的关系。例如，德格雷戈里奥和吉多蒂（De Gregorio and Guidotti，2013）研究了高收入国家中金融深化与产出增长之间的关系，结果发现，在 1960 ~ 1985 年，随着金融发展深度的提高，产出也不断增长，但是在 1970 ~ 1985 年，与金融发展深度提高相伴随的是产出的下降。2007 年美国次贷危机引发“占领华尔街”运动，并将金融发展与经济增长之间关系的争辩推向了新的高潮。克鲁格曼（Krugman，2009）强烈质疑和抨击金融发展有利于经济增长的观点，认为“金融业的过度发展弊大于利”“金融吸纳了整个社会太多的财富与人才”。英国金融服务管理局主席阿代尔·特纳（Adair Turner，2009）认为，“不是所有的金融创新都是有价值的，不是所有的金融交易都是有用的，过大的金融系统不一定更好，金融部门已经超过其社会最优规模”。一旦金融发展过度，不但对经济增长没有明显的益处，反而会攫取大量租金收益，从而引致金融危机并使经济发生倒退。他们的观点得到了学术界的热烈响应，此后众多学者利用不同的模型、数据和估计方法，从多个角度得出了金融发展过度对经济增长带来抑制作用的结论。

卢梭和瓦赫特尔（Rousseau and Wachtel，2011）利用线性模型，通过数据检验发现，1965 ~ 2004 年，当金融深化达到一定程度之后，金融发展对 GDP 增长的促进作用就消失了，他们把这种现象称为“消失效应”。拉扬和拉托雷（Rajan and de la Torre）等认为，金融发展对经济增长的促进作用呈现边际效应递减的趋势，最终会减少到小于其负面影响所带来的成本，超过一定程度就会引致金融危机，最终对经济增长起到反向作用。劳和辛格（Law and

Singh，2014）选取了研究非线性关系的常用模型——门槛模型作为研究框架，用三个金融发展指标对 1980～2010 年 87 个国家的数据分别进行回归，得到私人信贷对 GDP 的比值、流动性负债对 GDP 的比值和国内信贷对 GDP 的比值的门槛值分别为 88%、91% 和 99%。当低于这个水平时，金融发展对经济增长有显著的正向作用，而一旦超过这个门槛值就会有显著的负向影响。阿坎德和伯克斯（Arcand and Berkes，2015）采用多种计量方法，对 1960～2010 年 130 多个发达国家和发展中国家的面板数据进行检验，结果表明，金融发展和经济增长之间呈现出倒"U"型的关系，即金融的增长效应存在"门槛"效应，当私人信贷对 GDP 的比值超过 100% 之后金融开始对经济增长产生抑制作用。人们将他们的观点称为"金融发展过度理论"。

从现实来看，金融诅咒现象被两位英国学者高度重视还在于发达经济体各国存在的种种乱象。一是债务规模日益扩大，杠杆率不断攀升。在经济金融繁荣发展阶段，以美国为代表的西方主要发达国家普遍经历了债务规模迅速扩张的过程。以美国为例，1960～2008 年，债务规模，尤其是金融部门的债务规模以空前的增速扩张，而 2000 年的互联网泡沫破裂和 2007 年的次贷危机之后，各部门债务规模随即陡转直下（见图 1）。

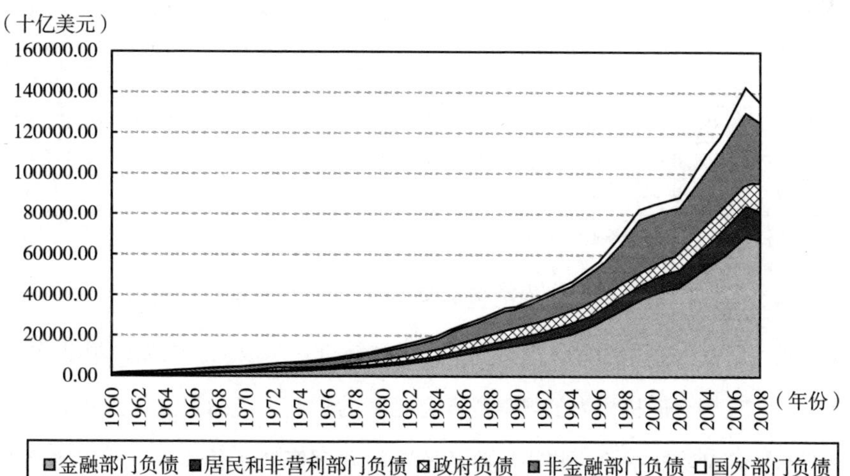

图 1　1960～2008 年美国各部门债务规模

资料来源：国际清算银行、Wind 数据库。

较之债务规模的绝对值，杠杆率更能够体现债务负担水平，杠杆率的大幅度提高是金融发展过度最直接的一个表现。一般而言，发达国家风险管理能力较强，杠杆率普遍较高，平均在300%以上，而发展中国家由于金融体系相对脆弱，可承受的杠杆率较低。在金融发展过度时期，杠杆率不断攀升的过程在国民经济的各个部门都有不同程度的体现。

从政府部门来看，杠杆率衡量的是中央政府和地方政府债务与GDP的比值。表1给出了2001~2016年美国、英国和希腊的政府部门杠杆率，可以看到，美国和英国的杠杆率在次贷危机爆发之前呈现出稳定增长的态势，在金融危机过后由于政府为实施救助计划所采取的大规模举债措施而逐渐升高至100%左右。相比之下，希腊的政府杠杆率一直超过100%，远超欧盟《稳定与增长公约》规定的60%的上限，在2009年欧债危机爆发时一度高达124.6%，几欲破产，在最终继续获得欧盟援助之后，其主权债务进一步扩大至170%之多，严重拖累了经济复苏。

表1　　2001~2016年美国、英国、希腊政府部门杠杆率　　单位：%

年份	美国	英国	希腊	年份	美国	英国	希腊
2001	51.1	36.7	110.3	2009	80.6	68.2	124.6
2002	54.9	37.3	107.9	2010	90.2	81.7	118.3
2003	56.1	38.0	102.8	2011	98.7	95.6	98.9
2004	62.5	41.4	104.2	2012	101.6	97.9	152.3
2005	60.6	43.7	107.2	2013	98.3	94.3	170.1
2006	58.5	43.5	108.8	2014	100.6	105.5	171.6
2007	60.0	44.8	105.8	2015	99.6	104.9	171.0
2008	70.7	54.9	108.5	2016	100.8	116.6	175.4

资料来源：国际清算银行（BIS）。

从金融部门来看，杠杆率的提高来自金融衍生产品的层出不穷，再加上金融衍生产品大多采用保证金交易，杠杆率被进一步放大。例如，20世纪90年代后，美国金融机构为了规避资本充足率的管制，纷纷设立特殊投资实体和进行资产证券化操作，将高风险的资产转移到资产负债表外，大大提高了贷款、债券的杠杆率。表2给出了1999年到2008年次贷危机爆发期间欧元区国家和美国金融部门的杠杆率，其水平远高于国民经济其他部门，造成中央银行失去对货币发行量的控制能力，使得金融系统流动性风险大大加强。

表2　　1999～2018年欧元区国家、美国金融部门杠杆率　　单位：%

年份	欧元区	美国
1999	414	395
2000	424	397
2001	414	406
2002	401	402
2003	419	427
2004	435	443
2005	477	448
2006	509	468
2007	532	483
2008	522	459

资料来源：BIS。

从非金融部门来看，在金融业繁荣发展、规模扩张时期，社会中的资金充裕、价格较低，实体经济往往也出现借贷高涨的现象。20世纪90年代亚洲金融危机爆发之前，泰国非金融部门的杠杆率一路走高，最终随着金融泡沫破裂、社会生产萧条而逐渐下降。21世纪初，英国、美国的非金融部门也经历了同样的过程（见表3）。

表3　　1991～2016年美国、英国、泰国非金融部门杠杆率（不包括政府部门债务）　　单位：%

年份	美国	英国	泰国	年份	美国	英国	泰国
1991	121.4	115.7	100.9	2004	149.6	157.8	101.9
1992	117.6	116.7	107.8	2005	153.6	165.7	96.9
1993	117.5	115.0	117.3	2006	160.2	172.2	93.4
1994	117.9	111.8	135.6	2007	167.4	176.4	91.0
1995	119.9	113.6	150.0	2008	167.8	188.4	92.3
1996	120.6	109.8	158.2	2009	165.8	188.9	95.6
1997	121.8	112.7	181.9	2010	157.1	180.8	95.4
1998	126.3	120.6	165.4	2011	151.9	176.8	106.2
1999	130.8	128.6	140.5	2012	149.4	177.7	109.4
2000	133.9	135.1	117.0	2013	148.5	169.8	117.1
2001	138.4	144.4	104.4	2014	148.6	162.2	120.8
2002	142.3	153.7	106.7	2015	149.7	160.2	123.5
2003	145.8	153.7	99.4	2016	152.0	163.8	120.2

资料来源：BIS。

从居民部门来看，杠杆率的提高来源于信贷消费的扩张、家庭债务的增加。社会处于经济繁荣周期时，大量资金被配置到股市、楼市中，出现全民忽视高风险、一味疯狂追逐高利润的现象，而很少有人意识到自己背负的杠杆效应。例如，2001～2007年，美国家庭债务总额（含住房抵押贷款和信用卡消费额）由7万亿美元激增到14万亿美元，家庭债务占家庭收入的比重达到了"大萧条"以来的峰值水平。表4给出了2001～2016年美国、英国和欧元区国家在金融危机前后居民部门杠杆率的变化情况。

表4　2001～2016年美国、英国和欧元区国家居民部门杠杆率　单位：%

年份	美国	英国	欧元区	年份	美国	英国	欧元区
2001	73.6	69.1	48.3	2009	95.5	97.0	63.8
2002	78.2	74.6	49.6	2010	90.3	93.9	63.5
2003	83.9	79.5	51.4	2011	85.7	91.3	62.8
2004	88.1	85.8	53.4	2012	82.7	90.1	62.4
2005	91.3	86.3	56.1	2013	80.9	87.7	61.3
2006	95.5	90.1	57.8	2014	78.7	85.9	60.5
2007	97.7	93.2	58.6	2015	78.9	87.1	59.5
2008	95.2	94.4	60.0	2016	79.5	87.6	58.6

资料来源：BIS。

二是金融投机泛滥，商品过度金融化。在一个金融发展过度的社会中，金融投机行为大肆蔓延，金融创新衍生产品层出不穷，并且越来越多流动性低的资产被转化为流动性高的金融资产，出现商品过度金融化的现象。

首先，传统金融产品通过证券化等一系列操作产生大量的金融衍生品。例如，2007年中期，美国影子银行的规模达到了67万亿美元，成为全球投资者进行金融投机获利的场所，而2008年末，随着金融危机蔓延扩大，大量投机资金撤离，美国影子银行规模急剧缩减到56万亿美元，一年半的时间内减少了11万亿美元。观察历年美国证券投资组合净流入，我们可以发现在每一次泡沫破裂之前的经济繁荣期，都会出现大量国际资本向美国潮涌的现象，并且这些投机资本会在金融危机爆发后迅速撤离（见图2）。

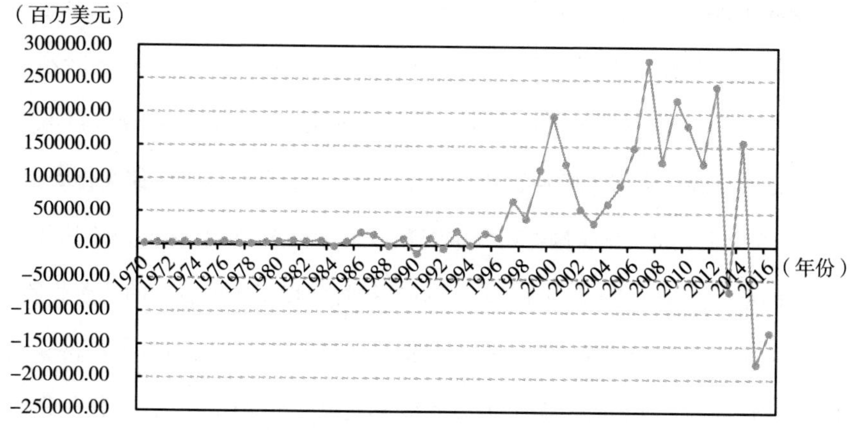

图 2　1970～2016 年美国证券投资组合净流入

资料来源：世界银行、Wind 数据库。

其次，普通商品被赋予金融属性，按照金融规则进行交易。根据张成思等（2014）的研究，商品金融化分为高、中、低三个层次，房地产可以被界定为高金融化层次的商品，诸如大豆、白糖、棉花等有期货市场的可以被界定为中等金融化层次的商品，而葱、姜、蒜等普通商品则被界定为低金融化层次商品。出现金融诅咒的社会，往往表现出在三个层次上的商品金融化程度同步加强的现象，具体来说，高金融化层次的商品，其金融属性被不断强化，甚至固化成为典型的金融工具，如美国房地产抵押贷款已经脱离了基本的购房支持功能，而是几经打包出售成为金融投机的工具；中等金融化层次的商品，其交易更加频繁，交易规模不断增大，商品期货市场不再是为了规避现货价格的波动风险，而是成为金融机构投机的重要场所，如美国金融机构投资到各种与指数相关的商品期货市场的市值由 2003 年的 150 亿美元激增到 2008 年中期的 2000 亿美元；而低金融化层次的商品范围则不断扩大，居民生活用品的交易价格脱离使用价值，这个现象最早可以追溯到 17 世纪荷兰的“郁金香泡沫”事件。

三是金融机构盲目扩张、关联复杂，以致“大而不能倒”。历史经验表明，越是规模大的金融机构，在出现问题时获得政府救助的可能性越大。例如，美国在20世纪七八十年代出现过银行倒闭高潮，但是并没有引发金融危机，主要原因在于大银行得到了政府的救助，而关门倒闭的都是规模较小的银行。在1998年俄罗斯金融风暴中，美国长期资本管理公司遭到了巨额亏损，考虑到该金融机构与其他金融机构之间的复杂关联性，美联储安排摩根、美林等15家金融机构向美国长期资本管理公司注资37.25亿美元，使其避免了倒闭的厄运。在本轮金融危机中，美联储同样救助了规模更大的花旗集团、美国国际集团（AIG）、美国银行等金融机构，放弃了规模相对较小的雷曼兄弟、美林证券等。这种现象激励了大型金融机构冒更高的风险，盲目扩张规模、过度发展，最终诞生了“大而不能倒”的系统重要性金融机构。

从表5中我们可以看到，2000年到次贷危机爆发前后，相对于美国十大跨国企业，美国五大银行的总资产经历了一个急剧膨胀时期，其坐拥的巨额资产以及相互之间的复杂网络关系，足以绑架政府在其资金链断裂时对其实施注资等救助计划。

表5　　2000~2008年美国十大跨国企业总资产与五大银行总资产对比情况　　单位：百万美元

年份	十大跨国企业总资产	五大银行资产
2000	1477085	2675313
2001	1350088	2909523
2002	1867712	3057856
2003	2139586	3331664
2004	2314670	4374758
2005	2457884	4675951
2006	2185687	5395085
2007	2332509	6278450
2008	2185093	7513846

注：十大跨国企业分别是通用电气公司、福特汽车、埃克森美孚、雪佛龙有限公司、康菲国际石油有限公司、宝洁公司、沃尔玛、通用移动、IBM、辉瑞公司。五大银行分别是花旗银行、J. P. 摩根、富国银行、美洲银行和美国合众银行。

资料来源：跨国企业数据来自联合国贸易和发展会议（UNCTAD）；银行资产来源于各大银行年报。

四是就业过度金融化，教育显现金融热。金融业的利润过高、金融从业人员的收入过高，吸引了大量的人才从政府部门以及制造业等其他部门流失到金融部门。不仅高端人才向金融行业聚集，大量不具备金融从业素质甚至文化水平较低的人，也在从事着与资金运转相关的金融工作。金融就业市场的火热也导致金融教育出现白炽化现象。

20 世纪 70 年代至今，美国生产性部门（采矿业、建筑业、制造业）的就业岗位呈现出震荡下滑的趋势，而金融部门的就业岗位却逐年增加，在 2008 年金融危机之后出现了小幅下降，之后随着经济和金融的缓慢复苏而逐渐上升（见图 3）。

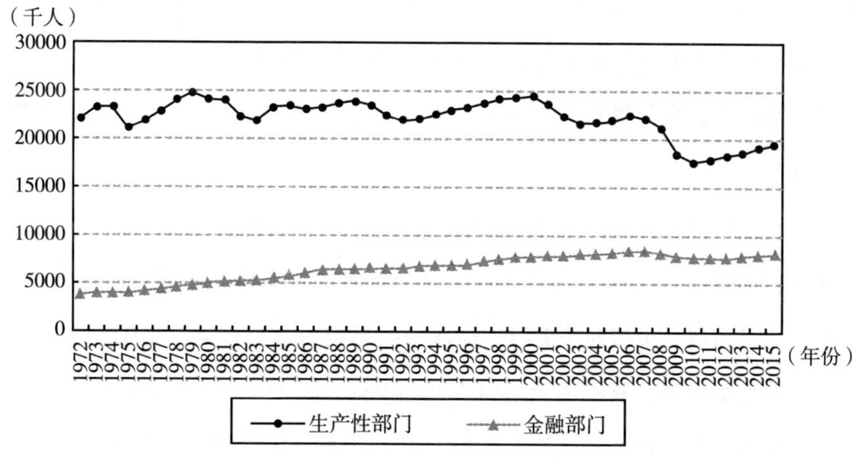

图 3　1972～2015 年美国生产性部门与金融部门就业岗位对比

资料来源：2016 年美国国情咨文。

1954 年，法国和德国的人均 GDP 只有英国的 93%，而到了 1977 年，两国的人均 GDP 已经分别达到英国同期的 141% 和 146%。英国著名外交官——尼古拉斯·韩德森在其离任报告中写道：“我们英国人对于在工业界谋职有不同的看法。在联邦德国，工业界总是把最优秀的人才吸引过去，这确实在俾斯麦时期就如此；在英国，大中学毕业生不太愿意进入工业界，而愿意在伦敦市商业银行或者政府机构就职。这既有对传统和名誉方面的考虑，也有经济方面的考虑。”伦敦作为世界著名的金融中心，带动了英国金融业的繁荣，金融从业人员的收入远高于实体经济其他部门，最优秀的人才会在市场机制的支配下进入金融体系工作，从而使得其他部门人力资本不足而发展凋敝，进一步加大了其他产业部门和金融部门之间的差距，从而使得金融部门更加强盛，其他产业部门更加衰落。

金融行业不但利润丰厚，而且其轻资产的特点降低了该行业的进入和退出壁垒，这两大优势也吸引了大量不具备金融从业素质，甚至没有接受过系统教育的人涌入金融业。他们多数经营着投资咨询公司、典当行、小额信贷公司等规模或大或小的借贷中介，从事着大量的民间借贷活动。

就业金融热会带来教育的金融热，在美国，金融、金融工程、经济、精算、市场营销等商科类专业受到了空前追捧，这就从人才培养链的上游深化了金融行业对于人才的攫取程度，导致未来的人力资本结构呈现出向金融行业倾斜的特点，也使得其他产业人才流失的危害将在未来更长一段时间内持续显现。

五是货币资金空转，金融体系自我循环。20 世纪 70 年代之后，西方发达国家推行新自由主义政策，极大放松了金融管制，促使金融行业繁荣发展，金融衍生品市场、虚拟经济部门在经济中的影响力与日俱增，金融资本摆脱了物质形态的束缚，具有极高的自主性和灵活性。当证券市场繁荣时，房地产市场相对萧瑟，资金流入股票市场、债券市场及其他金融衍生品市场，当证券市场疲软时，房地产市场必然崛起，此时大部分资金又会流入房市，进而形成在金融、保险、房地产（Finance，Insurance，Real Estate，FIRE）行业内部自我循环的封闭链条。此时企业的主要目标不再是企业利润最大化，而是股东价值最大化。近三十年来，大量的企业资金被用于操纵公司股价，而非用于实际经营。在美国，2000～2009 年，占上市公司总市值 75% 的 S&P500 强企业，用其净收入的 58% 进行股票回购以拉升股价。并且，美国非金融公司净股份发行与现金流量的比例在 20 世纪 50～70 年代中期之前一直保持正值的水平，进入 70 年代后期之后，开始出现负值，即股份回购超过了发行量，2007 年更是达到了历史低点 -50.7%。也就是说，货币资金大量在资本市场内部运作，抬高股价，而不是投入到实际生产中。

二、金融诅咒的后果及效应

（一）抑制经济增长

2008 年国际金融危机重创发达经济体，世界经济因此受到严重拖累。据世界银行统计，美国、日本和欧元区的经济增长率分别从 2007 年的 2.2%、2.1%和 2.7%下降到 2008 年的 1.1%、-0.7%和 0.7%，2009 年又分别下降到 -2.5%、-5.4%和 -4.0%。世界经济增长率从 2007 年的 3.6%下降到 2008 的 1.9%，2009 年则降为 -2.2%。危机至今，发达经济体经济复苏缓慢，美日欧主要发达国家的实际 GDP 增长均远远低于潜在产出的预测值。美国经济学家多明格斯和夏皮罗（Dominguez and Shapiro，2013）的研究表明，尽管 20 世纪 50～80 年代美国出现了多次经济衰退，但之后经济复苏时期的增长率都要高于正常趋势。然而，2007～2008 年金融危机爆发以后，美国经济的增长率却始终低于长期趋势。发达经济体经济增长长期处于低迷的罪魁祸首就是金融诅咒，即金融的非理性发展抑制和损害了经济发展的动力。我们可以从以下几个渠道来进行考察。

一是造成资源错配，阻碍全要素生产率的提高。当前学术界一致认同，在影响经济增长的诸多因素中，全要素生产率扮演着日益重要的角色。但是，在一个金融部门规模过大、金融产业过度繁荣的社会中，越来越多的企业和居民将更多的资金配置到金融投机中，导致与金融相关的领域投资过度、而与实体相关的领域投资不足，与提高全要素生产率相关的各项活动因面临较强的融资约束而无法实现，最终阻碍了一国的长期经济增长。

二是导致创新动力不足，妨碍社会创新能力的上升。一方面，创新需要科技人才，而早在 1984 年，托宾（Tobin）就提出，金融部门会过多剥夺制造业人才。科尔（Kneer，2013）认为，人才流失会严重伤害那些需要技术人才的科技部门，高科技行业由于缺少足够的研发人员而创新不足。另一方面，创新活动是一项投入较高，但是不确定性和风险也较高的活动，因此受到极大的融资约束，在一个经济过度金融化的社会，更多的公司会为了圈钱而上市，而上市之后由于代理问题，管理层的创新动力会大打折扣。伯恩斯坦（Bernstein，2015）以美国公司为样本研究发现，上市会改变公司的创新战略，由内部创新导向转变为外部收购导向，内部创新水平和质量会出现明显下降。

三是加速虚拟经济膨胀，促使实体经济空心化。20 世纪 80 年代中期以来，金融部门快速发展，金融创新层出不穷，新一轮全球化显现出虚拟经济全球化的特点。切凯蒂和卡鲁比（Cecchetti and Kharroubi，2015）指出，金融部门通过与其他国民经济部门竞争资源而挤压其他产业的发展空间，金融部门的非理性繁荣非但不能促进经济增长，反而会抑制经济增长。在那些以向全球提供金融服务作为支柱产业的国家和地区，大量资金以美元的形式涌入，导致对当地货币的需求增多，使得汇率上涨，同时大量的热钱涌入，购买房地产等资产，提高了当地的物价水平，汇率和物价的上涨，使得其他重要出口行业因缺少竞争力而逐渐萎缩，该现象被冠之以“泽西病”①。而本轮金融危机对金融经济的降温效应，也帮助部分国家减轻了“泽西病”症状。例如，2007 年 1 月，英镑开始急剧贬值，英国经济学家威廉·比特（Willem Buiter）发表言论说，“这是一直以来被高估的英镑汇率的正确价值回归，长期以来，导致英镑汇率被高估的重要因素就是荷兰病，只是与传统的自然资源丰裕导致的资源诅咒不同，在英国，是银行业的过度繁荣和金融部门的巨大泡沫带来了诅咒，使得英镑汇率一直被高估，而伤害了英国其他产业的发展，现在英镑的价值回归是英国的福音”。

四是金融危机救助成本高，拖累经济恢复与增长。弗里曼（Freeman，2010）提出，“金融发展过度带来的大衰退会给实体经济带来巨大成本，失业率提高、公共产品减少，以及为了重振经济而实行的大规模救助和刺激政

① 泽西岛以金融服务业为主要产业，导致该岛的其他产业逐渐凋敝，出现了类似“荷兰病”的现象，这种因为过度依赖金融产业而使得经济不健康的现象被称为“泽西病”。

策”。从表6可以看出，在本轮金融危机救助过程中，欧美主要发达国家的财政支出占GDP的比重较大，而与此同时，危机又导致财政收入的锐减，这就引起这些国家财政赤字的快速增加，给未来经济发展带来极大负担和隐患，挤压了未来经济发展的空间。从当前经济现状来看，只有美国的救助计划是相对成功的，不仅收回了当时的救助资金，还获取了一定的投资收益，其他国家仍然深陷经济危机的泥潭，进退维谷。

表6　欧美主要国家与危机有关的财政支出占本国GDP的百分比　单位：%

国别	与危机有关的财政支出占本国2014年GDP的百分比（%）	
	2007年次贷危机开始至2010年	2010年至2014年底
美国	4.8	-0.5
英国	4.7	6.9
荷兰	13.7	3.7
德国	4.4	7.9
爱尔兰	6.5	29.9
希腊	8.1	26.7
西班牙	3.6	4.3

注：表中数值为累计数值。

资料来源：IMF，“Fiscal Monitor”，IMF Publishing，2014.

（二）诱发金融危机

负债可以平滑消费和投资，从而熨平波动、稳定经济。但是，当全社会负债水平过高时，经济将非常脆弱，任何微小的负面冲击都可能会通过高企的债务水平、杠杆率以及错综复杂的金融网络被无限放大，进而引起全社会资产负债表严重失衡，最终导致金融危机。

一是高负债状态下借款人将面临更多风险。首先，高负债往往表现为短期债务水平较高，这就带来较大流动性风险和利率风险；其次，如果外币贷款占比较高，借款人还需应对较高的汇率风险；再次，过度依赖于债务融资而非股权融资的企业，对营收下降的敏感性较高；最后，过度借债的主体极易因偿债能力不足而面临破产厄运。

二是负债规模较高会扭曲经济的自动稳定机制。高杠杆状态下，资产价格的波动会严重干扰财富和消费。在经济繁荣期，资产价格高涨会带动抵押物的价值升高、债务贬值，从而进一步扩张全社会借贷规模，加剧了泡沫的形成。在经济下行期，资产价格走低会拖累抵押物的价值下跌，从而限制借款人的借贷能力，使得本就萎缩的经济体进入去杠杆周期，不利于经济复苏。

三是金融部门在高杠杆状态下积聚大量潜在风险。流动性是金融部门健康运行的重要指标，根据《巴塞尔协议》，银行资金充足率与其风险加权资产数量有关，如果风险加权资产多，就需要更多的留存资金，可供借贷的资金就会减少，以控制借贷风险。但金融机构为牟取暴利，会进行一系列创新而无限放大杠杆以避开严格的监管，从而导致金融部门的流动性往往经历急剧变化，并通过溢出效应使得整个金融体系极不稳定。在美国，20 世纪 80 年代以前的投资银行，主要充当财务顾问并承销股票。但是，随着金融衍生产品的不断发展，风险投资、资产证券化、项目融资等金融创新已经成为投资银行的核心业务。投资银行帮助传统银行将原始贷款打包成证券售出，或者换回更多的证券化贷款，原始贷款的风险权重比例要远远高于证券化贷款的比例，这样一来，在整个银行体系内，风险并没有真正化解，但是却通过一系列的操作，放大了信贷规模，积聚了大量风险，最终引发次贷危机。

四是政府财政政策在高杠杆状态下失效。首先，李嘉图效应在政府大肆举债时期表现得更加明显，公众对政府未来提高税收的预期在高杠杆时期加强而减少当前消费，从而使政府财政政策大打折扣；其次，为扩大投资的政府借贷行为会挤出民间投资，降低政府投资对经济的刺激效应；最后，政府高负债使得社会怀疑政府的偿债能力，从而其主权信用评级可能遭到降低，进一步恶化一国企业债券的发行环境，最终对经济带来负面影响。

（三）左右政策制定

1952 年，美国的金融资产总量为 1.47 万亿美元，相当于当年 GDP 的 4.11 倍，1965 年上升至 4 万亿美元，相当于当年 GDP 的 5.5 倍，到 2007 年底，已经达到 156 万亿美元，相当于当年 GDP 的 11.12 倍，56 年里增长了 105 倍。①

① 美国 GDP 数据来源于美国商务部经济分析局，金融资产数据来源于美联储。

金融资产的庞大规模加强了金融部门的话语权，使其在很大程度上参与了政府的政策制定过程。约翰逊（Johnson，2009）认为，金融部门规模过大对政治的影响主要来自三个方面：旋转门效应、竞选经费支持和理念灌输。

一是“旋转门”效应。旋转门是指个人在私人部门和公共部门之间穿梭，为利益集团牟利。金融旋转门有两个表现：一方面，在金融业工作的原政府官员可以通过私人关系对政府官员和政策产生影响；另一方面，在政府部门就职的原金融从业人员可以将金融理念植入政府部门中。美国多任财政部长都曾经在高盛集团担任要职。美联储前任主席伯南克在《行动的勇气》一书中描述了美联储和美国财政部一道解决美国次贷危机的过程，关于最终方案依据的合理性和透明性到底有多少，并没有一个客观考量，很大程度上，是利益集团之间的博弈。

二是影响竞选活动。金融部门获取的巨额财富促使该部门掌握了更多的政治话语权。在通过武力获得权力的时代，流行着一句谚语，“对通用汽车好的就是对美国好的”（What is good for General Motors is good for USA），后来逐渐演变成“对华尔街好的就是对美国好的”（What is good for Wall Street is good for USA）。由此可见，话语权已经从制造业转移到金融行业中来。美国政府相信，美国庞大的金融机构以及自由的资本市场，是其维持霸主地位的关键因素。当前，金融业已经成为美国政治运动，如总统大选的最大贡献者。

三是理念灌输。金融业蓬勃发展的影响，已经大面积浸润到学术界，潜移默化地影响着人们的意识形态。从科学研究的出发点和意义来说，学术界应当与实业界保持一定的距离，以维持其客观性和独立性。但是，由于现实的需要，越来越多的经济学家、金融学家在金融机构担任兼职，而且往往越是顶尖的经济学家在金融机构的影响力越大。这种交叉身份，严重干扰了学术研究的客观性和独立性，在潜意识中带有了主观身份，难免成为服务对象的喉舌，进而通过其课堂讲授和论文著作对整个社会的意识形态产生重要影响。

（四）扩大收入差距

经济金融化以及收入分配不平等是美国近50年来最为突出的问题。收入差距随着金融发展程度的提高而呈现出扩大化的趋势。

一是金融部门报酬过高。与其他国民经济部门相比，金融部门从业人员在高收入群体中的占比明显较高。在美国，收入最高的1%的人群当中，金融从业者占了13%的比例，而收入最高的0.1%的人群当中，金融从业者的比例高达18%，远高于其他行业。库尔内德等（Cournede et al.，2015）研究了OECD国家的收入分配情况，发现在收入最低的1%的人群中仅有1%的人从事金融行业，但是在收入最高的1%的人群中有19%的人从事金融行业。金融从业人员享受着金融部门带来的“行业溢价”。

二是富人通过金融资产获得较高资本利得。金融资产主要掌握在富人手中，而随着经济的发展，资本利得在国民收入分配中占据的比例越来越高，成为拉大收入差距的主要因素之一。富人的收入占比受经济周期影响较大，尤其是统计口径包括资本利得时，波动更加剧烈。在经济繁荣时期，包括资本利得在内的收入占比会出现急速上涨的现象，而在经济衰退时期，该比值呈断崖式下跌态势（见图4）。

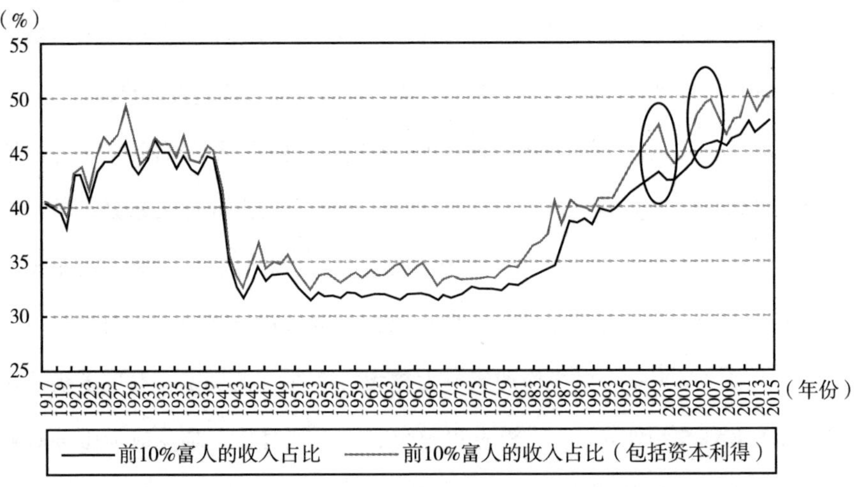

图4　1917～2015年美国前10%富人的收入占比情况

资料来源：世界财富和收入数据库。

表 7 给出了不同收入人群在不同经济周期中收入增长波动的具体情况，可以发现前 1% 富人在经济繁荣期的收入增长率远高于后 99%，而根据前文的研究，资本利得是该现象出现的重要推手。

表 7　　1993～2015 年美国不同人群收入增长情况　　单位：%

时期	平均收入增长率	前 1% 富人的收入增长率	后 99% 人的收入增长率	前 1% 富人在收入增长中的贡献
1993～2015 年	25.7	94.5	14.3	52
1993～2000 年	31.5	98.7	20.3	45
2000～2002 年	-11.7	-30.8	-6.5	57
2002～2007 年	16.1	61.8	6.8	65
2007～2009 年	-17.4	-36.3	-11.6	49
2009～2015 年	13.0	37.4	7.6	52

资料来源：世界财富和收入数据库。

三是高收入者和中低收入者面临的信贷约束不同。个体能力差异、资本逐利性、金融资源获取的门槛效应、内部人设置障碍等都使高收入者更容易获得金融资源，从而撬动更多财富、实现收入的更快增长。蒂瓦里等（Tiwari et al.，2013）利用自回归分布滞后模型（ARDL）对印度的时间序列数据进行检验发现，金融发展在一定程度上加剧了该国的收入不平等。赛文和焦什昆（Seven and Coskun，2016）对 1987～2010 年新兴市场国家的动态面板数据进行考察，发现金融发展促进了新兴经济体的经济增长，但并未使低收入群体受益，因而加剧了收入的不平等程度。

三、金融诅咒假说对我国的启示

（一）高度重视高杠杆累积的潜在风险，防范系统性金融风险的发生

2008 年以来，我国政府为应对全球金融危机带来的冲击而采取了多种强弱不等的经济刺激手段，以向社会注入流动性。在财政政策和货币政策的双

重作用之下，全社会融资规模激增，企业和地方政府负债率高企，总债务占GDP比重不断攀升（见图5）。2015年以来，国际金融机构和组织对中国的杠杆率估计普遍在200%以上，甚至超过300%，接近美国等发达国家的水平。穆迪于2017年下调中国主权信用评级的重要依据之一就是中国债务规模过大、杠杆比例过高。更令人担忧的是，以地方政府融资平台、民间借贷等形式存在的影子银行体系，其信贷规模难以估算，真实杠杆率可能远高于当前公布的数据。而影子银行体系的资金来源和业务与正规金融体系盘根错节，极易向正规金融体系传递风险，一旦缺乏有效的防火墙，会导致系统性风险的爆发和传染。

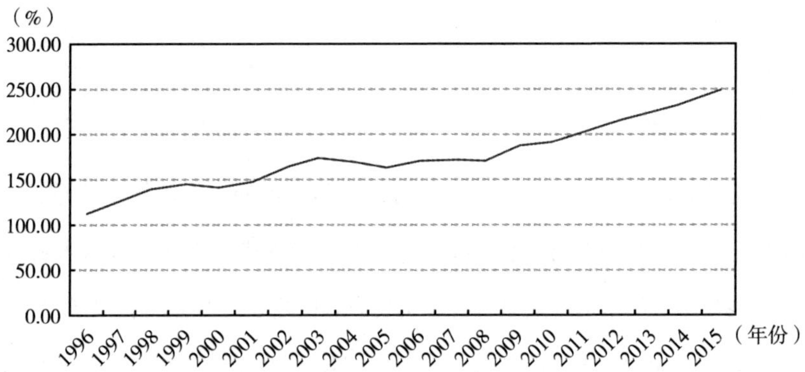

图5　1996~2015年中国全社会杠杆率

资料来源：社会科学院、Wind数据库。

一路走高的杠杆率强化了经济金融体系的脆弱性。2016年8月5日，中国人民银行下发了《二季度中国货币政策执行报告》，报告中强调要防范“系统性金融风险”而不再是“区域性金融风险”，从监管强度的角度反映了当前风险指数增加的事实。因此，当前的重要任务是通过多种改革措施逐步降低国民经济各部门的债务规模和比例。对于政府债务，尤其是地方政府债务而言，短期来看要尽快排查摸清债务规模，并积极推进地方债务置换工作，以快速降低地方政府债务风险；长期来看要改革税制，建立一般转移支付制度，构建地方政府债务防控的有效机制。对于金融部门来说，要加强对金融机构的创新监管，审慎推进金融衍生品业务的开展，强化有效的信息披露和风险揭示制度，严控金融过度创新带来的杠杆不断攀升。对企业部门来说，要通过推进兼并重组、完善现代企业制度强化自我约束、盘活存量资产、优化债务结构、有序开展市场化银行债权转股权、依法破产、发展股权融资，积极稳妥降低企业杠杆率。就居民部门来说，要健全个人征信系统有效性，严厉打击违约行为，同时加强对居民贷款的审查，避免向不合格客户发放贷款，以确保不发生个人信贷风险引致的系统性金融风险。

（二）高度重视金融过度发展带来的门槛效应，谨防金融过度发展

诸多历史经验和学术研究表明，金融发展过度会通过多条渠道抑制经济增长，使社会遭受金融诅咒的严峻后果。虽然目前我国尚未进入金融发展过度阶段，但是相比实体经济而言，金融部门的发展步伐过快、过大，已经出现金融与实体经济发展速度和结构不匹配的种种迹象，因此，我们需要高度重视金融发展过度带来门槛效应的事实，防患于未然。一方面，从总量上匹配金融发展与实体经济，大力推进普惠金融体系的建设，扩大金融资源覆盖面，积极引导社会资金流向中小微企业、“三农”领域等薄弱环节；另一方面，从结构上布局金融改革与产业转型，确保金融产品或者衍生产品的设计和交易依托国内经济发展的内在需求，起到引导产业结构转型与升级的作用，逐步形成创新主导型的经济增长模式。

（三）改善金融资源错配，提高全要素生产率

资本是最关键的生产要素之一，信贷市场的缺陷往往导致金融资源的错配，资本会流向利润高、周转速度快的行业，而不愿意流入那些回报周期长的项目中，这就加强了以高投入、高风险为典型特征的全要素生产率相关活动所面临的融资约束，最终导致产业结构失衡，转型升级无果。近三十余年来，我国金融业经历了快速发展阶段，截至 2016 年底，中国金融行业增加值占 GDP 的比例已经高达 9%，房地产业产出增加值占比也一路高涨至 7%（见图 6），接近美国的水平。

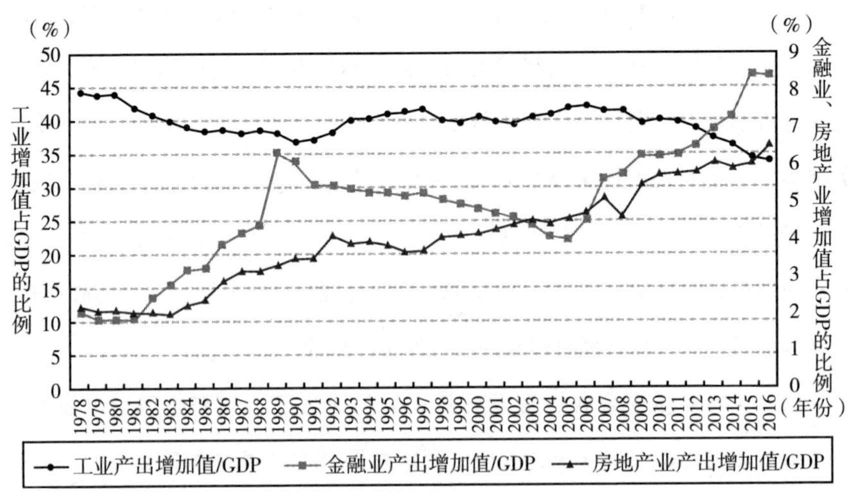

图6　1978～2016年我国各行业产出增加值占比

资料来源：国家统计局、Wind数据库。

在这种行业发展结构中，金融资源错配、货币在金融体系内空转的现象日益突出，一边是金融类领域投资过度，另一边是制造业尤其是民营制造类企业融资难、投资意愿低。在供给侧结构性改革期间，要加快和促进产业结构调整，提高第二产业的发展质量，大力发展高新技术、绿色能源等产业；将出口驱动型的发展模式转化为依赖于技术创新型投资、出口和消费共同驱动的增长模式，确保实体经济的可持续发展，从而实现金融发展和实体经济增长的良性互动。

（四）抵制金融投机过度，维护市场稳定秩序

近年来，我国的金融投机行为呈现出愈演愈烈之势，国内外游资在市场上此起彼伏。2015年以来，金融市场尤其不平静，先是股票市场在政策刺激之下一路飘红，出现了全民炒股的盛况，后数次急跌之后上证A股指数陷入低位徘徊状态。此时楼市出现高涨行情，社会资金大量配置在房地产开发以及楼盘购买中。在股市与楼市交替火热的当下，若不对金融投机加以有效控制，将会积聚大量风险，极易触发金融危机。

因此，未来一段时期，监管部门要用新的思维加强对金融创新的监管，加大对金融市场的干预和监管力度，维持市场中投机资金的适度规模，挤出金融市场泡沫。从短期来看，该做法会导致资本市场的进一步冷清，抬升流动性溢价；但从长期来看，会降低投机资金的机会成本，使得整个社会的资金面更加宽裕，有利于发展利率敏感型的金融产品，降低实体经济的融资成本。

（五）调整财税政策，缩小收入分配差距、改善分配不公

在我国，金融行业收入较高是被广泛认可的事实。在高收入的驱动下，越来越多的毕业生在就业时选择了金融行业。根据我国教育部直属的75所高校发布的就业质量报告来看，综合类大学的就业去向中，金融类工作遥遥领先，以2016年为例，清华大学、北京大学、复旦大学等一流高校的金融类就业比例均为榜首，接近或者超过20%。

因此，从这个角度来看，应通过财税政策的设计和转移支付制度的改善，实现税收对金融部门从业人员报酬过多以及资本利得畸高的控制，将金融部门的超额利润以合理高效的方式转移到提高社会和谐发展的方面中，以缩小收入差距、改善分配不公。

参考文献

［1］本·伯南克：《行动的勇气——金融风暴及其余波回忆录》，蒋宗强译，中信出版社2016年版。

［2］胡海峰、倪淑慧：《广义虚拟经济视角下美国金融部门扩张的效率及影响研究》，载于《广义虚拟经济研究》2014年第5期。

［3］《国务院关于积极稳妥降低企业杠杆率的意见》，国务院新闻办公室网站，2016年10月10日。

［4］马建堂等：《中国杠杆率与系统性金融风险防范》，载于《财贸经济》2016年第1期。

［5］马锦生：《资本主义金融化与金融资本主义研究——基于美国经济实证的分析》，南开大学博士学位论文，2013年。

[6] 尼古拉斯·韩德森:《英国衰落的原因和后果——英国高级外交官韩德森的离职报告》,胡华均译,载于《西欧研究》1987 年第 5 期。

[7] 张成思、刘泽豪、罗煜:《中国商品金融化分层与通货膨胀驱动机制》,载于《经济研究》2014 年第 1 期。

[8] Acemoglu D., Robinson J. A., *Economic Origins of Dictatorship and Democracy*, Cambridge: Cambridge University Press, 2005.

[9] Arcand J. L., Berkes E., "Panizza U. Too Much Finance?", *Journal of Economic Growth*, 2015, 20 (2).

[10] Bagehot W., Lombard Street, *A Description of the Money Market*, London: Henry S. King & Co, 1873.

[11] Bakija J., Cole A., Heim B. T., "Jobs and Income Growth of Top Earners and the Causes of Changing Income Inequality: Evidence from US Tax Return Data", Williams College, US Department of Treasury and Indiana University, 2012.

[12] Beck T., Levine R., "Financial Intermediation and Growth: Correlation and Causality", *Journal of Monetary and Economics*, 2000, 46 (1).

[13] Bernstein S., "Does Going Public Affect Innovation?", *The Journal of Finance*, 2015, 70 (4).

[14] Bertrand M., Mullainathan S., "Enjoying the Quiet Life? Corporate Governance and Managerial Preferences", *Journal of Political Economy*, 2003, 111 (5).

[15] Cagetti M., Nardi D. M., "Entrepreneurship, Frictions and Wealth", *Journal of Political Economy*, 2006, 114 (5).

[16] Campbell G., Haughwout A., Lee D., Scally J., Klaauw W. V. D., "Recent Developments in Consumer Credit Card Borrowing", Liberty Street Economics, August 9, 2016.

[17] Cecchetti S. G., Kharroubi E., "Why Does Financial Sector Growth Crowd Out Real Economic Growth?", BIS Working Papers, No. 490, 2015.

[18] Cournede B., Denk O., Hoeller P., "Finance and Inclusive Growth",

OECD Economic Policy Paper, No. 14, 2015.

[19] De Gregorio J., Guidotti P. E., "Financial Development and Economic Growth", *World Development*, 2013, 23 (3).

[20] Dominguez K., Shapiro M., "Forecasting the Recovery from the Great Recession: Is This Time Different?", NBER Working Paper, No. 18751, 2013.

[21] Freeman R., "It's Financialization!", *International Labor Review*, 2010, 149 (2).

[22] Galor O., Zeira J., "Income Distribution and Macroeconomics", *The Review of Economic Studies*, 1993, 60 (1).

[23] Guttmann R., "Finance-led Capitalism: Shadow Banking, Re-Regulation and the Future of Global Markets", Palgrave Macmillan, 2016.

[24] Holmstrom B., Tirole J., "Financial Intermediation, Loanable Funds and the Real Sector", *Quarterly Journal of Economics*, 1997, 112 (3).

[25] Holmstrom B., "Managerial Incentive Problems—A Dynamic Perspective", *Review of Economic Studies*, 1999, 66 (1).

[26] Johnson S., "The Quiet Coup", *The Atlantic*, 2009 (5).

[27] King R., Levine R., "Finance and Growth: Schumpeter Might Be Right", *The Quarterly Journal of Economics*, 1993, 108 (3).

[28] Kneer C., "Finance as a Magnet for the Best and Brightest: Implications for the Real Economy", DNB Working Paper, No. 392, 2013.

[29] Krugman P., "The Market Mystique", New York Times, March 26, 2009.

[30] Law S. H., Singh N., "Does Too Much Finance Harm Economic Growth?", *Journal of Banking & Finance*, 2014, 41 (1).

[31] Maurer N., Haber S., "Related Lending and Economic Performance: Evidence from Mexico", *Journal of Economic History*, 2007, 67 (3).

[32] Rajan R., G. "Has Financial Development Makes the World Riskier?", NBER Working Paper, No. 11728, 2005.

[33] Rousseau P. L. , Wachtel P. , "What is Happening to the Impact of Financial Deepening onEconomic Growth?", *Economic Enquiry*, 2011, 49 (1).

[34] Seven U. , Coskun Y. , "Does Financial Development Reduce Income Inequality and Poverty? Evidence from Emerging Countries", *Emerging Markets Review*, 2016, 26 (3).

[35] Shaxson N. , Christensen J. , "The Finance Curse, How Oversized Financial Center Attack Democracy and Corrupt Economies?", *Tax Justice Network*, http: //www. taxjustice. net/topics/finance-sector/finance-curse/, 2013 –05.

[36] Shumpeter J. A. , *The Theory of Economic Development*, Cambridge, MA: Harvard University Press, 1911.

[37] Tiwari A K. , Shahbaz M. , Islam F. , "Does Financial Development Increase Rural-urban Income Inequality?: Cointegration Analysis in the Case of Indian Economy", *International Journal of Social Economics*, 2013, 40 (2).

[38] Tobin J. , "On the Efficiency of the Financial System", *Lloyds Bank Review*, 1984, 153.

[39] Torre A. D. L. , Ize A. , Schmukler S. L. , "Financial Development in Latin America and the Caribbean: the road ahead", World Bank Latin America and the Caribbean Studies, 2012.

[40] Turner A. , "Mansion House Speech", http: //www. fsa. gov. uk, 22 September, 2009.

第五篇
国际金融治理

- 后危机时代美国霸权在全球金融治理体系的发展趋势展望
- 亚投行金融助力“一带一路”：战略关系、挑战与策略选择
- 中国参与全球金融治理体系改革的思路和策略

后危机时代美国霸权在全球金融治理体系的发展趋势展望*

2008 年全球金融危机的爆发，凸显了美国主导的以三大国际金融组织为核心的全球金融治理体系的诸多问题和弊端，以金砖国家为代表的新兴发展中国家要求改变原有治理框架的呼声空前高涨。在这样的背景下，美国会采取何种措施应对改革并维护其金融霸权地位呢？在这个过程中会遇到什么样的挑战，未来美国霸权的发展趋势如何？对上述问题的回答，对中国有效参与全球金融治理以及全面实施“走出去”战略有重大的现实意义。

因此，本文从全球金融治理体系中美国霸权的主要表现出发，深入分析后危机时代美国为维护霸权所做的诸多努力以及面临的主要挑战，在此基础上，分析未来全球金融治理体系中美国霸权的发展趋势，最后提出中国应对美国霸权，参与全球金融治理的对策建议。

一、全球金融治理体系中美国霸权的主要表现

全球金融治理体系中，美国霸权主要表现在以下三个方面：一是美元在国际货币体系中处于霸权地位；二是美国在国际金融机构中拥有绝对话语权；

* 本文原载于《教学与研究》2015 年第 2 期。合作者：倪淑慧。基金项目：国家社科基金重点项目“我国经济发展方式转型中的金融保障体系研究”（项目号：10AJL005）。

三是美国在国际金融事务中采取强硬的单边主义。

（一）美元在国际货币体系中的霸权地位

第二次世界大战以后，在美国和英国组织下召开的布雷顿森林会议上，成立了美元与黄金挂钩、其他货币与美元挂钩的“双挂钩”的布雷顿森林体系。自此，确立了美元在国际货币体系中的主导地位。

布雷顿森林体系存在一个众所周知的缺陷，即“特里芬难题”①。一旦美国经济下滑，该体系将很难维持。进入20世纪70年代，随着美元危机的不断爆发，美国放弃兑换黄金的承诺，布雷顿森林体系正式瓦解，国际货币体系进入牙买加时代。在该体系下，美元不再维持与黄金的固定官价，美元在国际货币体系中的主导地位似乎下降了，但实际上是美元取代了黄金的地位，直接成为世界财富的代表，其在国际货币体系中的地位得到进一步加强。

首先，布雷顿森林体系中美元作为国际结算货币、外汇交易和国际储备资产的地位，在牙买加体系下得以延续；其次，由于取消了与黄金挂钩，美元的发行量不再受限于美元黄金储备的限制，可以根据美国国内政策的需要来决定。例如，当美国出现国际收支逆差时，美国政府可以通过增发美元来进行对外支付，而不需要采取可能危及国内就业和增长的紧缩政策；其他国家的顺差只会增加其美元债务，但是因担心美元贬值不敢轻易减持美元债务；美国和其他国家的这种不平等地位，更加凸显了美元在国际货币体系中的霸权地位。因此，现行的国际货币体系也被称为美元本位制。

（二）美国在国际金融机构中有绝对的话语权

布雷顿森林体系下建立的国际货币基金组织（IMF）和世界银行是当前主要的国际金融机构，美国在这两大国际金融机构中有绝对的话语权。

以IMF为例，从其建立到后续的运行和决策都受到美国意愿的主导。一

① “特里芬难题”是指美元作为世界各国对外经济贸易、投资等经济活动的结算货币和储备货币，必须有足够的美元流出美国，也就是要求美国发生长期国际收支逆差；而美元作为国际货币的前提是必须保持美元币值的稳定，这又要求美国必须保持长期的国际收支顺差。这两个要求相互矛盾，因而形成一个悖论。

是在投票权上。IMF 重大问题的决议需获得总投票权 85% 的多数才能通过，直至金融危机爆发前，美国 IMF 的投票权一致维持在 17% 左右，因此美国事实上享有一票否决权，而且只有美国才享有这一票否决权。这样的议事规则决定了在 IMF，美国享有绝对的发言权，即 IMF 的任何决策都必须得到美国的同意。二是在行政官员任命上。IMF 总裁选任往往是由美、日、欧这些国家相互协商决定的，事实上，IMF 总裁的头衔总是落在欧盟成员国所欣赏的候选人中。为了维持这种任命的“平衡”，副总裁按照惯例通常由美国人担任（李莉莎，2008）。通过这样的方式，美国意愿全面渗透到 IMF 的决策中，使美国的经济金融利益得到最大的延伸。

世界银行的投票机制也是由各国上交资本决定的，任何重要的决议必须由 85% 以上的表决权决定。2004 年的数据显示，美国拥有 16.4% 的表决权，因此美国在世界银行也可以否决任何一项决策。

（三）美国在全球金融事务中采取强硬的单边主义

单边主义主要体现在处理相关事务时，美国仅仅从自己的判断和自身国家利益出发，而不是根据国际社会的需求和意见来做决定。单边主义最早是美国在冷战期间对抗苏联的外交战略，后来随着其霸权地位的加强，该战略便逐渐向经济领域延伸，代表性事件有著名的“广场协议”和大宗商品使用美元计价。

20 世纪 80 年代初期，美国财政赤字剧增，贸易逆差大幅增长；与此同时，日本经济发展迅速，并取代美国成为世界上最大的债权国。在内忧外患的压力下，美国希望通过美元贬值来解决上述问题。于是在 1985 年 9 月，美国、日本、德国、法国及英国的财政部长和中央银行行长在纽约达成“广场协议”，诱导美元兑主要货币的汇率有序贬值，从而解决美国巨额的贸易赤字问题。美元的大幅贬值并未改善美国的贸易赤字，但是对日本经济却产生了难以估量的影响，特别是以出口为主导的产业，随后日本政府的宽松货币政策更是将日本经济推入泡沫经济的深渊。

确定美元作为石油的唯一定价货币也是美国在全球金融事务中采取单边

主义的很好例证。我们来看一下石油输出国的进口和出口结构：1998～2002年，出口到美国的占22%左右，欧盟占21%左右；而进口中，石油输出国有37%的进口来自欧盟，来自美国的进口仅占14%左右。① 因此，多样化的进出口计价货币对石油输出国更加有力，可以规避货币错配带来的经济波动，而全球石油定价和结算中的美元垄断地位仅对美国有利，促进其经济发展和国际地位的提升。

二、后危机时代美国为维护金融霸权的诸多努力

全球金融治理体系中美国霸权的存在，给全球经济带来了严重的负面影响，包括全球经济失衡成为常态、阻碍新兴国家的发展、加剧全球流动性风险等。

因此，2008年金融危机爆发后，以金砖国家为代表的新兴发展中国家强烈要求对现有全球金融治理体系进行改革，特别是要改变美国在国际金融组织中的绝对主导权，增加新兴发展中国家的份额和地位。显然，这一系列的措施将严重威胁现有治理体系中美国的霸权地位，对此美国采取了诸多措施来维护其霸权地位。

（一）全力推进经济复苏，维持其在全球经济和金融体系中的主导地位

金融危机后，美联储迅速和财政部联合救市；在危机得到一定控制后，政府多次推出经济刺激计划，并对金融监管体系进行改革；同时军事上缩减开支，外交也更强调本国发展。总之，金融危机后美国实施“经济优先”的政策基调，全力推进经济复苏，维护其霸权地位（逄爱成，2012）。

首先，我们来看2008～2014年美国、欧盟、日本和中国的GDP数据，从表1中可以看出，2008年金融危机后，美国仍然是全球GDP总量最大的国

---

① http：//www.opec.org/opec_web/en/publications/338.htm。

家，占据全球的比重仍然在20%以上。

表1　　2008～2014年主要国家和地区GDP情况　　单位：十亿美元

国家和地区	2008年	2009年	2010年	2011年	2012年	2013年	2014年P
全球	61268.09	57920.27	62909.27	65362.73	67454.34	74171.72	77805.10
美国	14369.08	14119.05	14657.80	15924.18	16290.44	16237.75	17049.03
欧元区	13614.24	12476.12	12192.83	12336.53	11868.99	17227.74	12957.94
日本	4879.84	5032.98	5458.87	5974297	6093.78	5149.90	5285.27
中国	4519.95	4990.53	5878.26	7426090	8005.33	9020.31	9951.54

注：2014年为预测数据。

资料来源：economywatch.com和IMF。

同时，根据IMF预测，2015年美国GDP的增速为3%，远远超过欧元区、日本、俄罗斯、巴西等诸多国家和地区，可见美国作为世界第一经济强国的地位并未发生变化。

其次，美国金融市场仍具有相当的竞争实力。以美国银行业为例，2011年7月英国《银行家》杂志公布的全球1000家大银行排名数据显示，按一级资本排位的全球千家大银行中，美国银行、JP摩根、花旗集团和富国银行均进入前十名，其中美国银行一级资本额为1636亿美元，位居全球第1位。从中可以看出，以美国银行业为代表的美国金融业仍然牢牢掌握着全球金融机构霸权。

此外，金融体系的发展需要有公平公正的信用评价体系，因此信用评级机构对金融体系的发展有重要的作用。国际三大信用评级机构中，标普和穆迪来自美国，惠誉属于法国。金融危机后国际三大信用评级机构一直备受外界指责。例如，2008年金融危机爆发前，三大评级机构还给予美国国际公司及其衍生次贷产品"AAA"的最高评级。但是，目前并未出现强有力的对抗者，再加上国际评级机构的美国背景，使得美国依旧占据着全球评级市场的最高端。

（二）顺势主导现有改革，尽力维护现有主导地位

面对危机后改革的呼声，美国并未持消极态度，而是顺势主导现有改革方向，适当增加新兴国家的份额，为其后续战略东移提供一定的国际支持。

而实际上这些调整并未撼动美国的绝对话语权，美国以微小的损失换取了更大的战略主动权。

以 IMF 为例，在 G20 峰会的多次推进下，IMF 份额改革进程加速。经过多次协商，2010 年 10 月，G20 财长和央行行长庆州会议上，关于 IMF 份额改革达成一致意见：首先，发达国家向代表性过低的新兴市场和发展中国家转移超 6% 的投票权，使后者总体份额升至 42.29%；其次，欧洲国家将让出两个执董席位给发展中国家；再次，“金砖四国”的份额都将有所提升，全部进入前十名；最后，中国持有份额将从现在的 3.72% 升至 6.39%，成为 IMF 第三大股东国（崔洪建，2013）。表 2 为 2014 年 8 月主要国家持有 IMF 份额和投票权情况，同时数据自 2013 年 6 月以来并未发生任何变化，从中可以看出中国的份额仍未上升至第三位；而最重要的是美国在 IMF 中的地位并未发生根本性变化，其一票否决权依然存在。

表 2　　2014 年 8 月主要国家持有 IMF 份额和投票权持有情况　　单位：%

国家	份额比例	投票权比例
美国	17.69	16.75
日本	6.56	6.23
德国	6.12	5.81
英国	4.51	4.29
法国	4.51	4.29
中国	4.00	3.81
意大利	3.31	3.16
沙特阿拉伯	2.93	2.80
加拿大	2.67	2.56
俄罗斯	2.50	2.39
印度	2.44	2.34
巴西	1.79	1.72

资料来源：IMF。

世界银行的改革也大致相同，尽管新兴市场和发展中国家的投票权上升了 3.13%，达到 47.19%，特别是中国的投票权从 2.77% 提高到 4.42%，跃居第三位，但是这些改革并未改变美国在世界银行的一票否决权，因此美国对世界银行的决策仍起到决定性作用。

尽管增加新兴经济体以及发展中国家在全球金融治理体系，特别是国际金融机构中的参与度已经成为全球共识，但是在美国的阻碍下，改革亦步亦趋，进展十分缓慢。再加上缺乏有效的合作机制和平台，也给美国继续在原有制度框架下维护其霸权地位提供了时间和空间。

（三）积极创建全球经济新体系，遏制新兴国家的发展和地位提升

首先，为实现国内经济快速复苏的目的，在欧美等发达国家经济普遍放缓的情况下，美国政府围绕金融危机开展多边外交，倡导各国加强金融监管和刺激经济复苏，实现新兴国家共同承担金融危机成本的目的。

其次，联合欧盟启动“跨大西洋贸易及投资伙伴关系”（TTIP），以应对新兴经济国家的挑战。面对衰退，通过更深程度的经济合作为双方带来直接的经济和社会收益，是美国和欧盟政府决心启动 TTIP 的最直接原因，一旦谈判成功，将为美国带来巨额的经济和社会效益。双方合作更重要的意义在于：一是通过深化全球贸易合作，巩固美国在全球产业链和国际贸易分工中的优势，稳定美国在世界经济中的优势地位；二是通过双边合作机制带动多边合作，从而引导全球贸易和投资的走向，掌握制定新的全球贸易、投资规则的主动权，实现规则领导；三是实现欧洲同美国分担国防及军费开支，进一步加强欧洲同美国共同安全和防务合作的目的（刘重力和杨宏，2012）。

最后，通过加入“跨太平洋伙伴关系协定”（TPP），实现美国“重返亚洲”的战略调整。为有效利用亚洲市场，美国依据现实选择 TPP 作为重返亚洲的突破口，于 2009 年 11 月正式加入 TPP 并开始主导其发展。随后，澳大利亚、墨西哥、加拿大和日本也纷纷加入，TPP 地理位置和产业层次更加具有明显的跨度性。在美国主导下，TPP 议题的内涵和广度得以深化，准入标准和开放性得以提高（陈淑敏和全毅，2013）。尽管 TPP 成员国和美国贸易量仅占美国贸易总量的 5%，但是美国更希望引导 TPP 谈判议题和规则制定，如谈判涉及气候、食品安全、劳工保护等问题，同时增加中国在东亚地区寻求

贸易合作的难度。

总之，美国通过以发展经济为主导的国内政策，TTIP、TPP以及其他诸多多边服务协议的全球战略，完成了“一体两翼”的全球新格局，大有摆脱世界贸易组织（WTO）约束、重新主导建立全球贸易框架的趋势。

三、后危机时代美国金融霸权维护面临巨大挑战

尽管美国实施了诸多措施维护其霸权地位，但是金融危机对其地位的挑战、全球金融新体系建立的重重障碍，以及新兴国家改变现有治理体系的决心都对美国霸权的维护提出了巨大挑战。

（一）金融危机对美国霸权提出质疑和挑战

首先，美元本位制的全球破坏性凸显。摆脱黄金束缚后，美元长期过度发行，在浮动汇率制度的安排和各类金融衍生工具的推动下，全球流动性达到天文数字。2007年次贷危机爆发后，为救助金融机构和刺激经济复苏，美联储多次推出定量宽松政策，在全球经济放缓预期下，全球大宗商品价格不断高涨，不断提高通货膨胀预期和国际资本投机性，因此改革国际货币体系中美元霸权地位的呼声持续高涨。

其次，华尔街模式受到冲击，自由经济模式走向破灭。全球金融危机的爆发，华尔街的贪婪和政府金融监管的乏力难辞其咎。然而，金融危机的阴影还未散去，华尔街率先恢复元气，金融高管仍赚取天价薪酬。承担危机成本的普通民众仍面临着非常高的失业率，贫困人口激增。民众对华尔街和政府的不满最终以“占领华尔街”运动爆发，在不到一个月的时间内，迅速蔓延至多个城市，并开始向其他国家蔓延。曾经被封为“神话”的华尔街，最终要为自己的贪婪付出代价。

（二）全球经济新体系的建立面临诸多困难

美国通过加入和签署TPP、TTIP等协议，期望摆脱现有的全球经济机制和框架，从而实现维护其霸权地位的目的，必然会面临诸多挑战和障碍。

首先，在亚太地区合作主导权上的竞争十分激烈。美国通过推动 TPP 作为其重返亚洲的切入口，部分是利用了亚太国家对中国崛起的疑虑和担忧心理，以经贸协定为基础，逐步形成美国主导的亚太自由贸易体系，进而形成政治和军事上的共同意识（斯图瓦特·帕特里克和杨文静，2010），实现美国在该地区的支配地位。但是目前，一方面，东亚一体化进程已经取得了一定成果，逐渐形成了包括东盟、东盟“10+1”等一系列区域合作对话机制；东盟还牵头推动了“区域全面经济伙伴关系”（RCEP）来制衡美国重返亚洲的进程，中日韩自由贸易区谈判也在持续推进中，这些都将削弱 TPP 的影响力。另一方面，日本国内对 TPP 的反对情绪很高，而 TPP 将中国排除在外，也将削弱其影响力；此外，TPP 在新议题上的谈判进程也任重道远（章玉贵，2013），议题主要涉及货物和服务贸易自由化及便利化标准、非关税壁垒减除标准、政府采购标准、知识产权保护标准、劳工准则和环境合作标准等具有约束性的新标准，存在明显忽视差异以及强权政治的影子，即使议题谈判成功，后期也会对吸收新成员形成阻碍。

其次，欧美合作困难重重。凭借欧美占世界一半的国内生产总值和 1/3 的贸易额，一旦 TTIP 谈判成功，将改变世界贸易规则，对新兴国家形成巨大的挑战，但是谈判的难度可想而知。一是 TTIP 谈判涉及许多敏感议题，如包括农产品市场、汽车等制造业的非关税壁垒问题，双方差距较大，很容易陷入谈判僵局；二是欧盟国家内部差异较大，对 TTIP 仍未形成统一战线，同时欧盟参与 TTIP 承载了其摆脱债务危机重返增长轨道的希望，因此影响其经济复苏的条款势必会受到其反对；三是很多谈判议题需要中央银行、财政部、商务部等多个部门的配合协调，参与谈判双方代表是否具备这样的能力和资格还有待考证；四是尽管美国主导 TTIP 谈判意图改变世界贸易规则，但是欧盟更多地倾向于在原有国际机制和框架下进行谈判和微调；五是欧盟不会轻易放弃与金砖国家的合作，这也将影响 TTIP 进程，鉴于具体谈判的诸多困难，乐观估计最终完成谈判也要花费 3~5 年的时间，这就给谈判带来了巨大的不确定性。

此外，美国国内对“贸易促进授权”（TPA）的重新开通争议较大，该协议赋予美国贸易谈判不需要通过审批，只需在达成协商一致后提前90天通知国会，而国会只有认同和否决的权力，没有修改的权力；尽管美国政府强力呼吁更新TPA以进一步推行更高的贸易标准，但是短期内也难以取得实质进展。

（三）新兴国家加强合作，欲改变现有全球治理体系

面对美国试图通过主导TTIP、TPP等协议重建全球经济新制度的威胁，以中国为代表的新兴发展中国家并没有坐以待毙，而是加紧金融和贸易合作，全力应对。

首先，为应对美国加入并主导TPP，试图重返亚洲的战略，中国于2014年初主推亚太自贸区（FTAAP），拟进一步加强亚太地区的贸易合作，而全球经济环境的复杂性使得合作成为共识；此外，东盟牵头推动的“区域全面经济伙伴关系”（RCEP）自成立以来，已经成为东亚地区参与成员最多、规模最大的贸易协定谈判；再加上TTP和中日韩自贸区的谈判都取得了一定程度的进展，进一步增加了亚太自贸区的可行性。最重要的是，尽管亚太自贸区还处于可行性研究阶段，但是由亚洲国家主导推进，具有符合亚洲产业结构、经济模式和社会传统实际的特征，谈判也循序渐进，其较强的包容性更能适应亚洲区域经济的发展，势必影响美国重返并主导亚洲经济的进程。

其次，为加强亚洲基础设施建设和可持续发展，摆脱对美元的依赖，主导推动金砖国家新开发银行和亚洲基础设施投资银行。金砖国家新开发银行成立的初衷是避免金砖国家在下一轮金融危机中遭受货币不稳定的影响，减少对美元和欧元的依赖，该提议在2014年7月取得实质进展，《福塔莱萨宣言》最终成立金砖国家新开发银行，初始资本为1000亿美元，总部设在上海。而亚洲基础设施投资银行成立后，将为包括东盟国家在内的发展中国家的基础设施建设提供资金支持。新建的两个银行在提供建设资金时，并未设置相关惩罚性条款，更有利于这些国家基础设施建设和可持续发展，也将对现有国际金融组织和美元霸权提出强有力的挑战；更为重要的是，两大银行的建立意味着中国开始主导国际金融体系的框架和规则，全力挑战美国霸权。

四、后危机时代全球金融治理体系中美国霸权的发展趋势

2008 年金融危机并未造就一个新的世界经济秩序，斯图瓦特·帕特里克和杨文静（2010）认为，尽管经济危机给世界带来一定的打击，但其严重程度不足以引发类似于毁灭性战争后的世界重组。章玉贵（2013）也认为，全球金融格局似乎正在酝酿新一轮的洗牌，但在当前的国际金融生态下，其他国家要想撼动美国对国际金融话语权的垄断地位依然十分困难。

尤其是美国霸权的衰落和新霸权的成立都不是某单一事件可以控制和改变的，而且强大的反思、应变和自我调整能力一直是美国的强项（Arvind Virmani，2011）。但是，在经济多元化发展的今天，任何一个国家想主导全球经济和金融发展都不是一件容易的事情，只有加强合作，才能在发展中实现双赢。因此，就目前世界经济格局和地位来看，未来美国能否继续维持其在全球金融治理体系中的霸权地位，短期内要取决于欧盟的态度和意愿，长期要取决于以金砖国家为代表的新兴发展中国家的合作和发展情况。

（一）美国霸权短期能否维持主要取决于欧盟的态度和意愿

在当前的世界经济格局下，虽然日本、新兴经济体都是美国霸权的潜在挑战者，但短期内不会对美国霸权形成威胁。首先，尽管日本具有强大的经济金融实力，在亚洲也有较大的影响力，但是由于政治和历史因素，中日的合作举步维艰，日本未来在亚洲的主导将受到严重影响；再加上日本向来是美国政策的追随者，因此短期内日本不会主动挑战美国霸权。其次，金砖国家内部差异较大，意愿分散，短期内难以对霸权形成较大威胁。一是目前金砖国家的综合实力并不强，在 GDP、进出口贸易、对外开放程度等方面与发达国家还存在明显差距。二是金砖国家国内面临诸多问题。例如，俄罗斯经济严重依赖石油天然气资源的价格，缺乏长期稳定性；而中国面临内部需求不足、经济转型乏力、社会分配不均等诸多问题，严重制约着经济的可持续发展。三是金砖国家内部差异性较大，双边合作的发展程度也不一致，尽管

有较强的合作意愿，但是缺乏合作经验，短期内难以形成统一力量。因此，短期内金砖国家也不能对美国霸权形成威胁。

而欧盟在短期内却能为美国霸权的维持起到关键作用。首先，尽管2004年以后，欧元在外汇储备货币中的占比处于持续下滑的地位，2007～2010年期间受欧债危机的影响进一步下降，但不可否认的是欧元依然是全球第二大国际储备货币，占据全球官方外汇储备的1/4；同时从表3可以看出，进入2013年，欧元在外汇储备中的占比有稳步上升趋势，因此欧元短期内仍是美元霸权的有力挑战者。

表3　　2007～2013年主要货币在官方外汇储备中的占比情况　　单位：%

货币	2007年	2008年	2009年	2010年	2011年	2012年	2013年	2014(1q)
美元	0.639	0.638	0.620	0.618	0.624	0.612	0.616	0.610
欧元	0.261	0.262	0.277	0.260	0.247	0.242	0.240	0.245
英镑	0.048	0.042	0.042	0.039	0.038	0.040	0.039	0.039
日元	0.032	0.035	0.029	0.037	0.036	0.040	0.039	0.040

资料来源：IMF COFER。

其次，从经济发展速度来看，尽管欧元区在金融危机和债务危机后经济发展一度陷入衰退，但是根据IMF预测（见表4），进入2014年，欧元区经济将出现反弹，预计GDP增长率为1.1%，2015年为1.6%。同时从经济整体规模来看（见表1），欧元区GDP规模一直排全球第二位，是唯一可以与美国经济抗衡的经济体，如果用欧盟数据进行统计，甚至要超过美国。

表4　　2007～2015年主要国家和地区经济增长率情况　　单位：%

国家和地区	2007年	2008年	2009年	2010年	2011年	2012年	2013年	2014年P	2015年P
美国	1.8	-0.3	-2.8	2.5	1.7	2.8	1.9	1.7	3.0
欧元区	3.0	0.4	-4.4	2.0	1.5	-0.7	-0.4	1.1	1.5
日本	2.2	-1.0	-5.5	4.7	-0.6	1.4	1.5	1.6	1.1
英国	3.4	-0.8	-5.2	1.7	1.1	0.3	1.7	3.2	2.7
俄罗斯	8.5	5.2	-7.8	4.5	4.3	3.4	1.3	0.2	1.0
中国	14.2	9.6	9.2	10.4	9.3	7.7	7.7	7.4	7.1
印度	9.8	3.9	8.5	10.5	6.3	4.7	5.0	5.4	6.4
巴西	6.1	5.2	-0.3	7.5	2.7	1.0	2.5	1.3	2.0

注：2014年和2015年为预测数据。

资料来源：IMF World Economy Outlook (Apr., 2014).

最后，从欧盟同中国的贸易规模来看。在中国对外贸易中，欧盟和美国分别是第一、第二大贸易伙伴，中国对欧盟的出口总额占中国出口总额的比重大概在20%左右，在中国吸引外资的过程中，欧盟也是中国最大的实际使用投资经济体。根据中国商务部数据显示，2008～2012年，中国年均实际使用欧盟资金均超过50亿美元，远超过同期美国25亿美元的水平。在当前欧盟国际影响力下降的情况下，其更强调“有效多边主义”合作模式，在现有框架下进行权力平衡和制度设计，再加上欧盟多奉行经济自由化发展，因此不会放弃同中国、俄罗斯等国家的合作。

因此，在当前错综复杂的全球经济形势下，如果美国不能将欧盟纳入自己的绝对势力范围内，则很难占据绝对话语权。更糟的情况是，如果中欧合作进一步深化和加强，那么两大经济体的联合将对美国霸权形成致命挑战。可以说，欧盟的态度和意愿在短期内会对美国霸权的维持起到关键的作用。

（二）美国霸权长期的维持主要取决于金砖国家的合作和发展情况

虽然短期内金砖国家无论在经济规模、外汇储备，还是在国际地位以及国际合作方面都不具备挑战美国霸权的实力，但从长期来看，如果金砖国家能够克服困难，在更开放的领域内加强合作，将对美国霸权形成绝对挑战。

首先，从经济发展情况来看。尽管短期内金砖国家的整体经济规模还无法与美国相抗衡，但毋庸置疑的是，未来近30年内，金砖国家是最具发展潜力的经济体。从表4可以看出，在全球主要国家和经济体中，中国和印度是GDP最高的两个国家。尽管受2008年金融危机的影响，两国经济增长率有所下滑，但是根据IMF预测，2014年和2015年，中国经济增长仍将超过7%，而印度在历经2012年4.7%的低点后，增长率持续上升，预计2014年增长率将达到5.4%，2015年增长率将达到6.4%。

其次，人民币、石油卢布都是美元霸权地位的直接威胁。一方面，中国稳步推进人民币国际化进程，不断侵蚀着美元在外汇储备中的份额；另一方面，俄罗斯凭借2800亿立方米的天然气出口总量，推出“石油卢布”应对“石油美元”，一旦“石油卢布”成为区域货币，再加上将近6000亿美元的国际储备，以及由“石油美元”积累起来的超过1500亿美元的基金，卢布将全面挑战美元的霸权地位。

最后，新兴国家倡议构建的全球金融体系更加公平、开放和包容，更符合当前全球经济的发展趋势。而美国在调整战略过程中仍采取较为强硬的政策和手段，如在TPP协议中，制定更加严格的标准试图将最具潜力的中国排除在外，但是这样的规定也使其难以吸收新成员；即使面对具有较强经济实力的欧盟，美国推进合作的手段也十分强硬，2014年以来对欧洲多家银行的惩罚颇显霸主风范。而金砖国家合作推进金砖国家新开发银行、亚洲基础设施投资银行乃至亚太地区自贸区的过程中，各方都致力于更加公平、开放和包容的合作，充分考虑相关参与方的差异性；此外，相关规定并未将其他发达国家，特别是美国排除在外，这就使得金砖国家主导建立的制度和体系更容易得到其他国家的支持和参与，更加符合当代全球合作共赢的发展趋势。

五、后危机时代中国参与全球金融治理的对策措施

金融危机的爆发凸显了全球金融治理体系中美国霸权存在的各种弊端，改革势在必行。分析美国、欧盟、金砖国家等主要经济体对此作出的调整和努力后，本文认为短期内美国霸权是否能继续维持取决于欧盟的态度和意愿，而长期将取决于金砖国家的合作和发展情况。因此，作为金砖国家之一的中国，至少应从以下四个方面进行调整，全面提高自己在全球金融治理体系中的地位和话语权。

一是要坚持发展经济，实施走出去战略。首先，要确保将发展经济放在首位，从美国霸权的形成和维持来看，经济实力永远是决定自身话语权的关键因素，因此中国应尽快转变经济发展模式，推动国内产业结构调整，完善金融市场，改变消费观念，促进经济的可持续发展。其次，金砖国家新开发银行和亚洲基础设施投资银行成立后，许多发展中国家将获得投资用以发展本国基础设施，中国应加大对外投资和技术输出，通过承担相关项目，加大

"走出去"发展战略，推动国内产业升级和可持续发展。最后，要进一步推动人民币国际化，目前人民币在亚洲范围内已经具有了一定的国际货币地位，中国应在推进金砖国家新开发银行和亚太地区自贸区的过程中，适时推进人民币国际化进程，逐步摆脱对美元的依赖。

二是积极推进现有体系改革。尽管美国试图通过建立 TTIP、TPP 和其他多边服务协议来架空原有国际制度，但是短期内这些国际金融机构和国际协议将持续存在，也将在未来一段时间持续发挥作用，因此，中国还应持续推进现有全球金融治理体系的改革。首先，要积极倡导国际货币体系的改革，尤其是要改变美元在国际货币体系中的霸权地位；其次，积极参与对 IMF 等国际金融组织进行改革，特别要改变目前份额和投票权机制，即决策机制改革；最后，要推动 G20 机制化建设，构建全球金融治理体系的国际协调平台。

三是持续关注 TTIP、TPP 发展动向，加强与欧盟国家的合作。美国推出的 TTIP、TPP 等协议的相关规定比较严格，但是这些规定也在一定程度上代表了未来全球经济发展的趋势和方向，因此中国应持续关注 TTIP、TPP 等协议的发展情况，根据国内情况，适时提高相关标准，提高中国的国际竞争力。此外，由于短期内欧盟的态度和意愿是美国能否或者在多长时间内维持霸权的关键因素，加之中国和欧盟无论在国际贸易还是对外投资上都有较为密切的合作，未来中国应进一步加强与欧盟国家的合作，适当增持欧元，减少对美元的依赖。

四是加强金砖国家合作，稳步提高集体话语权。中国要加强同其他新兴发展中国家之间的合作，求同存异，以提升自身在全球金融治理体系中的发言权和影响力。金融危机后，金砖四国首脑多次举行峰会，正式成立金砖国家合作机制，以促进新兴国家团结互助，共同应对美国霸权。但是，金砖机制内部，各国的资源禀赋和产业结构各不相同，如何克服这些不足，实现取长补短、优势互补的发展模式，将集体的诉求反映到全球金融事务中，推动现有体系的改革，是该机制面临的最大难题。目前，中国在关注 TTIP、TPP 的过程中，也应该加大金砖国家新开发银行、亚洲基础设施银行、亚太自贸区的建设，加强金砖国家等新兴发展中国家在贸易、投资领域的合作，以此提高这些国家在全球金融治理体系中的凝聚力和集体话语权，改变目前新兴国家与整体实力不符的国际地位，实现更公平的发展。

美国霸权的衰落和全球金融治理体系改革是一个漫长的过程，新兴发展中国家要做好持久战的准备，全面寻找切入点，始终保持积极的姿态，参与其中。

参考文献

[1] 陈淑敏、全毅：《TPP、RCEP 谈判与亚太经济一体化进程》，载于《亚太经济》2013 年第 2 期。

[2] 崔洪建：《欧美 TTIP：由来、目标与影响》，载于《国际问题研究》2013 年第 9 期。

[3] 李莉莎：《美国的制度霸权与国际经济机制—以国际货币基金组织为例》，载于《国际经贸探索》2008 年第 1 期。

[4] 李巍：《金砖机制与国际金融治理改革》，载于《国际观察》2013 年第 1 期。

[5] 刘卫东：《金融危机对美国国际地位的影响》，载于《思想理论教育导刊》2010 年第 5 期。

[6] 刘重力、杨宏：《美国重返亚洲对中国东亚地区 FTA 战略的影响——基于 TPP 合作视角的分析》，载于《东北亚论坛》2012 年第 5 期。

[7] 逄爱成：《金融危机与美国霸权战略的调整》，载于《东亚论坛》2012 年第 1 期。

[8] 斯图瓦特·帕特里克、杨文静：《全球治理改革与美国的领导地位》，载于《现代国际关系》2010 年第 3 期。

[9] 章玉贵：《美元步入崩溃周期的第二阶段》，载于《汇市》2013 年第 1 期。

[10] Arvind Virmani, "IMF Quota Reform, Global Economic Governance", IMF Working Paper, WP/11/208.

亚投行金融助力“一带一路”：战略关系、挑战与策略选择*

一、亚投行筹建与“一带一路”建设的背景关联

（一）“一带一路”倡议的提出

2013 年 9 月和 10 月，基于中国深化改革和全球经济整体低迷的新趋势、新常态，国家主席习近平在强调相关各国打造“命运共同体”和“利益共同体”基础上，提出了“一带一路”构想。“一带一路”是世界上跨度最长的经济走廊，是一个多领域、全方位、内外开放相结合的战略构想，是在秉承开放包容原则下的一个合作、发展的理念和倡议。该战略构想旨在加快推进中国同各成员国之间的自由贸易区的实施；短期目标是构建以“丝路经济带”为核心的区域经济一体化新格局，增加中国在全球经济合作中的主动权和话语权，进一步扩展中国对外投资的国际空间；长期目标是推进国际经济新秩序的构建，发挥和扩大中国在政治新秩序和文化新秩序构建过程中的积极作用和示范效应。

对于“一带一路”倡议，需要特别关注两点。一是“一带一路”倡议涵

---

* 本文原载于《人文杂志》2016 年第 1 期。合作者：武鹏。基金项目：国家社会科学基金重点项目“我国经济发展方式转型中的金融保障体系研究”（项目号：10AJL005）；国家社会科学基金重点项目“推进我国资本市场的改革、规范和发展研究”（项目号：14AZD035）。

盖地域范围之广、经济总量之大、影响意义之深远，举世少有。“一带一路”发端于中国，贯通亚欧大陆，覆盖经济总量 21 万亿美元、超过 44 亿人口的欧、亚、非等经济圈。[①] 二是“一带一路”不是一种实体机制或机构，而是中国长期以来所倡导和推动的亚欧经济整合战略的具体体现，是借用历史符号践行和平发展、互利共赢的理念和宗旨。这一战略将“进一步深化‘一带一路’周边国家互联互通的伙伴关系”（王达，2015）。

（二）亚投行的筹建进程、反响及意义

2014 年 5 月 21 日，习近平在亚信峰会上首次提出在加快推进“一带一路”建设基础上启动亚洲基础设施投资银行（以下简称“亚投行”）的设想，以期促使亚洲经济繁荣发展和区域安全相得益彰、相互促进，进一步推动中国和其他各国深入参与区域合作进程。该倡议获得了世界国际金融组织和绝大多数国家的认同和欢迎，取得了强烈的国际反响。2014 年 10 月 24 日，在 21 个首批意向创始成员国[②]的共同努力下，亚投行在北京正式签约成立，在英国的带动下，欧洲发达经济体国家[③]也相继加入亚投行，截至 2015 年 4 月 15 日亚投行创始成员国已由最初的 21 个增至 57 个，范围遍及全球五大洲。

亚投行的成立将加快推进中国全面融入国际社会，也将加快推进中国和各国间的经贸合作。在战略上，亚投行是完成“一带一路”倡议目标的重要手段。亚投行旨在促进亚洲地区基础设施建设和互联互通，是一个国际性、政府间的多边合作机构，在服务范围和服务对象上与“一带一路”倡议高度吻合。因此，亚投行的快速成长将加快推进“一带一路”建设，成为“一带一路”建设的探路者和开路先锋。

---

① http：//gjs. mof. gov. cn/pindaoliebiao/gongzuodongtai/201504/t20150415_1217200. html。

② 21 个其他成员国分别为孟加拉国、文莱、柬埔寨、中国、印度、哈萨克斯坦、科威特、老挝、马来西亚、蒙古、缅甸、尼泊尔、阿曼、巴基斯坦、菲律宾、卡塔尔、新加坡、斯里兰卡、泰国、乌兹别克斯坦和越南。

③ 除英国外，法国、德国、意大利、卢森堡、瑞士和奥地利也先后于 2015 年 3 月下旬宣布加入亚投行，韩国和澳大利亚在经过反复权衡后，也在 3 月底前正式加入亚投行。

二、亚投行对“一带一路”的战略支持与影响

（一）亚投行对“一带一路”的战略支持

1. 亚投行将为“一带一路”倡议提供金融支撑

亚投行为“一带一路”倡议提供金融支撑不仅是整合欧亚经济的战略需要，同时也是中国及各成员国自身利益能够得到有效保证的重要抉择。

首先，通过扩大成员国来源的广泛性可以显著地提高作为独立国际金融机构的亚投行的资信等级（如表 1 所示，区域内创始成员国的主权信用等级明显低于区域外发达国家创始成员国）。这不仅可以提高实际可利用资金规模，而且可以从整体上放大金融杠杆比率，最大程度上对“一带一路”倡议提供金融服务和金融支撑。

表 1　　　　亚投行主要创始成员国主权信用评级

创始成员国		惠誉评级		标普评级		穆迪评级	
		标准	展望	标准	展望	标准	展望
区域外国家	英国	AA +	稳定	AAA	稳定	AA1	稳定
	德国	AAA	稳定	AAA	稳定	Aaa	稳定
	卢森堡	AAA	稳定	AAA	稳定	Aaa	稳定
	瑞士	AAA	稳定	AAA	稳定	Aaa	稳定
	澳大利亚	AAA	稳定	AAA	稳定	Aaa	稳定
	新西兰	AA	稳定	AA	稳定	Aaa	稳定
	法国	AA	稳定	AA	负面	Aa1	负面
	奥地利	AA +	稳定	AA +	稳定	Aaa	稳定
	意大利	BBB +	稳定	BBB –	稳定	Baa2	稳定
亚洲国家	巴基斯坦	–	–	B –	稳定	Caa1	稳定
	越南	BB –	稳定	BB –	稳定	B1	稳定
	柬埔寨	–	–	B	稳定	B2	稳定
	蒙古	B +	负面	B +	稳定	B2	负面
	斯里兰卡	BB –	稳定	B +	稳定	B1	稳定
	孟加拉国	BB –	稳定	BB –	稳定	Ba3	稳定
	印度尼西亚	BBB –	稳定	BB +	稳定	Baa3	稳定
	印度	BBB –	稳定	BBB –	稳定	Baa3	稳定

续表

创始成员国		惠誉评级		标普评级		穆迪评级	
		标准	展望	标准	展望	标准	展望
亚洲国家	菲律宾	BBB -	稳定	BBB	稳定	Baa3	正面
	泰国	BBB +	稳定	BBB +	稳定	Baa1	稳定
	哈萨克斯坦	BBB +	稳定	BBB +	稳定	Baa2	正面
	马来西亚	A -	负面	A -	稳定	A3	正面
	阿曼	-	-	A	稳定	A1	稳定
	韩国	AA -	稳定	A +	正面	Aa3	稳定
	中国	A +	稳定	AA -	稳定	Aa3	稳定
	卡塔尔	-	-	AA	稳定	Aa2	稳定
	科威特	AA	稳定	AA	稳定	Aa2	稳定
	新加坡	AAA	稳定	AAA	稳定	Aaa	稳定

资料来源：王达，《亚投行的中国考量与世界意义》，载于《东北亚论坛》2015 年第 3 期；www. tradingeconomics. com/country-list/rating.

其次，资本外流是长期以来冲击亚洲经济安全的重要因素。亚投行在提供优质金融资源和金融服务、填补“一带一路”巨量资金需求的同时，也将从整体上提高亚洲国家的资本利用效率，从而吸引全球流动资本向亚洲转移。“一带一路”倡议主动吸引英、法等欧洲强国的加入，不仅有利于推动亚投行互利共赢理念的践行，更有利于借鉴欧洲国家在金融治理结构方面的经验来推动中国自身金融治理结构及配套金融服务的日臻成熟。

2. 亚投行将构建一个国际经济合作平台

目前，中国经济增速放缓，由过去的两位数下降到 2015 年的 7% 左右，中国经济已经进入新常态。从外部环境看，近两年中国经济增长受外需的影响和刺激日渐式微；从内部因素看，中国产能过剩问题依然严重，过剩产能如何转移出口的问题依然突出，而与这些问题的解决相矛盾的是中国工业化进程尚未完成，经济质量的提升和经济转型的升级正遭遇爬坡过坎的瓶颈期。尽管如此，中国经济实力的提升全球共睹，通过筹建亚投行对“一带一路”建设进行有力支持，不但是为周边国家和地区推出的一项经济刺激与增长计划，也是针对我国自身经济发展特殊时期的“强心剂”，更是促进各国经贸合作发展的有效平台。

“一带一路”倡议的目标是建立起一套高效、可持续发展的分工体系，达到整合沿途各区域内杂乱无序的产业分工的目的。以中亚地区为例，金属和能源等矿产资源丰富是中亚地区的特点，但中亚地区的缺点也十分明显，如加工技术落后和制造业相对薄弱，使得初级产品或原材料、原始资源产品直接出口占比很大。同时，“一带一路”沿线国家的经济发展阶段也各不相同。例如，中、印两国正处在由工业化的低端向中高端过渡的阶段，而巴基斯坦等国则主要以农业经济为基础，工业化水平仍然较低；在“一带一路”的另一端，以英、法为主的欧洲国家经济发展水平较高，已经处于工业化阶段的后期。表2显示了“一带一路”沿线国家部分经济发展指标，大量国家的经济发展水平较低，中低收入国家和低收入国家分别占总国家数的31%和8%。“一带一路”沿线各个国家虽然经济发展和工业化水平处于不同的阶段，但其寻求经济增长的共同需求和内在动力是不变的，也是一致的。表3反映了中国与“一带一路”沿线国家的外贸投资现状。由表3可知，中国同独联体国家及亚洲新兴经济体间的外贸投资合作更为紧密，同欧洲及发达经济体间的投资合作还有较大上升空间，但中国与各类经济体国家间的直接投资额依然较低。因此，亚投行正是以金融为切入点和突破点，通过建立一个合作、高效的国家间经贸合作平台，让各成员国充分利用金融杠杆撬动更多优质资源来服务本国的基础设施建设。

表2　“一带一路”沿线国家的经济发展指标

国家类别	人均GNP（美元）	低收入国家比重（%）	中低收入国家比重（%）	GDP总量中位值（亿美元）	人口数量中位值（万人）	城市化率（%）
亚洲新兴经济体	2111	18	59	568	2779	36
中东北非国家	5889	7	21	1895	1785	51
独联体国家	9305	8	50	493	872	64
欧洲新兴经济体	10741	0	0	545	716	65
发达经济体	26683	0	0	728	418	76
所有沿线国家	4189	8	31	573	809	43

资料来源：IMF WEO Database、World Bank和中国进出口银行经济研究部。

表3　　中国与“一带一路”沿线国家的外贸投资现状

国家类别	与中国货物进出口额（亿美元）	占全部货物进出口比重（%）	中国对其直接投资存量（亿美元）	占全部外商直接投资存量比重（%）
亚洲新兴经济体	4555	17.3	273	2.8
中东北非国家	2658	12.4	109	1.6
独联体国家	1544	11.4	170	2.0
欧洲新兴经济体	546	4.1	18	0.2
发达经济体	1095	6.8	151	1.3
所有沿线国家	10398	7.9	720	1.3

资料来源：UNCTAD、World Bank、Wind资讯和中国进出口银行经济研究部。

3. 亚投行会促进“一带一路”建设形成完整的融资链

亚投行金融助力“一带一路”建设，不但可以推进储蓄向基础设施建设投资的有效转化，也可以推进虚拟经济向实体经济的有效转移，并最终形成较为完整的融资链。亚投行的创始成员国可以分为资金来源国和资金需求国。资金需求国是希望利用外部资金和资源来推动本国基础设施的建设，并加快本国的经济发展速度和质量；资金来源国主要通过提供基础设施建设的资金来源，形成互利共赢的合作伙伴关系。无论是资金出借方还是借入方，在亚投行的投融资框架下，都能获得各自期许的利益诉求，并最终实现真正的互利共赢。在此基础上，亚投行还可以充分结合“丝路基金”对亚太地区的基础设施建设进行长线投资，通过“发行各类金融资产证券化的衍生金融工具，最大程度释放资金的可利用潜力，以此来撬动丝路经济带平均每年8000亿美元的基础设施投资需求”（袁新涛，2014）。

与此同时，亚投行的金融框架构建和规则设计将充分参考现行国际通用规则和惯例，充分借鉴适用发展中国家经验以及中国自身经验。基于此，公私合作关系（PPP）等多元方式有望成为亚投行新的融资合作模式，为推动“一带一路”沿线地区的基础设施投资、促进“一带一路”经济带融资链的有效完善贡献力量。

总之，伴随区域经济一体化的大趋势和大背景，世界经济格局无论在政治、经济、贸易还是投资领域的深刻调整都将不可逆转。“一带一路”构想和蓝图规划正契合了世界各国都面临经济转型调整的共同需求，提供了沿线国家经济发展优势互补的新平台，开启了沿线各国经济腾飞的新机遇。而亚投行对于“一带一路”的战略意义，正源自经济发展的内在需求，源自金融助力实体经济的大势所趋。

（二）亚投行助力“一带一路”的中国效应与世界影响

1. 亚投行助力“一带一路”的中国效应

（1）强化中国的规则制定权。无论是过去还是现在，欧美等发达国家作为全球规则的制造者和主导方，在国际经济活动规则的制定过程中一直都扮演着决定者的角色。如今，伴随着新兴经济体的强势崛起和对现有规则的挑战与不满越来越显著，发达国家依然谋求维持现状，并通过各种组织或谈判继续占据世界经济规则制定的制高点（如 TPP、TTIP、全球服务贸易协定等）。而亚投行的筹建则是新兴发展中国家争取自身在经济规则制定中的主动权勇敢迈出的第一步：由发展中国家和发达国家共同商定亚投行的投融资规则。这完全改变和颠覆了亚洲开发银行和世界银行在发达国家主导下制定国际标准的原有格局。

亚投行的筹建不仅有助于促进地区间人文交流，也促进了亚洲乃至世界范围内的多方经济合作，契合了当今世界和平发展的主旋律。但作为新兴经济体一员的中国，无论在经济上还是科技上，都和西方发达国家存在不少差距，仍需清醒地认识到，由中国牵头筹建的亚投行仅仅是众多国际多边开发银行的一员，不应过分夸大其全球影响力，更不应该将其视为改变现有世界经济格局的决定性力量。

（2）加速人民币国际化。亚投行不但有助于扩大人民币跨境结算和货币互换的规模，助推人民币国际化进程，而且通过使用人民币对亚洲基础设施进行投资和贷款，将会加快离岸人民币市场的发展和建立。人民币作为亚投行资本构成中的重要组成部分，将成为今后投资、建设和信贷等领域的主要流通货币，不但会增大离岸人民币的供应，也会进一步增大人民币跨境存款的规模，同人民币国际化以及离岸人民币市场的完善遥相呼应。与此同时，以推动实体经济发展为基础，形成一个支持人民币走出去，利用走出去的人民币为杠杆拉动内需和外贸的良性循环。

2. 亚投行助力“一带一路”的世界影响

（1）补充完善现行国际融资体系。从亚洲层面来看，据亚洲开发银行（ADB）估算，2010～2020年，亚洲国家的基建投资将面临巨大的投资需求缺口，缺口额达8万亿美元（见表4），以东南亚国家非跨境基础设施投资需求为例（见表5），2010～2020年该地区的基建投资需求规模就超过1.2万亿美元；从全球层面来看，新兴经济体在未来10年中，基建投资需求将从每年的0.8万亿～0.9万亿美元提高到1.8万亿～2.3万亿美元（Bhattacharya and Romani，2013），而国际多边融资机构及开发性银行只能满足约7%的融资需求，融资需求每年仍有1万亿～1.4万亿美元的缺口（黄梅波，2015）。显而易见，亚投行在完善现行国际发展融资体系上将大有作为。事实上，中国主导下的亚投行主要开展基础设施融资，而亚洲开发银行、世界银行等多边发展融资机构不仅在基建投资领域，还主要涉及改善社会环境、减少贫穷、预防灾害等领域，投资范围十分宽泛，二者具有较强的互补性。

表4　2010～2020年亚洲及太平洋沿岸的基础设施需求

单位：百万美元

基础设施建设分类	新建设资金需求	维护资金需求	总计
能源（电力）	3176437	912202	4088639
电信	325353	730304	1055657
移动电话	181763	509151	690914
有线电话	143590	221153	364743
运输	1761666	704457	2466123
机场	6533	4728	11261
港口	50275	25416	75691
铁路	2692	35947	38639
公路	1702166	638366	2340532
公共卫生与饮用水	310986	451594	762580
总计	5418949	2572760	7991709

资料来源：Asia Development Bank, *Infrastructure for Supporting Inclusive Growth and Poverty Reduction in Asia*, Philippines: ADB Press, 2012.

表 5　　　　　2010～2020 年东南亚国家基础设施投资需求

国家	占未来 GDP 比重（%）	投资需求（百万美元）
老挝	13.61	11375
柬埔寨	8.71	13364
马来西亚	6.68	188084
印度尼西亚	6.18	450304
菲律宾	6.04	127122
缅甸	6.04	21698
越南	8.12	109761
泰国	4.91	172907
总计	—	1244615

资料来源：Bhattacharyay，B.，“Estimating Demand for Infrastructure in Energy，Transport，Telecommunications，Water and Sanitation in Asia and the Pacific：2010－2020”，ADBI Working Paper.

（2）加快国际经济金融秩序的改革步伐。二战后，以美国为主导建立的布雷顿森林体系确立了美元成为全球货币。美国通过世界银行（World Bank）、国际货币基金组织（IMF）以及关税与贸易总协定（GATT）三个国际性多边组织确立了其对全球经济的主导权。然而，最近 10 年对全球经济增长的贡献日益体现为中国、印度等新兴经济体，国际金融秩序和国际金融治理结构越来越难以反映新兴经济体国家的利益诉求，越来越难以维系和应对当今世界经济格局迅速变化所带来的冲击和挑战。2008 年美国次贷危机爆发后，国际金融秩序改革尤其是国际金融治理结构调整与改革的迫切性与日俱增，但这一改革在美国的干预下无法取得实质性进展。以 IMF 投票权改革为例，美国无视新兴经济体国家尤其是中国经济力量的强大和崛起，始终保持对 2010 年 IMF 投票权改革方案的“一票否决”权，使得国际金融秩序的改革进程异常缓慢，迟迟得不到有效推进。在此背景下，亚投行的出现不但体现出一种由传统的“存量改革”思维向“增量改革”思维的转变，更体现了以中国为代表的新兴经济体在新思维、新框架下推动国际金融治理结构改革的决心、勇气和智慧。

（3）破解亚洲整体“高储蓄”难题，推动世界经济再平衡。长期以来，以中国和日本为代表的东亚国家高储蓄的投资转化难题始终是亚洲经济体所面临的亟待解决的现实困境。这一现实困境主要反映在两个方面：一方面是以中国和日本为代表的东亚国家长期存在的高储蓄问题；另一方面是东南亚、西亚和中亚等经济发展相对缓慢的国家所面临的巨大投资缺口。出现这一现象的原因是多方面的，其中很重要的一个方面就是很多亚洲国家采用直接或间接盯住美元的经济货币政策，将国内储蓄通过向美国转移过程中变为国内美元储备，实现投资—储蓄平衡，而最终并没有转化成能拉动内需的有效投资（麦金农，2005；王达，2015）。然而，此举也会带来不少经济问题：一是以中国和日本为代表的高储蓄的东亚国家将成为全球经济失衡的盈余方，从而成为诱发全球金融危机、经济动荡的重要根源，甚至有学者将2008年全球金融危机直接归咎为东亚国家高储蓄率及其引发的全球经济失衡（余永定，2010；项卫星和王冠楠，2014）。尽管这一观点仍有可商榷之处，但中国等东亚国家作为全球经济失衡的一方面确实有需要反思的地方。二是此举会带来麦金农所提到的“高储蓄两难”困境，即伴随经常项目顺差的累积，无法以本币提供对外融资的债权国不但会出现货币错配问题，也会在汇率政策上陷入左右为难的困境。

中国在三十多年改革开放的进程中积累了丰富的政治经验和经济智慧，如果能够通过亚投行建立起来的多边融资平台，充分调动过剩的国内储蓄，将其转化为“一带一路”经济带的基建投资，那么亚欧国家间“储蓄—投资”转化机制的打通和形成将成为现实，这不但会加快形成区域间的互联互通效应，也将为全球经济再平衡做出突出贡献。

三、亚投行金融支持“一带一路”的问题与挑战

（一）潜在投资风险的挑战

跨国基础设施建设不仅具有周期长、难度大、融资风险较高的特点，同时还面临着诸多不确定性投资风险的干扰。因此，开展跨国基础设施投资不

但需要相关金融机构对国际金融市场有深刻的理解和不断创新金融工具和手段，而且需要具备较丰富的项目管理、规划和运作经验。亚投行金融助力“一带一路”建设所面临的潜在投资风险主要反映在两个方面：一是投资项目的财务风险，主要表现在贷款国政府清偿能力不足、基础设施建设项目中断等问题；二是由非经济因素等造成的不稳定性投资风险，主要反映在军事冲突、政府更迭、地缘政治冲突、恐怖主义活动所引发的项目工程瘫痪等投资风险，同时南亚和中亚各国所存在的种族冲突和恐怖主义活动也将是亚投行未来发展的不稳定因素。

（二）相关技术问题的挑战

亚投行筹建过程中也面临着相关技术问题及挑战，主要反映在以下两个方面。

一是怎样合理利用金融杠杆的放大效应来提高亚投行融资效率？对于只专注于基础设施建设投资的亚投行而言，单纯依靠原始资本注入来开展投融资活动只能是杯水车薪。只有充分发挥金融杠杆对资金的撬动，只有充分发挥金融创新手段来最大程度地扩展金融资源，只有充分发挥信用评级对亚投行的正面金融支持，才能真正意义上提高亚投行的融资效率，切实提高亚投行金融助力“一带一路”沿线国家的基础设施建设。如表 6 所示，以亚洲开发银行（ADB）为例，其贷款与认缴资本之比为 0.3，在全球主要多边融资机构中排名位列倒数第二（非洲开发银行该比率为 0.2）。以此为鉴，亚投行应在提高资金使用效率上做足功课、下足功夫，力争有所突破。

表 6　　主要多边发展融资机构的资本及其利用效率

机构	实收资本（亿美元）	认缴资本（亿美元）	未偿贷款（亿美元）	法定资本（亿美元）	随时催缴贷款（亿美元）	贷款/认缴资本
ADB	82	1628	531	1638	1546	0.3
IDB	60	1709	707	1709	1649	0.4
AFDB	46	1004	178	1030	958	0.2
EIB	217	2432	4281	—	2216	1.8
EBRD	62	297	264	300	235	0.9

续表

机构	实收资本（亿美元）	认缴资本（亿美元）	未偿贷款（亿美元）	法定资本（亿美元）	随时催缴贷款（亿美元）	贷款/认缴资本
CAF	65	100	35	100	205	2.1
IBRD	140	2328	1540	2784	2188	0.7

注：ADB 表示亚洲开发银行，IDB 表示美洲开发银行，AFDB 表示非洲开发银行，EIB 表示欧洲投资银行，EBRD 表示欧洲复兴开发银行，CAF 表示拉丁美洲开发银行，IBRD 表示国际复兴开发银行。

资料来源：参考黄梅波《AIIB 与国际发展融资体系：冲突抑或合作?》（“美元的未来与人民币国际化：国际货币体系改革展望”国际学术研讨会，中国长春，2015 年 3 月 20 日）整理。

二是如何调动私人部门的参与积极性，拓展多种融资方式，也将是亚投行面临和急需解决的问题。由于私人部门对投资回报率非常敏感，对项目审查的标准也会更加严苛，通过引入私人部门可以对投资风险进行有效控制，可以进一步提高亚投行在项目审查及项目管理上的标准化和公开性。因此，亚投行应在此基础上积极探索 PPP 模式（即公私合营模式）来对跨国基础设施建设进行投资，同时应在这方面同世界银行、国际货币基金组织、亚开行等国际性多变融资机构积极展开合作，充分借鉴经验、吸取教训，在拓展多种融资方式的同时，将私人部门的积极性充分调动起来。

（三）治理结构、股权份额及投票权分配的挑战

亚投行的治理结构关系到其决策机制能否有效运转，关系到亚投行的各个部门、层级间的运作效率能否稳定高效，关系到亚投行能否成功完成其历史使命、实现其战略意义等诸多重大事项，是一个备受关注的问题。目前，正在筹备中的亚投行拟采取三级治理构架——理事会、董事会和管理层。其中，理事会是最高的授权机构，董事会负责在亚投行运转期间每年定期召开董事会议进行重大事项的决策。各创始成员国在借鉴国际多边金融机构经验的基础上，应着重在成员国名额分配及高管配置上充分协商，尽最大可能将博弈的负面效应降为最低。

亚投行投票权分配设计及股权份额的比例问题是较治理结构而言更为敏感和棘手的问题。在股权份额方面，据 2014 年 10 月各成员国共同签署的《筹建亚

投行备忘录》显示，亚投行的法定资本为1000亿美元，初始认缴资本目标最初设定为500亿美元左右；经各成员国代表协商后，初始认缴资本于2015年5月22日提升至1000亿美元。2015年6月29日，亚投行的57个成员国代表在北京正式签署协定，正式确认亚投行的法定股本为1000亿美元，中方认缴额为297.804亿美元，占比30.34%，成为亚投行第一大股东，印度、俄罗斯和德国分列第二、第三、第四大股东。① 在投票权方面，依照最新的各创始成员认缴股本计算，中国投票权占总投票权的26.06%。亚洲区域外成员国的投票权占比约为25%，区域内投票权占比约为75%，与国际多边金融机构的投票权分配情况相比，亚投行较好地协调了区域内外投票权分配的平衡问题（见表7）。投票权方案选择上，亚投行采用"混合式"投票权分配方案（该方案思路被世界银行和国际货币基金组织广为采用），将投票权分为两部分：一部分与各成员国贡献挂钩，另一部分为基础投票权。后者比例为平均分配，前者按照各成员国一致认可的规则对各国认缴份额比例进行综合计算而得到。因此，如何在既避免美国"一票否决"的权威式投票基础上，又最大程度发挥大股东的绝对影响力，不仅仅是一个制度安排问题，更是一个考验中国首次承担多边国际金融组织领导责任的大国智慧的问题。当前从中国的做法来看，中国在倡导平等协商和摒弃地缘歧视的原则上，在与各成员国充分协商、有效沟通的基础上，以公开、民主、透明的方式对重大事项进行决策，以此来淡化中国在亚投行决策机制中的投票权领导地位。当然，中国的真正用意并非放弃领导权，而是通过此举真正从制度上推动亚投行成为谋福祉而非谋私利的国际多边金融机构。

表7　　国际多边融资机构的投票权分配情况　　单位：%

投票权分布	WB	区域性多边开发银行						
	IBRD	IDB	EBRD	EIB	ADB	AFDB	CAF	AIIB
非借款国	63.08	49.99	83.38	0.00	64.12	40.14	4.60	—
借款国	36.92	50.01	16.62	100	35.88	59.86	95.40	—

① http://afdc.mof.gov.cn/pdlb/wmkzg/201506/t20150630_1263189.html。

续表

投票权分布	WB	区域性多边开发银行						
	IBRD	IDB	EBRD	EIB	ADB	AFDB	CAF	AIIB
非区内成员	—	15.94	36.87	0.00	34.87	40.14	4.60	25.00
区内成员	—	84.06	63.13	100	65.13	59.86	95.40	75.00

注：IBRD 表示国际复兴开发银行，IDB 表示美洲开发银行，EBRD 表示欧洲复兴开发银行，EIB 表示欧洲投资银行，ADB 表示亚洲开发银行，AFDB 表示非洲开发银行，CAF 表示拉丁美洲开发银行，AIIB 表示亚洲基础设施投资银行。

资料来源：Syadullah, M., "Prospects of Asian Infrastructure Investment Bank", *Journal of Social Development Sciences*, 2014, 5 (3): 155 – 167. 同时，参考王达《亚投行的中国考量与世界意义》（载于《东北亚论坛》2015 年第 3 期）整理。

（四）经济问题政治化的困扰与挑战

经济问题政治化不但是困扰着迅速崛起的新兴经济融入国际多边发展机构的重要障碍，也是一直以来中国全面融入经济全球化进程中所面临发达国家设置的不合理门槛之一，更是对以中国为代表的新兴经济体与全球经济间良性互动施加负面影响的重要推手。事实上，在全球化和市场化进程中，中国面对的对于经济问题的政治化责难从未间断，从跨国投资的政治审查到市场经济地位的评估，再到近年来愈演愈烈的人民币汇率之争和国家间的非正常贸易壁垒等，这些不仅仅是中国一个国家所面临的棘手问题，也是世界范围内国际经济关系尤其是大国间经济关系政治化的突出表现。

显然，对于亚投行的成立，无论是在国际上还是在国内都会有很多政治化解读，这和中国当今的政治大国和经济大国地位是密不可分的，也是非常容易借题发挥的。例如，中国试图凭借亚投行挑战美、日主导的亚洲金融秩序；亚投行是中国挑战以国际货币基金组织和世界银行为主导的国际金融秩序的体现（沈建光，2015；李宇嘉，2015）。这种认识、观点和宣传不但不会给中国来带任何实质性便利和好处，反而不利于亚投行相关业务活动的正常开展，甚至影响到彼此间的经贸合作，导致区域性乃至全球性的经济受损。因此，我们必须始终保持清醒的头脑，切不可妄自尊大，切不可忘记我们仍处于并将长期处于发展中国家的基本国情，无论在经济发展质量上、结构上还是在资本金融市场的发育程度上，现在的中国都不能和发达国家同日而语。当然，经济全球化的今天，国际经济关系政治化也逐渐成为一种国与国交往的大趋势和大背景，但对经济问题的过度政治化解读对亚投行的健康成长是有害无益的。

四、亚投行金融支持“一带一路”的策略选择

（一）发挥亚投行、丝路基金以及政策性金融机构的引领作用

“一带一路”倡议实施的一个基本前提就是各成员国间基础设施的互联互通，而基础设施投资具有投资回报周期长、需求资金量大等特点，给私人部门早期参与和投资带来一定的困难和挑战。亚投行、丝路基金以及政策性金融机构将通过构建多边融资、合作机制，在提供长期启动资金、发挥市场引领作用的同时，撬动私人部门资金服务于基础设施投资建设，促进亚洲地区的高储蓄转化为有效的基础设施投资，促进亚洲地区经济一体化进程，同时也将促进并加强亚投行与亚洲开发银行和世界银行间的国际性合作，在充分发挥国际金融机构有效金融支持的基础上，进一步体现丝路基金和政策性金融机构的政策引领作用。

（二）加快推进国内商业银行的全球网络布局

在“一带一路”沿线地区，中资银行的网点覆盖率明显落后于国际同业水平。国内商业银行应在坚持金融服务“一带一路”倡议的基础上，在国际经济走廊大通道建设的大背景下，转变国际金融中心优先、发达经济体优先的传统思路，重点加大对“一带一路”沿线国家及地区的网点和机构布局，尤其是网络布局稍显落后的西亚、北非、中亚、南亚和中东欧地区。目前，大型商业银行已经全面具备金融助力“一带一路”倡议的基础，成为我国银行业走出国门与世界同台的支柱。在此基础上，国内商业银行可以充分考虑兼并收购和自设网点相结合的方式，以最快速度、最优服务、最高质量力争在未来几年实现亚投行金融助力“一带一路”支点地区的全面覆盖。

（三）加强外汇储备金融扶持的战略支撑力度

“一带一路”沿线国家及地区是典型的外向型经济区域，是全球外汇储备最高的区域，也是人民币国际化进程的首选区域。外汇储备资金在支持新兴经济体国家的应急储备、上海合作组织发展银行以及金砖国家新开发银行等领域扮演了重要角色，同时也是支持亚投行进行基础设施投资建设的重要金融支持来源和手段；人民币区域化尤其是人民币国际化进程的不断深化有利于我国释放更多外汇储备资金服务于对外开放的经济发展战略，有利于降低我国对外汇储备的过度需求，并为我国企业走出国门、走向世界保驾护航。在加强外汇储备金融支持“一带一路”倡议的过程中，一是要逐渐扩大通过外汇储备进行委托贷款的规模和范围，加大对“走出去”企业在研发、技术和品牌等方面的金融服务和支持；二是在保证外汇储备安全性前提下，可以通过外汇储备资金成立担保基金，更好地服务和支持“走出去”的信用资质较低、规模较小的中小微企业。

（四）推进人民币区域化布局，形成有效的“人民币区”

伴随着中国企业不断地走出国门，中国在亚洲乃至全球的经济影响力日渐增强，人民币作为“一带一路”沿线区域的主流货币地位和认可度极大的增强和提升，这不但有助于加快推进人民币区域化乃至国际化进程的深入，也将有助于形成世界上跨度最长的“人民币区”。目前，我国已经与涉及“一带一路”沿线的20多个国家签订了货币互换协议，规模在1.4万亿元左右。关于“一带一路”沿线地区的人民币清算安排也在逐渐提上日程，国内外大型商业银行将构建以港澳台、新加坡为中心，辐射“一带一路”区域内的人民币清算安排（宗良，2015；安宇宏，2015）。

加强与“一带一路”周边国家的人民币清算安排及货币互换协议的合作，不但有利于推动区域内企业间开展以人民币为结算标的的双边或多边贸易投资活动，也有利于推动商业银行提供多边人民币结算和融资租赁服务，进一步支持人民币的区域化布局，促使人民币成为区域内结算和投融资活动的计价货币；同时，规模庞大的基础设施建设将加快推进人民币离岸市场的发展和建立，进一步支持和扩大人民币在海外工业园区及高铁、通信等对外援助及投融资项目中的结算和使用。

参考文献

[1] 安宇宏:《“一带一路”战略》，载于《宏观经济管理》2015 年第 1 期。

[2] 杜尚泽:《习近平主持加强互联互通伙伴关系对话并发表重要讲话》，载于《人民日报》2014 年 11 月 19 日。

[3] 黄梅波:《AIIB 与国际发展融资体系：冲突抑或合作?》，“美元的未来与人民币国际化：国际货币体系改革展望”国际研讨会论文，中国长春，2015 年 3 月 20 日。

[4] 李宇嘉:《亚投行或为执牛耳：主导世界金融秩序》，载于《上海证券报》2015 年 3 月 19 日。

[5] [美] 罗纳德·麦金农:《美元本位下的汇率——东亚高储蓄两难》，中国金融出版社 2005 年版。

[6] 沈建光:《亚投行——中国新金融外交战略的胜利》，华尔街见闻，2015 年 3 月 19 日。

[7] 王达:《亚投行的中国考量与世界意义》，载于《东北亚论坛》2015 年第 3 期。

[8] 项卫星、王冠楠:《“金融恐怖平衡”视角下的中美金融相互依赖关系分析》，载于《国际金融研究》2014 年第 1 期。

[9] 余永定:《见证失衡——双顺差、人民币汇率与美元陷阱》，载于《国际经济评论》2010 年第 3 期。

[10] 袁新涛:《“一带一路”建设的国家战略分析》，载于《理论月刊》2014 年第 11 期。

[11] 宗良:《金融支持“一带一路”策略选择》，载于《中国金融家》2015 年第 6 期。

[12] Bhattacharya A., Romani M., “Meeting the Infrastructure Challenge: The Case for a New Development Bank”, Presentation in the Global Economic Governance Seminar, Madrid, 2013.

中国参与全球金融治理体系改革的思路和策略

——基于存量改革和增量改革的视角*

2008年全球金融危机爆发之后，世界经济格局发生重大变化，新兴经济体占全球经济的比重已从2001年的25.83%上升至2015年的30.3%，新兴经济体的快速崛起已促成世界经济力量发生重大转变。然而，在现行全球金融治理体系和架构下，在国际货币体系中占主导地位的美国却无视世界经济格局的变化和国家之间经济对比力量的转变，继续奉行维护美国金融霸权的政策，导致金融危机的影响持续发酵，世界经济复苏乏力，全球经济增长持续低于预期，国际贸易和国际投资低迷，新兴市场国家和发展中国家利益诉求得不到保障。世界经济发展的矛盾与困境充分暴露了当前全球金融治理体系、架构、机制的严重缺陷和弊端。国际社会尤其是新兴经济体对推动全球金融治理改革、完善国际货币体系、重塑国际经济治理新秩序、提高新兴市场国家和发展中国家成员在国际金融治理结构中的话语权和影响力的呼声愈发高涨。

改革开放以来，中国经济发展取得了举世瞩目的巨大成就，国际地位和影响力不断提高。随着经济实力的提升，中国显然不能继续处于全球金融治理体系的边缘地带，一味被动接受由发达国家主导的国际规则，而是要积极

---

* 本文原载于《天津社会科学》2017年第3期。合作者：王爱萍。基金项目：国家社会科学基金重点项目“推进我国资本市场的改革、规范与发展研究”（项目号：14AZD035）。

主动融入全球金融治理体系的改革中，反映自身的诉求和声音，从国际规则的接受者、跟随者角色，逐步转变成为国际规则的参与者、影响者和制定者，由被动、次要地位上升为主动、主要地位，突出“中国贡献”，提出“中国主张”。融入全球金融市场，更高层次地主动参与全球金融治理，既是中国国际政治经济地位上升的写照和自身经济利益诉求的合理反映，也是中国顺应国际社会的要求，在国际事务中发挥更重要的角色，促进世界经济共同繁荣的责任和担当。

本文将从存量改革和增量改革两个层面出发，分析中国参与全球金融治理体系改革的思路、策略和成效，探讨可能面临的困难与挑战，并据此提出参与全球金融治理体系改革、提高全球金融治理能力的对策建议。

一

“全球金融治理”是由政治学领域的“全球治理”逐步发展而来的，可以看作全球治理在国际金融领域的延伸和应用，主要是指在全球金融事务中，世界各国以各类国际性金融机构为依托，对全球货币事务和金融活动等有关事项进行规则的制定和实施，以实现对各类国际金融活动进行有效管理，对全球和区域、国家和行业等各层面的利益关系进行协调的目的。其宗旨是通过维护全球货币和金融的稳定与公平，推动全球经济、贸易和投资等各个领域的健康发展。

1930 年国际清算银行的成立拉开了全球金融治理的帷幕，第二次世界大战后成立的布雷顿森林体系正式开启了以美元为中心的国际货币体系时代。经过几十年的发展、调整和完善，以七国集团（G7）和二十国集团（G20），以及政府间金融机构（主要有国际货币基金组织、世界银行、国际清算银行等国际机构和巴塞尔银行监管委员会、金融稳定委员会等专业机构）为主体的全球金融治理体系和架构最终得以形成（见表 1）。

表 1　　　　全球金融治理架构的形成路线

阶段	治理机制	治理结构特征	主要目的
二战后至 20 世纪 70 年代	布雷顿森林体系	美国霸权主义	重建国际战后经济秩序
20 世纪 70 年代 G7 成立至 1999 年 G20 成立	G7/G8	以美国为首的西方主要发达国家为主导	形成多极化统治格局，构建大国之间冲突的协调机制
G20 成立至 2009 年	G8 为主，G20 为辅	发展中国家和新兴经济体逐渐被纳入全球金融治理体系框架中	应对经济危机、推动经济复苏
2009 年至今	G20 为主	发展中国家和新兴经济体国家在全球金融治理体系中的地位不断加强	寻找经济增长新动力、维持全球金融稳定

从现有的全球金融治理体系来看，无论是国际货币基金组织、世界贸易组织、世界银行，还是之后的 G7，其基本框架都是由美国以及西方发达国家主导构建的，其运作机制、规则制定都遵循和体现了美国的国家意志和利益导向，最终形成全球金融治理体系中的美国霸权地位，表现为：美元在国际货币体系中处于霸权地位；美国在国际金融机构中拥有绝对的话语权、支配权和决策权；美国在国际金融事务中强硬的单边主义。

在美国霸权主导下，全球金融治理体系明显向西方国家倾斜，通过总部设立、席位组成、规则制定、人员安排等环节，美国及其他西方发达国家牢牢控制了全球金融治理体系的主导权。从总部设立看，国际金融机构、国际监管组织的总部集中设立在美国、瑞士、法国、英国和西班牙，只有 2006 年成立的国际独立审计监管机构论坛的总部设在亚洲国家日本；从席位组成看，国际金融机构、国际监管组织的成员国席位分配严重不平衡，美国和欧洲国家占据绝对优势；从人员安排看，国际金融机构、国际监管组织的核心领导人均来自发达国家，而且除极个别来自日本、澳大利亚外，其余全部来自欧美地区。

然而，近十几年来，尤其是美国次贷危机之后，国际经济形势发生了明显转变，全球经济发展的中心开始由发达国家向发展中国家和新兴经济体转移，西方发达国家的经济总量和整体实力相对下降，发展中国家和新兴经济体的经济规模和综合实力不断上升。在此背景下，全球金融治理体系的变革却步履蹒跚，尽管国际金融机构和组织在名义上向发展中国家和新兴经济体让出适当的话语权，但多是口惠而实不至的空头支票，发展中国家和新兴经济体仍未获得与其经济贡献相适应的地位，当前国际金融秩序和国际金融治理结构越来越难以应对现今世界经济格局迅速变化所带来的冲击和挑战。因此，面对全球经济新平衡、各国经济复苏与增长的现实要求，全球金融治理体系调整与改革的迫切性与日俱增。

二

2009 年 G20 伦敦峰会前夕，中国人民银行行长周小川撰文《关于改革国际货币体系的思考》，提出应改革和完善现行国际货币体系，充分发挥特别提款权（SDR）的作用，引发了关于国际货币体系改革的讨论。2009～2016 年的历届 G20 峰会，中国多次发出关于重建国际金融秩序、改革国际金融体系、加强国际金融监管等倡议。尤其是 2016 年杭州峰会，作为主席国的中国义不容辞地承担起大国责任，积极推动将“完善全球经济金融治理”列为重点议题，并取得多项实质性进展。多年来坚持不懈的努力，充分表明了中国在全球金融治理体系改革中的坚定决心。这既体现了以中国为代表的发展中国家和新兴经济体的正当利益诉求，也反映了全球经济格局新平衡的必然要求。

然而，由于西方发达国家是当前全球金融治理体系的既得利益者，无视新兴经济体和发展中国家尤其是中国经济力量的强大和崛起，极力维护现有架构，对发展中国家的诸多提议百般阻挠，使得当前全球金融治理体系的改革步伐异常缓慢。例如，2011 年 G20 戛纳峰会提出了国际货币基金组织的份额改革方案，但该方案直到 2016 年才得以通过，尽管该改革方案使得基金组织的份额增加了一倍，并且向发展中国家和新兴经济体转移了 6 个百分点的份额，但美国仍然享有 17.4% 的份额以及 16.47% 的投票权，在国际货币基金组织中需要85%投票通过的重大事项中，美国仍然享有“一票否决”权，是实质上的最终控制人，国际货币基金组织并没有得到根本性的改革。

面临这样的改革困境，中国秉持坚持平等及相互尊重、坚持互利共赢、坚持促进合作与广泛共识的原则，贯彻支持摒弃一国独大的传统治理架构，倡导建立合作共赢的新型治理体系的精神，采取双管齐下的思路，一方面作为全球金融治理机制的维护者和修复者，积极推动存量改革，坚定不移地继续推进国际金融机构、国际货币体系、国际监管框架的改革；另一方面主动开启增量改革，立足综合国力和金融实力，主导建立区域多边金融机构，倡导中国绿色发展理念，加快人民币国际化进程，优化中资银行海外布局，以增量改革倒逼存量改革，为包括自身在内的发展中国家争取更良好的生存空间。

（一）存量改革持续推进，改革成效日益显现

尽管以美国为首的西方国家对现行治理架构的维护，使得全球金融治理体系的存量改革困难重重，中国仍坚定不移地持续推动国际金融机构、国际货币体系以及国际监管体系改革，虽然尚未取得突破性进展，但是向世界发出了新兴经济体的声音。

1. 以国际金融机构为突破点，增强发展中国家的话语权

第二次世界大战之后，美国通过世界银行和国际货币基金组织确立了其对全球金融的主导权。旨在扶持发展中国家减贫的世界银行和维护全球货币汇率稳定的国际货币基金组织，表面上代表着“全球”利益，实则话语权一直由美国领导的七国集团主导。在这样的全球金融治理体系架构下，发展中国家的经济增长道路几多曲折。

作为世界第二大经济体，中国利用参与G20的契机，加快推进自身角色的转换，力求从国际规则的引入者、接受者、服从者转变为参与者、建设者、贡献者，努力为完善全球金融治理贡献中国智慧、中国力量，并在突破美国绝对话语权格局方面取得了一定成果。例如，2010年世界银行进行的投票权改革中，发达国家向发展中国家转移了3.13%的投票权，发展中国家的投票权由过去的44.06%上升到47.19%，中国的投票权由2.77%提高到4.42%；

2016 年，国际货币基金组织份额改革和治理改革方案正式生效，中国所占份额从 3.996% 上升到 6.394%，成为仅次于美国和日本的第三大股东。

中国在国际金融机构改革过程中参与全球金融治理体系中的努力和成效不仅体现为争取更多的投票权，也表现为在国际金融机构中任职的职员数量不断增加。例如，国际货币基金组织中的中国职员人数已经从 20 世纪 90 年代初的不足 10 人增加到如今的 150 人左右。

2. 以特别提款权为支撑点，推动国际货币体系改革

第二次世界大战后，以美元为核心的国际货币制度导致国际利益分配格局严重失衡，美国作为国际货币发行国获得了巨额的国际铸币税收益，其权利和责任的不对等、经济地位与货币地位的不平衡是国际金融市场大幅波动、国际金融危机不断爆发的罪魁祸首。2008 年国际金融危机爆发之后，国际社会对改革国际货币体系的呼声愈来愈高，并开始重新讨论特别提款权（SDR）的改革问题。

中国及时抓住这一历史机遇，积极推动人民币加入 SDR，并于 2016 年 10 月 1 日正式入篮。当前，人民币在 SDR 的权重为 10.92%，是仅次于美元和欧元的第三大权重货币。虽然 SDR 仅有记账功能，没有计价、交易功能，且仅限于货币当局使用，私人部门无法参与，加入 SDR 对于人民币国际化并没有实质性影响，但是这对于稳定人民币汇率、为中国深入参与国际货币体系改革提供了良好的平台和通道。为提高 SDR 的影响力，中国在杭州 G20 峰会上积极倡导研究 SDR 使用范围扩大的问题，并允许世界银行进入中国银行间市场发行首笔 SDR 债券。

3. 以现有监管框架为出发点，提高全球金融安全网的风险防范能力

尽管当前的金融监管框架在维持全球金融秩序、防范系统性金融风险方面发挥了重要作用，但 2008 年那场突如其来的金融危机波及范围之大、危害程度之深、持续时间之久，使国际社会开始反思和质疑现有金融监管规则的稳健性，并针对薄弱环节提出一系列完善措施。

作为全球金融稳定理事会的重要成员国，中国依托 G20 平台，一方面会

同相关国际组织在宏观审慎监管领域开展深入研究，呼吁各国将宏观审慎原则纳入国内监管框架，并促使新的规则和政策落地；另一方面积极主动解决此次金融危机暴露出的金融机构“大而不能倒”的问题，参与研究制定全球系统重要性金融机构评估方法和监管要求，并带头落实对国内系统重要性金融机构的评估和监管，逐步解决金融机构的“大而不能倒”问题，为全球金融安全网的建设和完善贡献力量。

（二）增量改革大胆展开，多个维度取得突破

全球金融治理体系是全球性的公共产品，不可能也不应该由某个国家独自掌控，其改革和完善也应该由世界各国共同决定。中国一再主张：推进全球治理体制变革并不是推倒重来，也不是另起炉灶，而是创新完善，使全球治理体制更好地反映国际格局的变化，更加平衡地反映大多数国家特别是新兴市场国家和发展中国家的意愿和利益。在全球金融治理体系改革步履维艰之际，中国积极转换思路，开启了全球金融治理体系增量改革的进程，通过积极组建新的区域多边金融机构、倡导中国绿色发展理念、加速人民币国际化进程和优化中资金融机构海外布局，倒逼全球金融治理改革。

1. 筹建多边金融开发机构以促进区域金融合作

作为西方国家维护其霸权地位的工具，世界银行、亚洲开发银行对向发展中国家发放的开发贷款中经常附带有苛刻条件，以借机从经济落后的国家攫取利益。而且，尽管其旨在扶持发展中国家经济发展，但诸如柬埔寨等贫穷国家往往因为达不到要求而得不到贷款，这极大地限制了世界银行、亚洲开发银行促进落后地区经济发展的作用。在传统全球多边开发银行迟迟得不到实质性改革的现实条件下，中国积极联合周边国家，筹建新的多边金融开发机构，打破当前美、日垄断的国际金融开发机构格局。

在该策略指引下，中国发起和主导筹建了诸如上合组织开发银行、金砖国家新开发银行、亚洲基础设施投资银行（以下简称“亚投行”）等多边金融开发机构，为发展中国家和新兴经济体的资金需求方和资金提供方铺设了交易平台，促进了区域间金融合作。相比于世界银行和亚洲开发银行等传统

多边开发机构的贷款，这些区域多边开发机构提供建设资金时都未设置相关惩罚性条款，以更有利于发展中国家基础设施建设和可持续发展。区域多边开发机构中最具代表性的是成立于2015年的亚洲基础设施投资银行，亚投行的成功设立是中国改变和颠覆亚洲开发银行和世界银行在发达国家主导下制定国际标准的原有格局的成功举措，是以中国为代表的新兴经济体国家在维护自身利益，争取成为国际规则建设者、贡献者中迈出的重要一步，将成为中国深度参与和推动全球金融治理变革的重要里程碑。

中国开启的增量改革在某种程度上对全球金融治理体系的存量改革形成了倒逼压力。前美国财政部长雅各布·卢就毫不掩饰地承认，美国国会之所以改变态度、最终批准IMF份额改革的主要原因，就是中国筹建亚投行以及欧洲盟友不顾美国反对加入亚投行的举动。国际智库布勒哲尔（Bruegel）的高级研究员尼古拉斯·维纶（Nicolas Veron）更是直言不讳地指出，国际金融治理体系需要一个"中国梦"，不应当只是依靠中国自身的积极主动性来增强其在金融服务监管领域国际讨论中的话语权，同时更要主动对自身结构予以改革从而给予中国与其现在以及可预见的未来重要性相符的地位与角色。

2. 倡导绿色发展理念以抢占全球金融新高地

绿色发展具有极强的外部性，支持绿色发展的绿色金融是当前少有的尚未成熟、尚未被发达国家完全占领的高地，并且在未来很长一段时间内拥有广阔的市场空间。中国近十年来积极部署规划国内的绿色发展，并领跑全球绿色金融体系建设。在国内，从"十一五"期间初步确立绿色金融体系框架，到"十二五"规划对包括绿色金融在内的环境经济政策进行统一规划，再到党的十八届三中全会正式提出了"创新、协调、绿色、开放、共享"五大发展理念，并相应加大了绿色金融产品开发力度和深度，力求打造国际领先的绿色金融全链条服务能力。在国际上，中国坚持"共同但有区别的责任"的原则，深入参与各种双边和多边协调机制，表达中国的合理主张，争取在国际绿色金融领域的规则制定权。亚投行、金砖国家新开发银行、丝路基金是中国发声和表明立场的重要载体，是中国向世界宣传中国发展理念的关键通道。中国将以亚投行为平台，学习和借鉴世界银行和亚洲开发银行等多边发展机构的经验和规则，承担起对外投资的环境和社会责任，为发展中国家的可持续发展提供保障。2016 年，中国将绿色金融纳入 G20 杭州峰会议题，并主导建立 G20 绿色金融研究小组，针对绿色金融面临的挑战以及各国的发展措施进行了讨论和总结，该行动有助于促使更多国家开始规划发展绿色金融，中国在此领域的话语权得到了初步彰显。

3. 推进人民币国际化以突破美元独大局面

本轮金融危机使中国等发展中国家意识到，美元在国际货币体系中的垄断地位已经给世界经济贸易发展及全球繁荣带来很大负面影响。作为一个发展中大国的货币，人民币尚未起到参与国际金融资源配置的作用，在国际货币体系中的地位不高。努力推进人民币国际化，有助于提升中国的国际地位，增强国际金融竞争力，逐步摆脱目前由发达国家主导的国际货币体系规则的桎梏，在国际经济的竞争与合作中掌握主动权。

2009 年，中国开始在双边贸易中使用人民币进行结算，开启了循序渐进、稳步推进的人民币渐进式国际化进程。从地域上看，首先推进人民币的周边化流通，主要是东南亚等周边国家和地区；其次是人民币的区域化流通，提升人民币在亚洲其他国家的地位；最后逐步实现人民币的全面国际化。从职能上看，首先在全球国际贸易结算中逐步增加人民币的份额，然后在国际金融市场上力争人民币逐步成为主要投资币种，最终使人民币成为国际储备货币。

在中国全方位、立体式的推进下，人民币在国际贸易和金融市场的地位与作用日益增强，人民币已成为全球国际贸易融资第二大货币、全球第四大支付货币和外汇交易第七大货币。可以预见，随着亚投行、金砖国家新开发银行、丝路基金等区域多边金融机构力量的不断壮大，人民币国际化进程将会进一步提速。这种渐进式的人民币国际化战略，避免了与强大的美元货币体系形成正面冲突，有助于逐渐培育和获得区域市场、介入和抢占细分领域，从外围对美元一枝独秀的局面形成一定牵制，进而倒逼国际货币体系改革。

4. 优化中资金融机构海外布局以提高中国在全球金融体系中的影响力

各国金融机构是全球金融治理体系改革的重要力量。中国金融机构凭借自身网点、范围、规模等优势，能迅速了解、洞悉到各市场、行业实际需求的变化，在促进全球金融治理改革方面能够发挥明显的行业优势，理应在全球金融治理变革中发挥更大的积极作用。2005 年至 2010 年，中国五大国有商业银行先后完成了股份制改革，并分别在境内外上市，至此中资金融机构海外布局全面铺开，正式进入国际化经营阶段。境外上市后，中资商业银行以新建、参股和控股的方式在全球范围内建立境外分支机构，中资银行逐渐拥有日益壮大的全球性营销网络和客户群体，境外机构资产总额、外汇存款和贷款量也有明显增长的趋势。

然而，尽管国际化拓展之后，中资银行在规模和盈利上在全球名列前茅，但是在国际化程度以及业务种类上远远落后于汇丰集团、花旗集团等国际化金融机构。并且，当前中资银行海外布局呈现出以香港为聚集点、业务追随（即服务于海外投资和国际贸易）、关注金融中心、以商业银行为主、具有政治外交依赖性五大特点。这严重制约了中资金融机构的资金运营效率和海外影响力，不利于中资金融机构提高国际竞争力。

中国深刻认识到这一现状，积极引导具有潜力的中资银行优化布局，摆脱业务追随的被动局面，实施本地化经营战略。例如，在金融监管严格的美国，主要采取与当地银行合作的模式开展业务，而在金融监管相对宽松的欧洲，则进一步加强中资银行本地化经营力度。尤其是亚投行和“一带一路”倡议的实施为中资银行进一步海外布局提供了机遇和契机，加大“一带一路”沿线国家及地区的网点和机构布局，将有助于提高中国在全球金融体系中的影响力，加速全球金融治理体系变革。

三

国际金融危机爆发至今已 8 年多之久，尽管存量改革和增量改革的双管齐下取得了一定的前期成果，但关于全球金融治理体系的改革仍然没有达成共识，缺乏实质性进展。纵观当前的国际政治经济形势，全球金融治理体系改革道阻且长，未来仍然布满荆棘，必将面临诸多困难与挑战。

1. 发达国家牢牢把持国际金融机构控制权

作为当前全球金融治理架构下最重要的两大国际金融机构——国际货币基金组织和世界银行，世界各国在其中的发言权和决策权基本体现了该国在全球金融治理体系中的地位和作用。尽管在中国的努力下，发展中国家在这两大国际金融机构的话语权有了很大突破，中国代表担任两大国际金融机构高管职位有所突破，但是以美国为首的发达国家仍然全力维护其现有的主导地位，中国等发展中国家没有与发达国家共享平等的投票权，而且美国仍然处于实质性的支配地位。在这样的治理格局下，中国等发展中国家和新兴经济体仍然处于明显的弱势地位，其利益诉求难以得到应有的尊重和公允对待，不利于全球经济金融的平衡发展以及发展中国家和新兴经济体的崛起。

2. 美元在国际货币体系中的主导地位稳固

当前，以美国利益为核心的美联储扮演了全球中央银行的角色，其政策动向会决定整个国际金融周期、撬动各国央行的举措。由于缺少全球中央银行，美元仍然是国际货币体系中名副其实的主导货币，而 SDR 对改革国际货币体系作用微弱，只有在美国陷入金融危机，美元币值不稳定、地位不稳固时，SDR 才会被重视。在美国经济复苏、美元逐渐走强、国际上对于货币体系改革的动力不足的情况下，美元又会恢复其全球主导货币的地位。SDR 要在国际货币体系中发挥更大作用，甚至撼动当前以美元为主导的货币体系，还有相当长的路要走。

3. 亚投行等新型区域多边金融开发机构深受内外双重压力

一方面，新型多边金融开发机构受到来自发达国家的诸多阻挠，其中，对于经济问题政治化的责难是发达国家向中国施加负面影响的重要手段之一。在中国主导筹建亚投行的过程中，国际上产生了很多政治化解读，如中国试图凭借亚投行挑战以美日为主导的亚洲金融秩序、亚投行是中国挑战以国际货币基金组织和世界银行为主导的国际金融秩序的体现等。如果我们不能有力地反驳这种误导性的宣传，它们就会成为某些国家挤压中国参与全球金融治理的战略空间、索要利益的借口。

另一方面，能否制定实施高效的运营策略是新型多边开发机构所面临的内部压力。在主导亚投行、金砖国家新开发银行、上海合作组织开发银行等区域多边金融机构的运作中，需充分调动私人部门参与的积极性，发挥金融杠杆对资金的撬动作用。中国倡议设立的多家区域国际金融机构投资的重点领域是基础设施建设，但相对于亚太地区庞大的基础设施建设投资需求而言，单纯依靠原始资本注入开展投融资活动显然是远远不够的，必须运用各类金融工具，采取多种合作模式吸引外部资金尤其是私人投资，才能为“一带一路”沿线国家及其他亚太地区的基础设施建设提供源源不断的资金供给。相对而言，私人资本对投资回报更加敏感，对项目审查更加苛刻，因此，从运营技术上加强风险控制，提高项目审查标准，增加项目管理的公开性、透明度，都将是区域多边开发机构亟待强化的方面。

4. 国际形势不确定性增强

2008 年国际金融危机之后，全球经济一直处于低迷状态，随着贸易保护主义抬头、英国“脱欧”影响发酵、地缘政治风险加大、逆全球化思潮蔓延等多重风险因素的交叉重叠，世界经济前景尚不明朗。2016 年以来，世界形势波诡云谲，“黑天鹅事件”层出不穷，尤其是特朗普意外当选美国总统，其各项竞选主张以及就职以来签署的政令充分体现了激进的执政理念，这将很可能重塑全球经济政治格局。从经济方面来看，特朗普上任伊始即宣布退出“跨太平洋伙伴关系协定”（TPP）以及与墨西哥、加拿大重开北美自贸区（NAFTA）谈判，其以减税为核心的国内政策搭配以贸易保护为核心的对外政策主张，将使资金回流美国，对全球货币汇率以及大宗商品的价格都会产生明显影响；从政治方面来看，其奉行的孤立主义、解除对北约盟友以及日本和韩国的无偿军事支持，以及加强与俄罗斯的合作关系等主张，都将引发国际外交关系的动荡和调整。在对华政策上，特朗普政府态度强硬，主张对中国实施汇率和贸易的双重打压等。总之，国际形势的不确定性将给中国参与全球金融治理体系带来巨大挑战。

四

尽管推动全球治理体系朝着更加公正合理的方向发展是大势所趋，符合世界各国普遍需求，但全球金融治理体系变革和重构是一个漫长艰辛的过程，不会一蹴而就，也并非一朝一夕能够完成。中国要做好打持久战的准备，始终保持积极态度、乐观姿态，全面寻找切入点，积极参与全球经济治理和公共产品供给，推动全球治理理念创新发展，提高我国在全球经济治理中的制度性话语权和国际性影响力，努力为完善全球治理贡献中国智慧、中国力量。

1. 全力推进国内经济改革，提高经济发展质量和水平

外交是内政的延续，一国经济实力强弱永远是话语权大小的决定因素，未来中国要在全球金融治理中发挥大国的作用，关键还是要打好经济基础。当前我国经济发展正面临国内外多重矛盾和挑战，应继续坚持全面深化改革，不断扩大对内对外双向开放，大力完善社会主义市场经济体制，加快推进供给侧结构性改革，促进经济发展方式的根本转变，推动经济结构调整与产业升级，培育经济增长新动力，实现国民经济更高质量、更有效率、更加公平、更可持续发展。

2. 加快推进金融改革开放发展，大力培养国际化的金融人才

目前，我国金融体系发达程度仍然较低，金融资源配置效率不高，金融结构失衡，直接融资比重过低，汇率、利率等要素价格市场化水平仍然较低，普惠金融发展水平不高，金融服务的覆盖率、可得性和满意度较低。因此，加快推进中国金融体系的改革和开放进程，提高金融要素的市场化程度，完善多层次资本市场建设，放宽金融行业的准入限制，扩大人民币资本项目可兑换进程，都将进一步壮大中国的金融实力，为我国适应国际经济金融形势的变化、提高参与全球金融治理的能力提供坚实、强大的基础。

同时，中国通过G20、国际货币基金组织、世界银行等国际和区域金融合作组织及平台，依托“一带一路”倡议和亚投行、丝路基金、金砖国家新开发银行积极参与国际金融事务，推动国际金融秩序向着平等公正、合作共赢的方向调整，急需大量国际化金融人才。大力实施人才开发战略，积极引进和培养各类国际政治、外交、经济、金融、商务人才，应当成为中国未来应对全球金融治理体系变革的重要抓手。

3. 立足当前具体国情和国际环境，在国际新形势中寻找有利机会

在坚定不移推进全球金融治理体系改革的过程中，我们要始终保持头脑清醒，深刻理解中国正处于并将长期处于发展中国家的基本国情，尤其是中国的金融体制、金融市场发育程度与发达国家不可同日而语。要看到虽然全球政治经济形势扑朔迷离、难以预计，但发达国家与发展中国家并不存在不可调和的利益冲突，全球金融治理体系的变革中仍蕴藏着大量机会。美国推崇贸易保护主义，重新调整外交关系，为中国加强与欧洲等国家的伙伴关系创造了条件。我国在参与全球金融体系治理过程中要抓住国际格局和外交关系重新调整的历史机遇，紧密围绕“发展”主题，表现出推动改革的积极态度，保持开放、透明、包容的姿态，注重长远利益，通过多种途径和方式，主动开展双边和多边沟通，力求打造人类命运共同体、利益共同体和责任共同体，为世界各国的共同发展与繁荣作出更大贡献。

参考文献

[1] Nicolas Véron:《金融监管：G20缺失的中国梦》，载于《新金融评论》2016年第3期。

[2] 蔡伟宏：《国家博弈、制度形成与全球金融治理》，载于《国际经贸探索》2015年第8期。

[3] 胡海峰、倪淑慧：《后危机时代美国霸权在全球金融治理体系的发展趋势展望》，载于《教学与研究》2015年第2期。

[4] 吉姆·奥尼尔：《全球治理应为中国“腾空间”》，载于《中国改革》2015

年第5期。

[5] 蒋海曦、蒋瑛：《对中国国有商业银行国际化发展阶段的研究》，载于《经济学动态》2014年第8期。

[6] 天大研究院课题组：《后金融危机时代国际金融体系改革——中国的战略与抉择》，载于《经济研究参考》2010年第9期。

[7] 田春生、郝宇彪：《新兴经济体的崛起及其差异比较与评述》，载于《经济社会体制比较》2011年第5期。

[8] 王胜邦、叶婷、杨先道：《中国银行业海外布局策略研究》，载于《银行家》2014年第9期。

[9] 肖立晟：《人民币加入SDR货币篮子的影响及我国的未来行动策略》，载于《经济纵横》2016年第2期。

[10] 易纲：《为全球经济金融治理贡献中国智慧、中国方案、中国力量》，载于《求是》2016年第19期。

[11] 张茂荣：《G20杭州峰会：全球经济金融治理改革取得新进展》，观点中国网，2016年9月18日。

[12] 中共中央宣传部：《习近平总书记系列重要讲话读本》，学习出版社2016年版。

第六篇
政治经济学

- 对制度变迁理论两种分析思路的互补性思考
- 福特主义、后福特主义与资本主义积累方式
- 改革开放40年后基础设施投资还是稳增长的法宝吗

对制度变迁理论两种分析思路的互补性思考*

一、制度变迁分析中的演进理性主义

演进理性主义是一种以演变进化的理论解释经济现象的学说。近二十年来，它在西方经济学前沿领域形成了一支极为活跃而又迅速发展的学术思潮，产生和发展了众多的学术流派。① 其中，奥地利学派和“正规”的演化经济学派对制度变迁这一经济现象有着较为深刻的理解与分析。

（一）演进经济分析的起源：从亚当·斯密到门格尔

西方经济学说史表明，奥地利学派有关制度演进的思想是源于亚当·斯密对制度演化的分析并经哈耶克发扬光大的。亚当·斯密在其著名的《国富论》中，曾对欧洲中世纪的农业制度、城市和商业文明的起源以及农业社会向工商社会的演化等进行了分析。与此同时，他还主要分析了不同制度对财富生产的影响，指出自由贸易制度更有利于一国财富的增加。斯密认为，由于人“管理产业的方式目的在于使其生产物的价值能达到最大程度，他所盘

---

* 本文原载于《人文杂志》2003 年第 4 期。合作者：李雯。

① 自 20 世纪 80 年代以来，在演进经济学的旗帜下，各学术派别纷纷发展起来。若按“演进经济学”的思想之源，可初步划分为：英国古典经济的演化经济学、新制度学的演化经济学、新熊彼特主义的演化经济学、奥地利学派的演化经济学、正规的演化经济学等派别。尽管观点各异，但他们都有一个共同的特征，即对新古典经济学的正统理念提出了挑战，并试图重构经济学的分析范式。从目前各派的发展动向上看，已有走向融合的趋势，即运用现代动态的分析方法，来揭示经济发展的过程及制度变迁。

算的也只是他自己的利益，在这种场合，像在许多场合一样，他受着一只看不见的手的指导，去尽力达到一个并非他本人想要达到的目标”。不仅如此，斯密还在《道德情操论》中指出：“在政府中掌权的人，容易自以为非常聪明，并且常常对自己所想象的政治计划的那种虚构的完美迷恋不已，以致不能容忍它的任何一部分稍有偏差。他不断全面地实施这个计划，并且在这个计划的各个部分中，对可能妨碍这个计划实施的重大利益或强烈偏见不作任何考虑。他似乎认为它能够像用手摆布一副棋盘中的各个棋子那样容易地摆布偌大一个社会中的各个成员；他并没有考虑到：棋盘上的棋子除了手摆布的作用外，不存在别的行动原则；但是，在人类社会这个大棋盘上，每个棋子都有它自己的行动原则。”

从斯密上述有关“看不见的手”和“棋子”原理的论述中，我们不难看出，人类社会的经济制度，是人类行动的结果，而不是人类理性构建或设计的产物。这一点正如杰弗里（1807）指出的那样，斯密的理论“解决了这样一个问题，即被人们认为是极其有作用的种种实在制度，乃是某些显而易见的原则经由自生自发且不可抗拒的发展而形成的结果——并且表明，即使那些最为复杂、表面上看似乎出于人为设计的政府规划，亦几乎不是人为设计和政治智慧的结果”。这也正是斯密制度演化思想的精髓所在。事实上，亚当·斯密上述制度演化的思想，就是当代新制度经济学的源头之一。

然而，自李嘉图以来，英国古典经济学已完全囿于既定制度下的经济运行机制，不再关心制度本身的演化问题。幸而斯密的制度演化分析在奥地利学派那里得到了进一步的弘扬和发展。作为奥地利学派开山门人的门格尔，早在19世纪后半叶就开始关注制度的起源和演化，并区分了“独断”和“有机”两种不同的起源。① 门格尔（1883）认为：“理论社会科学，尤其是理论经济学的最重要的问题的解决，乃是与对‘有机’产生的社会制度起源与变

① 门格尔（1883）认为：所谓“独断”的起源就是指有些制度是“人们都有建立这些制度的共同愿望（协议、明确的法律等）的结果”。“有机”的起源则是指另一些制度是“人们努力追求个人目标的无意识的后果”。

迁的理论的理解密切相关的。”他以货币制度的起源为例，提供了关于制度“有机”起源的一个案例。这一案例似乎对哈耶克的“自发社会秩序”的演进理性主义产生了重大影响。

（二）哈耶克的“自发社会秩序”理论

正是由于秉承了斯密、门格尔等关于社会制度起源与发展的演进理性主义的分析思路与取向，自20世纪40年代起，哈耶克历经数十年的不懈努力，逐渐构建了他的自发社会秩序的理论分析框架。哈耶克被人们称为“缔造了自由世界经纬”的大师。他所论证的自发社会秩序演化和内在秩序与外在秩序的对立统一恰是一个完整的制度变迁模型。

在哈耶克看来，所谓社会秩序就是这样一种事态，其间，无数且各种各样的要素之间的相互关系是极为密切的，所以我们可以从对整体中的某个空间部分或某个时间部分所作的了解中学会对其余部分作出正确的预期，或者至少是学会作出颇有希望被证明为正确的预期。基于此，自发社会秩序理念的提出，就是为了解决经济学中的一个难题，即人们在社会交往尤其是在市场活动中知识的运用和信息的利用问题，亦即解释整个经济活动的秩序是如何实现的。哈耶克认为，在各种人际关系中，一系列具有明确目的的制度（institution）的生成，是极其复杂但却条理井然的，然而这既不是设计的结果，也不是发明的结果，而是产生于诸多未明确意识到其所为会有如此结果的人的各自行动。然而，由于个人理性不仅在理解它自身的能力方面有一种逻辑上的局限，而且在认识社会生活方面也存在着极大的局限，社会经济秩序也就只能是在运用大量知识的过程中来加以实现。但是，“这些知识不是集中在任何单个人脑中的知识，而仅仅是作为不计其数的不同的个人的分立知识而存在的”（Hayek，1967）。这就使得在人们社会交往的行动过程中必须经由“试错过程”（trial and error procedure）和“赢者生存”（the survial of the successful）的实践以及“积累性发展”（cumulative growth）的方式来逐渐形成“自发社会秩序”，那种“任何个人试图凭据理性而成功地构建出比经由社会逐渐演化出来的规则更具效力的规则，都是不可能的”，其结果只能是“致命的自负”（fatal conceit）。

事实上，从门格尔的论货币和制度组织的进化理论到哈耶克的强调类似生物学中自然秩序的进化学说都是一家之谈。他们的演化学说都包含着这样几个层次：首先是比较稳定地继承的社会性行为、态度和偏好；其次是人类的知识和精神产品的有效产生、传播和扩展；最后是其方法论核心的演化层次，即在本能与合理推断之间产生的文化养育的演化。这就是一种生而习得的行为习惯和传统，行为人自觉不自觉地遵守，甚至并不一定理解其内涵。

（三）正规的演化经济分析

“正规”的演化经济学始于熊彼特的创新理论和赫伯特·西蒙关于人类行为和组织行为的理论，后经理查德·纳尔逊和悉尼·温特加以完善。他们声称继承了亚当·斯密、马克思以及马歇尔的演化思想，响应马歇尔关于“经济学家的圣地在经济生物学”的倡议，[①] 并借鉴熊彼特的主要方法，致力于摆脱新古典经济力学的分析框架。他们的演化理论主要借用了达尔文的生物进化论中的“自然选择”思想，并接受了生物学中的拉马克主义——生物后天获得的特性也可以遗传这一特征，从技术和市场的动态过程来研究经济变迁的。他们不同意主流经济学关于经济人行为的假设，也不赞成以均衡分析为中心的静态分析方法。他们认为人的理性是有限的，人所能够获得的信息却是分散的。在此前提假设下，他们强调对经济演化过程中的“惯例”、“搜寻”和“选择环境”的分析。在分析中，他们把正规表述和发出适当信息的活动看作组织的有关成员完成的一种惯例。由于这种“惯例”类似于生物的遗传基因，会不断地遗传下去，从而在经济变迁中起着基因在生物进化中的作用并具有有机体的持久不变的特点。他们控制、复制和模仿着经济演化的路径和范围；不仅如此，他们认为经济的演化过程还是一种随机的“搜寻”过程，当以往的“惯例”遇到竞争时，这种“搜寻”就会模仿其他成功的

① 马歇尔在完成了新古典经济学体系后，却指出经济学家的圣城在经济生物学，而不是经济力学。然而，他只是留下了这一设想，大约在百年后的今天，纳尔逊和温特等人在演化经济学的发展方面作出了有益的贡献。

"惯例"，并可能导致对原有"惯例"的修改或变化，甚至取代"惯例"进行创新活动；至于"选择环境"则是影响组织扩张与否的全部考虑。

正是基于对"惯例"、"搜寻"和"选择环境"这一演化过程的分析，"正规"的演化理论认为经济的均衡只是短期的，企业行为和市场竞争机制势必随着时间的推移而发生变化。因此，他们注重研究企业行为规则在市场竞争过程中发生的变化和创新，研究经济组织和经济制度之间在变迁过程中发生的复杂的相互作用，认为经济演化是一种马尔可夫随机过程。① 某一时期、某一行业或某种市场状况将决定它在下一时期状态的概率分布。这种动态演化的分析方法，充分体现了有关经济的历史、经验与具体市场制度的一致性。由此可见，这也恰是新古典经济学所强调的市场机制内在逻辑一致性的拓展。难怪纳尔逊和温特曾声称"我们的演化理论比当代正统理论更接近于原来的马歇尔学说"。

二、制度变迁分析中的工具理性主义

所谓"工具理性主义"是由西方学界从韦伯提出的"工具理性"这一概念引申出的词汇。其大意是用理性的办法看什么工具或方法能更有效地达到人们的目的。从此角度来看，以凡勃伦、康芒斯为代表的旧制度经济学和以科斯、诺斯为代表的新制度经济学，对制度变迁的分析都是以工具理性主义为特征的。②

（一）制度经济学的兴起；从凡勃伦到康芒斯

回顾经济学说史的发展历程，我们发现，在早期制度学派的代表人物凡

① 所谓马尔可夫随机过程，就是用数学术语表达的"路径依赖"。

② 一般认为，凡勃伦是美国制度经济学派的创始人。他所开创的制度分析学派，在康芒斯那里得到了继承和光大。从此，康芒斯也在20世纪30年代成了美国制度经济学派的一代宗师。综观康芒斯对社会制度的经济分析，我们发现其潜隐着工具理性主义的思径取向。这也恰恰反映了当代美国制度经济学家安德鲁·肖特（Andrew Schotter）把以康芒斯为代表的美国制度经济学家和门格尔首创的奥地利学派视作社会制度经济分析中的两条分析思路的意义所在。

勃仑、康芒斯和密契尔那里，就已经开始将制度和制度变迁作为经济学研究的核心并企图构建一套制度经济理论体系。早在20世纪20年代初，凡勃伦就指出，经济理论分析就应研究人类社会经济生活在其中得以实现的各种制度。他认为，制度的根源是人们的思想和习惯，而思想与习惯又是源自人的本能，所以制度归根到底是受本能支配的。凡勃伦还认为，本能确立了人类行为的最终目的，因为个人和社会行动均是受人的本能支配和指导的，而理性只不过是为达到人之目的的一种手段。个人在社会活动中逐渐形成思想和习惯，进而形成制度。制度产生之后，就会对人类活动发生约束力，进而本能所产生的目的就在已形成了的制度中得以实现。凡勃伦对制度的这一分析曾在美国学界引起了广泛的重视，美国的许多经济学家都自奉为凡勃伦的信徒。其中，康芒斯较为成功地继承和光大了凡勃伦所开创的制度经济分析，并也成为美国制度经济学派的一代宗师。

康芒斯对制度的理解源于他对人类经济活动的划分。康芒斯认为，人类经济活动可以分为三种交易，即买卖交易、管理交易和限额交易。其中，买卖交易是通过法律上平等的人们自愿地转移财富所有权；管理交易用法律上的上级命令来创造财富；限额交易则由法律上的上级指定、分派财富创造的负担和利益。并且，这三种类型的交易合在一起就构成了经济研究中的“运行中的机构”。康芒斯还指出：“这种运行中的机构有业务规则使得它们运转不停；这种组织，从家庭、公司、工会、同业协会，直到国家本身，我们称之为‘制度’。”“有时候一种制度似乎可以比作一座建筑物，一种法律和规章的结构，正像房屋里的居住人那样个人在这个结构里活动，有时候它似乎意味着居住人本身的‘行为’。”由此出发，康芒斯归结道：制度就是集体行动拟制、解放和扩张个体行动。从某种意义上说，这就意味着人类社会制度是某种集体的有目的的建构，从此也就凸现了其工具理性主义的思径取向。

20世纪50年代以来，以美国的加尔布雷斯、博尔丁、瓦尔德、海尔布罗纳、格鲁齐和艾克纳等，以及欧洲的缪尔达尔、凯普霍尔逊等为代表的制度学派，继承了所谓“凡勃伦传统”，运用静态结构分析和动态演化分析的方法，研究制度对社会生活的决定作用及制度的演化过程，以及技术变化在制度演化过程中的作用，这一流派通常被称为后（现代）制度主义者。该学派否认经济人假说，并对现代资本主义以“批判者”的面目出现，因而被正统经济学者看作离经叛道的“异端”。

（二）诺斯的制度变迁理论

与此同时，以科斯、阿尔钦、德姆塞茨、诺斯等为代表的新制度经济学派也逐渐形成。他们研究的内容涉及产权经济学、契约经济学、交易费用经济学、企业经济学及制度演化经济学；在方法论上坚持经济人假设，强调资源配置的最优问题与既定经济社会的激励结构不能分离；试图以新古典学派的基本假设为前提，建立分析制度特征和制度演化的抽象理论模型，并运用这些模型分析比较各种制度的特征和制度绩效，分析制度的演化。特别是从20世纪70年代以来，诺斯开始逐步整合西方新古典主义主流学派的分析精神与科斯的交易费用的理论成果，从其理论整合的制高点以审视的目光重写了西方经济史，并从翔实的经济史分析中升华出了气势恢宏的“制度变迁”理论。

在诺斯20世纪60～70年代的著作中，主要运用的是经济人概念，采用成本—收益分析方法和均衡分析方法，提出了一个比较成形的制度变迁理论框架，确立了新经济史学。其后，受拉坦和速水以及戴维·菲尼所提出的制度变迁供给——需求分析框架的影响，诺斯构建了制度变迁理论的基本模型，即在初始制度均衡中，由外部性、规模经济、风险和交易成本所引起的潜在收入增加时，就会使制度变迁的收益大于成本，形成制度的非均衡，从而发生制度变迁，形成新的均衡。换句话说，只要制度变迁的潜在收益大于成本，就会出现制度变迁的需求。这个模型运用的正是典型的新古典的成本—收益分析方法和均衡分析方法。

然而，建立在新古典分析方法上的早期制度变迁理论无法解释制度变迁中的集团行为、非理性行为以及制度变迁的动态性这三个问题。自20世纪80年代以来，诺斯等经济学家们逐渐意识到这三个问题，在其模型中纳入了国家、意识形态和路径依赖等更多的解释变量来丰富制度变迁理论，形成了国家理论、意识形态理论和路径依赖理论。

诺斯的国家模型是：国家为获取收入，以一组服务——保护与公正做交换。国家提供服务的目的是租金最大化和社会产出最大化，但两者不完全一致，其矛盾是社会不能持续增长的根源。而统治者界定清楚产权会增加交易费用，利益集团的竞争压力则会限制统治者对有效率的产权结构的选择。至于利益集团的行为是怎样形成国家行为的，诺斯分析了代议民主制中利益集团的利益冲突和合作是怎样形成制度规则的。这些努力，虽然还没有形成一个统一的理论，但在新古典框架中纳入了更多变量，大大扩展了经济学的内涵，丰富了对制度变迁中人和利益集团行为的理解。

由于人们的经济决策常常是在缺乏信息和不确定性条件下进行的，因而新古典的完全信息下的经济人的完全理性是不切实际的。为此，诺斯在《经济史中的结构与变迁》一书中开始引入意识形态理论以试图解释新古典理论无法解释的“非理性行为”，并在诺贝尔经济学奖讲演时明确指出，“有必要废除作为经济理论基础的理性假设”，认为人的行为依赖的是经验学习，是依赖惯性行动，而不是靠计算能力。至于这种学习能力能进行到何种地步，还得受制于社会价值、常规、信仰、习惯等所谓信仰体系。诺斯将文化、社会制度和意识形态如何演化并影响人的选择纳入了分析范畴，这显然比单纯的新古典的理性选择更现实更具有说服力。

不仅如此，在研究制度的长期变迁时，诺斯还求助于历史的制度的分析方法，引进了“路径依赖理论”。诺斯认为，由制度所引起的报酬递增和信息的不完全是决定不同国家不同制度变迁轨迹的两个重要因素。一方面，上述两种力量和偶然因素决定了变迁路径的多样性；另一方面，交易费用的存在也使大量非绩效的制度变迁陷入“锁定”状态而长期存在。路径依赖理论正是通过引入制度和时间维度把握了由制度和组织的连续交互作用所引起的制度变迁的动态过程。社会的组织就是指存在着自身利益需要的各个集团。正是这些利益集团的矛盾提供了制度变迁的动力。因此，一种社会制度之所以长期处于均衡状态或陷入非绩效的锁定状态，是因为各种政治利益集团的力量处于相对均衡状态，或是因为占统治地位的集团竭力维护现有制度，并反对各种企图进行制度路径替代的其他利益集团的活动。当然，要设计充分考虑利益集团的行为、博弈者的理想改变和形成其最终选择集的方式之间的复杂的相互作用的政治模型，还有相当长的路要走。

制度变迁理论之所以能跳出新古典传统的禁锢，表现出向历史—制度学派的回归，除了单纯的新古典方法无法完全解释历史上的制度变迁这个原因之外，另一个重要原因与诺斯作为一个经济史学家有关。从经济史中他看到了更多的冲突、混乱和非理性行为；看到了阻碍经济增长的低效率产权的广泛存在；看到了意识形态和信仰体系对历史发展所起的巨大作用。这些基于经济史的观察，使他认识到制度变迁不是由一只看不见的手导入的某种均衡的、最优的路径的过程，踏上了一条把制度变迁看作进化的、路径依赖的更靠近旧制度学派的道路。

三、对制度变迁理论两种分析思路的互补性透视

通过对上述演进理性主义分析思路和工具理性主义思径取向的追溯，已使我们充分认识到上述两种分析思路的反差所在。

总体来说，以工具理性主义为特征的新制度经济学的制度变迁理论，强调的是“均衡”的意义，也就是说可以将其看作从一个横断面的角度，在“需求—供给”的框架内，用“静态均衡”和“比较静态均衡”的方法来研究制度变迁。该理论的特点是假设行为的“完全理性”和“最大化”。而以演进理性主义为特征的演化经济学的制度变迁理论，却抛开了“均衡”分析，强调动态演化的分析方法，即着重从技术和市场的动态演化的角度来研究制度变迁。其特点是假设行为的“有限理性”和“满足”。因此，行为人是不可能通过“构建的理性主义”设计出完美的体制的；并且由于信息是连续、分散的，因而制度的变迁是渐进的。

具体来讲，新制度经济学的代表人诺斯认为制度是人所发明设计的对人们相互交往的约束。基于此，建立在产权、国家和意识形态三大理论基石上的诺斯的制度变迁分析框架就是：由于人类自身的生产能力和生存环境的约束，只有通过交换这一基本活动才能获得经济效益和安全保障，而所有权是交易的先决条件，所有权结构的效率引起经济增长、停滞或经济衰退。国家则规定着所有权的结构并最终对所有权结构的效率负责。此外，意识形态提供一种价值和信念，它是个人与社会达成协议的一种节约费用的工具，具有确认现行制度的合法性或凝聚某些团结的功能，因此意识形态的作用也是不可替代的。

至于对制度创新过程的解释，诺斯（1981）认为："制度创新来自统治者而不是选民。这是因为后者总是面临着搭便车问题。对统治者来说，既然他没有搭便车问题，他就要不断进行制度创新以适应相对价格变化。因此，使得劳动更加稀缺的土地与劳动相对稀缺性的变化就会促使统治者变革制度以适应当地增加劳动的租金。只要劳动的机会成本不变（即其他统治者潜在竞争不存在变化），这些创新就会实行。"由此我们不难看出，在诺斯看来，制度的发明与创新，不是像哈耶克所理解的那样来自市场过程中的自发秩序的生成，而是来自统治者、经济的和政治的企业家们的理性计算和心智建构。这样，政府和市场就是现代经济两种基本的制度安排，并可作为约束经济行为主体的一种交易规则。

事实上，哈耶克的以"自由秩序"为基石的制度分析的核心就是：首先，制度作为一种"自由秩序"，不仅其演进的方向是不明确的，而且其最终结果也具有不确定性；其次，制度中的财产权利与自由竞争是不可分的，哈耶克的"法制下的自由"实际上就包含着这两方面的含义；最后，由于财产权与自由竞争不可分，就有对国家强制机构对个人财产权利保护的需要。这样，哈耶克就从政府限于维护"一般规则"的角度上，界定了政府与市场的关系。其中，哈耶克的"一般规则"，并不是某些个人理性设计的产物，而是无数代中的无数个人互动与博弈的习俗、习惯的抽象化。因此，政府对习俗、习惯抽象而成的"一般规则"的监督与执行，并不是对个人自由的侵犯，而是一种低成本的保护。这种保护由于其"一般规则"具有普适性、公正性和抽象性的特点，国家强制的职能只有在保护"一般规则"的执行和个人财产权利上才是有效的。可见，对于国家和市场关系问题，哈耶克并没有解答政府干预是多是少，以及哪些具体领域应该干预，哪些具体领域不应该干预等。

总之，哈耶克的一般规则下的自由或法制下的自由，也对制度变迁理论给予了极为深刻的诠释。而且他是从哲学观和方法论相互统一的角度，对制度变迁的本原性，特别是制度的自发演进性给予了强有力的原创性证明。

由此可见，上述两种不同分析思路的制度变迁理论的确存在着本质的区别。然而，自20世纪90年代以来，诺斯在论述信仰结构、路径依赖和文化重要性时，特别是在涉及社会制度中的非正式约束的演变路径时，却采取了一种演进理性主义的分析思路，从而趋同于斯密和哈耶克在社会制度分析中的思径取向，呈现出他在对制度分析中的"U"型转向和制度变迁理论上的巨大成功。

诺斯三位一体的制度变迁理论之所以取得了如此巨大的成功，[①] 根本原因就在于他综合了历史—制度学派和新古典的分析方法，把按照理性选择概念来分析经济人过度简化的理论以及从制度和历史方面来分析结构的因果推断理论结合起来，用制度分析来改进经济人分析，用经济人分析来改进制度分析，大大加深了对制度及其变迁的理解。他认为："自计量史学革命开始，经济史研究一直采用新古典经济学的研究分析方法。"但是，由于新古典经济学前提假设及分析方法的内在缺陷，以致"新古典经济学无法融入一个使我们能分析经济结构历史变迁的一般框架，而这正是经济史的全部内容"。

首先，新古典经济学的"理性经济人"假设存在着不可回避的局限性。这种局限性通常包括：缺乏完整的、统一的、能够对所有可能选择进行排序

① 众所周知，哈耶克和诺斯同是诺贝尔经济学奖得主，亦同为世界经济学界所公认的社会制度分析领域中两位最睿智的思想家。然而，到目前为止，无论在西方还是中国，将哈耶克的自发社会秩序思想放在社会制度经济分析领域来考虑的还是凤毛麟角。

的效用函数；人们只能找出所有备用选择的一部分而不是它的全部；不仅如此，人们还无法估计各个备用选择可能产生的后果，也不能对不确定的未来事件估计出一致的、现实的概率。然而，历史却是一个个单个的个人的历史合力创造的。因此，制度变迁理论在对人的行为进行分析时就需对新古典理论的"理性经济人"假设进行修正，即用有限理性、机会主义修正完全理性，把利他主义、意识形态和财富最大化行为引入个人的效用函数，建立更复杂、更接近于现实的人类行为模型。

与此同时，由于现实中的制度变迁并不是单个个人而是在单个个人组成的利益集团的相互冲突和合作中进行的，那么，单个个人的行为如何形成集体行为？制度变迁理论还需要其"微观基础"。在这个问题上，奥尔森的集体行动的逻辑、公共选择理论和博弈论等都是很好的分析思路。

其次，由于新制度经济学的制度变迁理论强调"均衡"的意义，其分析方法可以说是一种静态或比较静态分析。然而，人和集团是生活在既定的制度环境中的，现存的制度环境规范着人和集团的行为，人和集团在现存的制度环境中，通过学习、创新，捕捉潜在的创新收益，从而推动制度创新，形成新的制度均衡。制度变迁就是在人和制度环境的交互作用中进行的，这就是制度变迁的动力学。这种制度变迁的动力学所揭示的经济应该是演化的而非"均衡"的。

事实上，经济史上的制度变迁是一个长期的动态过程。因此，将长期历史分析和短期均衡分析结合起来，创立制度变迁的动力学是历史的必然。目前，随着动态非线性经济学、博弈论、耗散理论和自组织理论的发展，在新古典经济学中引进制度和时间维度进行动态分析，不仅在技术上已成为可能，也恰是演进理性思路取向的再现。

参考文献

[1]［英］弗里德利希·冯·哈耶克：《自由秩序原理》，三联书店 1997 年版。

[2]［美］康芒斯：《制度经济学》，商务印书馆 1962 年版。

［3］［美］理查德·纳尔逊、悉尼·温特：《经济变迁的演化理论》，商务印书馆1997年版。

［4］［美］诺思：《对政治和经济的历史发展的交易成本分析》，上海财经大学出版社1998年版。

［5］［美］诺斯：《经济史中的结构与变迁》，商务印书馆1999年版。

［6］［美］韦森：《注意哈耶克，慎思诺斯》，载于《经济学消息报》1999年第2期。

［7］［美］西蒙：《行为经济学》，收录于《新帕尔格雷夫经济学大辞典（第一卷）》，经济科学出版社1996年版。

［8］［英］亚当·斯密：《道德情操论》，商务印书馆1997年版。

［9］［英］亚当·斯密：《国民财富的性质和原因的研究》，商务印书馆1974年版。

［10］Hayek F. A.，*Studies in Philosophy*，*Politics and Economics*，London：Routledge & Kegan Paul，1967.

［11］Jeffery F.，"Craig's life of Miller"，*Edinburgh Review*，IX，1807.

［12］Menger C.，*Problmes of Economics and Sociology*，Urbana：University of Illinois Press，1963.

［13］North D.，*Institutional Change and Economic Performance*，Cambridge：Cambridge University Press，1990.

福特主义、后福特主义与资本主义积累方式

——对法国调节学派关于资本主义生产方式研究的解读*

马克思主义经济学是人类科学知识和文化思想发展成果的结晶。从马克思的经济学诞生起，它就不再仅仅是马克思个人的思想成果，而成为全世界劳动者和社会主义运动的共同财富。马克思学说的生命力由于一代又一代马克思主义经济学家的共同努力而不断发扬光大。大力倡导马克思主义，坚持和发展马克思主义，是时代赋予我们的历史使命。学习、研究和发展马克思主义经济学，需要了解马克思主义经济学的发展历史，特别是必须了解当代西方发达国家中马克思主义经济研究的优秀成果。

在西方资本主义国家，从《资本论》问世以来，马克思主义政治经济学就遭到资产阶级主流意识的压制。但是，尽管如此，马克思主义经济学的研究也从未中止。在20世纪70年代，西方马克思主义经济学得到了大力发展，可以说是马克思主义经济学的复兴。这场复兴的标志主要有三个方面：一是出现了一大批重要的理论著作。像比利时学者恩斯特·曼德尔的《晚近资本主义》《资本主义的长波》，美国学者保罗·巴兰和保罗·斯威奇的《垄断资本》，法国学者阿格利塔的《资本主义调节理论》，法国学者曼纽尔的《不平等交换》等。这些著作开创性地把《资本论》的原理运用于分析战后资本主义经济的发展。二是围绕“转形问题”“剩余价值与剥削”“利润率下降趋

---

* 本文原载于《马克思主义研究》2005年第2期。

势”“不平等交换”等理论，在相当广泛的国际范围内展开了争论，这些争论推动了马克思主义经济学的发展。三是出现了一些重要的马克思主义经济学派，诸如法国马克思主义“调节学派”、依附理论和世界体系理论、英美的“分析马克思主义”、生态马克思主义经济学等。这些学派的理论家们提出了许多新思想和新概念，如“福特主义积累体制”“积累的社会结构”“资本主义发展的长波”“资本主义的第二种矛盾”“中心—外围—半外围”“市场社会主义”等。

本文拟介绍在发达资本主义国家广泛流传的“法国调节学派”（france regulation school）。调节学派最突出的贡献就是运用调节方法的框架对第二次世界大战后美欧资本主义社会的主要发展形态——从福特主义向后福特主义的转变进行了独特的分析，调节理论的观点不仅推动和丰富了马克思主义经济学的理论，也对社会科学的其他领域，如社会学、地理学和人类学等也产生了重大影响，国际政治经济学中的世界体系学派就吸收了这个学派的许多重要研究成果，新经济地理学以及制度地理学派也将调节学派的研究结果应用于现代社会和空间的关系以及区域经济发展和区域创新等领域的研究。20世纪90年代以来，调节学派进一步发展，被广泛运用到对转型经济、发展中经济和经济全球化、亚洲金融危机及拉丁美洲经济危机、国际合作和区域经济一体化等新问题的研究之中。

作为西方马克思主义经济学的一支重要力量的法国调节学派尽管在国际上有相当大的影响，但在国内经济学界却鲜为人知，更没有人对其进行深入研究，如果这种不相称的状况继续下去，那么我们提出的坚持和发展马克思主义无疑就等于一句空话。基于此，本文拟对法国调节学派的分析方法和主要观点加以介绍，以期引起国内学术界的重视，特别是引起国内学者对国外马克思主义经济学这个本来应该加强的，但改革开放以来为汹涌而入的西方经济学所淹没的研究领域的重视，推动对其的研究和借鉴。

一、法国调节学派形成的背景

法国调节学派产生于20世纪70年代，主要代表人物有法国经济学家米歇尔·阿格利塔（Michel Aglietta）、阿兰·利皮茨（Alain Lipietz）、罗伯特·博耶（Robert Boyer）、罗伯特·德洛姆（Robert Delorme）、本杰明·米斯特拉尔（Benjamin Mistral）等。其中阿格利塔、利皮茨、博耶对法国调节学派的贡献最大，被人誉为调节学派"三剑客"。调节学派之所以在这一时期出现，是与当时的社会经济背景以及经济学界的状况密不可分的。

众所周知，第二次世界大战后，以保罗·萨缪尔森为首的主流经济学学派［广义的新古典综合学派（neo-classical synthesis）］绝对化资本主义体制，并在这个狭窄的架构中，将传统的庸俗经济学视为研究个体问题的微观经济学，把凯恩斯主义当成考察总量问题的宏观经济学，并认为两种理论是相辅相成的，可以纳入同一个理论体系中。他们认为，就宏观经济而论，凯恩斯的财政、货币政策可以达到充分就业的目的；就微观经济来说，通过市场的价格机制，可以实现资源的合理配置。

但是，在20世纪60年代末，由于通货膨胀不断恶化，特别是在70年代西方世界陷入"滞胀危机"（经济停滞与通货膨胀并存的危机）之后，凯恩斯理论的地位一落千丈。与此同时，在西方国家出现了一大批马克思主义经济学派，尖锐地质疑当时的新古典综合学派，对以边际效用论为根基的价格和资本理论的内部一贯性进行了严厉的批判。在英语国家，经济学家们对菲利普斯曲线失灵的争论导致了货币学派的兴起。货币学派认为，由于自然失业率的长期存在，通过政策手段控制需求的宏观干预只具有暂时效应，菲利普斯曲线的失灵是凯恩斯主义的危机。但对调节学派的先驱者而言，菲利普斯曲线的失灵背后具有更深刻的原因，菲利普斯曲线实际上代表着资本与雇佣劳动之间的关系，正是资本积累的趋势和分配手段之间的矛盾引发并导致了菲利普斯曲线的失灵。

法国调节学派的观点，最早是受到布雷弗曼（Braverman）在1974年出版的《劳动与垄断资本——二十世纪中劳动的退化》一书的影响。布雷弗曼继承了马克思在《资本论》中对劳动过程、分工、协作、机器大工业等命题的考察，进一步对20世纪美国资本主义社会下由泰勒和福特所发展出来的“科学的劳动管理”进行分析，并据此指出劳动的反技术化和均质化是“科学的劳动管理”一贯的内容。他的研究促进了日后的西方马克思主义经济学派对劳动过程、经营组织的扩大进行更深入的研究，而调节就是这些研究的重要一环。

法国调节学派的创始人是法国经济学家米歇尔·阿格利塔。20世纪70年代初，他在美国学习经济学，他的博士论文主要研究和分析资本主义制度运行特点及其规律。回到法国后，时逢1973年石油危机引发的资本主义世界大危机，目睹了整个危机对资本主义世界的冲击，引发了他对资本主义制度的重新思考。他当时急于探讨的并不是产生危机的原因，而是想说明为什么战后资本主义发达国家会经历长达30年的“黄金增长时期”？为什么危机没有更早地到来？对二战后美国和主要资本主义国家的积累趋势以及它们导致的冲突进行深入研究后，阿格利塔逐渐形成了“黄金增长时期”的终结和长波下降的假说，并最终提出资本主义资本积累体制的新思想。

1976年，阿格利塔结合其博士论文，出版了调节学派理论的开山之作《资本主义的调节理论——美国的经验》一书。在该书的导言中，阿格利塔明确地阐述了他的方法论大纲。他指出，资本主义社会的经济增长是由生产方式和生活方式的剧变所构成的，同时也伴随着社会和政治矛盾，主流的经济理论脱离现实，根本忽视了增长问题的这两个基本方面。他认为，研究增长问题的目的是确认长期内改变社会体制并使之保持连贯性的力量，解释引起质变的条件和行为类型，发现经济危机在这种转变中所起的作用，马克思主义的历史唯物主义和辩证唯物主义是这种研究的基本方法。

阿格利塔认为，作为上层建筑的制度对资本积累有很大影响，在某种程度上它甚至作为基础结构起着轴心的作用，而制度在很大程度上是社会各阶级之间相互妥协的结果，它具有一种在动态过程中把各种具体的行为形态结合起来的效应，为市场行为提供稳定的预期和连贯的框架，因而成为资本主义积累方式的基础。

阿格利塔的著作经过阿兰·利皮茨、罗伯特·博耶和科瑞德（B. Coriat）等人积极的诠释研究后，在国际学术界逐渐受到重视。其中，利皮茨功不可没，利皮茨在1987年出版的《幻想和奇迹：全球福特主义的危机》一书中系统地发展了阿格利塔的这些思想，发展了调节学派对历史唯物主义和辩证唯物主义的新理解，并对当时流行于法国的“结构马克思主义”学派的学说提出了强烈的批评。结构马克思主义学派是法国哲学家阿尔都塞于20世纪60年代创立的，他强调资本主义具有能够自我生产的能力。自称是“阿尔都塞的背叛之子”的利皮茨认为，这种观点是错误的，它忽视了资本主义对经济行为者的能动性。利皮茨还提出了一系列的新概念，诸如后福特主义、全球化资本主义等。博耶则是法国调节学派的集大成者，他对资本主义社会的工资劳动关系，通货膨胀、增长动态对社会创新体系的影响及其相应的调节模式做了详尽分析，并试图建立一个综合马克思、卡莱斯基、凯恩斯等人理论的新宏观经济学，因而在法国调节学派中，他是目前的主流人物，影响最大。其他学者则对技术变迁、劳动过程、空间组织、国家干预的本质和构成、福利国家重组、国际体制的调节等做了大量的研究，补充、扩展了调节方法及其应用。

法国调节学派虽然出现于法国，但随后在美国、英国、德国、日本等发达资本主义国家广泛流传。调节学派发展到后期，如同其他西方马克思主义学派一样，具有多元性的特点，学派内部既有共识，使用共同的理论分析工具，也有不同的理论观点、关注的焦点和研究方法。甚至到后来由于其主要代表人物的观点不尽相同，很难形成统一完整的体系，故而他们自身往往不承认存在一个“调节学派”，而是将他们使用的分析方法称为“调节方法”或者“调节理论”。英国研究调节学派的代表人物、社会学家鲍波·杰索普，将法国的调节学派分为三个分支：一支是以阿格利塔、利比茨、博耶等人为代表的巴黎调节学派（Parisian regulation school），他们在法国调节学派中居主流地位（我们所说的法国调节学派通常就是指巴黎调节学派）；第二支则是让·本尼斯（de Bernis）为首的格勒诺布尔（Grenoble）学派；第三支则是以保罗·波卡拉（Paul Boccara）为首的法共学派。在理论分析工具上，三个学派的学者们都十分重视运用马克思提出的利润率下降趋势规律，认为这是分析资本主义经济运行机制最重要的理论工具，但在具体运用上存在分歧。巴黎调节学派将该规律改造为“资本—产出”稳定关系理论、资本的内涵积累理论；而格勒诺布尔学派则将利润率作为一种传统分析工具，而不重视资本和劳动之间的对立，他们将利润率下降规律改造成为人力资本的组织理论；法共学派则认为利润率下降趋势规律仍然有效，只不过作用的条件和形式发生了变化。

二、法国调节学派的分析框架及方法论特点

为了更好地分析法国调节学派的理论观点，我们有必要先从“调节”一词的含义入手。在法国调节学派看来，所谓“调节”（régulation）是针对新古典学派的“一般均衡”的概念以及新古典学派有关资本主义再生产的观点而言的。针对新古典学派理论所主张的——由于“看不见的手”的作用，资本主义可以以不具人格地和不可改变地自发地自我生产，资本主义社会再生产会通过自发调节自动达到均衡的理论，调节学派指出这实质上是一种静态的解释。调节学派与之对立地提出了“调节”概念。在法语中，“调节”包括两重含义。第一种含义接近于英语中“规制”“管制”（regulation）的含义。在20世纪80年代的经济理论和政策辩论中，“规制”这个术语是指国家以经济管理的名义进行干预，指通过一些反周期的预算或货币干预手段对宏观经济活动进行调节，而它的反义词“放松管制”使用得更为广泛。第二种含义则接近于系统论的含义。在机械学中，一个调节器是稳定机器运转速度的一种手段。在生物学中，调节是对应诸如DNA这类物质的再生产而言的。而一

般意义上说，系统论涉及研究一组负的和正的反馈回路在使一个复杂的相互作用网络稳定方面的作用，即系统的各个不同部分或过程在某种条件下交互调整从而产生某些有序的动态。

调节学派认为，社会关系具有矛盾和对立。但是，尽管矛盾有其对立和斗争的一面，却也有其互为条件、互相渗透和互相依存的另一面。因此，社会关系在一定期间内会维持安定和再生产。换言之，"调节"一词所表现的是，社会关系中对立面和统一面的紧张关系。调节学派所要考察的命题是：社会关系必定具有矛盾性，如何通过这个矛盾性来再产生社会关系的统一性。

调节学派认为，"调节"这个动态概念强调了，在与资本主义不稳定变化的客观需要相适应的特定条件下，历史上因事而变的经济和非经济机制交互作用导致了经济行为者所采取的行动。相对稳定的资本主义的扩张取决于相当特定的制度实践，但这些制度的共存与连贯性不能被视作理所当然的，而是偶然事件、有意识的社会行动以及在生产者背后起作用的经济趋势等因素多样化结合的结果。调节学派强调了制度重要、社会经济演化的不确定性质以及在宏观经济学的框架中解释资本积累的过程。

基于此，调节学派认为，资本主义经济发展的动态，并非只是市场现象，而是更广泛地受到各种社会制度制约的资本积累体制。资本积累体制不仅把货币制度、劳资关系、竞争、国家、国际关系等各种制度吸收在内，而且通过个人与各个集团的特定意识和行动的媒介而形成调节模式。

明白了调节的含义之后，我们来进一步解读法国调节学派的分析框架及方法论特点。

众所周知，在一个较长的时期，学术界对如何把经济的历史特点和经济理论结合起来一直争论不休。调节学派认为，新古典经济学不考虑任何时间和地点，提供的是一种非历史的经济规律，因而它不能解释资本主义经济的历史性演化过程；而马克思有关资本主义发展的长期动力学虽然强调了社会关系和积累过程的历史特定性，但他使用的概念过于抽象，他用价值代替价格，用剩余价值代替利润，因而只能应用于总体分析和一般计算，而无法应用于具体范围的研究；凯恩斯经济学则偏重于技术经济学，没有充分研究经济增长带来的各种矛盾，它着重于短期的政策管理，而忽视了要说明的现象的规律性认识。

相反，调节学派的分析方法则是寻找历史与理论、社会结构、制度和经济规律性之间的某种更广泛的相互作用。阿格利塔和博耶这些调节学派的先驱者们认为，为了发展一种对资本主义多样化经济形态的演化进行解释的理论框架，“调节”方法应该从更抽象的概念（如生产方式）中找出中间概念和模式，如积累体制和制度形式等，用来解释经济行为者在相互作用时表现出来的规则性，最后再与观察到的事实进行相当细致的比较。调节学派试图通过发展马克思的制度理论，把制度分析与凯恩斯主义宏观经济学结合起来，开创一种不同于从前的历史学派的和制度学派的经济理论。

调节学派有几个重要概念，作为其分析的工具。一是工业生产范式，这个概念指劳动过程中的技术和分工，如手工业生产、大批量生产的泰勒主义。这个概念涉及的是最微观的经济层次，主要是指社会劳动分工的程度。

二是积累体制，主要是在宏观经济层次，针对市场的稳定来讨论的，指维持稳定经济生产与消费平衡类型的模式。利皮茨在《幻想和奇迹：全球福特主义的危机》一书中指出，积累体制“描述了消费和积累之间净产品分配在长期中的稳定作用；它意味着生产条件与雇佣劳动者再生产的条件两方面的转变之间的某种一致性”。一种特定的积累体制得以存在是因为“它的再生产的模式是连贯一致的”。例如，在大规模生产的生产方式下就需要大批量的消费方式来配合，才能形成稳定的积累体制。但是调节学派更认为，一个稳定的积累体制需要外在于经济的政治社会机制来调节，需要一种调节模式。

三是调节模式，基本上是分析介于微观和宏观中间的社会制度层次，指融合规范、制度、传统、组织形式、社会网络、行为类型等在一起的复合体，它们使得行为人遵守规则，形成体制再生产的模式，而维持一个积累体制的稳定。

利皮茨指出，一个调节模式的内容包括：第一，工资关系，这实质上是指资本和劳动的关系，它具有关键的作用，主要包括劳动力市场、技术等级、工资形成以及个人和社会工资、工资的使用、工人的生活方式等。第二，企业形式，包括企业的内部组织、利润来源、竞争模式、企业之间的相互联系，以及企业和银行之间的关系等。企业形式的重要内容是竞争形式，它不仅是传统意义上的价格竞争和市场地位竞争（指垄断竞争还是寡头竞争），更重要的是区域之间、国家之间竞争的形式，以及不同企业组织和关系（如企业联盟）对竞争的影响。第三，货币的本质，指的是货币信贷关系，包括信用或货币交易的形态、金融体系以及金融体系和生产体系的关系。第四，国家机器的作用，指的是政府在经济社会活动中的地位和角色，主要包括国家机器运用财政政策、货币政策、产业政策以及其他经济手段干预经济和社会事务的方式与程度，劳资双方妥协的制度形式等。第五，国际体制，包括国际贸易、投资和资本流动的规则、专业化形态和政治关系，以及为此成立的贸易、投资、货币交易、政治组织等的国际联合组织。

博耶指出，在某种基本层次上，一种调节模式就是指生产与社会需求相适应的某种动态过程，这种社会需求是与某种给定的社会关系构形、组织和结构的形式相联系的一些经济调整的结合形式。在某种二级的更加深入的层次上，解决这个问题的目的在于，以一种长期的历史眼光描述以及可能的话说明从一种调节模式向另一种调节模式的转变。因此，解决这个问题是意义深远的，并且具有普遍性。

四是发展模式。当工业范式、积累体制和调节模式相互调整互补而能够维持一段相当长时期的资本主义稳定发展时，这样的发展称为发展模式。

在调节学派的分析框架中，积累体制、调节模式和发展模式构成了调节理论的概念基础。积累的逻辑是资本主义制度的核心特征，历史为积累的非线性提供了证据：积累的增长形态由危机所间断，这些形态可以被看作在某种时期稳定的结构，积累体制就致力于描述这种形态。

调节学派假定了一个发展模式之内不同层次之间的配合，当它们能够稳定默契时，则能够维持一段长时期的稳定。调节学派认为，社会经济结构主要的制度组织一致性的匹配推动了持续的经济发展，而不匹配则产生了不稳定性、危机和宏观经济的衰退。在调节理论中，长期动态被看作不连续的。当一种发展模式的潜力趋于耗尽时，从前各部分之间的连贯性消失了，直到新的连贯性出现之前，存在着不稳定和无序。在这种情况下，积累过程变得越来越与制度形式的稳定性不兼容，它无法完成在现有制度基础上的自我再生产，不平衡已达到这种情况：在给定的调节模式中，从前自我修正的机制变得无效了，发展模式陷于危机之中，从而产生了缓慢增长、停滞和不得不进行制度变革的压力。此时，新的调节和新的可能性就可能出现。而国家机器在此扮演重要的角色，因为国家机器的制度形式是妥协的结果，使得国家内部不同团体免于永无止境的斗争。

三、法国调节学派对当代资本主义积累方式的分析

对资本主义发展阶段的研究，一直是政治经济学关注的重要课题。因为资本主义自诞生之日起，其发展轨迹就各不相同。加深对于资本主义理解的关键就是对资本主义不同发展阶段上的特殊形式具有更清晰的认识。传统上将资本主义区分为前工业资本主义、早期工业资本主义和后期工业资本主义。但对 20 世纪以来的资本主义发展阶段大家的认识并不一致，其中最重要的，也是争论最激烈的，就是第二次世界大战之后资本主义发展阶段究竟具备什么样的特征。

马克思主义政治经济学和历史唯物主义表明，资本主义作为一种革命性的生产模式，其结构、行为和文化都与人们的生产实践密切相关。资本主义的产生、发展和成熟，始终都是围绕对利润的追求为核心展开的。在资本主义社会中，社会组织以最大化资本的价值为原则，这种对利润的不懈追求，导致整个社会始终处于永恒的变动之中。

调节学派以历史唯物主义理论的这一基本理论立场为出发点，对 20 世纪晚期的资本主义政治经济转变进行了审慎的考察，并做出了相应的分析和批

判。调节学派认为，资本主义经历了一系列不同的历史阶段，每一阶段都以一种特定形式的积累过程为特征，从而形成特定的“积累体制”，而每一种积累体制又都具有特定的“调节模式”，这种调节模式支配着积累过程。调节学派将资本主义的积累体制划分为两大类：一类是粗放型、外延型积累体制，其含义是指在积累的同时，劳动过程没有发生重大变化，积累主要是由劳动时间的增加和劳动力供给的增多来实现的；另一类则是密集型、内涵型的积累体制，这意味着劳动过程在不断变化、劳动生产率持续地提高。由于资本主义生产关系的延伸以及作为其资本积累过程的扩大再生产，都不可避免地与工人阶级的消费结构产生密切的关联，据此又可将积累体制分为两种，一种是缺少工人阶级大规模消费的内涵型积累体制，另一种则是包含工人阶级大规模消费的内涵型积累体制。三种积累体制在历史上依次出现，外延型积累体制存在于19世纪，此时的主要特征就是生产能力的单纯扩张，资本的有机构成和生产率并没有太大的变化。19世纪末20世纪初，随着以劳动的同质化为基础的新的积累体制的巩固，资本主义积累体制由外延型进入了缺少工人阶级大规模消费的内涵型积累体制，而伴有工人阶级大规模消费的内涵型积累体制则出现于第二次世界大战之后，以福特主义生产方式的确立为标志。

调节学派认为，从1945年到1973年间的战后时期，资本主义市场和劳动控制是以福特主义为特征的。福特主义作为一种资本主义生产组织方式，以刚性积累过程为特征，其特点是追求大批量、标准化生产和大批量、标准化消费，这是一种运用集体力量，将经济当作一个整体进行管理与控制的刚性组织方式，其目的是刺激有效需求，进而重建商业信心。可见，调节学派所说的福特主义并非单纯仅意味着这种大批量生产的工业模式，而是涵盖了整个资本主义的经济社会制度，是指以大批量、标准化生产和大批量、标准化消费为基础的生产和生活方式。正如西方马克思主义地理学家、后现代主义的代表人物戴维·哈维所言，“大规模生产意味着大众消费、劳动力再生产的新体制、劳动控制和管理的新策略、新的美学和心理学，简言之，意味着一种新的理性化的、现代主义的和平民主义的民主社会”。

调节学派认为，用调节理论的分析方法来看，福特主义至少包含下面四个层面的特征。

第一，劳动过程。福特主义是一种通过对劳动过程的技术和社会分工，而达到大批量生产标准化产品的架构。这种大批量生产能力主要来自泰勒生产线概念的运用，也就是说对装配作业线的紧密规划，并指定劳工从事特定工作步骤。虽然表面上看来，这种生产线对每位工人进行严密的分工，但由于是半自动化的生产线，其实每位工人的角色是可相互替代的，并非真正的技术分工。所以，在福特主义工厂中的工人只能算是半技术工人。

第二，资本积累体制。作为一种资本积累体制，福特主义主要是以大批量生产和大批量消费并行的体制达到经济增长的。其经济增长的逻辑是，通过大批量生产下的规模经济达到实质生产能力的扩大，并因为生产能力的扩大而增加所有工人的工资，工资增加则带来更大的消费能力，这种消费能力提高就消化了大批量生产所需要的市场。企业依靠这种积累体制获得更大利润，并进行技术和设备投资以进一步提高其生产能力。这种良性循环并非自然而然生成的，而是通过某些政策干预维持其运作。即为了确保由利润转化而来的投资增长和工人购买力的增长相配合，需要凯恩斯主义宏观经济政策实施国家干预以维持有效需求。

第三，调节模式。要维持上述良性的循环有许多条件，也就是制度性的调节因素。例如，大企业对其内部工会的承认，以及通过与工会的工资协商达到工资的提高。因为工资是生产能力扩大与产品价格之间的指数，如果生产能力扩大后工资未随之增加，则产品就会因为工人的购买力有限而出现滞销。相反，如果生产能力没有扩大而工资却不断增加，就会造成企业经营出现困难。因此，在福特主义工业社会中，工会的协商权获得资方的承认，并发挥相当大的影响力以维持这种良性循环。在采取统合主义精神的欧洲国家，工会更是制定国家财经政策不可或缺的参与者。欧洲国家的共产党以及社会主义政党等代表工人阶级的政党，就是在这种政治经济背景下获得进入政府的机会。

第四，社会化模式。如何确保工人将工资用于消费，将是此种良性循环的关键，也是企业预期利润而愿意继续投入技术研发扩大生产能力的关键。因此，福特主义更牵涉到一种社会化的模式，也就是消费文化的诞生。通过对“美国式生活”此种观念的宣传，诸如汽车、电视、洗衣机、冰箱以及家庭旅游等都成为每个家庭追求的价值观。

为了增加居民消费愿望，国家必须提供基本的失业和退休保障，亦即通过社会福利体制巩固福特主义所需要的大批量消费结构。然而，由于美国自立宪以来并没有“建立大有为政府”的政治传统，因此并未真正形成完整的社会福利体制。只有在西欧国家因为社会主义政党的影响而形成一套完整的社会福利制度。总之，社会福利国家与福特主义工业社会并不是互相矛盾的体制，反而是欧洲式福特主义维持其资本积累所需要的社会机制。

第五，由美国支配下的国际贸易和金融体系相配合，如布雷顿森林会议所建立的世界银行和国际货币基金组织，以美国黄金储备为基础，并以美元为本位作为世界各国汇率的基准，来维系国际贸易和国际投资的运作。

由此可见，福特主义调节模式的主要特征为：和谐的集体谈判、福利国家、凯恩斯主义的宏观政策和美国的霸权。福特主义的劳动过程带来了生产率的高速增长，而集体谈判和罗斯福新政则催生了大规模大众消费，这有利于产出的新增价值的实现。凯恩斯主义的宏观政策也有助于解决价值实现的困难。国家军备扩张产生的新技术带动了民用部门，提高了劳动生产率。价格制定中的垄断寡头模式，也有利于积累体制的稳定，战后货币和信用制度的发展创造了信用扩张和积累所需要的流通手段，而美国霸权则为资本积累创造了稳定的环境。

然而，20 世纪 60 年代末期福特主义生产模式却面临了空前的危机。首先，生产能力扩大出现瓶颈，许多产品和生产技术皆已进入成熟期，很难再有突破性增长，这种情况造成原有的通过科技和设备研发而提高生产能力的方式出现困难。其次，由于欧共体、日本等国家的资本和美国资本在国际上的激烈竞争，公司无法快速地改变竞争策略，加之科技进步放缓，使得生产能力下降。最后，在国际上开拓新市场的努力也没有太大的成效，因为许多发展中国家受限于沉重外债和较低的国民收入，不具备对发达国家产品的购买力。企业在缺乏新市场的前景下，投入技术研发的意愿也随之降低，从而对生产能力的提高更加不利，因此形成一种恶性循环。除此之外，企业开始出现以裁员来适应生产力下降及利润降低之现实，此举进一步加剧了社会消费能力的普遍紧缩，也导致恶性循环的开始。更重要的是，由于欧洲各国政府早已经确立了失业保障等社会福利体系，一旦失业增加就会造成政府财政上更大的困难。

从另一个角度看，上述危机的形成也与福特主义生产模式自身的特性有明显关联。由于这种生产模式以僵硬化的装配作业线为基础，产品标准化、过程机械化，其产品的特点是品种整齐划一，很难适应市场的需求取向变化。然而随着消费者日渐追求差异化商品的时代来临，这种生产模式就会出现生产能力和市场容量之落差。而在规模经济条件下，企业必须尽其最大生产能力进行生产，也就是生产能力的极大化，才能达到所谓的规模经济效应。然而消费市场的走向却是转型为对差异化商品的需求，亦即需要更弹性化的生产过程。这种生产能力和市场性的差距进一步导致企业库存日益增多，成为企业的沉重负担。

调节学派认为，这种矛盾，在表面上可以用“僵化”一词来概括，表现为批量化生产系统内长期大批固定投资的僵化，阻碍了计划的弹性和不同消费市场的稳定增长。同时，这种僵化也体现在就业和劳动力市场上，以财政为基础的政府也受到了生产僵化的严重限制。而这种矛盾的深层原因，在于存在一个损坏而不是保护资本积累的大资本和大政府。简言之，福特主义积累体制危机的根源在于这种积累体制在现存的调节模式内的发展潜力已被耗尽。

1973 年由石油危机引发的席卷整个资本主义世界的大衰退和大危机，使人们清晰地目睹了福特主义作为生产组织形式的破坏作用。因此，从 20 世纪

70 年代到 80 年代，人们开始尝试对经济、社会和政治进行连续不断的重构和调整。法国调节学派认为，资本主义社会从此迈向了所谓的后福特主义时代。

调节学派认为，在后福特主义时代，相对于前期的福特主义主要有以下几个特色：(1) 在工业范式上，由于市场竞争激烈，大型跨国公司的庞大体系愈来愈无法面对变化快速的市场需求，而逐渐缩小或分解为数个小公司，少量多变的生产形态逐渐成为主要的生产特色。甚至在科技发明上，大公司不再是主要来源，弹性专精的中小企业逐渐扮演重要角色。(2) 在积累体制上，由于生产能力的下降，大批量生产与大批量消费的配合出现问题。(3) 在调节模式上，国家机器采取比较倾向自由化的放松管制措施，对企业和工会的约束愈来愈小，让市场机能发挥调节的功能；大批量削减福利预算，降低国家机器的财政赤字，强化对劳动力的激励作用。原先极力推行的凯恩斯主义的宏观政策失去效力，过去政府刺激经济的努力现在被看作导致通货膨胀和阻碍自由市场与资源有效配置的主要原因。(4) 在国际体制上，以美国为首的战后经济秩序，由于欧、日的崛起，美元本位的瓦解，浮动汇率的出现，使得原有的国际架构无法面对，而新的国际形势又缺乏新的国际架构来规范。但是调节学派指出，后福特主义不像福特主义时期那么清楚的有制度的支撑，弹性多变而无明显的规律是其特色，一个稳定的发展模式仍未出现。

从国际分工的角度分析，福特主义与后福特主义也有很大的不同。福特主义的生产基本上以发达国家内部的生产和消费为主，然而，由于发达国家之间的竞争，福特主义的生产流程分化，使得部分厂商将生产流程最标准化的后段外移，这就造成了外围地区的工业化。而外围地区的工业化基本上是基于廉价劳动力，其生产是断裂的，主要在供应发达国家的市场，而无内部市场。在这样的国际分工格局下，发达国家与欠发达国家壁垒分明，核心、外围或半外围的区分仍然清楚。然而，随着福特主义的瓦解，以及发达国家，特别是新兴工业化国家的兴起，以及逐渐形成具有内部市场的外围福特主义，一个随着后福特主义阶段的更新的国际分工格局出现了。在此阶段，世界分成美、欧、日和各自邻近地区的三大块，这三大块之间互相竞争，而且在三大块之内，也各自形成了内部的次级世界分工，有中心和外围地区出现。由于弹性生产、跨国合作和快速的资本流动，新的国际分工已不再像过去那么区位分明，而是在不同地方以不同的方式生产相类似的产品。全球化因此意味着全球的区域化，而在各大区域内又有内部分化和分工，各小区域以各自的特色生产又在国际上竞争。

在法国调节学派内部，对福特主义之后的资本主义积累方式的看法不尽相同。作为调节学派的创始人，阿格利塔不同意利皮茨、博耶等人提出的后福特主义积累体制的说法。他认为，自20世纪80年代起，在发达国家，首先是在美国，在国家干预下形成了一种新的积累体制，即金融资产增长的积累体制，它以增加供给、扩大投资的理论为基础。其特点是：在生产和技术方面，强调对劳动的集约投资和信息投资，重视资本生产率的提高；在企业治理方面，推行雇员股东制和机构投资；在企业效益评估标准方面，强调股市盈利水平；在劳资关系方面，强调在价格的制约下，尽量降低工资成本，采用个别谈判方式决定工资标准；在市场竞争方面，强调产品价格由国际价格加汇率决定。金融资产增长积累体制是一种内涵型积累方式。从福特主义积累体制向金融资产增长积累体制的转变是国家宏观调控的结果，这一转变在微观层次的反映是：企业股权分散化，企业管理者把部分权力转让给股东，投资者把投资风险转让给企业，企业到资本市场寻求风险资本以分散风险，从而获得新的投资和发展动力。阿格利塔把这种国家调节方式的转变称为从财政赤字政府向企业投资政府的转变。

除了对资本主义制度的本质特征进行分析以外，20世纪90年代，随着经济全球化的蔓延，调节学派主要的研究重点则由对后福特主义的争论转变到对全球化的研究上。调节学派认为，90年代的经济全球化，根源于70年代以来欧美福特主义积累体制的危机以及针对此危机而由国家与企业（尤其是跨国公司）所采取的后福特重组策略；尤其以英美为主的新自由主义国家策略强调国家放松管制和经济自由化，其对资本主义的全球化发展更具有推波助澜的效果。

博耶认为，全球化正重新界定国内经济有效调节者的国家角色，全球化只是资本主义转型的外显现象，因而全球化是有其局限的。其具体观点如下。

（1）全球化是重要的，但并不是全新的现象或势不可当。经济活动的国际化从大英帝国主导全球势力至今并未改变很多，不过当今全球化与过去的全球化相比，在本质上和数量上都极为不同，各国的经济活动也被高度地加以国际化。即使像日本、瑞典和法国等国，其之前并未倡导自由化，目前却也已经接受必须开放市场的做法，而不管其成本和结果。但若就此下结论说资本主义将完全成为全球性则是错误的，因为世界各国仍有其特定的生产方式、劳资关系、税制和经济政策。

（2）国际化过程显示各国创新系统的持续，而创新系统深入根植于教育和金融体制的相关网络中，是不容易被模仿的。过去二十年来创新体系也因资本流动的增加而被强化。世界各主要工业国各有其高度专精技术的产业部门，而且新的世界分工也纳入很多新兴工业化国家，使其专门于福特主义大批量生产并得到更大的市场占有率。

（3）金融市场的支配是可以而且也必须被翻转过来的。过去二十年来各国经济政策——公共支出、货币和赋税政策，似乎在国际金融债权人监督下失去个别自主性，虽然各国共同的趋势是金融解除管制，但在德国、日本以及法国部分地区，其银行体系和企业财务不同于英国、美国以股市为主的金融体系。很多政府害怕采取不利于金融市场的政策，其结果是他们并未发展出有效打击失业的措施，反而只能被动地接受全球化。目前大家普遍的感觉是金融市场被赋予过度权力，其不仅决定资金外流，而且比各国选出的国会更能控制政府。

（4）企业追求全球竞争和提升技术水平的同时，却采取弹性运用劳工的策略，还已明显弱化各国劳工的集体议价地位。各国的解除管制措施，更助长企业外移至低工资、有很多高技术和半技术劳动力的地方。其结果是服务业新创的就业机会仍不够填满工业重构所造成的虚空；在美国产生很多低薪、有工作的穷人，而在欧洲则是高失业率的现象。

（5）现代民族国家面临艰困的转型期，其必须做大幅改革以诱发新增长体制的出现，让工资和利润都能与竞争力同时并进。毕竟个别国家对人们而言有其价值和意义，而社会稳定对任何社区都是很重要的。20 世纪 90 年代与 21 世纪新增长体制建立在国家必须大量提供重要的公共财政，长期投资于科学政策、电讯交通以及教育和健康领域的基础上。国家也需要有一个高度互信的产业关系以扶植企业的合作和创新。因此，国家机器必须重新被强化并且注意到市场的分配与再分配的影响。

（6）经济自由化需要更民主的国家政策。经济自由化过程中政府已经卸下很多责任给企业，而且政府的经济政策也都以解除管制和企业国际化为目标。但是这种过程是无法持久的，因为每个地方的社会需要不同的方向和取向。目前出现极右的仇外社会运动就是对全球化的直接反应；而在左边的光谱上，妇女组织、环保行动者和民粹组织等社会团体，已经被高度无常的市场重重打击。这些民族运动者提出市场必须被民主加以控制，而非市场掌控民主。他们认为必须提出社会能控制经济的新方式。这并不容易做到，但将会发生，因为市场的不稳定需要社会发现新的方式，去稳定经济从而护卫社会的将来。

博耶因此认为，不管在任何时候，民族国家是不能轻易被市场替代的，因为这是唯一可以护卫公民的社会凝聚力和其社会价值的体制。他认为，经济并不是完全依据供需法则而自主运作的实体，它是被国家行动深入塑造而成的。

四、若干评述

从上面的论述我们可以看出，调节学派作为西方马克思主义经济学的一个学派，以其提出的一系列新概念和分析方法构成了一个新研究领域，因而它的出现受到世界各国学术界的广泛关注。它的研究重点是关注各种社会制度的变化，特别是它集中关注资本主义经济的长期转变。法国调节学派最突出的学术贡献就是对资本主义的积累体制作了历史的、理论的、比较的分析。

传统的经济学理论——新古典经济学、凯恩斯主义经济学，虽然强调一些高度抽象系统的一般永恒性，但是他们认为，在这些系统中，历史只是作为一种证据在起作用，或者作为一种扰动因素而不足取信。相反，调节学派则是寻找历史与理论、社会结构、制度和经济规律性之间的某种更广泛的相互作用，试图恢复和发展马克思主义经济学对资本积累规律的分析和认识。戴维·哈维认为，调节学派的思考方法和分析方式的优点在于：它从总体上考察了特定历史时期和场所对产量增长的稳定性、收入和消费的总分配关系，并将其视为统一、有机的关系和制度，因而调节学派也将资本主义特定场所和时代产生出来的为了资本积累的目的而如何组织劳动力的问题概念化和理论化了。

美国马克思主义经济学家罗伯特·布伦纳更是对法国调节学派的理论创新加以高度评价。布伦纳认为，法国调节学派提出了一项关于资本主义发展规律的新理论，这一理论补充和完善了马克思主义经济学。调节学派提供了一个中间性的模式，使理论在历史上更为具体、在经验中更能检验。调节学派把资本主义理解为一系列阶段，每个阶段在结构上都与不同的经济类型有关。它的概念包括调节模式、积累体制以及发展模式，可视为马克思主义的生产方式、生产关系和生产力。积累体制是相对稳定的一系列规律；调节模式是历史上发展起来的相对完整的一个体制网络，它复制基本的资本主义财产关系，引导盛行的积累体制，帮助协调经济中各个单位采取的有着潜在冲突的大量分散决策。特别是，它决定资本与雇佣劳动之间的关系。发展模式来自调节模式与积累体制的结合以及周期性的和自我调节危机的经验。

从目前的文献来看，调节学派所提出的“福特主义积累体制”不仅在西方马克思主义经济学家中间得到普遍认同，还对社会学、地理学、心理学、文化学以及西方社会的各种思潮产生了冲击和影响，可以说它的贡献不单纯局限于经济学，调节学派的影响是多方面、全方位的。

不过，调节学派的一些观点也有较大缺陷和不足之处。第一，调节学派中大部分学者只满足于在资本主义内部进行社会改良，认为资本主义经济制度虽然有各种弊病，但资本主义具有自我调节、自我更新、自我发展的能力，因而仍然是世界上最好的制度。从这个意义上分析，调节学派的理论在本质上都没有触及资本主义的所有制，仅仅是局限于资本主义经济制度的框架内，因而造成了调节学派理论的局限性。

第二，部分调节学派的理论家，因过于关心现代资本主义各种制度的作用及其调节方式，而忽视甚至否定了《资本论》中有关资本主义资本积累的基础性考察，认为在经济学上不需要“劳动价值理论”和“剩余价值学说”，甚至质疑研究资本主义资本积累原理的一般理论的必要性，并且认为将《资本论》视为资本主义的一般理论的看法，其实是“19 世纪和自由竞争的特权化”。例如，日本的调节学派代表性理论家山田锐夫就曾说过：“把资本主义的变化，当作‘原理表现形式的变化’的时代已经过去了，现在需要的是修正原理或再构造经济的时候了。”换言之，他们意图将他们的调节学派提高到“显现于资本主义所有发展阶段”的层次，进一步取代《资本论》的地位。这种否定《资本论》的理论倾向和研究态度显然是不正确的，需要我们在研究调节学派的观点时加以批判。

第三，对资本主义生产方式演变的影响虽然是资本积累体制起主导作用，但也存在其他影响因素。一些学者指出，第一次世界大战后，资本主义生产方式的发展一方面受到世界战争的影响，另一方面则是为了对抗当时正在全世界兴起的社会主义运动，因而其体制的进化自然不能只从资本积累的内在逻辑来说明。但是，调节学派轻易地将马克思的劳动价值论和列宁等人的帝国主义论等一系列经典理论视为“过时”的观点而予以抛弃，并且忽略或轻视第二次世界大战对资本主义发展造成的冲击，也忽略了冷战格局以及西方阵营为了对抗社会主义制度在全球的扩展而采用的充分就业政策和福利国家化的意义。

英国沃威克大学教授西蒙·克拉克（Simon Clarke）批评道：“那种认为第二次世界大战后经济繁荣是建立在调节积累模式的制度化、并通过这种模式使得资本积累受制于民族国家的指挥上的观点是错误的。尽管国家更积极地调节资本积累，但是并没有能够把资本和国家的关系颠倒过来。战后的国家干预被世界范围内资本积累的矛盾形式钻了空子。资本国际化的趋势和资本自由化趋势并不是新东西，但确实是第二次世界大战以来的主要趋势，无论在经济繁荣还是在经济危机时期都是如此。”

同时，调节学派忽视了主导产业对资本主义社会生产关系的影响。生产关系的历史特征与属于上层建筑的各种制度，对生产力发展的方向、速度无疑具有重要的影响力。但就现代资本主义的发展而言，不应该忽视主导性产业的性质及其积累方式对提高生产力的具体影响。也就是说，各种社会制度的作用和调节方式对资本的积累当然有所影响，但是为了了解其具体的影响，也应该考虑主导性产业的性质及其技术特性的变化。

有的学者指出，调节学派尽管强调调节方式对资本积累的作用，但是它并没有充分注意到该时期主导性产业的性质及其所扮演的角色意义——第二次世界大战后的劳动分工格局和福特主义生产方式之所以能够在美国形成并迅速推广到欧洲各个资本主义国家，一个最重要的因素是由于家用电器、汽车等耐久性消费品的大批量生产所致。

第四，调节学派主要关心的是资本主义社会资本积累的社会结构和调节方式，如何在高速增长时期以及随后的危机与重整时期产生变化。但是，对于成为经济高速增长原因的社会结构与调节方式，为何到了20世纪70年代初期就陷入机能不足而产生经济危机，则没有作充分的分析。

西蒙·克拉克认为，法国调节学派提出的关于积累的福特制度的一种模式，强调通过或明或暗的劳资协调保持工资与生产率同比增长。这是对凯恩斯主义的有力批评，也是对明晰这一时期资本主义发展逻辑的重要贡献。在重视工会对经济增长的有效作用以及福利国家政策对经济的辅助作用方面，福特主义的模式与社会民主制度具有一致性。然而，福特主义的模式表现得好像是当代资本主义的抽象理论模式，而取代了凯恩斯的理论，并被视为替代较早的帝国主义理论，甚至更早的《资本论》中的竞争资本主义的新模式。

在这样抽象的水平上，福特主义的模式没有对适合资本积累和福特制发展的条件作出更具体的历史分析。其弱点就在于难以在自身的理论框架内解释成功的持续经济增长过程为什么会停止，结果必然同凯恩斯理论表现的弱点一样。

对于调节学派的国际分工理论，埃及著名马克思主义经济学家萨米尔·阿明在其著作《资本主义的危机》中也进行了批评性的评价，他指出："调节理论的贡献是有限的，不完全的。因为这个理论像是在用放大镜来仔细研究'福特主义'资本主义，却没有看到落在放大镜之外的区域和问题。换言之，这些理论只是聚焦于资本主义发达的中心地区，而却忘记了资本主义是一个世界性体系，中心地区本身不能构成未来世界的全貌，而且只有把它们放在与整个世界体系的关系中，才能真正地了解它们。"

总之，虽然调节学派的理论和主张存在许多缺点和错误，对它们的评价在国外学术界有许多争论，但是调节学派对资本主义生产方式的研究和探索，无疑推动了马克思主义经济学的发展，丰富了马克思主义经济学的内容，扩大了马克思主义经济学的影响，因而它们的历史地位和作用不容忽视。

参考文献

[1]［英］J·伊特韦尔等主编：《新帕尔格雷夫经济学大辞典》，经济科学出版社1996年版。

[2]［英］J. 罗杰斯·霍林斯沃斯、［英］罗伯特·博耶主编：《当代资本主义——制度的移植》，重庆出版社2001年版。

[3]［英］M. C. 霍华德、J. E. 金：《马克思主义经济学史（1929—1990）》，中央编译出版社2003年版。

[4]［美］戴维·哈维：《后现代状况——对文化变迁之缘起的探究》，商务印书馆2003年版。

[5]［美］哈里·布雷弗曼：《劳动与垄断资本——二十世纪中劳动的退化》，商务印书馆1978年版。

[6] 贾根良：《法国调节学派制度与演化经济学概述》，载于《经济学动态》

2003 年第 9 期。

[7] [美] 罗纳德·H. 奇尔科特:《比较政治经济学理论》，社科文献出版社 2001 年版。

[8] [法] 米歇尔·阿格利塔:《当代资本主义的变化》，载于《马克思主义与现实》2002 年第 1 期。

[9] 张世鹏等编译:《全球化时代的资本主义》，中央编译出版社版 1998 年版。

[10] 张宇、孟捷、卢荻主编: 《高级政治经济学》，经济科学出版社 2002 年版。

[11] 朱钟棣:《西方学者对马克思主义经济理论的研究》，上海人民出版社 1991 年版。

[12] Aglietta, Michel, *A Theory of Capitalist Regulation: The U. S. Experience*, London: Verso (first published in French 1976), 1979.

[13] Boyer, Robert, *The Regulation School: A Critical Introduction*, New York: Columbia University Press (first published in French 1986), 1990.

[14] Boyer, Robert, Yves Saillard eds., *Regulation Theory: The State of the Art*, London: Routledge, 2002.

[15] J. Rogers Hollingsworth, Robert Boyer eds., *Contemporary Capitalist: The Embeddedness of Institutions*, Cambridge: Cambridge University Press, 1997.

[16] David Harvey, *The Condition of Postmodernity: An Inquiry into the Origins of Cultural Change*, London: Blackwell Publishers Inc, 1990.

[17] Jessop, Bob, "Regulation Theories in Retrospect and Prospect", *Economy and Society*, 1990 (19): 153 - 216.

[18] Jessop, Bob ed., *Regulationist Perspectives On Fordism And Post-Fordism*, Northampton: Edward Elgar Publishing, 2001.

[19] Lipietz, Alain, *Mirages and Miracles: The Crises of Global Fordism*, London: Verso, 1987.

改革开放 40 年后基础设施投资还是稳增长的法宝吗*

2018 年是中国实施改革开放 40 周年。40 年来，中国经济发展和社会主义现代化建设事业取得了有目共睹的成就，中国特色社会主义进入了新时代，进入了新的发展阶段。据国家统计局测算，1980 ~ 2015 年，中国实际 GDP 年均增长速度达到 9.70%，是世界上经济发展最快的国家。1978 ~ 2017 年，中国 GDP 由 3645 亿元增加到 827122 亿元，40 年间增长了 226 倍。我国已从低收入国家进入上中等收入国家，正向高收入国家迈进。中国经济总量自 2010 年以来一直稳居世界第二位，成为世界第一制造大国、第一货物出口大国、重要对外投资国。

中国经济发展的成就除了得益于发展和完善的社会主义市场经济体制之外，一个最明显的因素就是基础设施资本投资尤其是政府对基础设施领域的投资政策，在推动中国经济增长过程中发挥了极其重要的作用。具体数据见图 1。

众所周知，改革开放前十年，基础设施落后一直是制约中国经济发展的“瓶颈”，铁路、公路、港口、能源、电力、煤炭、通信以及城市基础设施等

---

* 本文原载于《人文杂志》2018 年第 6 期。合作者：陈世金、王爱萍。基金项目：国家社科基金重点项目“推进我国资本市场的改革、规范和发展研究”（项目号：14AZD035）；北京市中国特色社会主义理论体系研究中心项目“大都市圈的发展与治理研究”（项目号：ZT2015003）。

相关领域的产品或服务短缺，严重阻碍了国民经济的发展。进入20世纪90年代以来，为弥补历史欠账、克服有效需求不足，国家开始加大对基础设施的投资力度。尤其是1997年亚洲金融危机爆发后，中国政府为了克服有效需求相对不足，首次采用积极的财政政策加大对农业、水利、交通、通信、城市建设等领域基础设施投资支出，刺激国内需求，成功抵御了经济增长减缓的压力，促进了国民经济快速增长。

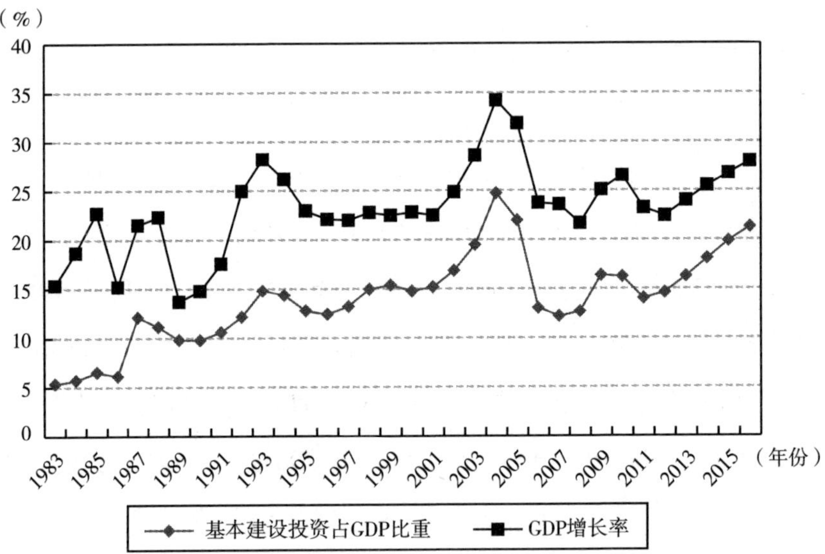

图1　基本建设投资占比与GDP增长率变化趋势

资料来源：根据历年《中国统计年鉴》及国家统计局公布的各年国民经济和社会发展统计公报数据整理而得。

2008年为应对金融危机和经济下行压力，我国政府又多次采取加大基础设施投资刺激计划以促进经济增长。2009年，我国推出四万亿经济刺激方案，2014年，又陆续出台支持棚户区改造、铁路、信息消费、节能环保等调结构、稳增长的微刺激政策，上述政策主要是针对铁路、水利、港口、机场等基础设施建设领域的投资。2015年10月，在国民经济发展第十三个五年规划建议中，中央要求深化投融资体制改革，继续发挥投资对增长的关键作用，创新基础设施融资体制，以基础设施建设为引领，加快城际基础设施的互联互通。

2017 年政府工作报告提出要加快提升基础设施和公共服务的支撑能力，积极扩大有效投资，引导资金更多投向补短板、调结构、促创新、惠民生的领域，通过继续加强轨道交通、航空、电信基础设施等重大项目建设，实现精准加力补短板。

然而，自中国经济进入新常态，经济增速由原来的高速增长开始进入中高速增长以来，中国经济呈现的速度换挡、结构调整和动能转换的新特征，给投资需求带来了巨大影响。面对经济下行的压力，尽管在经济类基础设施投资占 GDP 的比例持续增加的情况下，经济增长速度却不断下滑（见图 2）。因此，在中国进入新常态、迈入新时代，经济发展格局和模式发生重大转变，消费已成为经济增长主要拉动力的情况下，如何认识投资特别是基础设施建设投资在中国经济增长中的地位和作用，再次成为备受社会各界关注的热门话题。基础设施建设投资是不是稳增长不可替代的手段，还能像过去一样是拉动经济增长的主要法宝吗？本文拟通过梳理改革开放 40 年来基础设施投资和经济增长的关系，考察我国的基础设施投资在引领民间投资、促进经济增

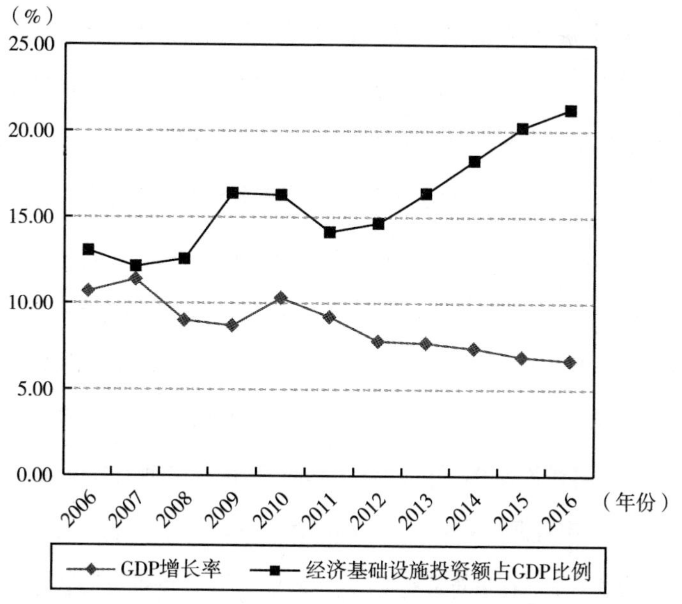

图 2　经济类基础设施占比与 GDP 增长率变化趋势

资料来源：根据国家统计局公布的各年国民经济和社会发展统计公报数据整理而得。

长方面发挥的作用和效果，来回答上述疑问。本文利用我国30个省份面板数据，使用系统GMM、固定效应估计等方法实证分析了基础设施投资对经济增长影响效果。实证结果表明：基础设施投资对经济增长呈现出倒“U”型的关系，当前我国正处于并将长期处于倒“U”型曲线的上升阶段，基础设施投资对于经济增长的拉动作用显著，维持基础设施建设投资在一个适当的水平仍是我国稳增长的重要法宝，客观上有助于中国经济发展动力机制完成由投资驱动向创新驱动的转变。

一、文献综述

以索洛、拉姆齐、罗默为代表的新古典经济增长理论将基础设施投资引入总生产函数中，建立了研究基础设施投资与经济增长关系的基本框架。阿罗和库尔茨（Arrow and Kurz，1970）最早把公共资本引入生产函数，研究公共资本对于私人资本的影响机制，并运用拉姆齐模型进行最优资本存量的数理分析。绝大部分国外学者认为基础设施投资对经济增长具有明显的促进作用。例如，阿尔肖（Aschauer，1989）较早对基础设施投资效应进行了研究，他运用美国数据对全要素生产率进行分解，并进行回归分析，发现核心基础设施如高速公路、机场、供水系统等对经济增长最具有解释力。博夫伊斯等（Bougheas et al.，2000）认为基础设施投资与经济增长之间呈现出非单调的倒“U”型关系，且目前绝大部分国家都处于曲线的上升部分。德米尔热（Demurger，2001）使用中国24个省份1985～1998年的面板数据，在控制了地理位置、改革开放力度的影响之后，实证分析表明交通和电信基础设施的便利程度可在很大程度上解释各省份经济发展的差异性。法尔哈迪（Farhadi，2015）使用18个OECD国家数据，采用系统GMM方法分析了公共基础设施投资的影响，结果表明基础设施资本存量对劳动生产率和全要素生产率提高有显著正向影响。

少部分学者研究认为基础设施投资对经济增长的促进效应并不明显，甚至有负面影响。例如，霍尔茨－埃金等（Holtz-Eakin et al.，1995）使用美国州数据进行实证分析表明，基础设施投资改变了要素价格、降低了制造业成本的同时，也降低了企业的规模报酬和外部收益率，实证结果表明基础设施资本存量对经济增长的影响并不显著。加西亚－米拉等（Garcia-Mila et al.，1993）构造柯布－道格拉斯函数后，对美国州面板数据进行了固定效应和随机效应估计，发现基础设施对经济增长并无显著的正面影响。利珀等（Leeper et al.，2010）使用新古典增长模型，分析了政府投资的经济效应，结果发现财政刺激的政府基础设施投资容易导致公共建设的迟滞以及公共资本配置效率的低下。席等（Shi et al.，2014）研究认为，2008 年后中国的一般性基础设施投资已过度。阿尔帕斯兰等（Alpaslan et al.，2014）研究了基础设施投资结构对经济增长的影响，认为一般性基础设施主要影响一国的模仿创新，而科技型基础设施则会影响自主创新，并且在不同的经济发展阶段，两者对经济影响有很大差异。

国内的范九利等（2004）使用 1981～2001 年的数据，应用生产函数法估计出基础设施资本对经济增长的产出弹性为 0.695，并且生产函数表现出显著的规模报酬递增特性。郭庆旺等（2006）以我国 1981～2004 年的数据为基础，在向量自回归的分析框架下，考察我国基础设施投资对产出的影响，结果表明，基础设施总投资、交通运输仓储和邮电通信投资以及电力投资对产出具有较大的、持久的正影响。李妍等（2015）基于中国 31 个省份 1997～2013 年的数据，采用动态面板系统 GMM 估计方法研究了城市基础设施投资与经济增长之间的关系，结果表明，目前我国正处于基础设施投资与经济增长倒“U”型曲线中的上升阶段。

唐东波（2015）分析了中国基础设施投资对私人投资有较强的挤入效应，基础设施通过改善市场环境、降低产业投资成本，能够间接提高私人投资的边际回报。孙早等（2015）以中国 2003～2012 年间的面板数据估计了基础设施建设投资与东、中部地区及西部地区经济增长之间的关系，结果显示，基础设施建设投资与东、中部地区经济增长之间存在着显著的倒“U”型关系。童健和武康平（2016）构建了经济发展进程与基础设施投资结构变迁的模型，实证检验发现一般性基础设施（铁路、公路、机场等）在经济发展初级阶段对经济增长的促进作用显著，当经济发展处于较高水平时，科技型基础设施（教育、科技、医疗、社会保障）对经济增长和自主创新的作用强于一般型基础设施。王继源等（2016）基于投入产出的角度实证分析了“一带一路”基础设施投资对我国经济有显著的拉动作用。李明等（2017）采用空间计量模型分析了我国省际公共基础设施存量对经济影响具有很强的空间溢出效应，不仅能促进当地经济增长还能促进邻近省份的经济发展，即存在正的溢出效应。

综合国内外对于基础设施与经济增长关系的研究可知：首先，大部分学者都认为基础设施建设投资对于一国经济增长具有促进作用，主要通过提高要素生产率、降低企业成本、提高交易效率来促进经济增长；其次，基础设施建设投资与经济增长关系的研究方法主要有静态面板数据的固定效应估计、随机效应估计、GMM 估计，动态面板数据的系统 GMM 估计和差分 GMM 估计，时间序列数据的 VAR 和向量误差修正模型；最后，对于基础设施投资经济效益的实证分析主要包括总的产出弹性、对全要素生产率的影响以及基础设施投资决策的主要影响因素等。

本文拟首先使用三部门的数理模型分析基础设施投资对经济增长的影响机制，然后选择我国 30 个省份在分税制改革后，即 1993 ~ 2015 年间的面板数据分别进行静态分析和动态分析。对于静态分析，主要采用固定效应和工具变量的 GMM 方法考察基础设施投资对于经济增长的长期影响效果，而动态分析则主要采用系统 GMM 估计方法考察基础设施投资对经济增长的短期效应。

二、模型数理分析及数据说明

（一）数理模型分析

数理模型主要考虑代表性家庭、厂商、政府三部门。代表性家庭，以追求自身无限寿命期内总消费（C）的效用最大化为目标，劳动力数量每年的增

长率为 n，总劳动力人数是外生变量；代表性厂商以企业的利润最大化为目标，每年私人资本的折旧率为 δ。政府的公共支出（G）来源于固定税率 τ_t 的税收收入，不考虑其他遗漏且政府全部收入用于公共基础设施投资。根据新古典经济增长的索洛模型设计三要素的总生产函数：

$$Y_t = A_t \times F(K_t, KG_t, L_t) \tag{1}$$

其中，Y_t 代表实际产出，K_t 代表私人资本存量，KG_t 代表政府资本支出，L_t 代表劳动力，A_t 代表技术水平。使用下面的汉密尔顿方程来解：

$$H_t = u(c_t)e^{-\rho t} + \lambda_1(L_t^{z-1}A_t f(k_t, kg_t) - c_t - (\delta+n)k_t - \tau_t) + \lambda_2(\tau_t - (\delta+n)kg_t) \tag{2}$$

对汉密尔顿方程取一阶导数，得到各变量方程的一阶条件式，并对时间 t 取微分可得到欧拉方程式：

$$-\frac{\dot{u}_c}{u_c} = [L_t^{z-1}A_t f_k - (\delta+n)] - \rho \tag{3}$$

$$L_t^{z-1}A_t f_k = L_t^{z-1}A_t f_{kg} \tag{4}$$

其中，$L_t^{z-1}A_t f_k$ 和 $L_t^{z-1}A_t f_{kg}$ 分别为私人资本和公共资本的边际产出。

（二）数理分析结论及实证模型设计

从欧拉方程式（3）可知，私人资本边际产出越高，对代表性家户当期消费的抑制程度越高，从而促使家户选择更高效用的未来消费。时间贴现率、人口增长速度和资本折现率对劳动者边际消费效用都有显著影响。另外，从欧拉方程式（4）可知，私人资本与公共资本存量的最优条件为：公共资本的边际产出与私人资本的边际产出相等。如果公共资本的边际产出大于私人资本的边际产出，则政府应增加公共项目投资，从而实现社会经济效应的最大化；相反，如果公共基础设施资本投资的边际产出低于私人资本的边际产出，则意味着对于公共基础设施建设应主要依靠私人资本进行投资，从而实现经济效应趋向帕累托最优。

经济产出主要由劳动力、资本等有形生产要素和技术水平、制度、经济结构等影响经济效率的无形因素决定。本文参照巴罗和萨拉－伊－马丁（Barro and Sala-I-Martin，1992）内生经济增长理论，以及罗奇（Roache，2007）提出的三要素扩展的柯布—道格拉斯生产函数模型考察基础设施投资对经济增长的影响。生产函数模型1如下：

$$Y_t = A_t \times F(K_t, G_t, L_t) \tag{5}$$

其中，Y_t 表示总产出水平，A_t 代表全要素生产率，K_t 代表私人资本，G_t 代表基础设施投资资本，L_t 代表劳动力。为了考察基础设施投资对于实际经济增长的经济效应，本文控制变量的选取主要参考了龚六堂（2009）、毛捷等（2011）、武康平等（2016）和沈春苗等（2015）的研究结论，认为通货膨胀、产业结构、对外开放度、城市化水平等宏观经济变量是影响经济增长的重要因素。实证分析中控制变量主要包括各省城镇化率、对外开放程度、产业结构、人口增长因素、金融发展水平、教育状况等，具体实证分析静态模型2设计如下：

$$\ln rgdp_{i,t} = \alpha_0 + \beta_1 \ln cap_{i,t} + \beta_2 X_{i,t} + \beta_3 urb_{i,t} + \beta_4 scap_{i,t} + u_i + \varepsilon_{i,t} \tag{6}$$

其中，$rgdp_{i,t}$代表实际人均GDP；$cap_{i,t}$代表基础设施投资规模；$urb_{i,t}$代表城镇化水平；$scap_{i,t}$代表基础设施投资取自然对数后的平方项，用以考察基础设施投资与经济增长是否存在倒“U”型的关系；$X_{i,t}$代表各类控制变量包括上述各省份的人口增长率、对外开放度、产业结构、金融发展水平、教育状况、物价等变量；u_i 代表各省份不可观测的个体效应；ε_{it}代表随机误差项。

考虑到实际经济增长短期内具有很强的关联性，即具有跨期的累积动态效应，本文引入实际人均GDP的滞后一期项，故建立动态面板数据模型进一步进行统计分析，设计计量经济模型3如下：

$$\ln rgdp_{i,t} = \alpha_0 + \gamma \ln rgdp_{i,t-1} + \beta_1 \ln cap_{i,t} + \beta_2 X_{i,t} + \beta_3 urb_{i,t} + u_i + \varepsilon_{i,t} \tag{7}$$

（三）数据说明

鉴于1992年邓小平“南方谈话”后，我国经济改革开放进入全面发展阶段，政府财政体制进行了重大改革——分税制改革。此后我国政府真正开启大规模基础设施投资，并把利用积极财政政策加大基础设施投资作为促进经济增长的主要手段，政府基础设施建设投入的类型和方式多元化。同时，由于统计指标上分行业的细化，以及和世界银行经济类基础设施的统计口径相一致等原因，本文把研究数据的样本区间集中于 1993 ~ 2015 年。

核心解释变量经济类基础设施投资存量（*cap*），参照金戈（2012）的估算方法，以《中国统计年鉴》中电力、燃气及水生产供应业，交通运输、仓储和邮政业，水利、环境和公共设施管理业，以及信息传输计算机服务业四个科目的固定资产投资进行汇总，并以 1993 年为基年进行估算所得。被解释变量为实际人均 GDP（*rgdp*），扣除消费物价水平影响并取自然对数以便于考察实际人均 GDP 的增长效应。城镇化率（*urb*）指标以各省份统计年鉴中城镇常住人口数量除以总人口数（*pop*）计算所得。控制变量原始数据主要来源于国泰安区域经济数据库，主要控制变量包括各省份的人口增长率指标（*rk*）、以第二产业增加值占第三产业增加值的比例来表示的产业结构指标（*chan*）、以进出口贸易总额（*tra*）的自然对数值来表示的对外开放度指标（*open*）、以金融机构贷款总额占 GDP 的比重来表示的金融发展水平指标（*fin*）、以各省份教育支出额取自然对数值来表示的公共教育水平指标（*edu*）、以 1993 年为基年换算所得的各省份居民消费价格指数（*CPI*）。考虑到重庆市于 1997 年成为直辖市，我们将重庆市的数据合并计算到四川省中，合计 30 个省份 1993 ~ 2015 年的面板数据。主要数据的描述性统计如表 1 所示。

表 1　　　　主要变量的统计描述

变量名称及单位	观测值	平均值	标准差	最小值	最大值
地区生产总值（亿元）	690	8638.02	11302.28	37.28	72812.55
人均生产总值（元）	690	20618.25	20559.45	1220.51	106908.4
基础设施资本存量（亿元）	689	4052.25	5799.53	41	37117.11
城镇化率	689	0.43	0.18	0.13	0.90
贷款余额（亿元）	689	9021.76	13070.83	33.01	95661.12
存款余额（亿元）	689	13071.64	19905.74	32.68	160388.2
居民消费价格指数	690	1.77	0.34	1	2.90
固定资产投资总额（亿元）	688	5037.88	7302.47	18.15	48300
各省总人口数（万人）	690	4189.52	2703.91	232	11430

续表

变量名称及单位	观测值	平均值	标准差	最小值	最大值
进出口总额（亿美元）	690	5541753	13400000	9291	109000000
资本形成总额（亿元）	690	4582.48	5897.18	16.15	35587.41
对外开放度	690	13.73	1.98	9.14	18.51
金融发展水平	689	1.04	0.35	0.10	2.42
产业结构指标	690	1.22	0.33	0.25	2.02

资料来源：根据国泰安数据库、各省统计年鉴和国民经济统计公报数据整理而得。

三、实证分析

（一）静态面板实证分析

首先，采用固定效应估计、随机效应估计、普通最小二乘法估计和工具变量的 GMM 估计方法对模型 2 进行实证对比分析。结果如表 2 所示。

表 2　　静态面板实证分析结果

变量	(1)	(2)	(3)	(4)
	OLS	FE	RE	GMM
基础设施投资存量	0.248* (1.181)	0.277*** (2.802)	0.339*** (3.985)	0.137* (1.649)
金融发展	-0.352** (-2.699)	-0.13** (-2.746)	-0.122** (-2.008)	-0.086** (-2.076)
物价水平	1.07*** (5.586)	-0.134 (-1.009)	0.25** (2.312)	-0.208** (-2.083)
教育水平	-0.075 (-0.563)	0.223*** (4.722)	0.12*** (2.692)	0.276*** (5.957)
产业结构指标	-0.002 (-0.014)	0.145*** (3.105)	0.087* (1.714)	0.184*** (7.455)
对外开放度	0.158*** (4.234)	0.047 (1.685)	0.077** (2.245)	0.049*** (3.29)
人口增长率	0.612 (0.685)	-0.563*** (-6.044)	-0.366** (-2.031)	-0.648*** (-3.134)

续表

变量	(1)	(2)	(3)	(4)
	OLS	FE	RE	GMM
城镇化率	2.55 *** (8.134)	0.289 * (1.81)	1.023 *** (4.514)	0.199 * (1.72)
基础设施投资平方项	-0.019 ** (-2.191)	-0.004 (-0.689)	-0.004 (-0.783)	-0.01 ** (-2.381)
常数项	5.939 *** (8.768)	2.972 *** (6.319)	3.061 *** (6.204)	
N	452	452	452	452
R^2	0.908	0.983		0.981
F 值	199.342	506.745		2351.724

注：***、**、*分别表示1%、5%、10%的显著性水平，表中括号内为t值。

考虑到普通最小二乘法（OLS）估计存在联立方程偏差，是不一致估计量，而固定效应估计（FE）和随机效应估计（RE）比较的豪斯曼（Hausman）检验卡方值为180，P值=0.000，高度拒绝原假设，即个体随机效应 u_i 与解释变量 x_{it} 不相关，因此应该选择固定效应估计。但考虑到基础设施投资存量存在内生性问题，使用其滞后一期项和固定资产投资总额变量作为工具变量进行GMM估计更加可靠。从表2的实证结果看，第（4）列工具变量的GMM估计由于同时考虑了国家异质性，又利用工具变量解决了解释变量的内生性问题，综合估计结果最有效。

首先，从基础设施投资资本存量系数看，全部在10%的置信水平上显著，GMM估计下其系数值为0.137，说明随着基础设施投资增长1%，实际人均GDP将增长0.137%，两者之间存在很强的正相关性。同时考虑到基础设施投资的平方项系数为-0.01，说明我国基础设施投资对于经济增长的影响呈现倒“U”型的关系。GMM估计下基础设施资本存量方程的一阶条件极值点为1043.15万亿元，我国2012年核算基础设施资本存量约27.13万亿元，2013年、2014年、2015年、2016年统计局公布的四项经济类基础设施投资增量合计分别为9.67万亿元、11.63万亿元、13.68万亿元、15.83万亿元，即2016

年底基础设施全国资本存量约77.94万亿元，远未达到极值点。这说明我国基础设施投资仍将长期处于倒“U”型曲线的上升阶段，基础设施投资对于经济增长的拉动作用显著。

其次，从城镇化率（*urb*）的系数来看，固定效应和GMM估计结果一致，均在10%的置信水平上显著，系数值为0.199，说明城镇化的推进对经济增长有显著的促进作用。

再次，从消费物价指数和人口增长率指标的影响系数来看，统计上都显著为负。说明物价水平越高将导致实际人均GDP增长越低，人口增长越快越不利于实际人均GDP的增长。

最后，从其他控制变量来看，教育支出、对外开放指标和产业结构指标的估计系数都显著为正，说明各省份的对外开放度越高越有利于经济增长；产业结构越偏向工业，对于固定资产投资的需求越多，从而对经济增长的带动作用越大；某一地区的教育支出越多，越有利于该地区人均GDP的增长。从金融发展结构指标的估计系数看，其对于地区人均GDP的增长具有显著负关联，即一地区的金融结构越偏向于依赖银行的间接融资，越不利于人均GDP的增长。

（二）动态面板实证分析

进一步地，在原模型基础上引入实际人均GDP增长率的滞后一期项，使用动态面板数据模型进行系统GMM估计。模型3的实证分析结果如表3所示。

表3　　　　动态面板实证分析结果

变量	(1)	(2)	(3)	(4)
	动态OLS	动态FE	系统GMM	差分GMM
人均GDP的滞后一期项 (l. *rgdp*)	1.013*** (123.458)	0.925*** (14.684)	0.983*** (23.001)	0.829*** (19.967)
基础设施投资额 (ln*cap*)	0.011** (2.205)	0.06* (1.83)	0.034* (1.922)	0.101*** (4.745)
金融发展	−0.026** (−2.271)	−0.032 (−1.297)	−0.047*** (−3.096)	−0.04*** (−2.884)

续表

变量	(1)	(2)	(3)	(4)
	动态 OLS	动态 FE	系统 GMM	差分 GMM
物价水平	-0.019 (-1.55)	-0.153*** (-3.658)	-0.087*** (-4.429)	-0.097** (-2.574)
教育支出	0 (0.035)	0 (0.387)	0.001 (0.594)	0.005*** (4.462)
产业结构	0.005 (0.625)	0.064*** (3.552)	0.052*** (3.295)	0.142*** (9.009)
对外开放度	-0.01*** (-3.157)	0.022** (2.44)	-0.011* (-1.931)	0.036*** (4.557)
人口增长率	-0.968*** (-11.103)	-1.045*** (-12.754)	-1.267*** (-12.255)	-1.19*** (-14.437)
城镇化率	0.073 (1.549)	0.092 (1.208)	0.184*** (2.699)	-0.278*** (-2.652)
常数项	0.082 (1.344)	0.209 (0.647)	0.217 (1.199)	0.497*** (2.981)
N	452	452	452	362

注 ***、**、* 分别表示1%、5%、10%的显著性水平，表中括号内为t值。

系统 GMM 估计方法通过把差分 GMM 与水平 GMM 结合作为一个系统进行估计，可以很好地解决模型的内生性问题。

在本文中，系统 GMM 估计的扰动项二阶自相关检验P值为0.6171，接受扰动项差分的二阶自相关系数为零的原假设，而工具变量过度识别的 Sargan 检验卡方值为28.02，P值为1.00，所以接受所有工具变量均有效的原假设，工具变量选择合理。

从以上模型3的实证结果来看，在系统 GMM 估计中，实际人均 GDP 滞后一期的系数为0.983，并且在1%的置信度下显著，说明人均 GDP 存在短期内的累积效应。关键性解释变量基础设施投资资本存量（ln*cap*）在10%的置信度下显著且系数为0.034，即经济类基础设施投资每提高一个百分点将引起人均 GDP 短期内提高0.034个百分点，说明基础设施投资促进实际人均 GDP 增长的短期效应较明显。

（三）稳健性检验

本文采用四种方法进行稳健性检验。第一，分别考察 2008 年全球金融危机以前以及 2008 年我国启动四万亿投资刺激计划后，我国基础设施投资与经济增长的关系。第二，采用覆盖面更窄的基础设施投资指标即公路里程总量（*gon*）替代原来的基础设施资本存量，考察其对地方人均 GDP 的影响。第三，采用更宽泛的资本形成总额指标即资本形成总额占 GDP 的比率（*invy*）来替代原来的基础设施资本存量，考察其对地方人均 GDP 的影响。第四，更换被解释变量，以实际人均 GDP 的增长率（*gg*）代替实际人均 GDP 作为新的被解释变量进行动态面板的系统 GMM 估计。

系统 GMM 估计的二阶自相关 AR（2）检验 P 值均大于 0.1，接受扰动项差分的二阶自相关系数为零的原假设，工具变量过度识别的 Sargan 检验 P 值均大于 0.1，所以接受所有工具变量都有效的原假设，工具变量的选择比较合理。

具体稳健性分析的结果如表 4 所示。

表 4　　动态面板数据稳健性分析

变量	（1）	（2）	（3）	（4）	（5）
	2008 年之后	2008 年以前	资本形成率	公路里程	人均 GDP 增长率
实际人均 GDP 滞后（L1. *rgdp*）	0.927*** （30.567）	0.999*** （16.948）	1.025*** （37.665）	1.029*** （70.361）	
基础设施资本存量（ln*cap*）	0.046*** （2.844）	0.052* （1.793）			0.029* （1.921）
金融发展指标（*fin*）	-0.045* （-1.775）	0 （0.001）	-0.036* （-2.218）	-0.034*** （-3.314）	-0.045** （-2.342）
城镇化率（*urb*）	0.254* （1.823）	0.191*** （3.133）	0.047 （0.613）	0.082 （1.356）	0.076 （0.92）
产业结构（*chan*）	0.072*** （3.497）	0.053** （2.2）	0.056** （2.147）	0.039*** （3.508）	0.096*** （3.054）

续表

变量	(1)	(2)	(3)	(4)	(5)
	2008年之后	2008年以前	资本形成率	公路里程	人均GDP增长率
教育支出水平（*edu*）	0.001* (1.833)	0 (0.573)	0.002*** (3.025)	0.002*** (2.737)	0.002*** (2.715)
消费物价水平（*cpi*）	-0.031* (-1.952)	-0.051** (-2.111)	-0.111*** (-3.953)	-0.089*** (-4.452)	-0.122*** (-4.44)
对外开放度（*open*）	0.026*** (3.317)	-0.023*** (-3.044)	0.001 (0.127)	-0.002 (-0.394)	-0.013 (-1.273)
人口增长率（*rk*）	-4.525*** (-3.199)	-1.306*** (-15.737)	-1.296*** (-14.997)	-1.268*** (-12.824)	-1.608*** (-11.367)
资本形成率（*invy*）			0.121** (2.191)		
公路里程（*gon*）				0.008* (1.87)	
人均GDP增长率滞后一期项（L1. *gg*）					0.333*** (5.957)
常数项	0.589*** (3.248)	0.021 (0.078)	-0.062 (-0.484)	-0.101** (-1.987)	0.149** (2.293)
样本数	92	360	452	452	452
AR（1）test	0.0198	0.0349	0.0195	0.0015	0.0194
AR（2）test	0.5063	0.3897	0.5178	0.4446	0.4367
Sargan（P）值	0.9332	1	1	1	1

注 ***、**、*分别表示1%、5%、10%的显著性水平，表中括号内为估计变量的t值。

首先，从分年份估计结果表4第（1）列、第（2）列来看，基础设施资本存量的系数都显著为正，但1993~2007年该系数为0.052，高于2008年以后的0.046。这说明在本文的考察期内，基础设施投资对经济增长发挥了重要的促进作用，但这种促进作用似乎呈现出边际效应递减的趋势，尤其是2008年全球金融危机之后的刺激计划，并没有扭转这种趋势。

其次，从采用资本形成总额占GDP的比例指标（*invy*）替代基础设施资本存量作为核心解释变量进行分析的结果［第（3）列］来看，资本形成率的估计系数为0.121，对当地实际人均GDP的影响依然显著，并且高于表3系统GMM估计中经济类基础设施资本存量的系数0.034，这符合理论预期，因为总资本形成率包括了各类固定资本投资以及经济类和社会类基础设施的投资，其对经济增长的贡献率要高于单一的基础设施建设投资。

再次，从采用公路里程的自然对数指标（*gon*）替代基础设施资本存量作为核心解释变量进行分析的结果［第（4）列］来看，公路里程的估计系数为0.008，对当地实际人均GDP有显著正向影响，并且低于表3系统GMM估计中经济类基础设施资本存量的系数0.034，这也符合理论预期，公路建设只是基础设施建设的一小部分，其对经济增长的促进作用必然小于整体的基础设施建设投资。

最后，从使用实际人均GDP增长率指标替代原来的实际人均GDP水平指标进行稳健性检验的结果［第（5）列］来看，基础设施投资系数为0.029，在10%的置信度下统计显著，说明基础设施投资对于人均GDP增长率有显著的增加效应，结论与理论预期相吻合。

从以上稳健性检验分析的结果来看，我国各省份经济类基础设施资本存量对于当地经济增长有显著的短期促进作用。

四、结论及政策启示

本文通过理论研究和实证分析都表明，基础设施存量大小是中国经济持续增长的重要基础条件之一，良好的基础设施有助于推动经济的增长。中国基础设施虽然经过改革开放40年的大规模建设，在一定程度上适应了经济发展的要求，但相对于大多数发达国家的发展历程而言，中国并未实现基础设施超前发展，基础设施仍然存在大量薄弱环节。有研究表明，2015年末我国基础设施资本存量与GDP比值仅为0.68，英国20世纪80年代就已经接近GDP的2倍。从人均基础设施资本存量的角度看，我国大约还需要20~30年才能达到2014年美国人均基础设施资本存量的水平。① 因此，基础设施不足和薄弱还将在较长时期成为中国经济增长的制约因素。维持基础设施建设投资在一个适当的水平，客观上有助于中国经济发展动力机制完成由投资驱动向创新驱动的转变。

尽管通过运用系统GMM和固定效应分析等方法的结果，经济类基础设施投资对于GDP增长的影响呈现倒“U”型曲线关系。随着经济类基础设施投资力度的加大，促进经济增长的效应会先提高后下降。但当前我国经济类基础设施投资对于经济增长的促进作用依然显著，还处于并将长期处于倒“U”型曲线的上升阶段，只是边际贡献率在逐渐减弱。

党的十九大报告指出，在我国经济已由高速增长阶段转向高质量发展阶段，在转变发展方式、优化经济结构、转换增长动力的关键时期，坚持以供给侧结构性改革为主线，推动经济发展质量变革、效率变革、动力变革，提高全要素生产率是建设现代化经济体系重要部署的关键。基础设施网络具有公共物品和公共服务属性，是供给体系的重要组成部分，也是提供供给体系质量的基础条件。因此，要着眼于提高供给质量和效率的大局，进一步强化基础设施体系的支撑，提升基础设施等公共产品和公共服务的支撑能力，加快提高基础设施现代化水平，全面提升基础设施互联互通水平，进一步发挥基础设施对国民经济发展的重要支撑作用。未来应更加注重进行基础设施投资的结构性调整，提升投资的有效性，选准方向、精准加力，继续补大基础设施短板的投资，在加强水利、铁路、公路、水运、航空、管道、电网、信息、物流等经济类基础设施网络建设的基础上，加大对于科技型和社会型基础设施的投资力度，特别是保障教育、科技、社会保障的财政支出规模。

为确保上述目标的实现，我们提出如下政策建议。

首先，政府机构应该进一步简政放权，减少地方保护的壁垒；通过进一

① 《机构报告：中国基建投资还有多少空间?》，http：//www.bosidata.com/news/Q87504EI8F.html。

步放宽市场准入、提升服务、改善环境、强化监管，清除基础设施投资建设等领域各类诸如“玻璃门”“弹簧门”“旋转门”的显性或隐性门槛，完善产权保护制度等措施，激发民间投资活力，使投资继续对经济发展发挥关键作用。[①] 同时，要加大对外开放力度，创造良好的经济环境和政策环境吸引国外资金投资于基础设施。深入推进“一带一路”倡议，充分利用京津冀协同发展和长江经济带发展战略，加快基础设施的互联互通，通过优化投资结构，加大对经济增长和社会发展具有长期性、战略性、全局性的基础设施领域的投资，促进区域和国际间的协调发展，加快形成我国新的经济增长极和经济增长带。

其次，深化投资融资体制改革，实行多元化的融资渠道。从金融发展指标对于经济增长的作用来看，新中国成立以来一直长期依赖银行信贷来促进基础设施投资和经济发展。在经历 40 年的改革开放后间接融资仍占主导地位，金融结构指标对人均 GDP 增长产生了负效应，未来要进一步发挥投资对优化供给结构的关键性作用，通过提高直接融资市场的比例，大力发展多层次资本市场，加快金融创新，盘活庞大的基础设施存量资产，积极推进有稳定现金流的基础设施项目资产证券化。同时，要积极开拓多元化的基础设施融资渠道，鼓励民间资本积极参与公共基础设施项目，采用公私合营（PPP）模式提高基础设施和公共服务的供给质量和数量。

最后，要以新型城镇化为契机，扩大内需转变经济增长方式。实证分析表明，城镇化过程能有效激活社会需求促进经济增长。扩大内需最大的潜力也在于城镇化，要充分发挥新型城镇化带来的基础设施投资需求。这些年我国城镇化进程较快，地上设施建设比较好，但给排水、热力燃气管线、供电通信缆线等地下基础设施还很薄弱。因此，通过加大棚户区改造、加快城市地下管网等重点工程建设以及完善配套基础设施和公共服务设施投资，不仅可以缩小基本公共服务差距，使各地区群众享有均等化的基本公共服务，而

---

① 《习近平谈治国理政》（第二卷），外文出版社 2017 年版，第 230 页。

且能加快推进新型城镇化进程，释放最大内需潜力，为中国经济持续健康高质量发展添动力、增后劲。

参考文献

［1］戴维·罗默：《高级宏观经济学》，王根蓓译，上海财经大学出版社 2009 年版。

［2］范九利、白暴力、潘泉：《我国基础设施资本对经济增长的影响》，载于《人文杂志》2014 年第 4 期。

［3］郭庆旺、贾俊雪：《基础设施投资的经济增长效应》，载于《经济理论与经济管理》2006 年第 3 期。

［4］李明、包莉丽：《转型期公共基础投资对区域经济影响的变动分析》，载于《统计与决策》2017 年第 3 期。

［5］李妍、赵蕾、薛俭：《城市基础设施与区域经济增长的关系研究》，载于《经济问题探索》2015 年第 2 期。

［6］孙早、杨光、李康：《基础设施投资促进了经济增长吗》，载于《经济学家》2015 年第 8 期。

［7］唐东波：《挤入还是挤出：中国基础设施投资对私人投资的影响研究》，载于《金融研究》2015 年第 8 期。

［8］童健、武康平：《经济发展进程中的基础设施投资结构变迁》，载于《数量经济技术经济研究》2016 年第 12 期。

［9］王继源、陈璋、龙少波：《“一带一路”基础设施投资对我国经济拉动作用的实证分析》，载于《江西财经大学学报》2016 年第 2 期。

［10］David Alan Aschauer，“Is Public Expenditure Productive”，*Journal of Monetary Economics*，1989（23）：177－200.

［11］Douglas Holtz-Eakin，Mary E. Lovely，“Scale Economies，Returns to Variety，and the Productivity of Public Infrastructure”，*Regional Science and Urban Economics*，1996（26）：105－123.

［12］Eric M. Leeper，Todd. B. Walker，Shu-Chun S. Yang，“Government Investment and Fiscal Stimulus”，*Journal of Monetary Economics*，2010（57）：1000－1012.

[13] Kenneth J. Arrow, Mordecai Kurz, "Optimal Growth with Irreversible Investment in a Ramsey Model", *Econometrica*, 1970 (38): 331 -344.

[14] Minoo Farhadi, "Transport Infrastructure and Long-run Economic Growth in OECD Countries", *Transportation Research Part A Policy and Practice*, 2015 (74): 73 -90.

[15] Robert J. Barro, Xavier Sala-I-Martin, "Public Finance in Model of Economic Growth", *The Review of Economic Studies*, 1992 (59): 645 -661.

[16] Shaun K. Roache, "Public Investment and Growth in the Eastern Caribbean", International Monetary Fund Working Paper, 2007.

[17] Spiros Bougheas, Panicos O. Demetriades, Theofanis P. Mamuneas, "Infrastructure, Specialization, and Economic Growth", *The Canadian Journal of Economics*, 2000 (33): 506 -522.

[18] Sylvie D'emurger, "Infrastructure Development and Economic Growth: An Explanation for Regional Disparities in China?", *Journal of Comparative Economics*, 2001 (29): 95 -117.

[19] Teresa Garcia-Milà, Therese J. McGuire, Robert H. Porter, "The Effect of Public Capital in State-Level Production Functions Reconsidered", *The Review of Economics and Statistics*, 1993 (78): 177 -180.

图书在版编目（CIP）数据

金融市场、金融发展与金融治理/胡海峰著. --北京：经济科学出版社，2021.12

（京师经管文库）

ISBN 978-7-5218-3280-8

Ⅰ.①金… Ⅱ.①胡… Ⅲ.①金融业-文集 Ⅳ.①F83-53

中国版本图书馆 CIP 数据核字（2021）第 254055 号

责任编辑：初少磊　赵　芳　尹雪晶
责任校对：齐　杰
责任印制：范　艳

金融市场、金融发展与金融治理

胡海峰/著

经济科学出版社出版、发行　新华书店经销

社址：北京市海淀区阜成路甲 28 号　邮编：100142

总编部电话：010-88191217　发行部电话：010-88191522

网址：www.esp.com.cn

电子邮箱：esp@esp.com.cn

天猫网店：经济科学出版社旗舰店

网址：http://jjkxcbs.tmall.com

北京季蜂印刷有限公司印装

710×1000　16 开　34.25 印张　470000 字

2023 年 4 月第 1 版　2023 年 4 月第 1 次印刷

ISBN 978-7-5218-3280-8　定价：120.00 元

（图书出现印装问题，本社负责调换。电话：010-88191510）